KB040580

한국 행정학의
해석학적 접근

강신택 지음

박영사

이 저서는 대한민국학술원 학술연구총서 지원 사업에 의하여
수행된 연구임

머리말

이 저작은 광의의 「행정학 연구의 논리」라는 큰 틀 안에서 한국 행정학의 해석학적 접근을 시도한 것이다. 여기에는 크게 시간의 흐름에 따라 두 가지 내용의 계열이 중첩된다. 하나는 1980년대 이후 거의 40여 년간의 행정학 연구의 논리에 관한 필자의 연구사이고 다른 하나는 한국행정학회 산하 「행정사상과방법론 연구회」의 10여 년에 걸친 연찬의 일부를 수록한 것이다. 즉 필자의 기존 연구실적과 「연구회」의 연구내용을 결합한 바탕에서 한국 행정학 연구를 위한 해석학적 접근을 시도한 것이다.

연구의 논리에 관한 필자의 연구사의 4부작은 다음과 같다.

첫째, 『사회과학연구의 논리: 정치학·행정학을 중심으로』(1981; 1995)에서 사회과학방법론의 구조를 밝히고 아울러 패러다임에 준한 거대 이론들(grand theories)을 검토하였다.

둘째, 사회과학연구의 논리를 기초로 하여 행정학의 연구논리를 좀 더 쉽게 서술한 것이 『행정학의 논리』(2002; 2005)이다. 행정이론의 구조를 경험주의적 이론, 행위이론, 비판적 이론으로 분류하였는데, 그것을 행정학 연구의 목적과 방법 그리고 행정이론의 분석수준과 맥락단계를 결합한 하나의 교시적인 (heuristic) 틀로 제시하였다.

셋째, 위와 같은 행정학의 논리에 따라 한국 행정학자들의 연구 성과의 일부를 정리한 것이 『한국 행정학의 논리』(2005)이다. 여러 가지 접근방법에도 불구하고 한국의 행정학 연구는 실증적 경험주의 연구방법이 지배적인 경향을 보여 왔다.

넷째, 행정사상과 연구의 논리를 결합하여 한국 행정의 발달과정을 분석한 것이 『행정사상과 연구의 논리』(2013)이다.

한국행정학회의 「행정사상과방법론 연구회」에서는 철학에 관한 여러 가지 강독을 했는데 본서와 좀 더 밀접한 관련이 있는 내용은 아래와 같다.

첫째, 필자의 사회과학방법론에 관한 재음미이다. 오래전에 발표된 사회과학방법론에 관한 필자의 연구가 연구회의 연찬을 어떻게 수용하고 있는가에 주안점을 둔 복습이었다.

둘째, 행정학 발달과정에서의 조직관리에 관한 철학적 접근을 고찰했다.

셋째, 행정윤리에 관하여 공직윤리 핸드북, 책임 있는 행정인, 공직 리더십의 윤리역량 분야의 영문 저서들을 번역 출간했다.

넷째, 에드문트 후설의 마지막 저작인 『유럽학문의 위기와 선험적 현상학』을 중심으로 현상학을 심도 있게 연구했고, 이어서 알프레드 슈츠의 『생활-세계의 구조』도 단계적으로 읽어나갔다.

다섯째, 해석학 일반과 경험적 연구방법으로서의 해석적 접근과 한스-게오르크 가다머의 철학적 해석학을 연구했다. 본서에서는 이 해석학을 집중적으로 원용했다.

이상에서 언급한 필자의 행정학 연구논리에 관한 연구사와 「행정사상과방법론 연구회」의 연찬을 바탕으로 본서는 다음과 같이 3부로 구성된다.

제1부에서는 한국 행정학의 논리를 고찰했다. 서두에서 언급한 바와 같이 이 책의 논의의 준거로 삼기 위한 고찰이다. 제2장에서 주류 사회과학연구의 논리를 중심으로 하되 해석학적 접근과 비판이론적 접근이 적실성을 가진 연구대상에 관하여도 서술했다. 제3장에서는 한국 정치체제의 역사적 맥락과 제도적 논리의 변화에 따라 해석학적 접근과 비판이론적 접근이 적실한 연구 대상이 많아졌음에도 한국 행정학계의 실제에서는 그러한 연구가 미흡했다는 점을 발견했다. 제4장은 행정학 연구에 관한 성찰인데, 하나는 위에서 지적한 바와 같이 적실성 높은 연구방법의 모색이고 다른 하나는 행정학 연구에서의 소위 인문학적 접근의 탐색이다. 앞에서 언급한 바와 같이 여러 가지 인문학적 탐색을 했는데 그중 핵심적인 내용은 행정철학, 행정윤리, 현상학, 해석학이다. 이와 같은 성찰에서 아쉬운 점은 개략적으로나마 일종의 성찰 프로그램을 미리 마련한 다음에 성찰했더라면 더 많은 것을 배울 수 있었을 것이라는 점이다.

제2부는 한국 행정학의 해석학적 접근을 위해 해석학을 집중적으로 고찰하였다. 본서의 편의상 해석학을 해석학 일반(제5장), 경험적 연구방법으로서의 해석적 접근(제6장), 그리고 철학적 해석학(제7장)으로 정리해 보았다. 여기서

가장 어려웠던 부분이 가다머의 『진리와 방법』을 행정학자가 이해할 수 있는 내용으로 해석 요약하는 일이었다. 아직도 미흡하다고 생각하나 하나의 중요한 시도라고 생각한다. 가다머를 충분히 이해하기보다는 무엇이 논의되고 있는가를 전달하는 데 역점을 두고 그것을 행정학 연구에 어떻게 "적용할 수 있는가"에 관해 많이 고심했다.

제3부는 한국 행정학과 해석학에 관한 연구이다. 제8장에서 한국 행정학과 해석학에 관하여 개관하고, 제9장에서는 해석학 일반을 원용하여 한국 행정학 발달과정에서의 "해석으로서의 번역" 문제를 다루었다. 제10장에서는 한국의 정치행정 과정을 하나의 "해석학적 순환"으로 해석해 보았는데 한국 정치공동체의 공통의미를 형성해 나가는 데는 미흡했다고 이해된다. 제11장에서는 한국 정치 행정에 관한 영향사(effective history)적 해석을 시도했다. 2000년대 한국의 정치행정 현상은 영향사적 해석을 통해야 더 잘 이해할 수 있는 것으로 보인다. 제12장은 본서의 결론인데, 제11장까지의 내용을 요약하고 철학적 해석학을 행정학 연구에서 원용할 수 있는 가능성과 유용성에 관해 언급하고 결국 철학적 접근은 철학적으로 해야 한다는 통찰에 이르렀다.

본서를 준비하는 과정에서 전남대학교 김종술 명예교수가 철학 일반과 행정윤리의 강독을 이끌어 주었고, 서울대학교 김홍우 명예교수가 현상학 강독에 도움으로 주었다. 특히 경희대학교 신충식 교수가 후설의 현상학과 가다머의 해석학에 관하여 상세한 해설을 해주었고 본서의 최종 원고를 교정해 주었다. 모두에게 크게 감사드린다.

아울러 하나의 연구회로서 「행정사상과방법론 연구회」의 활성화를 위해 리더십을 발휘한 가톨릭대학교 박광국 교수, 가톨릭대학교 이종원 교수, 서울대학교 김병섭 교수에게 감사드린다. 특히 7여 년간 먼 거리를 오가면서 연구회를 이끌어 온 제주대학교 김성준 교수에게 감사드린다. 그 뒤를 이은 경주대학교 신희영 회장에게도 감사드린다. 또한, 연구회의 여러 가지 준비와 설득력 높은 공지사항 등을 맡으시고 연구회의 살림을 거의 도맡다시피 한 한림성심대학교 하호수 교수에게 특별히 감사드린다. 더구나 하호수 교수는 본서의 원고를 편집하고 교정하는 작업에서 많은 도움을 주었다.

그리고 학술총서의 집필을 지원해 주신 대한민국학술원 관계자분들께 감사드린다. 끝으로 이 총서의 발행을 맡아 애쓰신 박영사 사장님과 직원분들께도 깊이 감사드린다.

2021년 2월 26일

강신택

차 례

머리말

제1부 한국 행정학의 논리

제3부 행정학과 해석학

제1부

한국 행정학의 논리

본서는 제1부 한국 행정학의 논리, 제2부 해석학, 제3부 행정학과 해석학으로 구성되어 있다.

제1부에서는 이 책 논의의 준거를 마련하기 위하여 한국 행정학의 논리를 고찰했다. 제1장에서는 행정학 논리에 관한 저자의 그동안의 연구사와 관련하여 보완적으로 해석학적 접근을 시도하게 된 계기에 관하여 언급했다. 제2장에서는 주류 사회과학연구의 논리를 해명하여 논의의 배경으로 삼았는데 해석학적 접근과 비판적 접근에 관해서도 해명했다.

제3장에서는 한국 정치·행정체제의 역사적 맥락과 제도적 논리간의 변화에 따라 해석학적 및 비판이론적으로 접근해야 될 문제들이 많이 생겼음에도 불구하고 여전히 실증적 연구방법이 답습되고 있었다는 점을 지적하면서 해석학적 접근의 필요성을 강조한 것이다.

제4장은 한국 행정학의 그동안의 연구에 관한 성찰인데, 하나는 적실성 높은 연구방법을 모색하는 것이고 다른 하나는 행정학 연구에 대한 인문학적 방법의 탐색이다. 주로 다루어진 것은 행정철학, 행정윤리, 현상학, 그리고 해석학이다.

이상과 같은 검토에 이어서 제2부에서 해석학을 집중적으로 연구했다.

제1장

서 론

제1장

서 론

제1절 연구의 목적

한국의 행정학은 사회과학 연구의 논리(logics of social inquiry)를 원용한 다양한 논의와 연구를 통하여 크게 발전해 왔다. 이 책은 이와 같은 논의와 연구들의 큰 맥락 안에서 보완적으로 해석학적 논의를 집중적으로 전개하려는 것이다. 그러나 행정학 연구를 위한 하나의 교과서로서의 "해석학 개론" 또는 일종의 "해석학적 행정학"을 저술하려는 것은 아니다. 더 나아가서 해석학의 철학적 문제를 연구하려는 것은 더욱 아니고 해석학을 행정학 연구를 위한 논리로써 어떻게 적용할 수 있는가를 탐구해 보려는 것이다.

연구의 논리들을 설명적 논리(explanatory logic), 해석학적 논리(interpretive logics), 비판이론적 방법(critical theory method) 등으로 구분할 수 있다. 한국의 행정학 연구에서는 현상의 설명과 예측을 목적으로 삼는 소위 "주류 사회과학방법론"(mainstream social science methodology)이라 불리는 연구 논리가 지배적으로 사용됐고, 해석학과 비판이론은 상대적으로 적게 사용됐다. 이 책은 그동안 그 필요성이 강조됐으면서도 한국의 행정연구에는 상대적으로 덜 적용됐던 해석학적 방법을 행정학 연구에 적용할 수 있는 논리로 좀 더 집중적으로 검토해 본 것이다.

서구에서는 일찍부터 사회과학방법론에 관한 대립되는 견해들이 활발하게 논의됐다. 즉 성서와 같은 경전해석과 문학 및 기타 예술품들을 이해하기 위한 해석적 전통과 그에 대립되는 새로운 과학적 방법론 간의 관계를 어떻게 정립할 것인가에 관한 논쟁이 이어져 왔다. 특히 자연과학의 눈부신 발달로 인하여 과학적 방법(scientific method)이 사회과학 연구에서도 널리 수용되었고, 나아가서는 인문학의 연구에도 영향을 미치게 되었다. 그런데 사회과학 연구에서는 물론이고 인문학 연구에서도 자연과학의 방법론을 사용하면 인간 행위의 진정한 의미(meaning)를 이해할 수 없으므로 자연과학 방법론을 모방해서는 안 된다는 주장과 함께 해석학(hermeneutics: interpretive theory)에 관한 오래된 견해들도 다시 깊이 있게 연구되어 온 것이다.

한국의 행정학 연구에서 해석학에 대하여 새로운 관심을 끌게 된 것은 물론 위와 같은 세계 학계의 추세의 영향도 있으나, 한국 행정학계 자체의 연구 경향에 관한 성찰을 반영하는 것이기도 하다. 즉 1945년의 해방과 1948년 대한민국 정부의 수립이래, 행정이 국가발전에 지대한 공헌을 해왔고, 행정학이 또한 행정발전을 촉진하면서 결과적으로 국가발전에 크게 기여해 왔다고 자부할 수 있을 것이다. 그런데 이와 같은 국가 및 행정발전에 대한 그동안의 많은 기여에도 불구하고 2000년대에 와서는 한국의 심각한 정치사회적 갈등 상황에 대처하는데 있어서 행정학의 철학과 방법이 매우 빈곤하다는 비판을 받아 오고 있다.

한국의 놀라운 국가발전 및 그와 함께 역설적으로 증대되어 온 정치사회적 갈등에 관해서는 여러 학문분과에서 연구됐다. 행정학에서도 국가발전에 대한 행정 및 행정학의 공헌에 관한 연구가 있었으나 행정의 문제해결 능력의 한계에 관해 성찰해야 하는 것도 사실이다. 국가발전과 행정의 역할에 관한 논의는 정치, 경제, 사회, 문화와의 관계하에서 검토된 연구가 많다. 이와 같은 시각들은 행정의 역할을 부차적인 요인으로 다루거나 때로는 도외시하는 때도 있다. 특히 정치사의 입장에서 서술된 경우, 한국의 발전에 이바지한 행정과 관료제의 역할이 잘 다루어지지 않거나, 행정학의 연구가 반영되지 않는 예도 있는 것으로 판단된다. 따라서 한국의 정치사회적인 상황에서의 행정에 관해서는 행정학 자체의 시각에서 깊은 논의가 필요한 것으로 생각한다.

이상과 같은 취지에서 이 책은 한국 행정학의 연구에 관한 필자 자신의 연구사와 한국 행정학계 일부에서 지속해온 행정사상과 방법에 관한 성찰을 배경으로 삼아 행정학 연구의 적실성을 더 높여가는 데 기여할 수 있는 해석학적 접근을 시도하려는 것이다.

제2절 연구의 연혁과 범위

1. 행정학 논리에 관한 연구 연혁

본서는 첫째로 아래와 같은 본서 저자의 그동안의 연구방법론에 관한 개인적인 연구사를 배경으로 삼고 있다.

행정학자인 필자의 주된 학문적 관심은 당연히 한국의 행정을 연구하는 "한국 행정학"이다. 그러나 필자는 아직 한국 행정에 관한 종합적이고 체계적인 서술을 할 수 있는 이론적 연구를 만족스럽게 수행하지 못한 채로 그러한 연구를 위한 준비에만 많은 시간을 보내오다가 최근에 와서야 후술하는『한국 행정학의 논리』와『행정사상과 연구의 논리』라는 저서에서 처음으로 한국 행정과 행정학에 초점을 둔 저서를 발표하였다. 그동안 필자가 한국 행정연구를 위해 준비해 온 주요 저서들은 다음과 같다.[1]

첫째는『사회과학연구의 논리-정치학·행정학을 중심으로』(박영사, 1981; 1995)이다. 이 책은 20세기 중반에 미국 학계에서 유행하던 소위 주류 사회과학방법론(social science methodology)의 체계를 정리하여 정치학과 행정

---

[1] 아래의 내용 중 일부는 필자의『행정사상과 연구의 논리-한국 행정의 역사적 맥락에서』(조명문화사, 2013)의 서문의 일부를 이 글의 취지에 맞게 재작성한 것이다.

학 연구의 논리(logics of inquiry)를 서술한 것인데 특히 행정학의 경험적 (empirical) 이론의 구조를 밝히는 데 도움을 받고자 하였다. 그러한 목적으로 당시에 일종의 거대이론(grand theory)으로 체계화가 시도되고 있던 정치학의 심리학 이론, 집단이론과 과정론, 구조·기능이론, 통신론(의사소통론), 체계론 등을 정리하여 경험적 이론의 "패러다임"적인 체계를 찾고자 하였다. 이러한 패러다임체계는 행정학의 이론체계를 정립하는 데 유용하게 원용될 수 있었기 때문이다. 그 후에 이 책은 경험주의적 연구방법론에 관한 비판을 수용하여 해석학과 비판이론적 입장의 논의를 추가하여 개정했다. 그런데 이와 같은 노력에도 불구하고 사회과학방법론을 "조사방법론"(research method)과 완전히 동일시하거나 실증적(positivistic)인 방법에만 한정되는 것으로 여기는 독자들도 있었다. 위 저서의 핵심논의는 본서 제2장에서 간추려서 논의될 것이다. 그 이유는 그와 같은 논의가 본 저서의 전체적인 논지를 이해하는 핵심 프레임이 되기 때문이다.

둘째는 『행정학의 논리』(박영사, 2002; 2005)이다. 위에서 밝힌 『사회과학 연구의 논리』가 행정학의 이론구조를 이해하는 데 도움이 된다는 호의적인 반응도 있었으나 다른 한편으로는 "연구를 그냥 하면 되었지 왜 논리가 필요한가"라는 비판과 함께 그 내용이 너무 딱딱하다는 비판이 있어서, 연구의 논리를 행정학 이론과 함께 간추려서 쓴 것이다. 이 책은 행정학 연구의 분석단위의 수준(levels of units of analysis), 맥락단계(levels of context), 행정학 연구의 목적과 방법을 결합하여 하나의 발견적(교시적; heuristic)인 틀을 만들어서 다양한 행정이론들의 체계적인 구조를 이해하고자 한 것이다. 그러한 준거의 틀 속에서 행정학이 수용한 연구의 논리들을 채택한 행정이론의 구조를 정리해 보았다. 이 책에서 다룬 이론들은 행태론 중심의 경험적 이론, 행위의 의미 이해를 중심으로 하는 해석적 이론, 해방과 혁신을 중심으로 하는 비판이론 등이다. 연구의 논리라는 입장에서 다룬 것은 아니나 포스트 모더니티 행정이론에 관해서도 언급했다. 『행정학의 논리』는 좀 더 구체적으로 사회과학의 다양한 연구 논리들을 행정이론의 체계와 연결하고자 한 것이 그 특징이라고 필자 자신은 생각한다. 이와 같은 입장에서는 행정학 연구를 위한 다양한 연구방법들이 그 연구의 목적과 방법의 차이에 따라 적절하게 사용되어야만 이론의 적실성과 설명 또는 이해의 힘이 생기는 것이라고 주장하는 것이다.

만일 행정 현상을 이해하고 설명하려는 것이 연구의 목적이라면 실증적 경험적 연구방법이 적실할 것이고, 행정행위자의 행위를 해석하고 이해하는 것이 연구의 목적이라면 해석적 방법이 더 적실할 것이고, 행정체제의 제도와 구조의 모순을 바로잡으려는 것이 연구의 주목적이라면 비판이론적 접근방법이 좀 더 설득력이 있으리라는 것이다. 다시 말하면 연구의 목적과 방법이 다르면 그 이론적 설득력이 달라지는 것인데, 문제의 성격에 부합하지 않는 방법을 사용하고 나서 방법이 잘못이라고 말하거나 문제가 잘못이라고 비판하는 것은 모두 논지를 흐리는 것이다.

한국행정 연구를 위해 준비해 온 셋째의 책은 『한국 행정학의 논리』(박영사, 2005)이다. 이 책은 위에서 언급한 『행정학의 논리』에 따라 1950년대 이후 한국 행정학자들이 발표한 많은 글 중에서 일부를 선정하여 검토해 본 것이다. 그렇게 함으로써 행정학 연구의 논리를 밝힘과 동시에 한국 행정학자들이 주로 관심을 가지고 연구한 업적들의 특징적 경향을 밝혀 보고자 하였다. 예상한 바와 같이 실증적 경험적 연구가 주류를 형성했다. 나아가 해석학과 비판이론에 관해서는 그 필요성이나 타당성에 관한 주장과 실행이 상대적으로 적었다. 이 책은 한국 행정학자들이 한국의 행정에 관하여 발표한 논문들 일부를 정리한 것이기 때문에 일종의 「한국 행정학사」(A History of Korean Public Administration Studies)라고 말할 수도 있다.

넷째가 『행정사상과 연구의 논리』(조명문화사, 2013)이다. 이 책은 위와 같은 준비를 바탕으로 구상한 것이다. 단순하게 생각하면 이제까지 진행해온 연구의 논리에 관한 검토 위에다가 "행정사상"만을 추가하면 될 것이라 생각하기도 했다. 그러나 행정사상의 시간적, 문화적, 국가적인 범위를 넓혀서 연구하기에는 저자의 능력이 미진하다고 느꼈다. 결국, 한국 행정의 역사적 맥락과 제도적 맥락에서 「행정사상」과 「행정학 연구의 논리」 간의 연계에 한정해 검토하기로 했다. 즉 한국 정치·행정의 역사적인 시대적 특성은 한국의 국가로서의 제도적 논리와 상호작용하면서 특정한 사상과 연구의 논리의 적실성을 높이기도 하고 낮추기도 했으리라는 것이다.

이러한 논의의 전개에서 당면한 가장 큰 애로는 "행정사상"(administrative thoughts)을 정치철학 및 사상과 차별화하는 일과 행정철학, 행정가치, 행정사상, 행정이념, 행정이론 등을 구별하는 일이었다. 그런데 이들 간에 명확하고 결정적인 차별화를 시도하는 것은 아직 어렵다는 생각에서 더 공부해 나가기로 하고, 우선 앞에서 말한 책의 논의전개를 위한 일종의 "연구용 정의"(working definition)를 사용하였다. 즉 "행정사상"을 "행정에 관한 철학, 이념 및 기본이론을 포함하는 규범적인 생각"(thoughts)이라고 정의하였다.

이렇게 연구용 정의를 가지고 출발했으나 실제로는 한국 행정학계의 기존 연구보고서와 자료에서는 행정사상을 식별해 내기가 어려웠다. 즉 행정을 사상적 측면에서 관심을 두고 연구한 글이 드물었다. 따라서 한국의 정치·행정사에서 시기별로 부각되는 시대적 특성과 제도적 논리 간의 결합 관계에서 표출되는 특징과 아울러 매 시기에 유행하는 이론들로부터 "행정사상"을 추론해 내야만 하는 경우가 많았다.

위와 같은 배경과 취지에 따라 저술된 위의 책은 크게 두 부분으로 구분된다. 즉 제1부가 되는 제1장부터 제4장까지는 위 책의 논지를 전개하기 위한 틀을 구성하는 데 역점을 두었다. 제2장의 정치체제의 역사적 맥락과 제도적 논리 간의 상호작용에서 밝힌 틀이 제5장 이하의 서술 골격을 이루게 된다. 제3장은 행정사상에 관해 논했고, 제4장은 연구방법론에 관한 기본적인 견해들을 압축적으로 정리했다. 따라서 좀 더 상세한 내용에 관해서는 앞에서 언급한 필자의 저서들을 참고하기 바란다.

제2부인 제5장은 한국 행정학 초기의 발달과정을 참고로 정리한 것이기 때문에 앞에서 언급한 책의 틀에 꼭 맞아 떨어지는 방식으로 서술되지는 않았다. 그러나 제6장부터 제10장까지는 국가 건설기, 경제 발전기, 과도기, 민주화 이후 시기로 정권별로 구분하여 행정사상과 연구의 논리를 검토해 보았다. 위 책의 핵심 장은 제6장부터 제10장까지이다. 이 부분에서 일관되게 발견된 것이 "해석적 및 비판적"으로 연구되었더라면 더 잘 이해되고 해결될 수도 있었던 문제들이 그렇게 연구되지 않았고 그러한 문제들조차도 실증적 방법에 따라 미시적으로 연구되는 경우가 많았다는 비판을 받는다. 이와 같은 비판이 이번 저서의 연혁적 맥락의 일부 배경이 된다. 위에서 말한 제2부의 내용이 본서 제3장에서 새로운 관점에서 정리될 것이다. 이처럼 정리된 내용은 본서 제3부에서 논의하고자 하는 한국 행정학의 해석학적 접근의 구체적인 맥락을 형성하게 될 것이다.

2. 적실성의 추구

위와 같은 비판을 이어받아 행정학 연구방법의 적실성을 좀 더 높이기 위한 노력이 있었다. 한국행정학회의 「행정사상과방법론 연구회」의 계속되는 연찬도 이러한 노력 중의 하나다. 이 연구회는 2007년경부터 시작했으나, 어떤 일정한 프로그램에 따라 진행한 것은 아니고 행정조직과 관리를 위한 철학, 행정윤리, 현상학과 해석학 분야에 관한 연찬을 계속해 왔다. 그에 관한 좀 더 자세한 구체적인 내용에 관해서는 제4장에서 서술하고자 한다. 아래는 그 개요다.[2]

---

2) 더 자세한 내용은 행정사상과방법론 연구회(김성준, 신희영, 하호수, 강신택 외), 『2008-2017: 또 다른 길을 찾아서-행정철학·행정윤리·현상학·해석학·미셸 푸코의 비판철학, 행정사상 과방법론 연구회 10년사』(조명문화사, 2018)에 수록되어 있다.

이 연구회는 매월 둘째와 넷째 토요일에 정기적인 모임을 이어 왔는데, 여기서는 연구회에서 수행한 활동의 주요 제목과 요지만 언급해 두기로 한다.

첫째는 「행정조직과 관리에 관한 철학적 접근」을 검토하였다. 그 주요 내용은 일종의 서양 행정철학사라고 할 수 있는데, 크게 근대이전, 근대의 시기, 근대 이후의 행정철학을 여러 각도에서 깊이 있게 다루고 있다. 본서와 관련된 부분은 실증적 경험적 연구방법에 대한 비판과 그 대안으로 제시된 후기 실증주의 및 현상학 등이다. 그 내용의 일부는 본서 제1부 제4장에서 요약했다.

둘째는 후설의 현상학이다. 초월적 자아를 정립하여 사태의 본질을 직관하려는 이 어려운 내용에서 본서에 도움이 될 견해는 현상학적 환원과 생활-세계에 관한 견해이다. 특히 슈츠의 생활-세계의 구조에 관한 논의는 이해하기 어렵기는 하지만 행정이론 구성에는 많은 참고가 될 것으로 판단된다.

셋째로, 여러 가지 질적 연구방법을 포함한 다양한 연찬을 계속했다. 그중 몇 개의 주제만을 예시하면, ① 질적 자료의 분석과 해석: 구술 텍스트의 분석을 중심으로, ② 질적 연구: 문화기술적 접근, ③ 근거이론의 실제와 과제, ④ 담론 분석, ⑤ 사건사 인식론과 방법론, ⑥ 비교 역사방법론, ⑦ 도덕사상과 계몽사상에 관한 강독 등이다. 사회과학방법론에 관한 강독과 "행정학의 언어"를 다룬 저서도 검토했다.

넷째로 쿠퍼의 '행정윤리 핸드북'을 『공직윤리 핸드북』이라는 제목으로 공동 번역했고 쿠퍼의 『공직윤리: 책임있는 행정인』을 번역하여 출판했으며 쿠퍼 공저의 『윤리역량: 공직리더십을 위한 윤리역량 성취』를 번역 출판하였다.

다섯째로 해석학에 관해 연찬했다. 경험적 연구방법으로서의 해석적 방법과 철학적 해석학을 강독했는데, 그롱댕의 『철학적 해석학 입문』을 회원들이 분담해서 강독하고 가다머의 『진리와 방법』을 강독했다. 여기서 연찬한 내용을 중심으로 본서 제2부를 구성했다.

제3절 본서의 개요

앞에서 요약한 행정학의 논리에 관한 필자의 연구 연혁과 적실성 추구를 위한 한국 행정학계 일부의 성찰적 노력을 배경적 맥락으로 삼아 이 책의 논의를 아래와 같이 전개하였다.

제1부 제1장의 서론에 이어서 제2장에서는 행정학과 사회과학 연구방법론 간의 관계를 검토하였다. 우선 "행정"에 관하여 정의하고 행정학의 연구지향을 규범적, 경험적, 실천적인 지향으로 구분하였다. 이러한 구분에서는 사회과학 연구방법론이 주로 경험적 연구지향과 밀접한 관계가 있다는 입장에서 출발하게 된다. 그러나 행정의 정책과 실천은 규범적으로 설정한 목적과 경험적 인과관계를 연결한 것이기 때문에 실천적 지향의 연구에서도 사회과학 연구의 논리가 사용된다. 나아가서 행정학의 연구 목적을 이해와 비판으로 확장하면, 행정학의 연구방법은 해석학적 방법과 비판적 방법으로 확장된다. 이상과 같은 논의를 거쳐 행정학 연구의 목적과 방법을 도식적으로 종합하고 경험적 연구방법, 해석학, 비판적 연구가 각각 행정의 어떤 분석수준 및 맥락의 수준과 부합 관계가 높은가를 추론하였다.

이 부분에서는 주류 사회과학방법론에 관하여 비교적 상세하게 서술하는데 그 이유는 한국 행정학 연구의 논리를 전개하기 위한 배경이 필요할 뿐만 아니라 제2부에서 상세하게 논의되는 해석학과 대비할 내용을 제시하기 위해서이다. 사실 행정학과 같은 사회과학적 연구의 논의에서는 그 배경에 관한 논의를 반복해야 하는 번거로움이 있다. 왜냐하면, 배경적 해설 없이도 학계에 상호이해가 가능할 만큼 공통의 인식적 토대가 형성되어 있지 않은 경우도 많기 때문이다. 만일 학계에서 특정 시각에 관해 일정한 정도의 합의가 있다면 기초적인 논의를 반복하지 않아도 될 것이다.

제3장은 행정사상과 연구의 논리의 변화를 검토한다. 여기서는 한국의 정

치·행정사의 변화와 제도적 논리의 변화 및 연구의 논리의 변화를 함께 검토하였다.

우선 1948년 이후의 한국의 정치체제의 역사적 맥락을 국가 건설기, 경제 발전기, 과도기, 민주화 이후의 김영삼, 김대중, 노무현 정부로 구분하여 밝히고, 자본주의 국가의 제도적 맥락을 민주주의(정치와 시민사회), 관료제(국가와 관료제), 자본주의(경제와 시장)로 구분하여 이러한 제도적 논리 간의 상호작용이 어떠한 정치사회적인 상황을 만들어내는 데 작용했는가를 검토하였다.

이러한 역사적 맥락과 제도적 논리 간의 변화에 따라 행정학 연구의 논리가 어떻게 변화했는가를 검토하였다. 국가 건설기에는 헌정질서의 수립이 주요 관심사였고 현대 행정학의 체계를 터득해 가는 과정에 있었기 때문에 연구방법론에 관한 관심이 거의 없었다고 해도 과언이 아니다. 경제 발전기에는 주류 사회과학방법론에 관한 논의와 함께 주로 실증적·경험적 연구가 성행하였다. 이러한 추세는 과도기에도 계속되었는데, 민주화 이후에는 해석적 연구와 비판적 연구가 적실성이 높아 보이는 연구 주제가 많아졌다. 우선 제도적 논리 간의 관계가 매우 복잡해졌을 뿐만 아니라 행정학자들의 지향성도 변화하였기 때문이다. 그러나 실제로는 행정학 연구에 해석학적 접근이 본격적으로 시도되지는 않았다.

이상의 주요 논점은 시대의 변화에 따라 다양한 연구의 논리도 다양하게 적용되어야 하는데, 한국 행정학의 연구에서는 시대의 변화에 따라 연구의 논리가 크게 확장되지 않고 주류 사회과학방법론이 지속해서 원용되는 경향이 있다는 점이다. 정치 행정의 상황변화에 따라 해석학적 연구가 더 적실한 연구 주제가 더 많이 생겼을 것으로 생각한다. 따라서 제3장에서는 어떤 시대적 변화가 해석학 연구와 비판적 연구의 필요성을 제기하는가를 검토하게 될 것이다. 비판적 연구에 관한 논의도 필요하다는 주장을 했으나 더 본격적인 논의는 추후로 미루고 우선은 해석적 방법에 좀 더 깊이 접근해 보고자 하는 것이 본서의 취지가 되는 것이다.

제4장에서는 본서 제1장 제2절의 연구의 연혁에서 말한 행정학 연구에 관한 성찰의 경험에 관하여 서술하였다. 이와 같은 성찰은 행정학 연구에 대한 비판에 대한 반응이기도 하다. 비판의 요지는 다음과 같다.

첫째로 행정학 연구에서 규범적 연구가 빈곤하다는 것이다. 행정의 목적이 정치공동체의 공공선을 구현하는 것인데, 절약과 능률성 및 효과성의 향상에만 치중하는 나머지 공공선 실현에 관한 규범적 이론이 빈곤해졌다는 것이다. 이것을 바로잡기 위해서는 행정의 정치사상이나 이론에 관한 논의가 필요하다는 것이다.

둘째로 위와 관련된 주장은, 행정 현상은 주류 사회과학방법론만을 적용해서는 행정의 깊은 의미를 이해할 수 없다는 것이다.

이러한 비판에 따라 나오는 견해는 결국 행정학 연구에서 철학을 포함한 인문학적 접근이 절실하다는 것이다. 이러한 주장은 외견상 매우 타당해 보이지만, 행정학의 정체성과 관련하여 깊이 생각해보아야 하는 문제이기도 하다. 우선 서구에서 사회과학이 발달한 이유는 산업혁명 이후 사회가 매우 복잡해짐에 따라 그전까지의 고전이나 인문학적 지식만으로는 해결할 수 없는 복잡한 문제들이 생겨났기 때문이다. 그래서 사회과학이 발달하면서 방법론도 발달하게 된 것이다. 그런데 사회과학 방법론에 대한 비판의 요지는 방법론만으로는 사회적 현실이 파악되지 않는다는 것이다. 더구나 자연과학의 방법론을 모방하면 사회적 현실에 관한 이해가 더욱 어렵게 된다는 것이다. 이렇게 자연과학의 방법론을 모방한 결함 있는 사회과학방법론을 인문학의 연구에 적용하는 것은 더욱 부당하다는 것이다. 이러한 주장을 근거로 행정학 연구에서의 인문학적 연구의 필요성을 강조하면서 사회과학 연구방법의 적용을 비판하는 것이다.

그러나 행정학의 인문학적 측면의 논의와 연구에서는 인문학적 담론이 필요하겠지만 사회과학으로서의 행정학에 대해서까지 사회과학방법론의 적용을 부정하는 것은 논점을 흐리게 할 염려도 있다. 다만 우리가 제3장에서 검토한 바와 같이 특정한 방법론의 결점을 바로잡고 보완할 수 있는 견해들을 검토하는 것은 매우 바람직할 것이다.

이상과 같은 견해를 수용하여 서론에서 전술한 바와 같이 한국행정학회의 「행정사상과방법론 연구회」가 수행하여 온 성찰적 연찬도 의의가 크다고 생각한다. 앞에서도 언급한 바와 같이 이러한 연찬을 일정한 프로그램에 따라 수행했더라면 그 성과가 좀 더 컸으리라는 아쉬움이 있다.

연구회가 연찬한 내용은 행정철학, 행정윤리, 현상학, 해석학 등이다. 이러한 연찬 내용을 모두 어떤 일관성 있는 체계로 정리할 수는 없었고, 다만 본서에는 해석학을 적용해보려는 것이다.

제2부에서는 해석학 일반에 관하여 요약해 보았다. 그 주요 내용을 해석학 개론, 경험적 해석학, 철학적 해석학으로 나누어 검토하였다.

해석학이란 무엇인가? 해석학은 텍스트와 행위자의 행위 의미를 해석하고 이해하는 학문이다. 이 책에서는 해석학을 첫째, 해석학 개론, 둘째, 경험적 해석학적 연구, 셋째, 철학적 해석학으로 나누어 검토한다.

제5장 해석학 개론에서는 해석학 일반에 관한 입문서적인 내용과 함께 연구 방법론으로서의 견해를 논의함으로써 더 전문화된 견해를 위한 배경으로 삼았다. 우선 해석학을 텍스트를 해석하고 이해하는 학문이라고 정의한다. 가장 기본적인 의미에 있어서 이렇게 정의되는 해석학은 저서, 예술작품, 건축물, 의사소통, 또는 비언어적 몸짓까지도 텍스트로 삼아 해석하는 "인간 해석의 성격에 관하여 이론화하는 여러 가지 방식"을 가리키는 것으로 본다.

해석이라는 단어 어원의 의미는 말로 표현하다, 하나의 상황을 설명하다, 외국어를 번역하는 경우처럼 번역한다는 뜻이 있다. 해석학의 대상은 성서 주석의 이론, 일반적인 문헌학적인 이론, 모든 언어의 이해에 관한 학문, 정신과학의 방법론적 기초, 실존과 실존적 이해의 현상학, 신화 또는 상징의 배후에 도달하기 위한 해석의 체계 등 다양하다.

제6장 경험적 연구방법으로서의 해석학은 해석학적 입장을 취하면서도 실증주의적 연구방법을 사용하지 않는 경험적 연구방법을 말한다. 이러한 경험적 연구방법으로서의 해석적 연구는 질적 연구방법에서 사용하는 다양한 방법을 사용하고 있다. 이러한 해석학적 방법은 그 자체의 정당성을 확보하기 위하여 일반화와 객관성 문제, 해석적 연구의 질적 수준 판단 등에 관해 해명한다.

이러한 연구방법은 자료를 수집한다고 말하지 않고 자료를 생성한다고 말하며 생성된 자료를 분석하는데, 자료의 생성과 분석이 엄격하게 분리되는 것이 아니고 실제로는 동시에 진행된다.

제7장 철학적 해석학은 철학으로서의 해석학에 관한 내용이다. 앞에서 말한 방법론으로서의 경험적 해석학은 행정학 연구에서 적용 가능성이 높은 데 반하여, 철학적 해석학은 해석과 이해라는 사건에 관해 시사하는 바가 매우 크면서도 행정의 해석과 이해를 위해 구체적으로 적용하는 데에는 아직 행정학의 준비가 미흡한 것으로 판단된다. 따라서 행정학을 위하여 철학적 해석학을 어떻게 해석하고 이해하며 적용할 수 있는가를 검토하는 데 역점을 두게 될 것이다. 이와 같은 작업을 토대로 한국의 행정학 연구에서 그것을 어떻게 적용할 수 있는가를 제3부에서 더 구체적(예시적)으로 논의하게 될 것이다.

철학적 해석학은 기록된 메시지를 발견하거나 밝히기 위하여 일정한 원리들을 실행하거나 기술을 적용하는 것 이상으로 이해 자체의 본질적 구조를 분석하고 묘사하는 것이다. 여기서는 주로 가다머의 역작인 『진리와 방법』을 중심으로 철학적 해석학의 몇 가지 견해들을 행정학자인 필자의 연구에 참고가 될 만하다고 판단되는 부분들만을 가능한 한 행정학의 관점에서 검토하면서 해석하고 이해하여 보려고 했다. 철학을 전공한 학자들도 난해하다는 내용을 행정학 전공자가 이해하기에는 더욱 어려운 몇 가지 난관이 있다. 첫째는 철학적 해석학을 행정학의 어떤 연구의 논리와 어떻게 연결지을 것인가 하는 난점이다.

둘째는 철학적 해석학에서 사용하는 용어들의 난해성이다. 철학의 용어를 행정학의 언어로 번역하는 근원적인 어려움뿐만 아니라 이중 삼중의 외국어 번역에서 오는 어려움이 있다.

가다머의 『진리와 방법』은 해석학에 관한 저서인데, 텍스트를 이해하고 해석하는 것은 과학만의 관심사가 아니라 세계의 인간 전반에 관한 것이라고 주장한다. 가다머는 해석적 현상은 근본적으로 전혀 방법의 문제가 아니라고 누차 주장한다. 해석학은 과학적 검증을 통하지 않고 지식과 진리를 얻고자 하는 것이다.

가다머의 책은 경험이 있는 곳에서 지배적인 과학적 방법을 초월하는 진리의 경험을 추구하고 그 정당성을 탐구하려는 것이다. 그것이 인문학인데, 그것은 과학 밖에 있는 경험의 양식에 관련된 철학, 예술 및 역사 자체에 관련된 것이다. 이러한 경험들은 과학에 고유한 방법론적 수단으로는 검증할 수 없는 진리가 우리에게 전달되는 경험의 방식이라는 것이다.

『진리와 방법』은 제1부에서 "예술의 경험에서 나타나는 진리의 문제들", 제2부에서 "진리 문제를 인문과학에서의 이해로 확장하기", 제3부에서 "언어의 해석학"을 다루고 있다.

본서 제3부에서는 위에서 정리한 해석학적 접근을 원용하여 한국 행정학의 해석학에 관하여 검토했다.

제8장에서는 제3부의 서술 방향과 한국 행정학계의 해석적 접근에 관하여 개관했다. 제9장에서는 한국의 행정학 연구사를 간단히 정리하고 나서, 한국 행정이론의 발달과정을 "외래 이론의 도입과 이중적 해석"이라는 시각과 함께, 한국 행정학의 한국화 담론이 어떤 해석학적 함의가 있는가를 살펴보았다. 한국의 정치 행정사의 모든 시기에 관하여 검토하려는 것이 아니라 외래 행정학이 활발하게 도입되던 초창기의 행정학을 검토하는 데는 번역과 해석이라는 해석적 입장이 적실성을 가지고 있는 것으로 판단된다.

제10장에서는 해석적 순환으로서의 정치 행정과정을 서술해 보았다. 그 대상은 한국에서 정치와 행정이 민주화된 이후의 시기 중 김영삼, 김대중, 노무현 정부 시기로 한정했다. 이 시기가 행정에 관한 경험적 해석학의 유용성이 높을 것으로 판단된다. 왜냐하면, 민주화와 더불어 역사를 바로 세우고 과거를 청산하고 화해하며 신한국을 건설하겠다느니 사회 및 공공개혁과 행정혁신을 추진하겠다느니 하는 등의 주장에 관한 행정 현상은 경험적 해석학을 적용하여 연구하기에 매우 적합한 주제들이기 때문이다.

제11장은 영향사적 고찰이다. 2016년대 이후의 일부 한국의 정치 행정 현상은 영향사적으로 해석하기에 적합한 주제라고 생각한다. 즉 한국 행정에 관하여 철학적 해석에서 제안하는 대화를 해볼 수 있는 매우 중요한 주제들을 가지고 있다고 판단된다. 예를 들면, 이 시대에 이르러 한국 행정 참여자들의 취미, 판단, 공통감각, 교양이 어떤 상태였으며, 그들이 역사적으로 영향을 받은 의식은 어떤 지평융합을 가능 또는 불가능하게 했는가 등이 매우 의의 있는 주제가 될 것이다. 다만 이것은 목적과 수단을 연결하는 기획적 정책적 담론과 연결하기가 어려우므로 그 적용 방법에 관한 성찰과 대화가 반복적으로 지속하여 나가야 할 것으로 판단된다.

제12장 결론에서는 이상의 검토에서 터득한 바를 정리하면서 이 저서의 한계와 앞으로의 과제를 논의하였다.

사실 해석학 일반에 관해서는 교과서적인 논의를 할 수 있어서 이 책의 논의 전개에 큰 어려움이 없으나, 한국 행정학의 해석학 부문은 논의전개가 매우 어려웠고, 특히 철학적 해석학의 실천적 적용 차원에서는 많은 한계를 가진 과제가 제기된다. 그러나 이러한 과제의 제기에 관한 논의 자체가 해석학의 목적 중의 하나라고 생각한다. 해석학에서는 끝없이 이어지는 대화(dialogue)를 강조하기 때문이다. 매우 부족한 점이 많은 본서가 한국 행정학의 해석학적 대화를 이어나가기를 희망한다.

행정학과 사회과학방법론

제2장

행정학과 사회과학방법론

제1절 행정학 연구의 지향

1. 행정의 정의

행정학은 행정에 관하여 연구하고 실천하는 학문이다. 따라서 행정을 무엇이라고 정의하는가에 따라 그 연구의 내용이 크게 달라질 것은 당연하다. 행정학은 인문학적으로 연구할 수도 있고 당연히 법학적으로 연구할 수 있으며 사회과학적으로 연구할 수 있는데 이 모두는 서로 밀접한 관련이 있다. 본서는 행정을 아래와 같이 정의하고 사회과학적으로 그것을 연구하는 문제를 중심으로 논의하려는 것이다. 필자는 정치사회학적인 넓은 시각에서 행정을 정의해 왔다. 즉,

행정(public administration)은 일정한 정치사회의 정치, 경제, 사회, 문화의 제 영역(areas)과의 관계하에서 집행조직(또는 그 기능적 대체조직)이 정치공동체 구성원의 요구와 욕구(demands and wants)에 대응하는 정책을 형성하고 집행하여 정치공동체의 정의와 복지(justice and welfare)를 구현하는 질서(order)를 형성, 유지, 향상, 발전시켜 나가는 일련의 활동과 상호작용의 제도와 과정이다.

위와 같은 정의방식은 본서의 논의를 전개하기 위한 일종의 규범적인 사전 전제(pre-supposition)이다. 이와 같은 정의방식에 대하여는 무수한 이견이 있을 수 있다. 예를 들면, 우선 정치공동체에만 집행조직이 있는 것이 아니고 모든 집단에는 집행기능이 있다는 것이고 정치사회의 제 영역은 정치, 경제, 사회, 문화로만 분류되는 것이 아니고 과학기술이 별개의 영역을 형성해야 한다고 주장할 수 있다. 행정이 정치공동체 구성원의 요구 및 욕구와는 무관하게 권력자의 자의에 따라 정책을 형성하여 집행할 수 있으며 행정기관만이 정책을 수립하는 데 관여하는 것은 아니라는 것 등이다. 더 나아가서 행정이 정의와 복지를 구현하는 질서를 형성, 유지, 향상, 발전시키기보다는 공동체 구성원을 수탈하는 질서를 지속시키는 경우도 많을 것이다. 사실, 이상과 같은 이견들이 행정을 연구하는 데 있어서 제기되는 중요한 과제들이다.

2. 연구 지향(research orientation)

앞의 행정 정의와 관련하여 시사한 바와 같이 행정을 연구하는 사람의 입장, 즉 지향에도 여러 가지가 있을 수 있다. 필자는 지금까지의 저서에서 행정학 연구의 지향을 규범적, 경험적 및 실천적 지향으로 유형화하여 왔다. 이것은 행정이 추구하는 질서(order)를 어떤 견지에서 접근할 것인가에 관한 마음가짐(mind-set)에 관한 것이다. 행정을 특징짓는 질서는 우주적, 초자연적, 신적 질서로부터 자연적인 질서에 이르기까지 모두 포함하며 개인으로부터 공동체의 최상위층에 이르기까지의 모든 인간과 집단 간의 관계를 포함한다.

1) 규범적 지향(normative orientation)

행정이 실현해야 할 바르고 좋은(right and good) 질서, 바람직하고 소망하는(desirable and desired) 질서에 관하여 연구하고 주장하는 것이 규범적 지향이다. 즉 행정사상을 연구하는 것이다. 이러한 질서에 관한 생각들(ideas)을 표현하는 용어들(words)은 자유, 평등, 평화, 정의, 형평, 공정, 복지, 도리, 섭리, 합리 등 다양하다. 질서에 관한 이러한 주장의 내용은 옹호 가능한 (tenable) 것이어야 한다. 즉 옹호 가능한 질서를 추구하는 것이다. 정치사회적 규범들은 상호 관련되어 있는데, 어떤 특정한 주장이 다른 주장들과 상충하면 받아들일 수 없을 것이다. 행정학의 규범적 지향의 연구, 즉 사상 및 철학적 연구는 광의의 정치·사회사상 및 철학에 관한 사회철학(social philosophy)의 일부라고 할 수 있다.

앞에서 정의한 행정의 구성 내용이 모두 규범적 의미를 함축한다. 즉 행정은 정책을 형성하고 집행하는 목적을 설정하면서 공동체 구성원의 요구와 욕구를 반영하여야 하고 정의와 복지를 구현하고자 해야 한다. 행정이 추구하는 질서는 우주적, 초자연적 질서를 비롯하여 자연의 질서와 인간사회의 질서에 어긋나서는 안 된다. 더 구체적으로는 행정이 추구해야 할 목적과 그 요건에 관하여 연구하는 것이다.

2) 경험적 지향(empirical orientation)

바람직한 행정의 내용이 무엇이어야 하는가 하는 것보다는 "있는 그대로의 행정 질서"를 묘사하고 설명하기 위하여 연구하는 마음가짐이 경험적 지향이다. 이것은 검증 가능한(verifiable) 질서에 관하여 연구하는 마음가짐이다. 뒤에 가서 수없이 논의가 반복되겠지만 행정 질서를 "있는 그대로" 본다는 것은 매우 어렵다. 무엇인가를 보려면 일정한 선입견(pre-conception)이 있어야 한다. 이것이 사실 확인의 객관성과 실현 가능성 유무에 관한 논쟁인데, 여기서는 일단 사실관계로서의 행정 질서를 묘사하고 설명하려는 지향이 있을 수 있다고 보기로 한다. 본 장 제2절에서 집중적으로 논의하려는 주류 사회과학방법론은 이러한 지향을 가진 연구에서 사용하는 방법론이다. 즉 사회과학철학(social science philosophy)을 원용하는 연구이다.

앞에서 정의한 행정의 내용은 모두 경험적인 사실(empirical facts)로 확인할 수 있을 것이다. 즉 공동체의 목적을 설정하고 집행하면서 공동체 구성원의 요구와 욕구가 반영되고 있는가를 조사하여 묘사하고 해명할 수 있을 것이다. 나아가 행정의 목적과 방법의 구체적인 내용은 정의와 복지를 향상 또는 감소시키는지도 조사를 통하여 확인할 수 있을 것이다. 이것이 바로 사실관계의 설명과 예측에 관한 것이다.

3) 실천적 지향(practical orientation)

행정은 궁극적으로 실천에 관한 것이다. 이 행정의 실천과제는 행정학의 기획론(planning theory)과 정책론(policy studies) 등에서 깊이 다루는 내용이고 행정에 실제로 종사하고 있는 행정인이 반드시 가지고 있어야 하는 주요 관심사이다. 이것은 행정 실무가 규범적으로 설정한 목적과 경험적으로 검증된 수단 간에 타당성과 실현 가능성(feasibility)이 있는가에 관심을 가진 연구 지향이다.

앞에서 정의한 행정의 내용들은 모두 실현 가능성의 정도와 관련이 있다. 즉 공동체의 목적을 상정하고 집행하면서 공동체 구성원의 요구와 욕구를 어느 범위에서 어떤 방법으로 반영할 것인가 하는 것은 현실적으로 중요한 문제이다. 공동체의 정의와 복지의 구현 범위도 간단히 결정될 수 있는 문제가 아니다.

4) 지적 판단과 연구지향

연구의 지향의 옹호 가능성, 검증 가능성, 실현 가능성 등은 지적으로 판단되어야 한다. 그런데 지적 판단 기준에는 도덕적(moral) 판단, 사실적(factual) 판단, 논리적(logical) 판단의 기준이 있다고 한다.

이와 같은 관계에서 보면, 행정학 연구의 규범적 정향을 따르는 연구내용의 옹호 가능성 유무는 도덕적 판단과 논리적 판단의 결합으로 이루어진다고 할 수 있다. 경험 지향적 연구내용의 검증 가능성은 사실적 판단과 논리적 판단의 결합으로 이루어진다고 할 수 있다. 그런데 실천 지향적 연구의 내용의 실현 가능성은 도덕적 판단, 사실적 판단, 논리적 판단 모두의 결합으로 평가된다고 할 수 있다. 왜냐하면, 실천문제는 규범적 주장과 경험적 내용이 포함되어 있으므로 결국 목적과 수단의 평가에서 사용된 모든 판단 기준이 다 함께 적용되기 때문이다.

이러한 관점에서 보면 규범적 연구와 경험적 연구에만 집중할 수 있는 연구자보다는 행정 실무에 종사하는 사람들이 더 다양한 지적 판단 능력을 갖추고 있어야 한다. 여기에 행정학 연구의 특이성 또는 정체성의 특이성이 있는 것으로 생각한다.

3. 행정학의 특이성

본서의 입장에서 논의되는 연구방법과 관련하여 행정학 연구에는 몇 가지 특이성이 있다.

첫째, 현대 국가의 기능(functions)에 속하는 업무들(tasks)의 속성과 행정학에서 연구하는 이론적 범위가 일치하지 않는다. 즉 현대 국가는 국방, 외교, 치안으로부터 재정, 경제, 교육, 보건, 복지에 이르기까지 매우 다양한 기능과 업무를 수행한다. 이러한 기능과 업무들이 모두 행정을 통하여 수행되는 것이지만 분야마다 각각 고유한 원리와 이론을 가지고 있다. 그런데 행정학이 이 모든 분야의 지식을 가지고 있는 것이 아니라 주로 정책형성과 집행의 절차 및 조직관리, 인사, 재무행정 등에 관한 한정된 이론만을 가지고 있다. 결국, 행정학은 현대 정부를 운영하는 데 필요한 모든 지식을 전부 가지고 있는 것이 아니라 관련된 지식 일부만을 가지고 있을 뿐이다. 이렇듯 한정된 이론만을 가진 행정학에 대하여 국가기능 전부에 관한 지식을 요구하기 때문에 과연 행정학이 정부의 운영에 필수적인 지식인가에 관하여 의문을 제기하기도 하는 것으로 생각한다.

둘째, 행정학 연구자와 행정 담당자가 일치하지 않는다. 행정학자는 행정 현상을 규범적, 경험적, 실천적으로 연구하지만, 일부 예외를 논외로 하면, 정부에서 실천적 업무를 담당하지 않는다. 행정학 연구자가 정부의 업무를 담당하는 자격을 소유하는 것이 아니라 교육과 연구를 통하여 행정을 수행할 인력 양성을 담당하고 국가의 정책형성과 집행에 도움이 되는 행정지식을 통하여 자문할 수 있을 뿐이다. 그런데 행정 실무자들은 행정이론에 관한 전문지식 없이도 업무를 수행할 수 있고 풍부한 행정학 지식과 이론을 가질 수 있다. 이러한 행정 실무자들이 행정학적 지식의 유용성이 한정되는 것이라고 주장하게 되는 것이다.

셋째, 행정학 연구에는 규범적, 경험적, 실천적 지향이 있다고 말하였다. 이와 같은 지향 중에서 경험적 지향이 방법론적 절차에 더 큰 관심을 가지고 있는 것이다. 왜냐하면, 사회과학이 발달하기 이전에도 유구한 역사과정에서 행정은 인문학적 지향으로 논의되고 실천됐고, 공직자의 숙련된 행정 경험을 통하여 행정이 실천되어 왔다. 현대사회가 복잡해짐에 따라 고전을 터득한 인문학이나 숙련된 경험적 지식만으로 현대사회의 정치사회적 문제를 해결하는 데 있어서 한계가 있었기 때문에 사회과학적인 행정지식의 교육과 연구가 필요하게 되었다. 또한 행정학을 사회과학적으로 연구해야 하는 필요성 때문에 행정학이 사회과학방법론에 대해서도 관심을 끌게 된 것이다. 행정의 규범적 내용과 실천적 내용을 연결해주는 수단인 경험적 지식의 필요성 때문에 사회과학방법론에 관심을 두는 것이다. 이러한 사정을 고려하면 행정학 연구의 범위와 경험적 연구방법론이 일치하지 않는 것은 너무나 당연하다. 따라서 주류 사회과학방법론이 행정학 연구에서 그 유용성이 한정된다는 말은 너무나 당연한 것이다. 그러나 그것이 사회과학방법론 자체의 무용성을 주장하는 근거로 삼는 것은 과도한 주장이라고 생각한다.

이어서 논의되는 주류 사회과학방법론에 관한 검토는 이와 같은 논거를 배경으로 삼아 이해해야 할 것이다.

4. 사회과학방법론

일반적으로 사회과학방법론은 그 목적과 방법의 차이에 따라 다음과 같이 세 가지로 분류된다.

첫째는 현상을 관찰하고 일반화와 이론구성을 통하여 현상에 관하여 설명하고 예측하는 것이다.

둘째는 텍스트와 행위의 의미를 해석하고 이해하는 것이다.

셋째는 왜곡된 제도와 관행을 바로잡기 위하여 성찰하고 비판하는 것이다.

행정학 연구에서 이 모든 방법론이 다 사용됐으나 앞에서 검토한 바와 같은 이유로 그동안 주류 사회과학방법론이 지배적으로 사용됐다. 그런데 논리적 실증적인 방법은 그 자체로도 결함을 가지고 있을 뿐만 아니라 행정에 관한 모든 문제를 적절히 연구하기에는 한계가 있다는 비판이 계속됐다. 그와 같은 이유로 주류 방법론으로 다루기에 적절치 않은 문제를 연구하기 위하여 해석학적 방법에 접근하고자 하는 것이 본서의 목적이라는 점은 앞에서 이미 언급한 바 있다.

아래에서는 어떤 맥락에서 행정학 연구의 해석학적 접근을 시도하는가를 명확하게 하려고 일단 주류 사회과학방법론에 관하여 상대적으로 비교적 상세하게 서술하고 나서, 해석학과 비판이론에 관해서는 비교적 간단하게 서술하고자 한다. 이와 같은 준비를 거친 후에 제2부와 제3부에서 행정학 연구를 위한 해석학에 집중적으로 접근해 보고자 한다.

제2절 주류 사회과학방법론

1. 과학철학과 사회과학 연구

사회과학방법론의 기초는 과학철학(philosophy of science)이다. 그러나 과학철학의 범위가 광범하여 그 내용은 첫째, 사회에서 과학의 역할 문제(the role of science in the society), 둘째, 과학이 그리는 세계(the world pictured by science), 셋째, 과학의 기초(the foundations of science) 등 매우 광범하다.[1] 이 중에서 과학의 기초라는 의미의 협의의 과학철학은 과학 활동의 기본 원리 또는 논리를 다루는 것이다.

1) 과학의 기초로서의 과학철학에 관한 몇 가지 쟁점

협의의 과학철학에 대하여 많은 비판이 있으나 그중에서도 일단 해명을 요구하는 쟁점은 자연과학과 사회과학의 방법의 차이에 관한 것이다. 즉 사회과학이 자연과학의 연구방법론을 많이 모방했는데, 사회현상과 자연현상은 달라서 자연과학 연구에 적합한 방법을 사회과학연구에 사용하는 것은 잘못이라는 것이다. 이와 같은 견해는 더 나아가서 자연과학의 방법을 사회과학이 모방하지 말아야 하며, 자연과학을 모방한 사회과학을 인문학이 모방하지 말아야 한다는 주장으로 연결된다. 이러한 견해는 우리가 본서 제2부 이하에서 연구하는 해석학 등의 견해와 밀접한 관련이 있다. 따라서 몇 가지 쟁점에 관하여 해명을 해 두는 것이 참고되리라고 생각한다. 관련된 쟁점들은 첫째, 기법과 방법, 둘째, 발견의 맥락과 타당화의 맥락, 셋째, 과정으로서의 과학과 산물로서의 과학에 관한 견해들이다.[2]

---

1) Israel Scheffler, *The Anatomy of Inquiry* (New York: Alfred Knopf, 1967), Introduction.
2) Richard S. Rudner, *Philosophy of Social Science* (Englewood Cliffs, N.J.

(1) 기법과 방법(techniques and method)

사회과학방법론이 자연과학의 방법론과 달라야 한다는 주장에는 기법과 방법의 차이에 관한 견해가 담겨있다. 자연과학 연구에서 사용하는 실험과 같은 기법들을 사회과학 연구에서 그대로 모두 사용할 수는 없고 사회현상 연구에 적합한 기법들이 사용된다. 그러나 가설을 구성하고 이론체계를 수립하며 설명과 예측을 위한 정당화의 논리(logic of justification)는 다 같다고 할 수 있다. 다시 말하면 자연과학과 사회과학은 상호 간에 이론적 체계를 서로 모형(models)으로 원용할 수 있을 것이다.

(2) 발견의 맥락과 타당화의 맥락(the context of discovery and the context of validation)

사회과학 연구에서 발견의 맥락과 발견 및 재구성으로 정립된 언명의 타당성의 맥락은 구별될 수 있다. 과학적 연구자가 연구 대상의 특징에 관하여 가설적 생각을 하게 되는 것은 특정한 논리적 작업에 의하여 이루어지기보다는 발견하는 것이다. 따라서 발견의 논리(a logic of discovery)를 갖기는 어렵다. 발견은 어디까지나 하나의 훈련된 창작이기 때문이다. 그러나 연구결과로서의 가설이나 이론은 타당성이 검토되어야 한다. 즉 타당화의 맥락에 의하여 정당성 여부가 결정된다.

이러한 견해에도 이견이 있다. 비록 과학철학이 과학이론의 타당화의 논리만을 공유한다고 하더라도 그러한 논리에 결함이 있을 뿐만 아니라 사회과학의 발달을 저해한다는 것이다. 이러한 견해는 우리가 뒤에 가서 성찰하게 될 다양한 철학적 견해에 반영되어 있다.

즉 타당화의 논리에도 여러 가지가 있을 수 있는데, 과학철학은 논리적 실증주의(logical positivism)의 지배적인 영향 아래에서 정리된 것이고, 그 대상

Prentice-Hall Inc., 1966), Introduction.

은 주로 자연과학 분야의 이론들이라는 것이다. 그런데 한정된 논리가 사회과학 이론의 수용 여부를 판가름하는 기준이 되었을 뿐만 아니라 더 나아가서 사회과학 발견의 맥락까지도 규제하려고 함으로써 사회과학의 중요한 관심 영역인 인간의 행위를 해석, 이해, 비판하는 연구를 제약하거나 배제했다는 것이다.

(3) 과정으로서의 과학과 산물로서의 과학(science as process and science as product)

과학은 활동과정이기도 하고 연구결과인 산물에 관한 보고이기도 하다. 과정으로서의 과학활동은 과학자와 연구기관의 실험, 관찰, 독서, 조사연구 등에 관한 것이고 산물로서의 과학은 이러한 활동을 통하여 얻은 결과적인 산물이다. 여기서 산물은 현상의 특정 부분을 묘사하는 과학적 지식을 담고 있는 언명(statements)들이다. 과학철학의 관심은 산물로서의 과학, 즉 언명들의 체계에 관한 것인데, 이러한 견해에도 이견이 있는 것이다.

2) 과학활동의 목표와 내용

(1) 과학활동의 목표와 내용

앞에서 연구지향에 관해서 말한 바와 같이 행정학은 경험적 지향만으로 연구하는 학문이 아니고 여러 가지 도덕적 주장을 포함하는 규범적인 연구도 중요한 비중을 차지한다. 이와 같은 문제에 관하여 뒤에서 다시 논의하기 전에 우선 과학활동에 한정하여 몇 가지를 검토해 두고자 한다. 왜냐하면, 여기서 간단히 언급하는 과학활동의 내용을 이해할 수 있어야만 행정을 연구하는 여러 가지 견해 차이에 관하여 더욱 잘 이해할 수 있고 여러 가지 견해 간의 논쟁도 더 잘 이해할 수 있다고 믿기 때문이다.

경험주의적인 과학활동의 목표는 현상을 설명하고 예측하려는 것이다. 행정 현상에 관한 연구도 그 목표는 설명과 예측이다. 논란의 여지가 많지만, 도식적으로 말하면 과학활동은 사실을 관찰하여 이론을 구성하고 사실을 증거로 검증한다.

이와 같은 과학활동은 사실을 관찰하여 묘사하고 개념을 발전시키며 이론을 구성하고 발전시키며 나아가서 패러다임 자체를 정교화하거나 수정하기도 한다.

(2) 패러다임

일정한 학문 분야의 과학적 연구에서 사용하는 정립된 지배적인 접근방법 (approach)을 패러다임이라고 부른다. 하나의 패러다임은 관련 학문 분야의 위대한 업적을 기초로 하여 성립되는 경우가 많은데, 일단 패러다임이 성립된 학문을 정상과학(normal science)이라고 부른다. 정상과학에서는 이미 성립된 패러다임에 따라 연구문제와 자료가 선정되고 문제를 풀어간다.[3] 사회과학에서는 정립된 학문 분야를 총체적으로 지배하는 하나의 패러다임이 성립되기 어렵기 때문에 다양한 패러다임적인 견해들이 경쟁하는 경우가 많다. 행정학도 지배적인 패러다임이 없으나 체계적인 과학활동은 가능하다.

2. 개념, 정의 및 개념 형성

주류 사회과학의 목표는 현상을 설명하고 예측하는 것인데, 설명과 예측을 위해서는 체계적인 이론이 있어야 하고 이론적 체계는 법칙(laws)과 일반론 (generalizations)에 따라 구성되고 일반론은 개념들의 관계로 형성된다. 논리적 순서는 위와 같으나 이 모든 것을 한꺼번에 말할 수는 없으므로, 아래에서는 위에서 말한 것과는 반대의 순으로 개념을 논한 다음, 이론과 모형, 설명과 예측의 순서대로 해설하고 이어서 분석의 단위와 수준을 논의하고자 한다.

---

3) Thomas S. Kuhn, *The Structure of Scientific Revolutions* (Chicago: The University of Chicago Press, 1962) pp. 12-22.

1) 개념과 용어

우리가 행정 현상에 관하여 묘사하고 설명하고 예측할 수 있으려면 행정 현상 전체 또는 현상을 구성하는 부분과 그 특성을 지칭하는 말(words)이 필요하다. 즉 현상 전체 또는 그 부분에 관한 "어떤 생각"이 있어야 한다. 이러한 어떤 생각이 '개념'(槪念; concepts)이다. 이러한 생각을 부르는 이름이 '용어'(terms)다. '행정'이라는 용어는 머릿속에 있는 "행정이라는 생각"을 말로 표현한 것이다. 만일 우리가 생각하는 '행정'을 다른 말로 표현하는 것이 관행이 된다면 오늘날 우리가 '행정'이라고 부르는 현상 또는 대상을 다른 이름으로 부를 수도 있을 것이다. 가령, 목민, 위민, 통치 또는 지배(dominations)라고 부를 수도 있었을 것이다.

위에서는 비교적 간단하게 말했으나 대상(objects)과 말(words)과 언어(language)의 관계는 문화에 따라 다양한 이론이 있는데, 여기서는 다소 '평범한' 수준에서 논의한다는 점을 밝혀 둔다. 철학적 해석학 부문에서 이 문제가 심층적으로 다루어지는데, 그것을 이해하기 매우 어려울 뿐만 아니라 방법론을 해명하면서 명확한 이론적 입장을 취하기도 어려운 점이 있다. 따라서 더 심층적인 논의는 뒤에 가서 필요한 경우에 더 자세히 알아보기로 하고 여기서는 통상적 수준에서 논의해 나가기로 한다.

행정에 관한 연구는 '행정'을 하나로 연구하기도 하지만 일반적으로는 행정 현상을 구성하는 여러 부분(대상, 속성, 성향, 사건)으로 나누어 그 관계를 연구한다. 이렇게 나누어진 부분과 그 특성을 표현하는 개념과 용어를 사용한다. 이러한 개념과 용어는 학문 활동을 통하여 전수되는 것이지만, 만일 새로운 특징을 발견하고 거기에다 새로운 이름을 붙이게 되면 새로운 개념과 용어가 생겨나는 것이다.

이렇듯 행정에 관하여 연구하려면 그 대상(objects)이나 속성(properties)을 지칭하는 개념과 용어가 필요하다. 그런데 개념을 말(words)로 표현(지칭)

한 것이 '용어'이고 용어로 표현된 것이 '개념'이므로 '개념'과 '용어' 양자는
서로 교환 가능하다(interchangeable).

2) 개념의 정의(definition of concepts)

다른 학문과 마찬가지로 행정학은 혼자 연구하고 터득하면 그만인 그런 학
문이 아니다. 따라서 연구결과가 교류되어야 하고 정부의 행정발전에 도움이
되게 하려면 다른 사람들이 알아들을 수 있는 말을 해야 할 것이다. 학문과는
거리가 있는 정치적 선동이나 억압을 위하여 모호한 말을 사용하는 때도 있겠
으나, 학문 활동에서는 연구자 상호 간에 의사가 소통되어야 할 것이다. 이러
한 의사소통을 위하여 자기가 사용하는 개념과 용어의 뜻이 서로 아는 것이어
야 하고 알려지지 않은 경우에는 그 뜻을 밝혀야 한다. 이렇게 개념의 뜻을 밝
히는 것을 '정의한다'(define)라고 말한다. 정의를 통하여 개념과 용어의 의미
가 분명해지는 것이므로 "개념을 정의한다"라고 말하기도 하고 "용어를 정의
한다"라고도 한다.

개념 정의방식에는 실질적 정의와 명목적 정의가 있다.

(1) 실질적 정의

실질적 정의(substantive definition)에는 두 가지 방식이 있다. 하나는 의
미 분석이고 다른 하나는 경험적 분석이다.

첫째, 의미 분석(meaning analysis)은 어떤 용어의 의미를 이미 알려진 다
른 용어들을 통하여 밝히는 것이다. 가령 '집권화'(centralization)라는 개념
의 의미 분석적인 정의방식은 "권력의 집중"이라고 풀이하는 것이고 '권력'이
라는 말의 뜻과 '집중'이라는 말의 뜻을 알면 '집권화'의 뜻을 알 수 있다.

둘째, 경험적 분석(empirical analysis)에 의한 정의는 권력이 어떤 조직이나
지위에 집중되어 있는 사실관계를 밝힘으로써 그 뜻을 밝히는 것이다. 의미 분석

과 경험적 분석을 합하여 기술적(묘사적; descriptive) 정의라고 하기도 한다.

(2) 명목적 정의

명목적 정의(nominal definition)는 어떤 개념(용어)의 의미를 일정한 의미로 사용하기로 제안하는 것이다. 어떤 학자가 자신이 생각하는 바를 어떤 용어로 표현했다고 하더라도 이미 알려진 용어들만 사용해서 정의하면 그 뜻을 정확하게 전달할 수 없는 때도 있다. 이런 경우 자신은 그 용어를 어떤 뜻으로 사용하는지를 밝혀야 의사소통이 될 것이다. 그래서 이러한 정의방식을 '규약적 정의'(stipulative definition)라고도 한다. 특히 소위 새로운 에피스테메를 통하여 새로운 사상이나 이론을 전개하는 사람들은 자신이 사용하는 용어의 의미가 학계에서 사용되고 있는 용어의 의미와 어떻게 다른가를 해명하는 데 고심한다.

규약적 정의가 필요한 이유는 새로운 생각을 표현하는 새로운 용어를 만드는 경우와 기존의 용어를 다른 뜻으로 사용해야만 자기의 생각을 더 잘 표현할 수 있다고 생각하기 때문이다. 새로운 생각과 새로운 용어에 의하여 행정 현상을 더 잘 표현할 수 있게 된다면 그만큼 학문과 실제가 더 발전하는 것이다.

학문 활동에 있어서 이미 널리 통용되고 있는 개념 또는 용어라고 하더라도 그 뜻을 더 정확하게 표현하거나 다르게 표현하는 것이 도움이 된다고 생각하는 경우가 많으므로 행정학 연구에 있어서 중요한 개념들이 끊임없이 분석되고 재정의되는 것이다. 이러한 재정의를 통하여 학문발전이 이루어지기는 하나 불필요하게 새로운 용어들을 많이 만들어내서 오히려 학문 활동의 혼란을 가중해서는 안 될 것이다.

(3) 개념도입의 논리

행정학에서 사용하는 개념(용어)들은 어디서 가져오는가? 언어 철학에 관한 깊은 논의를 따지지 않는다면, 행정학 용어는 물론 일차적으로는 일상적으로 사용하는 언어에서 가져오고 이차적으로는 행정학 연구업적에서 가져온다고 할 수 있다. 이것을 널리 생각하면, 행정학에서 사용하는 개념들은 행정학에 고유하지 않은 것들과 행정학에만 고유한 전문용어들이 있다고 말할수 있다. 행정학에서 사용하기는 하지만 일일이 그 뜻을 밝힐 필요가 없이 사용하는 용어를 원어(primitive terms)라고 부르고 행정학 고유의 용어를 정의된 용어(defined terms; derived terms; sophisticated terms)라고 부른다.

위와 같은 생각에 따라, 개념도입의 논리에는 원어를 통하여 도입하는 방식과 이미 정의된 용어를 통하여 도입하는 방식 등의 두 가지 방식이 있다고 말하는 것이다. 이 주장은 논리적으로 보았을 때 그렇다는 것이지 행정 현상을 연구하려면 먼저 원어들을 가려내고 난 다음에 정의된 용어들을 만들어내야 한다는 것이 아니다. 정의된 용어는 '원어'와 다른 '정의된 용어'의 결합으로 정의된다. 가령, '집권화'라는 용어는 행정학에서도 자주 사용하는 정의된 용어인데, '권력'과 '집중'이라는 용어를 사용하여 정의할 수 있다. 이때의 '집중'이라는 용어는 일상적으로 사용하는 뜻일 수 있는데, 이때의 '권력'이라는 용어는 행정학에서만 사용하는 이미 정의된 용어일 수 있다. 그러므로 하나의 정의된 용어는 원어와 다른 정의된 용어들의 결합으로 정의되는 것이다.

왜 원어를 사용하는가? 그 이유는 행정학에서 사용하는 모든 개념을 새롭게 정의하려고 하면 너무 번거로울 뿐만 아니라 정의하지 않더라도 일상적인 의미나 다른 학문분과에서 사용하는 의미에 의하여 그 뜻을 알 수 있다면 굳이 행정학에서 따로 정의할 필요가 없기 때문이다.

(4) 개념 평가의 기준

어떤 개념이 쓸모가 큰 개념인가? 간단히 말하면 정밀성이 높은 개념과 의의

(significance)가 큰 개념이 쓸모 있는 개념이다. 행정학을 연구하는 데 있어서 행정의 특정한 속성이나 특징을 가리키는 말이 정확해야만 구체적으로 무엇을 지칭(refer)하는지를 알 수 있을 것이다. 다시 말하면 개념의 정밀성이 높을수록 쓸모 있는 개념이다. 그리고 의의가 큰 개념이란 행정학의 이론체계에 있어서 다른 여러 개념과 연결을 잘 지을 수 있는 개념이다. 이러한 개념은 중요성이 높은 개념이다.

이렇듯 개념은 정밀성과 중요성이 있어야 쓸모가 있는 것인데, 정밀성과 중요성 간에는 서로 상충관계가 있을 수 있다. 즉 정밀성이 높으면 중요성이 떨어지고 중요성이 높으면 정밀성이 낮을 수 있다. 개념의 정밀성과 중요성 중에서 어느 쪽에 치중하느냐 하는 것은 연구의 주제와 연구자의 시각에 달린 것이지 일방적으로 규정할 수 있는 것은 아니다. 행정학에서 인문학적 접근을 하면 당면하는 어려운 문제 중의 하나는 그 용어들을 정밀하게 정의하기 어렵거나 정밀하게 정의하지 말아야 하는 경우가 있기 때문이다. 예를 들면 해석학에서 사용하는 '교양'(culture)이라는 개념의 뜻을 정밀하게 정의할 수는 없으나 그 다양한 의미가 판단(judgment)이나 공통감각(common sense)이라는 개념들과 연결되는 중요한 개념이다.

3. 이론과 모형

1) 이론

'행정이론'이란 행정 현상의 선정된 몇 개의 특징 간에 일정한 관계가 있다고 말하는 언명들의 체계다.

(1) 이론적 언명

이론적 언명(theoretical statement)은 행정 현상의 특징 간의 일정한 관계에 관한 주장이다. 예를 들어서 "집권화의 정도가 높아질수록 행정의 쇄신율은 저하된다"라는 주장과 같은 것이 이론적 언명의 예다.

이러한 언명은 최소한 세 가지의 구성요소들을 가지고 있다. 첫째와 둘째의 구성요소는 개념이고, 셋째의 구성요소는 이러한 두 개의 개념들의 연결 관계다. 앞의 예에서 '집권화의 정도'와 '행정쇄신율'은 각각 첫째와 둘째의 개념이고 '○○가 ~커질수록 ~□□는 낮아진다'라는 개념 간의 조건부 관계를 나타내는 것이다. 이것을 풀어서 표현하면, '집권화의 정도'라는 개념이 가리키고 있는(지칭하는) 사실들이 커질수록 '행정쇄신'이라는 개념이 지칭하는 사실들이 '낮아지고 있다'라는 서술이다. 다시 말하면, 권력의 집중이 커질수록 행정의 쇄신율이 떨어진다고 말하는 것이다.

위에서 알 수 있는 비와 같이, 하나의 이론적 언명은 형식적으로는 두 개 이상의 개념들을 연결한 서술이고 실질적으로는 그러한 연결이 규칙적으로 발생한다는 것에 관한 주장이다. 하나의 이론이란 여러 개의 언명을 연결시킨 것으로서 이러한 언명들의 연결이 규칙적으로 일어나고 있다는 것에 관한 주장이다.

(2) 이론의 구조와 경험적 준거

하나의 언명, 더 나아가서 하나의 이론은 구조(structure)와 경험적 준거(empirical referents)를 가지고 있다. 여기서 말하는 구조는 언명 또는 이론의 논리적 형식이고 경험적 준거는 연구자가 관찰하거나 지칭할 수 있는 사실들(현상)의 특징을 말한다.

이러한 이론적 구조는 단순한 연결로부터 복잡한 연결 관계에 이르기까지 다양한 모습들을 가지고 있는데 어떤 구조는 단순한 말이나 그림으로 나타낼 수 있지만, 또 어떤 구조는 매우 복잡한 수식(mathematical equations)이나 그림을 가지고도 그 윤곽밖에 나타낼 길이 없는 경우도 많다. 가령 "공무원의 보수가 증가할수록 공무원의 생산성이 증가한다"라는 언명의 연결 관계는 비교적 단순하다. 그러나 "사회적 복잡성이 증가할수록 집권화의 정도는 낮아지며 강제력보다는 의사소통으로 사회를 통합해야 한다"라는 언명에서의 연결관계는 매우 복잡하다.

(3) 형식체계, 공리체계 및 칼큐러스

이론의 구조에 관한 생각을 전달하기 위해서는 아래와 같이 다소 전문적인 해설을 해야 하는데 그 논지를 이해하는 데 별 어려움이 없을 것으로 생각한다.

우선 우리가 일상적으로 사용하는 한국어 또는 외국어와 같은 '자연어'(natural language)의 경우를 생각해 볼 수 있다. 이러한 자연어의 경우에는 대상(하늘, 땅, 사람, 집 등)이나 대상의 특징과 특징 간의 관계를 표현하는 여러 가지 어휘가 있고, 이러한 어휘들을 연결하여 문장을 만드는 문법(규칙)이 있다. 문법에 맞게 어휘들을 결합한 문장을 "맞는 문장"이라고 하고 문법에 맞지 않게 어휘들을 나열한 문장을 "틀린 문장"이라고 말한다.

① 형식적 체계(formal system)

과학활동에서 사용하는 언어들로는 인공어(artificial language)가 많다. 자연어가 아닌 인공어의 경우에도 자연어의 어휘(words)에 상응하는 '요소들'(elements)이 있고, 자연어의 문법에 상응하는 '구성규칙들'(formulation rules)이 있다고 할 때, 구성규칙에 따라 요소들을 결합하면 맞는 문장을 구성할 수 있고, 구성규칙에 맞지 않게 요소들을 나열하면 틀린 문장이 생겨난다. 인공어에서 이렇게 구성규칙에 맞게 만들어진 구성물들의 체계를 '형식적 체계'라고 부른다. 형식적 체계는 기호들로 구성되어 있으나 기호가 가리키는 경험적 의미(기의; signified) 또는 경험적 준거가 명시되지 않은 언어체계라고 할 수 있다. 예를 들면,

a0(b0c)=(a0b)0c 와 같은 체계로서

여기서 a, b, c는 경험적으로 아무런 의미가 없다(이 세상의 무엇을 가리키는지 모른다). 그러나 경험적 사실을 나타내는 개념으로 대체될 수 있다. 즉 해석될 수 있다.

그리고 0은 작용소(operator)이고 =는 논리적인 관계의 표시다.

0은 ±, ×, ÷, △ 등으로 대체될 수 있고 =는 ≡, ≠, ≒ 등으로 대체될 수 있다.

② 공리체계(axiomatic system)

형식체계의 구성문(formulations) 중에서 맞는 것들만을 모아서 배열할 수 있다. 이때 기본 원리에 가까운 언명들인 공리들(axioms)과 이러한 공리들로부터 도출(연역)된 정리들(theorems)을 구분하여 그 상하관계를 체계적으로 배열한 체계를 '공리체계'라고 부른다.

③ 칼큐러스(calculus)

형식체계의 공리체계는 경험적 의미(내용; 지칭물)가 없는데, 이것을 칼큐러스(calculus)라고 부른다. 다시 말하면 경험적 의미 또는 내용이 없는 하나의 공리체계가 하나의 칼큐러스다. 이는 말과 기호 등으로 표시되지만 도식으로 표현될 수도 있다. 이 칼큐러스가 바로 이론의 구조인 것이다.

수학적 공식은 이론의 칼큐러스로서 광범위하게 사용되고 있다. 수학적 공식은 여러 가지 연산 또는 연역을 해놓았기 때문에 그 구성 요소들(변수들)의 경험적 의미를 모르면서도 자연현상이나 사회현상의 복잡한 관계를 표현하기에 편리하기 때문이다. 가령 Y=ax라는 공식 그 자체로서는 Y와 x의 경험적 의미를 모른다. Y는 무게일 수도 있고 크기일 수도 있다. 여기서 x는 사과의 재배 기간일 수도 있고 배의 재배 기간일 수도 있다. 사과와 배는 대상으로서 다른 물건이지만 가령 재배 기간과 사과나 배의 크기 간의 관계를 나타내는 공식은 같은 것일 수 있다.

뒤에서 검토하게 되겠지만, 현상학(phenomenology)에서는 현상을 물리적 실체로 인식하거나 그 이론을 수학화(mathematize)하는 것을 경계하고 비판하는 견해가 있다. 그러나 이러한 견해가 이론구성을 위한 칼큐러스까지 무용한 것으로 보는 것으로 생각하지는 않는다. 왜냐하면, 현상을 구성해 나가려면 어떤 형식이건 프레임이 있어야 할 것이기 때문이다. 과도한 수학적 프레임을 비판한다고 해서 모든 형식의 칼큐러스 자체를 부정하는 것은 아닐 것이라고 본다.

④ 칼큐러스의 해석

위의 예에서 x를 사과의 재배 기간이라고 하거나 배의 재배 기간이라고 대입해 본 것처럼, 칼큐러스의 구성요소들과 규칙들에 대하여 경험적 내용(empirical contents)을 부여하는 것, 또는 의미론적 의미(semantical meaning)를 부여하는 것을 '해석'(interpretation)이라고 한다. 따라서 하나의 이론은 구조와 내용을 가지고 있는데, 논리적으로만 본다면 하나의 이론은 칼큐러스를 경험적으로 해석한 것과 같은 것이다. 이 말도 어디까지나 논리적인 관계가 그렇다는 것이지 이론을 구성하려면 언제나 먼저 칼큐러스를 만든 다음에 그것을 해석해야 한다고 하는 이론 구성절차를 말하고 있는 것이 아니다. 물론 공식적 이론구성 방법에서는 위와 유사한 절차를 따를 수 있다. 가령 봉급액과 생산성 간의 관계를 나타내기 위하여 $Y=ax$라는 공식에서 Y는 생산성, x는 봉급액, 그리고 a는 계수라고 해석하여 봉급액과 생산성 간의 일정한 관계를 표현하는 언명을 만들 수도 있을 것이다.

여기서 말하는 '해석'이라는 말과 해석학에서 말하는 해석이라는 말이 넓게는 같은 뜻이라고 할 수 있으나 경험적 이론의 해석은 형식체계의 해석이고 해석학의 해석은 텍스트와 의미의 해석이라는 차이가 있다. 더 자세한 것은 해석학에서 논의할 예정이다.

2) 모형

(1) 칼큐러스의 여러 가지 해석

모형(model)이라는 말에는 여러 가지 뜻이 있다. 패션의 모델, 자동차 축소물, 모범적 인물, 수식 등은 모두 모형이다. 쉽게 말하면 모형이란 연구자가 알고자 하는 현상의 관계를 잘 나타내 준다고 생각하는 구조(모습)다. 가령, 자동차의 실물을 전에 본 일이 없는 사람이라도 자동차의 모형, 즉 자동차를 축소해서 만들어 놓은 것을 보고 자동차의 실제 모습과 작동을 상상하거나 배울 수 있을 것이다. 이렇듯 모형이란 연구자가 알고자 하는 현상의 구조와 작용에 관한 내용이다.

전문적으로는 '모형'을 다음과 같이 정의한다. 즉 "한 칼큐러스를 두 개 이상으로 해석했을 때, 그중 하나가 이론이고 다른 하나가 이론에 대한 모형이다"라고 말한다. 가령 Y=ax를 하나의 칼큐러스라고 할 때, Y는 사과의 무게(W)와 공무원의 생산성(P)이라고 두 가지로 해석할 수 있고, x는 사과의 재배 기간(t)과 공무원의 보수액(r)이라고 해석할 수 있을 것이다. 그러면 우리는 다음과 같은 언명을 만들 수 있다.

> Calculus: Y=ax
> 해석 1: W=at(사과의 재배 기간이 길수록 사과의 무게는 커진다)
> 해석 2: P=ar(공무원의 보수액을 증가시킬수록 그 생산성은 증가한다)

첫째로, Y=ax는 두 가지로 해석되었는데 해석 1과 해석 2는 동일한 공식을 해석한 것이다.

둘째로, 위의 두 가지 해석은 동일한 칼큐러스를 해석한 것이므로 그 구조가 같다(isomorphic 하다고 말한다).

따라서 두 해석 중 하나가 다른 해석의 모형이 될 수 있다.

(2) 이론과 모형, 모형의 용도

동일한 칼큐러스의 두 가지 이상의 해석이 있을 때, 어느 것이 이론이고 어느 것이 모형인가? 그것은 이론과 모형의 구조의 차이에 있는 것이 아니고 양자의 경험적 내용의 차이, 즉 연구자의 관심 주제의 차이에 의하여 결정된다. 가령, 행정학자의 경우에는 자기가 연구하는 행정 현상에 관한 경험적 내용을 가지고 해석한 것이 이론이고, 경제 현상에 관한 경험적 내용으로 해석한 것이 행정을 연구하기 위한 이론을 위한 모형이다.

그렇다면 모형의 용도는 무엇인가? 그것은 이론의 구조를 발견하기 위한 것이다. 모형은 현상을 '설명'하기 위하여 사용하는 것이 아니다. 다시 말하면 모형은 이론이나 가설의 '발견의 맥락'(context of discovery)에서 사용하는 것이다. 무엇을 발견하려고 하는가? 이론의 구조를 발견하려는 것이다. 그러므로 모형은 이론의 구조를 발견하는 데 원용할 수 있을 만큼 상대적으로 잘 발달한 것이어야 한다. 예를 들면, 경제학에서는 합리적 선택에 관하여 여러 가지 공식이 발달하여 있다. 그래서 행정학자들은 관료들의 합리적 선택에 관한 이론발전을 위하여 경제학의 합리적 선택론을 그 모형으로 사용하는 것이다. 만일 행정학자가 사용하는 이론적 구조가 잘 발달하여 있고 널리 알려져 있다면 구태여 경제이론을 그 모형으로 사용할 필요가 없는 것이다.

(3) 모형 사용의 한계

모형 사용에는 한계가 있다. 가령 행정학자가 사용하는 이론은 잘 발달하여 있지 않고 경제이론은 잘 발달하여 있어서 경제이론을 행정학 연구에 원용해 보려는 것인데, 행정이론에 관하여 모르는 정도만큼 두 가지 해석(이론과 모형) 간의 구조 동일성을 추정하는 데 한계가 있다는 것에 유념해야 한다. 그뿐만 아니라, 행정 현상의 일부분과 경제 현상의 일부분 간의 구조가 같다고 해서 "행정 현상은 경제 현상이다"라는 식으로 너무 단순화시키거나 지나친 주장을 해서는 안 된다.

4. 설명과 예측

1) 설명의 의미와 중요성

우리는 일생생활에서나 학술 활동에서나 '설명한다'라는 말을 자주 사용한다. 그런데 전문적인 학술 활동에서는 이렇게 일상적으로 사용하는 것과는 다르게 한정된 뜻으로 '설명'이라는 말을 사용한다. 즉 과학적 설명(scientific explanation)은 일상적인 설명과 그 목적 및 형식이 다르다는 것이다. 여기서 미리 언급해 둘 것은 해석학에서도 '설명한다'라는 말을 사용하는데 그때의 의미는 해석하여 이해한다는 뜻이고 법칙을 통한 논증을 하는 것이 아니다. 이와 같은 차이가 과학적 방법론과 해석학의 중요한 차이이기도 하다.

(1) 일상적 설명

일상적 대화의 설명 목적은 의사소통을 잘 하려는 것이다. 말의 뜻을 해설하거나 풀어서 대화의 상대방 또는 학습자가 알아듣거나 이해하도록 하려는 것이다. 이것은 어떤 개념에 관하여 해설해 주는 것일 수도 있고 어떤 사건에 관하여 이야기를 해주는 것일 수도 있다. 그런데 앞에서도 언급한 바와 같이 해석학에서는 이와 같은 설명을 중요한 해석이라고 보는 것이다.

(2) 과학적 설명

그런데 과학적 설명은 "일정한 사건이 왜 그리고 어떻게 일어났는가"를 논증하는 것을 목표로 한다. 일상적인 설명과는 달리, 과학적 설명은 말의 뜻을 풀거나 쉬운 말로 해설하는 것을 목적으로 하는 것이 아니라 이론적 근거를 가지고 사건 발생의 원인과 결과를 밝히려는 것이다.

2) 과학적 설명 논증의 구성요소, 형식 및 요건

주류 사회과학방법론에서는 일상적인 대화에서의 설명방식과는 다른 구성요소와 형식 및 요건을 충족시켜야 한다고 주장한다. 이러한 주장이 주류 사회과학방법론의 핵심적 사상이면서 동시에 그에 대한 비판의 쟁점 사항이므로, 이 부분에 관한 정확한 이해가 있어야 앞으로 논의할 방법론상의 주요 쟁점들을 더 잘 이해할 수 있으리라고 생각한다. 아래와 같은 설명방식을 연역적-법칙적 설명(deductive-nomological explanation)이라고 부른다.

(1) 설명 논증의 구성요소

어떤 사건이 왜 그리고 어떻게 발생했는가를 설명하려면 다음과 같은 세 가지의 구성 부분, 즉 세 가지 종류의 언명(statement)이 필요하다.

첫째, 어떤 일(사건)이 발생하였다고 하는 것을 묘사하는 언명(E: events)이 있어야 한다. 예컨대 행정 현상 중 어떤 사건에 관하여 설명하려면, 설명하고자 하는 사건에 관한 언명이 있어야 한다. 예를 들면 "2000년대 이후 한국 공무원의 업무 능력이 크게 향상되었다"와 같은 언명이 있어야 무엇을 설명하고자 하는지, 왜 그리고 어떻게 공무원의 능력이 향상되었는지를 밝히려는 것인지 알 수 있을 것이다. 즉 설명대상(explanandum)이 있어야 한다.

둘째, 설명대상이 된 사건(일)에 선행하거나 동시에 발생한 조건(C: conditions)에 관한 언명이 있어야 한다. 위의 예를 계속하면 "공무원의 전문성이 향상되고 정보통신 기술이 행정 업무처리에 더 많이 사용되고 있다"와 같은 것이다.

셋째, "만일 ~~하면 ~~한다"와 같은 조건부 언명, 즉 법칙적 언명(L: laws)
이 있어야 한다. 예를 들면 "공무원의 전문성이 향상되고 정보통신 기술의 사
용이 향상되면 업무 능력이 향상되는 경향이 있다"와 같은 가설이나 입증된 언
명들이 있어야 한다.

(2) 설명 논증의 형식

이상과 같은 설명 논증의 세 가지 구성요소들을 가지고 설명 논증을 하려면
아래와 같은 형식을 가져야 한다. 즉 법칙(들)과 조건(들)으로부터 사건에 관한
언명을 연역적으로 (논리적으로) 도출해 내야 한다.

연역:　　　　┌─ 법칙: (Laws; generalizations)
논리적 도출:　├─ 조건: (Conditions)　　　* 설명문장(explanans)
　　　　　　　─────────────────────────────
　　　　　　　　결론: (Conclusions)　　* 설명대상 문장(explanandum)

즉, 이러한 설명방식에서는 아래와 같은 설명 논증이 이루어진다.

법칙: 공무원의 전문성이 향상되고 정보통신 기술의 사용이 향상되면
　　　업무 능력이 향상되는 경향이 있다.

조건: 공무원의 전문성이 향상되고 정보통신 기술이 행정 업무처리에 더 많
　　　이 사용되고 있다.

결론: 2000년대 이후 한국 공무원의 업무 능력이 크게 향상되었다.

물론 복잡한 행정 현상의 설명에는 여러 가지 법칙과 조건을 결합하여 사용
하는 것이지 위의 예시와 같이 단순한 것이 아니다.

(3) 설명 논증의 요건

위에서 하나의 설명 논증을 위해 필요한 언명들과 형식에 관하여 말했는데, 이러한 구성 부분과 형식은 경험적 설명에 있어서 다음과 같은 요건들을 충족시켜야 한다.

첫째, 하나의 설명 논증에서는 법칙과 조건이라고 하는 두 가지 종류의 언명들이 모두 갖추어져 있어야 한다.

둘째, 결론(설명되고 있는 사건)은 법칙과 조건 양자로부터 도출되어야지 그 중 어느 하나로부터만 도출된 것이어서는 안 된다.

셋째, 언명들은 경험적 내용을 가지고 있어야 한다.

넷째, 언명들은 진실이어야 한다.

3) 완전한 설명과 불완전한 설명

위와 같은 설명 논증에서 법칙과 조건들이 모두 갖추어진 설명을 '완전한 설명'이라고 하고 법칙이나 조건이 생략된 설명을 '불완전한 설명'이라고 한다. 불완전한 설명 중에는 법칙이 생략된 경우도 있고, 결론을 도출하는 과정이 불완전한 경우도 있다. 행정학을 포함한 사회과학에서도 완전한 설명을 하려고 노력하고 있으나 유용한 법칙 또는 경험적 일반론이 많지 않기 때문에 과학철학자들이 요구하는 수준의 설명을 하기가 어려운 것이다. 이와 같은 어려움 때문에 과학적 설명이라는 것이 과연 가능한가라든지 또는 필요한가라든지 하는 논쟁이 계속되는 것이다.

4) 예측

"어떤 사건이 왜 그리고 어떻게 일어났는가"에 관하여 논증하는 것이 과학적 설명인데 "어떤 사건이 왜 그리고 어떻게 일어날 것인가"에 관하여 논증하는 것이 과학적 예측(scientific prediction)이다. 정부의 정책을 수립하고 집행하는 데는 여러 가지 예측이 필요하다. 그런데 예측이 잘못되어서 사업이 실패하는 사례가 많으므로 행정 현상에 관한 연구에서 예측이 매우 중요한 것이다.

과학적 예측은 과학적 설명과 그 구성 부분, 형식 및 요건이 같다. 이것을 "설명과 예측의 구조 동일성 명제"라고 한다. 그러면 설명과 예측의 차이는 어디에 있나? 그것은 한쪽에 법칙과 조건에 관한 언명을 놓고 다른 한쪽에 결론에 관한 언명을 놓았을 때, 설명은 어떤 사건(설명 대상문장)이 발생한 후에 법칙과 조건(설명문장)을 찾아서 결론의 근거를 밝히는 것이다. 이에 반하여 예측은 먼저 법칙과 조건을 가지고서 어떤 사건이 발생하리라는 것을 결론으로 도출(연역)하는 것이다. 이처럼 설명과 예측의 차이는 설명대상 문장(explanandum)과 설명문장(explanan) 간의 선후 관계의 문제인데, 설명의 경우에는 설명대상 문장(결론)을 먼저 구성한 다음에 설명문장을 찾아내는 것이고, 예측의 경우에는 설명문장을 가지고 설명대상 문장(사건 발생)을 찾아내는 것이다.

위와 같은 전후 관계는 시간적 차이를 말하는 것이 아니고 연구자의 입장에서 본 설명문장과 설명대상 문장 간의 선후 관계이다. 그래서 연구자의 입장에서 미리 법칙과 조건을 가지고(알고) 과거에 발생한 사건을 도출하더라도 그것은 '예측'인 것이다. 예컨대 사회경제적인 법칙과 조건에 비추어 볼 때, 역사적 과거의 일정한 시기에 일정한 지역에서 '농민폭동'이 있었을 것이라고 연역해 내는 것도 예측이다.

법칙과 조건을 사용하지 않고서 미래를 추정하는 것은 과학적 논증이라기보다는 일종의 예견이다.

5) 연역적-법칙적 설명 논증에 대한 비판

(1) 행정학의 가치중립성 여부: 가치의 문제

과학활동에 가치판단이 개입하면 객관적인 연구가 이루어질 수 없고 선입견을 가진 결론을 내릴 가능성이 있어서, 행정학을 포함한 사회과학 연구에서도 '가치중립적'(몰가치적; value-free)인 입장을 지켜야 한다는 주장에 관해서는 찬·반으로 여러 가지 견해가 갈린다. 그런데 행정학을 가치중립적인 입장에서 연구해야 된다고 하는 말도 따지고 보면 여러 가지로 해석하고 이해할 수 있는 내용을 가지고 있다.

첫째, "행정학은 가치문제를 다루지 말고 객관적인 연구만 해야 한다"라고 해석할 수 있는데, 이러한 주장은 받아들일 수 없는 것이다. 왜냐하면 행정은 사회적 가치를 실현하고 배분해야 하므로 규범적 판단을 해야 하는 경우가 많기 때문이다. 이러한 규범적이고 도덕적인 판단은 객관적으로 연구할 수 없다. 이 문제는 행정학의 연구지향과 관련하여 앞에서 검토한 바 있다.

둘째, "행정학을 과학적으로 연구하는 경우에는 가치중립적이어야 한다"라고 해석할 수 있는데, 이러한 주장에도 쟁점이 포함되어 있다. 즉 행정 현상을 과학적으로 연구할 수 있다는 견해와 그러한 연구가 불가능하다는 견해로 대립한다. 행정학을 과학적으로 연구할 수 있다고 생각하는 사람들은 과학적인 행정학을 '가치중립적으로' 수행할 수 있다고 믿는다. 어떠한 가치를 전제로 어떤 목적을 위하여 과학적인 연구의 결과를 사용할 것인가 하는 판단은 과학적 연구와는 별개라는 것이다. 과학적 연구결과를 실천적 정책과 계획으로 이용하는 실무자는 가치판단을 해야 할 것이다. 이것이 주류 사회과학방법론을 택하는 사람들의 입장이다. 이러한 주장에 반해서 행정학을 가치중립적으로 연구할 수 없다고 주장하는 사람들이 있는데, 여기에는 해석학자와 비판이론가들이 포함된다. 이 문제는 뒤에서 후기 경험주의에 관한 고찰에서 거론되는데, 본서 제2부와 제3부에서 해석학을 좀 더 깊이 고찰할 것이다.

(2) 사회과학의 특수성에 관한 주장

행정학을 사회과학 내에서 가치중립적으로 객관적인 입장에서 연구할 수 있다고 믿는 사람 중에서도 사회과학의 특수성을 주장하는 사람들이 있다. 이들이 말하는 특수성 중에서 핵심적인 것은 사회과학 설명방식의 특수성이다. 즉 사회과학 연구는 "연역적-법칙적 설명 논증"이라고 하는 설명과 예측방식의 요건을 충족시킬 수 있는 경우가 있기는 하지만, 그러한 요건을 충족시킬 수 없는 특수한 설명방식이 있는데 이러한 특수성을 인정해야 한다는 것이다.

여기서 말하는 특수한 설명방식에는 발생론적 설명(genetic explanation), 성향에 의한 설명(dispositional explanation), 의도적 설명(intentional explanation), 합리적 설명(rational explanation), 목적론적 설명(teleological explanation) 등이 있다.4)

(3) 후기 경험주의

후기 경험주의적인 견해를 가진 학자들은 자연과학을 기초로 삼아 구성한 과학이론을 사회과학이 따를 필요가 없다고 강력하게 주장한다. 즉 후기 경험주의에서는 주류 사회과학 방법론자들이 추구하는 경험주의에 관하여 여러 가지 비판을 가하는데 그 요지는 다음과 같다.

첫째, 경험주의적 사회과학이 추구하는 공리적 이론(axiomatic theory)이 구성된 일이 없다. 따라서 연역적-법칙적 설명 논증이 이루어질 수 없다. 앞에서 살펴본 바와 같이, 연역적-법칙적 설명에서는 일반법칙(일반론)과 조건에 관한 언명을 전제로 삼아 사건을 설명하는 것인데, 공리적 이론이 없으면 설명에서 전제로 사용할 일반법칙이 불완전한 것이고 일반법칙이 불완전하면 완전한 설명을 할 수가 없다는 것이다.5)

둘째, 개념분석(conceptual analysis)도 설명이라는 것이다. 주류 사회과학방

---

4) 각각의 자세한 내용에 관해서는 강신택, 『행정학의 논리』(박영사, 2002), pp. 37-39에서 해설했다.
5) Richard J. Bernstein, *The Restructuring of Social and Political Theory* (Philadelphia: University of Pennsylvania, 1976), p. xiv.

법론에서는 '정의'(definition)는 개념분석에 불과하고 동어반복(tautology)
이기 때문에 사건 발생에 관하여 설명하는 것이 아니라고 하나, 후기 경험주의
에서는 복합적인 개념의 분석과 해설도 설명이라고 말하는 것이다. 가령 '의사
결정의 인지적 한계'라는 개념을 분석하는 경우에는 '의사결정'과 '인지'라는
용어를 풀어서 그 뜻을 해석하기도 하지만 그와 동시에 "의사결정에 있어서 인
지적 한계가 있으면 합리성이 제약된다"라고 하는 가정까지를 주장하면서 이
해를 구하는 것이기 때문에 설명이 된다는 것이다.

셋째, '설명'이라고 하는 논증도 따지고 보면 '정의'(definition)에 불과한
경우가 많다. 행정학에서 자주 사용하는 '합리적 선택'(rational choice) 또는
'합리적 행위에 관한 설명 논증'을 검토해 보면, 보편적 법칙과 조건으로부터
합리적 행위의 발생을 연역해 내는 것이 아니라 "그러한 법칙과 조건을 따르는
행위는 합리적이다"라고 정의하는 것에 불과하다는 것이다.

후기 경험주의자들은 위와 같은 설명방식은 "일정한 소망이 있고 일정한 행
위가 자기의 소망을 실현해 주리라는 신념을 가지고 있는 사람은 자기의 소망
을 실현해줄 행위를 한다"라는 통속적인 생각을 정리한 것에 불과하다고 말한
다. 즉, 위와 같은 언명들은 무엇이 합리적인 행위인가를 정의(규정)한 것이지
왜 어떤 사람이 특정한 행위를 선택했는가에 관한 '법칙적 설명'이 아니라는
것이다. 따라서 후기 경험주의자들 중에는 경험주의자들이 주장하던 설명의
논리를 '구 논리'(old logic)라고 부르고 새로운 논리를 제안하다. 즉 사회과학
의 역사와 실제의 연구 관행으로부터 재구성한 설명의 논리를 '신 논리'(new
logic) 또는 '설명의 유형'(patterns of explanation)이라고 부르기도 한다.
이러한 신 논리는 연역적-법칙적 논증이 아니라 행위의 판단 기준으로 사용할
수 있는 기준으로서의 논리다.[6]

---

6) James Bohman, *New Philosophy of Social Science: Problems of Indeterminacy*
   (Cambridge, Mass.: The MIT Press, 1993), pp. 16-19; p. 39; p. 58.

제3절 해석학과 비판이론적 연구

본서는 앞에서 사회과학방법론을 그 목적과 방법의 차이에 따라 다음과 같이 세 가지로 분류할 수 있다고 하였다. 즉

첫째, 현상을 관찰하고 일반화와 이론구성을 통하여 현상에 관하여 설명하고 예측하는 것이다.

둘째, 텍스트와 행위의 의미를 해석하고 이해하는 것이다.

셋째, 왜곡된 제도와 관행을 바로잡기 위하여 성찰하고 비판하는 것이다.

본 장 제2절 주류 사회과학방법론에서 위의 셋 중 첫째에 관하여 비교적 상세하게 서술하였다. 아래에서는 위의 둘째와 셋째에 관하여 상대적으로 간략하게 논의하고자 한다. 여기서는 주로 행정학자들이 논의한 해석학과 비판이론을 검토하려고 한다. 그 이유는 본서 제2부와 제3부에서 해석학에 관해 더 본격적으로 검토할 것이기 때문이다.

1. 행정학과 해석학

1) 과학의 목적에 대한 이견

(1) 설명과 예측에 대한 비판

경험주의적인 사회과학방법론에서는 과학의 목적을 설명과 예측이라고 하고 이러한 견해를 수용하여 행정 현상에 관하여 설명하고 예측하는 것은 사실 간의 인과관계에 관한 지식을 실천적 방안, 즉 정책과 계획에 사용하려는 것이다. 이러한 입장은 전통적 행정이론의 과학적 연구에서 당연한 것으로 여겨져 왔다.

전통적 행정이론은 합리성을 기반으로 하는 경험주의에 그 기초를 두고 있어서 합리성 모형에 대한 비판은 전통적 주류 행정이론의 과학적 접근방법에

대한 비판이라고도 할 수 있다.7)

첫째, 합리성 모형은 인간 이성(reason)에 관하여 제한적이고 한정적인 견해에 근거를 두고 있다. 이러한 모형은 시장경제와 생산과정의 능률성만을 강조하기 때문에 개인의 자아실현을 제약한다. 또한, 목적을 주어진 것으로 보고 수단에 관해서만 관심을 두기 때문에 도구적 또는 기술적 합리성에 토대를 둔 생산의 기계적 설계를 강조한다. 목적과 수단의 분리는 정치와 행정의 분리와 유사하고 행정이 중요한 사회적 가치와 도덕적 문제를 소홀히 다룰 염려도 있고 인간의 삶에서의 정서와 직관(emotion and intuition) 등을 경시하게 만드는 경향이 있다.

둘째, 합리성 모형은 지식획득에 관한 불완전한 이해에 기초한다. 여러 번 지적한 바와 같이 실증주의적 과학관은 자연과학과 사회과학의 방법론이 같다고 가정하고 경험과 관찰을 강조하며 사실과 가치를 구분하고 과학의 목적을 설명과 예측이라고 말한다. 여기서 이론과 실천 간의 관계가 밀접하지 않다. 이러한 견해에 대한 비판도 여러 가지다. 우선 인간의 행위는 역사성을 가지고 있고 인간 생활에서의 주관적 경험이 지식획득에서 중요한 역할을 한다고 보고 과학자들이 타인의 행태를 연구하는 데 있어서 완전한 객관성을 유지하기는 어렵다고 본다.

셋째, 합리성 모형의 틀 속에서 연구하는 이론가들은 이론과 실천을 적절하게 연결하지 못한다.

(2) 이해와 해석

과학의 목적이 행위와 의사소통 및 역사의 의미를 이해하는 것이라고 보는 사람들은 서로 관련된 두 가지 근거에서 과학적 설명과 예측이 불완전하다고

---

7) Robert B. Denhardt, *Theories of Public Administration,* 2nd ed., (Belmont, Calif.: Wadworth Publishing Co., 1993), pp. 180-188.

생각한다.

첫째, 연역적-법칙적 설명 논증이 이루어진 일이 없다는 것이다. 즉, 과학적 설명 논증은 불완전하다는 것이다. 이 문제는 이미 앞에서 고찰한 바 있는데, 그 요지는 설명 논증이라는 것이 실제로는 '정의'(definition)에 불과할 수가 있다는 것이다.

둘째, 과학적 설명과 예측이 사실의 증거와 논리를 가지고 인과관계를 입증한다고 하더라도 그것이 특정한 맥락과 동떨어진 것이라면 무의미하고 특정한 맥락과의 관련하에서만 그 진정한 의미를 알 수 있다는 것이다. 과학적 설명과 예측의 경우에도 객관적으로 관찰된 사실 간의 일반론이나 법칙을 정립하려고 하는데 그것은 갈등이 없는 합의적인 문화적 가치 아래에서 이미 정립된 패러다임이 있을 때 가능한 것이다. 따라서 패러다임과 동떨어진 경험적 일반론과 법칙들은 무의미한 경우가 많다.

2) 해석학의 논리

본서는 한국 행정학 연구의 해석학적 접근에 관하여 앞으로 더 자세하게 논의하기 전에 여기서는 주류 사회과학에 관한 논의에 이어서 해석학에 관한 몇 가지 쟁점에 관하여 예비적으로 검토하고자 한다.

연역적-법칙적 설명 논증 방식을 '구 논리'(old logic)라고 부르고 후기 경험주의를 '신 논리'(new logic)라고 부르기도 한다는 것은 앞에서 언급한 바 있다. 여기서 말하는 신 논리는 사회과학의 성공적인 실제의 연구결과로부터 재구성한 것이다. 그중의 하나가 행위에 관한 해석인데, 행위에 관한 연구는 종전의 과학적 방법보다는 해석학적 해석이 더 적절하다는 것이다.

(1) 해석의 의미와 목적

해석학(hermeneutics)은 일반적으로 "의미(meaning)의 해석에 관한 이

론과 철학"이라고 정의된다. 해석학은 간주관적인(inter-subjective) 의사소
통이 어렵게 되었을 때 생겨났다고 한다. 해석학은 해석적 노력 없이는 의미를
바로 이해할 수 없는 상황에서 적용된다. 초기의 해석학은 종교적 문헌의 의미
를 해석하는 데 사용되었다. 해석학은 우리가 사는 친숙한 세계와 이러한 관점
으로 잘 동화되지 않는 색다른 의미 사이의 간격을 좁히려는 것이다.8)

해석적 순환(interpretive circle)의 문제에 관해서는 뒤에 가서 다시 검토
하게 되는데, 해석은 맥락을 필요로 한다. 즉 행위가 이루어지고 있는 시간과
장소에 관한 맥락을 설정하고 실제로 일어나고 있는 행위를 상세하게 묘사하
고 해석함으로써 그 의미를 이해하게 된다. 해석은 인간 행태(behavior)의 인
과관계를 논증하는 것이 아니라 인간 행위(act)의 의미를 해석하고 이해하는
것이다. 인간의 행위는 그가 가지고 있는 신념과 소망에 따라 이루어진다고 할
수 있다. 이러한 신념과 소망이 행위의 '원인'(cause)인가 아니면 '이
유'(reason)인가 하는 매우 까다로운 문제가 있는데, 해석학은 인간의 신념과
소망이 행위의 이유라고 생각하는 것이다. 따라서 행위를 하게 된 신념과 소망
을 알게 되면 행위의 의미(meaning) 또는 의의(significance)를 이해할 수 있
게 되는 것이다.9)

이러한 견해는 그전부터 있던 견해인데, 영·미의 사상가들이 해석학이라는
용어를 자주 사용하게 된 것은 실증주의의 논지가 약화된 이후부터라고 한
다.10) 따라서 해석학이 미국의 행정학 연구에 다소나마 영향을 미친 것은 근래

---

8) Hans-Georg Gadamer, *Philosophical Hermeneutics*, Translated and edited by
   David E. Linge (Berkeley: University of California Press, 1976), "Editor's
   Introduction," p. xii.
9) 이것이 텍스트의 의미에 관한 통상적인 정의이다. Gadamer, 상게서, pp. xiii-xxiv에서
   는 다음과 같이 말한다. "The customary way of defining the meaning of a text
   has been to identify it with the subjective act of intending of its author. The
   task of understanding is then construed as the recapturing or repetition of its
   original intention."
10) Richard J. Bernstein, *Beyond Objectivism and Relativism: Science, Hermeneutics,
    and Praxis* (Philadelphia: University of Pennsylvania Press, 1983), p. 109.

의 일이라고 할 수 있다. 이와 같은 입장의 해석학에는 다음과 같은 몇 가지 특징을 상정한다.[11] 해석학을 이해하는 것은 어려운 일이기 때문에 아래와 같은 내용도 참고가 된다.

- 인간의 이해에서 전통(tradition)의 중요성과 전통의 역할을 강조한다.
- 상이한 전통들과 생활양식은 서로 부합되지 않더라도 합리적으로 비교할 수 있다.
- 이해와 해석(understanding and interpretation) 간에 밀접한 관련이 있다는 것과 이러한 비교작업에서는 '실천적 판단'이 긴요하다는 자각이 있다.
- 외국이나 타인에 관한 현상을 연구하면 미묘한 대화 또는 변증법적 상황을 만드는데, 이러한 '대화'를 통하여 우리 자신의 생활양식을 더 깊고 비판적으로 이해할 수 있게 되고 우리의 선입견을 벗을 수 있게 된다.

(2) 해석에서 맥락

'해석'은 의도(지향; intention)를 가진 행위의 의미를 이해하려는 것이다. 이러한 행위는 "원인과 결과의 관계"로는 이해할 수 없고, 행위의 맥락들을 고찰하여 행위와 관련된 내부와 외부, 그리고 부분과 전체의 관계를 형성함으로써 이해될 수 있다는 것이다.[12]

행위의 해석에서는 맥락을 파악하는 것이 중요하기 때문에 본 장에서는 설명과 대비되는 해석의 문제를 맥락과 관련된 문제로 다루고 있다. 그런데 다음 절에서 후술하는 바와 같이 그 맥락이 중간맥락일 수도 있고 상위 맥락일 수도

---

11) Bernstein, *op. cit.*, p. 108.
12) Josef Bleicher, *Contemporary Hermeneutics: Hermeneutics as method, philosophy and critique* (London: Routledge & Keagan Paul, 1980). 권순홍 옮김, 『현대 해석학: 방법, 철학 비판으로서의 해석학』(한마당, 1983), p. 35.

있는데 저자는 그것을 분석단위의 조직수준과 대응시키기 위하여 중간맥락과 관련지어 보려는 것이다. 해석학의 맥락단계에 관한 좀 더 자세한 문제는 뒤에 가서 분석단위의 조직수준과 함께 다시 검토하고자 한다.

(3) 해석학의 유형들

해석학을 대립하는 세 가지 견해로 분류하기도 한다. 즉 해석학 이론 (hermeneutical theory), 해석학적 철학(hermeneutical philosophy), 비판적 해석학(critical hermeneutics)이다.[13]

첫째, 해석학 이론은 인간 과학(혹은 사회과학을 포함한 정신과학)의 방법으로서 해석에 관한 일반이론의 문제 틀에 초점을 둔다.

둘째, 해석학적 철학은 방법적 절차를 통하여 객관적 지식에 도달하려는 것이 아니라 "역사성과 시간성의 차원에서 인간 존재의 현상학적 기술과 설명"을 목표로 한다. 방법으로서의 해석학과 철학으로서의 해석학은 다 같이 해석 대상 내용(텍스트)의 진·위를 문제 삼는 것이 아니다.

셋째, 위와는 대조적으로 비판적 해석학은 "작가의 작품이나 우리가 당연하게 받아들이고 있는 전통에 담겨있는 진실에 관한 주장에 대하여 회의"하고 반성한다. 그래서 비판적 해석학은 심층 해석(depth hermeneutics)이라고 부르기도 하는데, 그것은 "겉보기에는 정상적인 상호작용의 배후에서 작용하고 있는 왜곡된 이해와 의사소통의 원인을 찾아내려고 한다는 것이다."[14] 비판이론에 관해서는 뒤에서 간단히 고찰하고자 한다.

사회과학의 연구에서 해석적 측면을 복원시키고자 하는 노력 중의 하나는 실천적·도덕적 관심에 기초한다. 즉 그것은 좁은 의미의 과학주의와 실증주의의 과도한 영향을 완화하고 타자로부터 배울 수 있는 공간을 만들려는 것이

---

13) Bleicher, *op. cit.*, pp. 8-13. 우리는 본서 제2부와 제3부에서 해석학을 개론적 고찰, 경험적 접근, 철학적 해석학으로 나누어 고찰한다.
14) *Ibid*, pp. 8-13, pp. 162-163.

기도 하다.15)

(4) 행정의 행위이론

이미 언급한 바와 같이, 전통적 행정이론에 대한 여러 갈래의 비판 중의 하나가 해석학적 입장을 취하는 '행위이론'(action theory)이다. 우리는 이러한 이론을 제안하는 학자들의 견해를 해석학의 논리에 따라 검토한 바 있다.16) 행정의 행위이론을 제안하는 사람들이 전통적 행정이론에 대하여 가하는 비판은 후기 경험주의 과학철학자들이 주류 사회과학방법론의 설명과 예측방식에 대하여 가하는 비판과 그 맥을 같이 한다.

2. 행정학과 비판이론

1) 실증주의에 대한 비판

비판이론을 적용한 행정이론은 드문 편에 속한다.17) 비판이론가들의 비판은 주로 실증주의와 경험주의에 집중되는 경향이 있는데 그들은 실증주의를 아래와 같이 이해하면서 비판한다.18)

(1) 자연과학적 인식론과 과학의 목표

실증주의적 관점도 다양하다. 그런데 비판이론가들이 생각하는 실증주의는

---

15) Bernstein, *op. cit.*, p. 173.
16) 강신택, 『행정학의 논리』(박영사, 2002) 제5장 제2절에서 Michael M. Harmon, *Action Theory for Public Administration* (New York: Longman, Inc., 1981)을 상세하게 고찰한 바 있다. 이때의 고찰은 행정학의 이론적 구조를 밝히려는 것이 연구의 주요 목적이었고 해석학의 도입에 주로 관심이 있었던 것은 아니다.
17) John Forester, *Critical Theory, Public Policy, and Planning Practice: Toward a Critical Pragmatism* (Albany: State University of New York, 1993)은 비판이론을 채택한다.
18) Russell Keat, *The Politics of Social Theory: Habermas, Freud and the Critique of Positivism* (Chicago: The University of Chicago Press, 1981), pp. 1-3.

사회현상을 과학적으로 연구할 수 있다는 신념을 가지고 있다는 것인데, 이러한 신념은 자연과학의 인식론이 인간지식의 모범이기 때문에 사회과학도 자연과학의 인식론과 동일한 것을 사용하면 된다는 생각에서 오는 것이라는 것이다.

이러한 인식론을 가진 과학의 목표는 현상에 관한 보편적 법칙을 발견하는 것이다. 보편적 법칙은 우리로 하여금 물리적 및 사회적 과정을 예측하고 통제할 수 있게 해준다. 어떤 특정한 과학이론이 맞는지 틀리는지 하는 것은 전적으로 관찰을 통하여 얻은 자료와의 논리적 관계에 달린 것이다. 기타의 기준은 상관이 없다. 특히 과학활동은 도덕적 또는 정치적 가치의 침입으로부터 생겨나는 왜곡이 일어나지 않도록 객관성이 유지되어야 한다.

(2) 규범적 쟁점과 과학적 쟁점의 분리

경험주의에 여러 독단이 있는데, 사회과학에서 가장 뿌리 깊게 자리 잡은 독단은 아마도 "가치와 사실의 분리"라는 생각이고 그와 관련된 방법론적 대응으로서의 "설명과 비판" 간의 구별일 것이라고 말하기도 한다.[19]

실증주의자들은 규범적 쟁점과 과학적 쟁점을 별개의 것으로 다루고, 규범적 지식은 과학적 지식을 어떻게 사용할 것인가를 결정할 때만 관련이 있다고 본다는 것이다. 과학 자체는 있을 수 있는 행동노선의 결과에 관하여 조건부 예측을 할 수 있는 것뿐이지 그러한 행동의 목표를 정당화할 수 없다. 과학적 지식은 그 자체로는 정치적 및 도덕적으로 중립적이다. 이와 같은 주장들이 비판이론가들의 실증주의에 대한 비판의 표적인 것이다.[20] 비판이론가들이 볼 때, 실증주의적 사회과학에 의하여 인도될 수 있는 그런 종류의 실천은 구체적으로 그리고 정치적으로 받아들일 수 없는 성격의 것이라고 한다. 실증주의적으

---

19) James Bohman, *op. cit.*, p. 186.
20) Istvan Mezaros, *Philosophy, Ideology and Social Science: Essays in Negation and Affirmation* (New York: St. Martin's Press, 1986), pp. 6-8에서는 과학이 가치중립적이라고 주장하지만, 연구의 주제가 일정한 이념적 입장에서 정의되기 때문에 중립적일 수 없다는 것이다.

로 개념화된 과학적 지식은 본질적으로 억압적이며 특정한 사회를 유지하는 데 공헌하게 되는데, 그런 사회에서의 과학은 한 계급에 의하여 다른 계급을 지배하는 데 사용하는 자원 중의 하나이기 때문에, 더 합리적인 사회를 향한 급진적인 전환 가능성은 은폐되고 저지된다.

왜 실증주의 사회과학은 앞에서 말한 것과 같은 억압적인 정치적 결과를 낳을 것으로 생각하는가? 그 이유는 사회현상을 지배하는 보편적 법칙을 구성하려고 하는 시도가 사실은 보편적이기보다는 역사적으로 구체적이고 변경 가능한 것으로 보아야 하는데 이를 마치 영원하거나 자연스러운 것으로 잘못 표현하기 때문이라는 것이다. "가령 교육수준이 낮으면 소득 수준이 낮다"라는 식의 명제는 특정계층의 사람들의 교육수준이 낮게 만들었던 사회구조를 고려하지 않고 있다는 것이다. 이렇듯 실증주의는 사회구조의 의인화(실체화)되고 소외된 성격을 간과한다.

비판이론가들이 볼 때 위와 같은 가치와 사실의 분리도 위험스러운 것이지만 규범적 가치를 '이성적으로' 검토한다는 것도 자칫하면 기존 권력에 의하여 소외계층을 억압하는 데 사용될 위험이 있다고 말한다. 예를 들면 진리, 정의, 자유, 주관성, 객관성, 자율성, 책임성 등의 관념들을 합리적으로 정의할 수 있다고 생각하겠지만 실제에 있어서 이러한 관념들이 특정한 지배세력에 의하여 독점적으로 사용되면 왜곡이 심화할 수 있다는 것이다.21) 따라서 비판이론의 과제는 특권적 지위를 누리는 중립적인 과학적 지식의 생산양식, 그 사적 역할, 그것이 봉사하는 이해관계, 그것이 권력을 잡게 된 역사적 과정 등을 분석함으로써 소위 객관적인 지식이 옳은 지식이 아니라고 도전하는 것이다.22)

이런 견해들은 사회주의적인 경향을 가진 사람들이 제기한 경우가 많아서, 실증주의적 과학지식은 자본주의 사회구조의 의인화되고 소외된 성격을 강화

---

21) David Couzens Hoy and Thomas McCarthy, *Critical Theory* (Cambridge, Mass.: Blackwell Publishers, 1994), p. 9.
22) *Ibid*, pp. 14-15.

하는 것이라고 비판하는 것이 일반적이다. 그러나 우리는 이것을 모든 체제에 대한 비판양식으로 받아들일 수 있을 것이다. 이론과 실천 간의 관계에 관하여 실증주의가 생각하는 식의 사고를 하면 그것은 필연적으로 과학적 지식을 조작적인 것으로 만들어서 지배계급에 의한 사회통제체제를 위한 이상적인 기초를 마련해 줌으로써, 지배계급은 마치 순수한 과학적 방식으로 자신들의 정치적 결정을 하는 것처럼 내세울 수 있게 만들어 준다는 것이다. 실증주의는 이처럼 이성을 도구적으로만 생각함으로써, 자기반성과 자율적 해방이라는 인간 능력에 기반을 둔 다른 방식의 이성에 관한 생각을 가지고 사회를 비판하려는 어떠한 비판적 인식 가능성도 저해한다는 것이다.

2) 해석학에 대한 비판

비판이론가들의 사회이론에 관한 생각은 실증주의를 비판하는 해석학과도 다르다. 해석학에서는 관찰 가능한 현상을 설명하고 예측하는 것보다는 행위자의 행위(acts) 의미를 해석하여 이해하는 것을 사회현실 연구의 주목적으로 삼는다. 해석학은 경전의 해석을 모범으로 삼는 경우가 많은데, 해석이론가들은 사회이론의 대상의 주요 특징은 언어 또는 의사소통적 상호작용이라는 것을 강조함으로써 사회이론의 대상과 자연과학의 대상을 구별한다.

사회적 현실은 규칙의 지배를 받는 의미 있는 활동으로 구성되는데, 이러한 활동을 이해하려면 이론가와 이론의 대상이 된 것 사이에 묵시적인 대화(dialogue)가 이루어져야 한다. 왜냐하면, 자연과학의 상황과는 달리 해석학에서는 이론의 대상(인간)들이 자신의 활동에 관하여 생각하는 방식 자체가 사회적 현실의 중요한 부분이기 때문이다.

그런데 만일 해석의 대상이 왜곡되어 있다면 해석을 통한 이해는 오해가 될 수 있다. 즉, 상위 맥락으로서의 사회제도가 왜곡되어 있으면 그것을 반영하는 조직 구조나 규칙 등도 정당성이 없으므로 시정(해방)되어야 할 대상인데 일반적인 해석학에서는 제도를 있는 그대로의 모습대로 객관화하여 해석하려고 한다는 것이다.23) 만일 특정한 사회의 구조적 특징이 불평등한 권력 관계를 유지하는 데 작용하고 있는 것을 고려하지 않고 겉으로 나타난 관행이나 실천만을 해석한다면 그것은 이해를 깊게 하는 것이 아니라 오히려 오해를 깊게 하는 것이 되는 것이다. 이러한 해석학적 사회이론은 그것이 연구의 대상으로 삼고 있는 언어와 의사소통을 바로잡아야 할 대상으로 여기지 않고 마치 언어와 의사소통적 상호작용이 '정상적으로' 이루어지고 있는 듯이 잘못 볼 수도 있다는 것이다. 물론 전술한 바와 같이 해석학을 일반적 해석이론, 철학적 해석, 비판으로서의 해석학으로 분류하는 경우에는 해석학과 비판이론의 범위가 중복된다.24)

3) 비판사회 이론의 성격

비판이론가들이 볼 때, 사회이론은 사회 및 역사적 요인들과 제도적인 환류성이라고 하는 이데올로기적인 결정 요인들의 외부에 있는 것이 아니라 불가분의 일부라는 것이다. "사회과학은 가치중립적이다"라고 하는 철저하게 이데올로기적인 주장과는 대조적으로 역사적 의미와 적실성이 있는 사회이론은 동시에 외부적이고 내부적이며, 비판적이며 자성적이며, 분리되었으면서도 완전히 연루되고, 부정적이면서 자기 확신적인 성격을 가진 복합적인 변증법을 가지고 있다고 생각한다. 이러한 성격으로 인하여 비판사회이론은 일정한 적용영역을 가진 변동하는 사회·역사적인 조건들에 비추어 이념적으로 더 효과적이고 과학적으로 타당하게 된다고 주장한다.25)

---

23) Jürgen Habermas, *On the Logic of the Social Sciences*, translated by Shierry Weber Nicholas and Jerry A. Stark (Cambridge, Mass.: The MIT Press, 1989), p. 99.
24) Bleicher, 권순홍 옮김, 전게서, p. 8.
25) Mezaros, *op. cit.*, p. 53.

'피상적인' 경험 연구의 전략과는 대조적으로, 비판이론가들의 기본 전략은 근본적인 인간의 욕구와 자율성 및 자기발전 등의 시각에서 지배적인 제도 유형과 이데올로기 또는 의식의 형태를 비판적으로 검토하고 평가하려는 것이다. 이런 비판적 분석의 궁극적 목적은 여러 가지 형태의 지배로부터의 해방을 촉진하려는 것이다.26)

비판사회이론은 "더 합리적인 사회를 향한 자기반성 운동의 일부가 되도록 설계된다"라고 주장한다. 비판사회이론은 비판철학의 영향을 받았는데, 비판철학자들은 대화, 왜곡되지 않은 의사소통, 그리고 공동체적 판단 등을 강조하는데 그들의 공통점은 결국 억압되지 않은 사회를 만들고자 하는 것이다. 자기반성은 실체화된(hypostatized) 힘에의 종속으로부터 놓아준다. 앞에서도 말한 바와 같이 "자기반성은 해방적·인지적 이해관계(관심)"에 의하여 결정된다.27)

이것은 상위 맥락과 관련된 문제다. 즉 비판사회이론은 그 자체가 합리적 사회를 만드는 데 공헌하는 하나의 요소라고 본다.28) 그러므로 비판사회이론은 그들이 목표로 삼는 사회를 향한 급진적 변화를 위한 현재의 가능성을 찾아내고자 하는데, 그들이 목표로 하는 사회에서는 사회과정에 관하여 자아 의식적 통제능력을 충분히 발휘하며, 지배적인 권력 관계나 이념적 의식이 없다고 주장한다. 그러나 이런 주장은 순수하게 이론적인 것만은 아니다. 그런 이론은 이의 해방적 목표를 실현할 수 있게 하는 그런 종류의 정치행동을 의미하고 유인을 제공해야 한다. 이들은 실천에 관심이 있는데, 실천을 인도해 줄 기준과 이런 기준의 기초가 되는 합리성에 관한 종합적인 이론을 개발하려고 노력

---

26) Doyle Paul Johnson, *Sociological Theory: Classical Founders and Contemporary Perspectives* (New York: John Wiley and Sons, 1981), p. 458.

27) Jürgen Habermas, *Knowledge and Human Interests*, translated by Jeremy J. Shapiro (Boston: Beacon Press, 1971), p. 310. Appendix, "Knowledge and Human Interests: A General Perspective."

28) Bernstein, *Beyond Objectivism and Relativism: Science, Hermeneutics*, op. cit. p. 224.

한다.29)

정상적인 사회는 이데올로기와 지배로부터 자유로운 사회이고 비판이론이 지향하는 사회다. 비판이론의 타당화의 기준은 실증주의나 해석학적 과학의 기준과 달라야 한다는 것이다. 비판이론이 타당한가를 결정해 주는 타당화의 기준은 사회적 실천의 성패와 관련이 있는데 사회적 실천 자체는 부분적으로 이런 이론의 인도를 받는데, 여기서 성패를 판가름하는 것은 인간해방이라는 목적과의 관계에서 규정된다. 즉 인간해방에 실제로 기여한 비판이론은 타당하다는 것이다.

이상에서 비판이론의 견지에서 본 설명과 해석에 대한 비판의 요지를 알아보았다. 그런데 잘 개발된 설명방식이 사회의 비판에 사용될 수 있으므로 비판사회이론이 그들의 비판적 목적을 분명히 하고 있다는 것 이외에는 여타의 사회과학과 구별되는 특이점이 없다고도 할 수 있다.30) 따라서 본서가 사회과학의 연구논리를 설명, 해석, 비판으로 구분하였으나, 이들 간에 밀접한 관련이 있다는 것을 염두에 두고 행정학의 논리를 이해해야 할 것으로 생각한다.

4) 비판이론의 행정학적 함의

비판철학과 비판사회이론을 원용하여 하나의 '비판행정이론'을 구성하는 여러 가지 노력을 논의할 수 있겠으나 여기서는 더 이상의 논의를 생략하고자 한다. 다만 후술하게 될 행정이론의 분석수준과 맥락단계와 관련하여 그 함의에 관해 언급해 두고자 한다. 행정이론의 접근방법이나 시각은 그에 상응하는 적절한 분석수준과 맥락단계에서 논의될 때 이론의 힘이 발휘된다. 이 말은 비판이론과 관련하여 생각해보면 그러한 주장이 더 설득력이 있어 보인다. 예를 들면 정책을 검토하는 경우에는 여러 가지 분석의 수준에 초점을 맞추어야 한

---

29) *Ibid*, p.190.
30) Bohman, *op. cit.*, p. 186.

다는 것이다. 즉 행정조직에 있어서 조직 내의 의사결정이라는 미시적 수준, 정책형성 체계의 분석이라는 중범위 수준, 그리고 정치체제와 관련된 거시적 수준을 모두 관련지어 보아야 한다는 것이다.

제4절 행정학 연구의 목적과 방법: 종합

1. 연구의 목적과 이론의 구조

1) 연구의 목적과 방법

이상에서 논의한 사회과학방법론의 입장에서 행정학 연구의 목적을 다음과 같이 세 가지로 요약할 수 있다.

첫째, 행정 현상을 관찰하여 설명하고 예측하는 것이다. 이와 같은 방법은 관찰된 사실관계의 경험적 일반론(empirical generalization)을 구성하고 나아가서 이론(theory)을 구성하여 행정 현상의 설명과 예측을 위한 전제와 결론에 관한 언명(statement)을 도출하는 데 사용한다.

둘째, 행정행위의 맥락과 의미를 해석하고 이해하는 것이다. 여기서는 역사적 문헌과 현행 행정문서에 담긴 의미를 해석하고 이해하며 행정행위자의 의도를 해석하고 이해하여 그 의미를 파악하는 것이다.

셋째, 행정 현상의 사회적인 의미에 대하여 비판하고 성찰하는 것이다. 일반적으로 이러한 방법은 현존하는 행정과 사회체제가 모순이나 불합리성을 가지고 있다는 전제로부터 시작하는 경우가 많다.

2) 행정이론의 구조

위와 같은 행정학 연구의 목적과 방법의 차이는 행정이론의 구조의 차이와

관련이 있다. 행정이론을 경험주의 이론, 행위이론, 비판이론으로 구분하는 경우,

첫째, 설명과 예측을 주목적으로 하는 방법론은 행정의 경험적 행태 (empirical behavior)를 관찰하고 일반론을 구성하기에 적합하다. 행정인의 행태를 일정한 자극(stimulus)과 반응(response) 간의 관계로 파악하여 그 규칙성을 발견하는 것이다. 이것이 일반적인 행정이론의 구조다.

둘째, 해석과 이해를 목적으로 하는 방법론은 행정에 관한 텍스트(문서)와 행정인의 행위(acts)의 의미를 연구하는 데 적합하다. 이러한 이론이 행정의 행위이론(action theory)이다.

셋째, 비판이론의 목적과 방법은 모순이 있는 또는 왜곡된 행정 관행과 구조에 관하여 성찰하고 비판하며 개선하고 벗어나려는 목적에 적합하다. 이런 이론은 개혁 지향적인 비판행정이론이다.

2. 방법론적 개인주의와 형이상학적 전체주의

앞에서 행정학 연구의 목적과 이론의 구조 간의 관계를 아주 간략하게 서술하였으나 방법론상으로는 매우 까다로운 쟁점이 포함되어 있다. 그 첫째가 미시와 거시(micro and macro) 간의 관계에 관한 것이다.

이론은 개념들의 관계로 구성된다. 개념은 정의(definition)에 의해 그 의미가 밝혀진다. 행정 현상은 개인(individual)이라는 미시적 수준에서 연구될 수 있고 집단(group, society)이라는 거시적 수주에서도 연구될 수 있다. 여기서 개인수준의 연구에서 사용하는 개념 및 이론과 집단수준의 연구에서 사용하는 개념 및 이론 간에는 어떤 연계가 있는지가 핵심적 쟁점이다.

방법론적 개인주의(methodological individualism)에서는 "모든 개념(용어)은 개인수준의 용어로 정의될 수 있다"라고 주장한다. 즉 개인의 행태와 행위에 관한 개념은 물론 집단수준의 현상에 관한 개념도 개인수준의 용어에

의하여 구성될 수 있다고 말한다. 개인수준의 용어에 의하여 집단수준의 용어
를 구성할 수 있는데, 반대로 집단수준의 용어는 개인수준의 용어로 분해할 수
있다. 이것을 환원(reduction)이라고 말하며 방법론적 개인주의를 환원주의
라고 말한다. 집단수준의 개념의 독자성을 주장하는 사람들은 '환원주의'라는
말을 비판적 시각에서 사용하는 것이다.

그리고 방법론적 개인주의에서는 "모든 설명과 예측은 개인수준의 이론으로
이루어질 수 있다"라고 말한다. 즉 집단수준의 독자적 이론이 없다는 것이다.

위의 주장과는 달리 형이상학적 전체주의(〈신비주의〉; metaphysical
holism〈wholism〉)에서는 집단이나 조직 또는 사회의 특성을 나타내는 독자
적인 용어가 있을 뿐만 아니라 집단수준의 독자적인 이론체계에 의한 설명과
예측이 필요하고 가능하다는 것이다. 말하자면, 개인 차원에서는 없는 특성과
이론이 집단 차원에서 생기는 것이므로 이것을 '생성론'(emergentism)이라
고 부르기도 하는데, 환원주의자들은 이러한 생성론을 인정하지 못한다. 그러
나 전체주의적인 관점이 있어야만 조직과 사회 수준의 특성에 관한 개별 현상
과 이론구성 및 설명과 예측을 할 수 있다. 특히 정치와 행정 현상에 관한 체제
이론(system theory)에서는 전체주의적 관점이 불가피하다.

3. 이론의 분석단위와 수준

방법론적 개인주의와 형이상학적 신비주의(전체주의)는 철학적으로 중요한
문제임에는 틀림이 없으나 "있는 그대로 보려는" 수준에서는 행정 현상이 개인
을 기초로 조직을 구성하며 사회를 구성한다고 생각할 수 있다. 거꾸로 말하면
사회 전체에는 집단과 조직이 있고 집단과 조직은 개인으로 구성된다. 다시 말
하면 사회와 조직은 개인으로 환원될 수 있고 개인은 조직과 사회로 구성될 수
있다.

이렇게 생각하면 행정 현상 연구의 분석단위는 개인, 조직, 전체사회 (individual, organization, societal)로 구분할 수 있다. 따라서 행정이론의 분석수준은 개인, 집단(조직), 범사회적 수준이 있다고 말할 수 있다.

앞에서 언급한 행정학 연구의 목적과 이론의 구조라는 관계에서 보면, 개인 수준의 행정이론은 주로 행정행태의 경험적 관계에 관한 이론이 주류를 구성한다고 말할 수 있다. 그리고 해석학적 행위이론은 집단과 조직적 연계 하에서 해석하고 이해하는 이론이라고 생각할 수 있다. 그리고 비판적 행정이론은 당연히 사회적 관행과 구조의 모순과 왜곡과의 관계하에서 연구하는 것이므로 범사회적 분석수준의 이론이라고 할 수 있다.

4. 지식과 정보의 맥락단계

행정이론은 행정 현상에 관한 지식이며 정보이다. 지식과 정보 또는 사회적 행동은 3단계로 구성된 것으로 생각해 볼 수 있을 것이다. 즉 지식과 정보 또는 행동은 여러 가지 부분들(bits)로 구성되어 있는데, 이러한 부분들은 일정한 중간 맥락(context 또는 mid-context)을 가질 수 있고 그보다 상위의 상위 맥락(meta-context)을 가질 수 있다.

부분적 지식과 정보는 상호 연계되지 않은 지식과 정보인데, 일정한 중간 맥락이나 상위 맥락을 가진 지식과 정보는 상호 간의 연결이 더 의미가 있고 체계가 있다. 다시 말하면, 맥락이 형성되거나 맥락을 알 수 있는 지식은 일정한 틀속에서 그 인과관계를 파악하거나 의미를 이해하기가 더 용이하다고 할 수 있다. 가령 어떤 사람이 종사하고 있는 일에 관한 정보는 부분적 정보인데 그가 중앙정부의 특정 업무를 담당하고 있는 공무원이라는 구체적인 맥락을 알면 그의 행위를 해석하기가 더 쉬울 것이다. 상위 맥락이 체계화될수록 중간 맥락과 부분적 지식도 그만큼 긴밀한 연계 관계를 갖게 될 것이다. 경우에 따라서는 상위 맥락이 그보다 하위의 중간맥락의 의미를 제약하고 이러한 두 개의 맥락이 그보다 더 하위의 부분들의 인과관계와 의미를 제약하거나 한정시킬 수 있다.

5. 분석수준 및 맥락단계와 이론의 적실성

이제 앞에서 검토한 분석의 수준과 맥락단계에 관한 생각들은 결합하면 "행정이론의 분석수준과 맥락단계"라는 하나의 준거의 틀을 구성할 수 있을 것이다. 그러나 준거의 틀에서 사용하고 있는 분석의 수준이나 맥락단계에 관한 구분을 너무 경직적으로 해석하면 오히려 논지를 흐리게 할 염려가 있다. 인식론이 되었건 또는 방법론이 되었건 간에 하나의 준거의 틀을 너무 경직적으로 적용하면 '준거틀의 신화'(myth of the framework)에 갇혀 버릴 수도 있다고 한다.31) 우리는 행정학의 여러 가지 시각과 패러다임, 그리고 이론적 지향을 비교하고 평가하는 데 도움을 받기 위하여 분석수준과 맥락을 결합한 틀을 사용하고 있어야 한다. 여기서 제안한 준거의 틀은 행정이론의 구조를 정리할 수 있는 하나의 교시적 장치(heuristic device)이다.

이제까지의 논의를 토대로 행정이론의 분석수준과 맥락단계를 행정학의 과학적 연구의 목적 및 방법과 함께 정리해 보고자 한다.

여기서 우리가 유념해야 할 것은 모든 분석수준에서의 연구는 상위 맥락, 중간맥락, 그 부분과의 관련 하에서 연구될 수 있다는 것이다. 그리고 모든 맥락단계는 개인, 조직, 범사회적인 분석단위와 관련이 있다는 것이다. 예를 들면 개인적인 분석의 수준에서 연구하는 경우에도 상위 맥락과 중간 맥락을 설정하는 방식 여하에 따라서 개인들의 행태나 행위를 연구하는 이론의 내용이 달

---

31) Bernstein, *The Restructuring of Social and Political Theory, op. cit.*, pp. 172-173.

라질 것이다. 그와 마찬가지로 조직적 분석의 수준과 범사회적 분석의 수준에서 연구하는 경우에도 상위 맥락, 중간 맥락, 상황적 요인들 간의 특수한 관계를 가정할 수 있다.

일반적으로 말하면 전통적 행정학의 과학적 행정이론을 정립하려는 노력은 개인수준의 분석단위에 관한 연구와 더 큰 적실성을 갖는 것으로 보인다. 즉 경험적인 설명과 예측에 더 적합한 것 같다.

해석학적 행정이론은 적절한 해석과 이해를 위한 맥락이 필요하다. 우리는 이러한 맥락을 잠정적으로 '중간맥락'이라고 불렀다. 이와 같은 중간맥락은 조직을 분석단위로 삼는 경우와 깊은 관련이 있어 보인다.

그리고 비판적 행정이론은 범사회적인 분석수준에서 상위 맥락과의 관련 하에 구성될 때 관점의 특성이 더 잘 부각되는 것으로 보인다.

다시 말하면 행정학의 경험적 이론, 해석학 이론, 비판이론은 각각 부합하는 분석수준과 맥락단계에서 구성될 때 각각 고유한 설명력, 이해력 및 성찰력이 발휘되는 것으로 생각할 수 있다.

행정사상과 연구의 논리

제3장

행정사상과 연구의 논리

제1절 정치체제의 역사적 맥락과 제도적 논리[1]

1. 정치체제의 역사, 제도 및 이론 간의 상호작용

행정학 문헌은 특정한 시대와 장소의 사상과 관련이 있으며 그러한 문헌이 행정학 이론의 원천과 경향을 식별할 수 있게 해준다고 말한다.[2] 본 장도 이러한 견해를 참고로 하여 행정학 연구의 논리 변화를 한국의 역사적 제도적 맥락과 관련하여 검토해 보려는 것이다. 아래에서는 1948년 이후 70여 년간에 걸쳐서 진행된 한국 정치사회의 변화와 제도적 논리의 변화, 그리고 행정사상과 연구논리의 강조점 변화를 검토하고자 한다. 특히 이와 같은 검토를 통하여 왜 시기적으로 요구되는 접근방법이 무엇이었던가 하는 것을 부각함으로써 본서

---

[1] 아래의 각 절 내용은 강신택, 『행정사상과 연구의 논리』(조명문화사, 2013)의 다음 내용을 발췌 가필한 것이다. 제2장 정치체제의 역사적 맥락과 제도적 논리. 제5장 국가 건설기의 행정사상과 연구의 논리. 제6장 경제 발전기의 행정사상과 연구의 논리. 제7장 과도기의 행정사상과 연구의 논리. 제8장 문민정부 시기의 행정사상과 연구의 논리. 제9장 국민의 정부의 행정사상과 연구의 논리. 제10장 참여정부 시기의 행정사상과 연구의 논리. '문민정부, 국민의 정부, 참여정부' 등의 명칭은 당시의 정부가 자신의 성격을 규정한 용어다. 학술적인 글에서 이러한 명칭을 그대로 사용하는 것에 대한 비판도 있으므로 이 책에서는 가능한 한 사용하지 않았다.

[2] Dwight Waldo, *The Administrative State: A Study of the Political Theory of Public Administration*, with a new introduction by Hugh T. Miller (New Brunswick: Transaction Publishers, 2007), p. xxiii, preface.

제4장의 성찰에 관한 논의로 이어가고자 한다.

이와 같은 논의를 전개하면서 "정치·사회적 변화와 제도적 논리의 변화가 행정사상과 이론 및 연구의 논리의 변화를 초래했다"라는 식으로 일종의 선후관계 또는 인과관계를 분명하게 밝힐 수 있다면 본 장의 논리가 더 분명해지겠으나 그렇게 단정적으로 서술할 수는 없을 것 같다. 즉 정치·사회적 변화가 특정한 제도적 논리를 강화했으리라는 것까지는 추정할 수 있으나, 한국의 행정학계가 그러한 지배적인 제도적 논리를 명시적으로 검토하고 사상을 정리한 다음에 그에 적합한 행정이론과 논리를 도입 또는 발전시킨 것 같지는 않다.

2. 시대적 배경의 변동과 정치사회학적 의미

여기서 시대적 배경의 변화에 관하여 예시적인 묘사가 도움이 될 것으로 보이는데, 세계사적인 변화와 비교할 때 비교적 짧은 기간의 한국 정치사에서 세계사적인 모든 특징이 순차적으로 변화해 왔는가를 확정적으로 말하기는 어렵다. 그러나 한국이 여러 가지 사회변동을 압축적으로 경험하면서 서구에서 오랜 기간에 걸쳐 경험한 변화를 비교적 짧은 기간 내에 경험해 왔던 것도 인정된다. 이렇게 비교적 짧은 기간 내의 변화를 소위 "신생국가"의 변화와 비교하는 것은 적절치 못하다고 생각한다. 왜냐하면, 한국이 비록 1948년에 새로운 정부를 구성한 것은 사실이지만 그것은 그 이전에 오랜 역사를 통하여 축적했던 정치와 행정의 잠재된 역량을 복원한 측면도 많기 때문이다.

세계적인 정치사회적인 시각에서 볼 때, 근대의 거시적인 사회변동은 사회의 각 영역(sector) 내의 제1차 집단들과 정치사회와의 관계의 변화로 파악할 수 있다.3) 즉 거시적인 사회적 영역들을 정치, 경제, 사회, 문화 등으로 구분할

---

3) S. N. Eisenstadt, *The Political Systems of Empires: The Rise and Fall of the Historical Bureaucratic States* (New York: The Free Press, 1969), Chs. 1-6.

때, 정치체제와의 관계에서 보면 각 영역은 각자 독자적인 목적과 구조 및 기능(goals, structure and functions)을 가지고 자율적인 규칙(code)과 의사소통(communication)의 체계를 통하여 자기 영역의 목적과 기능을 스스로 규제해 왔다. 이것을 여기서는 제1차적 규제(the first order regulation)라고 개념화할 수 있다. 그런데 정치사회가 발달하고 분화(differentiation)하면서 정치영역은 자원 배분을 둘러싼 투쟁 또는 경쟁과 관료적 규칙에 관하여 자체를 규제할 뿐만 아니라 경제, 사회, 문화 등의 타 영역에 대해서도 규제하게 된다. 타 영역에 대한 규제는 정치적 투쟁과 관련하여 자원과 지위(resources and positions) 등의 배분을 조정하고 관료제를 통하여 자원을 동원하고 타 영역이 필요로 하는 서비스를 제공한다. 정치체제에 의한 이러한 규제는 각 영역의 자율적 규제와의 관계에서 볼 때 제2차적 규제(second-order regulation)라고 할 수 있다. 즉 각각의 영역이 발달하여 자율적으로 자기 영역의 목적과 기능을 규제할 수 있는 역량이 증가할수록 정치적 중재와 관료제에 의한 제2차적 규제의 정도는 낮아질 것이다. 반대로 정치체제에 의한 제2차적 규제의 범위와 정도가 더 넓고 강해질수록 제1차적 규제의 범위와 정도는 상대적으로 낮아질 것이다.

그런데 1990년대에는 새로운 규제방식이 활발하게 논의되었다. 즉 거버넌스(governance)를 통한 규제방식이다. 후기 자본주의 사회 또는 정보화 사회, 나아가서는 제4차산업 사회라는 말이 시사하는 바와 같이 정부와 타 영역 간의 관계가 또다시 크게 변화하고 있다. 다시 말하면 전통적으로 타 영역에 속하는 민간 또는 사적인 문제라고 생각되던 일들이 공공의 영역으로 이행되기도 하고, 그와 반대로 정부의 고유 업무라고 여겨지던 일들도 민간이 할 수 있는 업무로 생각하는 일들이 증가하거나 생겨나는 것이다. 이것은 각 영역의 자율규제 방식과 정치체제에 의한 제2차적 규제방식이 결합하여 만들어 낸 새로운 규제방식으로서 각 영역과 정치체제가 협력하여 자기 영역과 타 영역을 함께 규제하는 것이다. 이러한 의미에서 거버넌스는 제3차적 규제(third-order regulation)라고 개념화할 수 있을 것이다. 이상과 같은 시각을 따른다면 거버넌스 시대의 정부는 제2차적인 규제를 축소하기만 하면 되는 것이 아니라 제3차적 규제를 더 정교하게 수행해야 한다고 생각한다. 그리고 위의 각 차원의 규제들은 동일한 역사적 시기에 공존하는데 어느 것이 상대적으로 지배적인가 하는 것은 특정한 시기의 정치체제의 각 부분이 상호작용하여 만들어내는 특성에 따라 결정될 것이다.

이렇듯 정부의 규제는 상대적인 동시에 시기별로 변화하는데, 그러한 변화에 어떤 뚜렷한 순서가 있는 것은 아닌 것으로 보인다. 그러나 근대의 정치체제가 발달해 오면서 제2차 규제가 강화되다가 완화되는 추세를 나타내고 있으며 더 나아가서 거버넌스로 진전되어 온 것으로 보인다.

이미 언급한 바와 같이 1948년 이후의 한국의 정치사회적 변동은 근대 국가의 장기간에 걸친 변동과 비교할 때 상대적으로 매우 짧은 기간에 일어난 변동이기 때문에 모든 변화가 압축적으로 나타나고 있는데 모든 것이 새로운 경험은 아니고 1900년대 초에 국권을 상실했던 당시까지 축적되어 온 능력이나 기억을 복원한 내용도 많다고 할 수 있다. 즉 이 시기는 일제의 점령으로 교란되었던 자율적 역량을 복원하는 성격도 가지고 있었다. 우선 각 영역은 1945년 해방과 그 후의 정부수립 당시에는 그 목적과 기능 수행 면에서는 미숙했으나 정부의 강력한 규제를 받아 오면서도 점차로 세련되어 자율규제 능력이 신장하여 왔다. 즉 1960년대의 발전연대에 통제적인 정부의 광범한 규제가 심화하였는데 1980년대 이후로 각 영역의 제1차적 규제를 위한 자율역량의 신장과 더불어 제2차 규제로서의 정부규제를 완화하려는 노력이 계속되었다. 1990년대 이후에는 공·사 영역들이 과업에 따라 협력하는 제3차적 규제로서의 거버넌스가 논의되고 실현되고 있으나 그 추세가 뚜렷하지는 않다.

3. 자본주의 국가의 제도적 논리

이상과 같은 정치사회적 변동은 그러한 사회의 중추적 제도에 관한 논리의 변화를 수반한다고 할 수 있다. 자유주의 민주국가의 행정에서 핵심적인 과제는 민주주의 제도와 관료제 간의 관계라고 할 수 있다. 즉 기본적으로 어떻게 하면 행정 관료제가 민주적인 정치적 의사에 따르게 하느냐 하는 문제이다. 그리고 자본주의 국가(capitalist state)의 행정사상과 논리의 특징들은 민주주의 (democracy), 관료제(bureaucracy), 자본주의(capitalism)라고 하는 제도적 논리들(institutional logics) 간의 관계로부터 도출할 수 있다고 생각한다.[4]

여기서 '제도적 논리'라는 개념적 틀(conceptual framework)을 원용하는 이유는 논의전개의 편의를 위한 것이다. 그리고 아래에서 '제도적 논리'의 의미를 밝힌 다음에는 '연구의 논리'(logics of inquiry)와의 혼동을 피하고자 '제도적 맥락'이라는 용어와 상호 교환하여 사용하기도 할 것이다. 정치·사회의 변동은 다양한 요인들의 상호작용으로 발생하는 것인데 본 장에서 제도적 논리를 부각시키는 것은 논의를 압축하기 위한 것이다.

한국은 정부수립과 함께 자본주의 국가의 제도적 논리를 수용했다. 1945년 해방 직후의 격렬한 사회적 갈등은 주로 자본주의 국가의 제도적 논리를 수용할 것인가 아니면 사회주의 국가의 제도적 논리를 채택할 것인가에 관한 갈등과 투쟁하기도 했다. 당시 한국의 경제발전 수준이 낮았던 시기에는 경제가 발달한 서구 사회에서 말하는 제도적 논리의 적실성이 낮아 보였는데 1960년대에 시작한 경제발전 이후로는 그러한 제도적 논리가 한국의 정치사회적 변화를 표현하는 틀로써 매우 유용하게 되었다.

---

4) 이러한 제도적 논리를 국가론의 견지에서 자세하게 논의한 것이 Robert R. Alford and Roger Friedland, *Powers of Theory: Capitalism, State, and Democracy* (Cambridge: Cambridge University Press, 1985)이다. 이 책에서 제시한 제도적 논리들에 관한 견해는 본 장의 논지를 펼쳐나가는 데 있어서 크게 도움이 되는 매우 편리한 틀이다.

여기서 인용하는 국가론에서 말하는 민주주의(democracy; civil society)의 핵심논리는 참여와 합의(participation and consensus)로 요약된다. 정치적 의사결정에 있어서 어떠한 참여방식을 택하며 어느 정도의 참여를 허용하느냐에 따라 제도 운용의 구체적인 양상이 달라진다. 즉 광범위한 참여가 제도화될수록 더 민주적이라고 할 수 있다. 그리고 정치체제의 구성원 간에 국가목표와 기능에 관한 합의가 합리적으로 형성될수록 더 민주적이라고 할 수 있다. 그런데 국가 목표의 설정을 비롯해 정치체제의 운영에 관한 참여의 폭이 넓어질수록 구성원 간에 합의를 형성하기가 어려워진다. 즉 참여와 합의 간에는 긴장 또는 갈등 관계가 있는 것이다. 한국의 민주주의는 초기부터 참여와 합의 폭이 매우 한정되었었고 특히 경제발전 초기에는 극도로 제한된 시기도 있었으나 민주화 이후에는 참여의 폭은 넓어졌으나 합의형성에는 어려움을 겪고 있다.5)

관료제(bureaucracy; the state)의 제도적 논리는 집권화와 분권화(concentration and decentralization)이다. 집권화는 자원배분 등에 관한 의사결정의 권한이 중앙정부나 행정조직의 상층부에 집중되는 것이고 분권화는 이러한 권한과 자원이 지방정부나 조직의 하층부에 많이 배분되는 것이다. 관료제의 운용에서 집권화의 논리는 의사결정의 일관성과 중복의 회피로써 사업을 효과적 능률적으로 운영할 수 있게 한다는 입장에서 정당화한다. 반면에 분권화도 자율성과 신축성을 높여서 사업의 효과와 능률을 높일 수 있다는 것이다. 요컨대 집권화와 분권화는 다 같이 관료제의 효과성과 능률성을 높인다는 논리를 가지고 있으나 상호 간에는 제도적으로 상충하거나 긴장 관계에 있다. 즉 집권화의 정도가 높아질수록 분권화의 정도는 낮아지는 것이다. 한국의 정부 관료제도 1948년의 정부수립 초기에는 국가권력 기반을 구축하는 데 강

---

5) 대의기관인 한국 국회는 규정대로 개원하지도 못하고 국회 밖에서 소위 "장외투쟁"을 하는 고질적인 병폐에서 벗어나지 못하고 있다.

조점이 주어졌었고 경제 발전기에는 집권화된 관료제가 지배적 논리였었는데 시대의 변화와 더불어 분권화가 강조되고 있다.

자본주의(capitalism; economy and market)의 제도적 논리는 축적과 분배(accumulation and distribution)라고 할 수 있다. 자본주의적 생산에는 이윤을 창출하고 자본을 축적하여 재투자해야 생산을 계속할 수 있고 생산에 참여하는 구성원들에게 이윤을 분배해주어야 생산을 계속할 수 있을 것이다. 따라서 축적과 분배는 다 같이 자본주의를 정상적으로 운영하기 위하여 요구되는 제도적 논리지만 과도한 축적과 분배는 상충하고 갈등하는 관계가 된다. 1950년대의 한국의 자본주의는 일제의 수탈과 6·25전쟁의 참화 등으로 '자본주의'의 공과를 논할 수 있을 만큼의 자본이 형성되지도 못했던 시대다. 그 후 경제 발전기에는 자본주의의 축적의 논리가 우세하여 분배를 소홀히 하는 경향이 있었으나 이후로는 축적과 분배 간의 갈등구조를 조절해야 하는 시대가 계속되었다.

4. 행정사상과 연구 논리의 수용

정치·사회적 변화에 따른 제도적 논리 간의 변화는 그에 수반하여 행정사상과 연구의 논리에도 변화를 가져왔다고 할 수 있다. 한국에서 근대적인 행정학을 교육하고 연구하기 시작한 것은 1950년대부터인데 1959년에 서울대학교 행정대학원이 설립된 이후로는 더욱 활발해졌다. 이 시기에 미국의 영향을 받은 행정학은 소위 전통적 행정학이라고 불리는 것으로서, 주로 관리론적인 조직관리론, 인사행정론 그리고 재무행정론으로 구성되어 있었다. 이러한 행정학을 "POSDCORB"의 행정학이라고 부르기도 했다.6) 1950년대에는 이러한

---

6) POSDCORB는 Planning, Organizing, Directing, Coordinating, Reporting, Budgeting 의 머리글자로 만든 말이다.

행정학에 대한 비판을 거쳐서 새로운 접근방법이 주장되고 있었는데, 한국에서는 여전히 미국의 전통적 행정학이 답습되고 있었다. 그 이유는 고전적 행정학이 한국에서는 새로운 것으로 여겨졌고 당시의 행정관리를 위하여 유용했기 때문이다. 이러한 고전적 행정학이 교과서의 주요 내용을 이루는 가운데 발전행정론이 활발하게 논의되다가 정책학 등으로 관심이 이동했고 그 후로는 신공공관리론, 신제도론, 거버넌스 이론 등을 수용해 오고 있다.

한국 행정학 연구의 큰 흐름은 관리론적 행정학을 도입하고 발전시켜오면서 해석학적 이론과 비판적 견해를 계속해서 추가한 것이라고 할 수 있는데, 그와 같은 추세의 뚜렷한 시기를 구분하기는 어렵다. 그 이유는 위와 같은 한국 행정학의 발달이 한국 정부나 학계 성찰에 의해서만 수용된 것이 아니라 외국에서 유행하는 이론들을 도입하면서 한국의 실정에 적용하는 과정을 거친 경우도 많았기 때문이다.

5. 시기 구분의 문제

본 장 도입 부분에서 언급한 바와 같이 이 장은 시대별 정부 성격의 변화, 제도적 논의 변화, 그리고 그와 함께 진행된 행정사상과 논리의 변화를 탐구하여 한국 행정학 연구의 논리를 성찰하려는 것이다. 즉 정부 성격의 변화에 따라 더 강조되는 제도적 논리가 있고 그에 부합하는 새로운 행정사상과 연구의 논리가 수용되는데 이렇게 수용된 사상과 논리 간의 관계를 알아보고 성찰하려는 것이다.

그동안 한국의 정치·행정사를 제1공화국, 제2공화국 등의 '공화국'별로 시대를 구분하는 일종의 관행이 있었는데 근래에 와서는 시대별 정권의 성격에 따라 구분하는 경향이 있다. 한국 정치학회의 한 발표에서는 한국의 정치사를 국가형성(이승만 대통령; 윤보선 대통령과 장면 국무총리), 경제발전(박정희 대통령), 과도기(최규하, 전두환, 노태우 대통령), 민주화와 세계화(김영삼, 김대중, 노무현 대통령)의 시대로 구분하고 시기별로 제기된 국정과제를 수행한 리더십에 관하여 검토한 바 있다.7) 경우에 따라서는 대한민국 정부수립 이후를 10년 단위로 구분하여 연구하기도 하고 정권의 성격별로 구분하여 연구하기도 하는데 우리는 여기서 선행연구와 사회의 일반적 용례에 따라 국가 건설기, 경제 발전기, 과도기, 민주화 시기로 나누고 민주화 시기는 다시 문민정부, 국민의 정부, 그리고 참여정부로 구분하는 것도 참고하고자 한다.8)

우리는 국가 건설기, 경제 발전기, 민주화 이후로 시기를 크게 구분하고자 한다. 아울러 시기별로 정권의 성격과 과제 및 문제해결 양상을 알아보되 시기별로 묶어서 행정사상과 연구 논리의 변화를 추적해 보고자 한다.

한국의 근·현대사는 단절과 연속의 복합적인 과정인데 "비동시적인 요소들이 동시적으로 작용하는 특수한 역사적 지평"을 형성해 놓았기 때문에 시대별 특징도 매우 복합적이라고 말한다.9) 고전적인 행정이론의 견해에서는 민주국가의 정치발전은 정치적 리더십에 대해 관료제가 능동적 효과적으로 반응하도록 설계하고 형성해 나가는 것이라고 한다. 그러한 정치발전에서는 체제의 전환이 이루어지며 평등, 능력 및 분화라는 측면들의 부합과 모순들이 결합해서 나타나는 다양한 양상을 띤다.10) 그리고 발전도상 국가들의 정치적 전환단계는 일정한 시기에 허술하게나마 구성되었던 경쟁적 정당 체계가 군대의 개입과 통제하에 놓여 있다가 다시 민주화되는 경향이 많다고 하는데,11) 우리도 이와 유사한 과정을 경험했다.

---

7) 한국정치학회·관훈클럽 공동주최 "한국 대통령 리더십 학술대회"(2007. 1. 29, 한국프레스센터)
8) 학자 중에는 집권한 정부가 스스로 명명한 문민정부, 국민의 정부, 참여정부라는 호칭에 대해 이견을 가진 이도 있다.
9) 유홍림, 『현대 정치사상 연구』(인간마당, 2003), p. 366.
10) Ferrel Heady, *Public Administration: A Comparative Perspective*, 6th ed. (New York: Marcel Dekker Inc., 2001), p. 113.
11) *Ibid*, pp. 282-293.

제2절 국가 건설기 행정학 연구의 논리

1. 국가 건설기

1) 이승만 정부 시기(1948-1960)

(1) 정부수립

이 시기는 해방과 국토분단 상황에서 정부를 수립하고 6·25전쟁을 겪은 후 힘겨운 경제복구에 노력하다가 민주화의 시련을 겪은 시기다. 제2차 세계대전 (1939-45)의 연합국(미국, 영국, 중국, 러시아, 프랑스 등) 승리로 일본(독일, 이탈리아 등)이 패망함으로써 1910년부터 1945년까지의 일본 제국주의에 의한 한국 통치가 끝나서 한국은 1945년 8월 15일에 광복(해방)되었다. 그러나 북위 38도선을 기준으로 미군이 한반도의 남쪽을 점령하고 소련군이 한반도의 북쪽을 점령함으로써 한반도는 남과 북으로 분단되어 남북이 각각 이질적인 국가와 정부를 수립하여 경쟁하고 적대하는 비극적인 고난의 역사가 시작되었다.

이와 같은 분단으로 인하여 통일된 체제를 형성하지 못한 채 남과 북은 각각 점령국의 영향 아래에 드디어 1948년에는 각각 정부를 수립하게 되었다. 국제연합(이하 유엔으로 표기, UN: The United Nations) 감시 하의 선거를 통하여 정부를 수립하려는 유엔의 결의가 소련군에 의해 수용되지 않음으로써 부득이 선거가 가능한 북위 38도선 이남 지역에서만 유엔 한국위원단의 감독 아래 1948년 5월 10일의 국회의원 선거를 통하여 5월 30일에 제헌국회를 구성하여 헌법을 제정한 후 7월 17일 자로 공포하고 이승만을 대통령으로 선출하여 8월 15일에 행정부를 구성하였다. 이렇게 불가피하게 남쪽만의 선거가 있기 훨씬 전에 소련군은 북쪽에 실질적인 정부인 인민위원회를 구성하였다. 이 시기의 시급한 국정과제는 당연히 국토(territory)를 온전히 확보하고 국가 안전(national security)을 확립하는 일이었다. 이렇듯 대한민국은 국토의 분단이라는 제약 아래 자본주의를 수용한 자유 민주주의 체제로 출발하였으나 조선 왕조의 관인통치 유산, 일본 제국주의 억압통치의 후유증, 미국 군정의 경험, 남북의 대립상황은 극도의 이념적 갈등과 사회적 혼란을 잉태하고 있었다. 이러한 상황에서 수립된 대한민국의 정치 엘리트 중에는 민족해방을 위해 투쟁한 독립투사와 지방의 명망가가 포함되었으나 행정관료 및 경찰관료 중에는 일본의 총독부 관리의 경력을 가진 자가 많았고 국군의 전신인 국방경비대원 중에도 일본 군대와 만주국(일본이 세운 허수아비 국가) 군대에서 근무한 인사들이 있었다. 일본강점기의 인사와 관료가 기용되었던 역사적 사실은 오늘날까지도 논쟁의 대상이다.

(2) 6·25 전쟁과 복구

1950년 6월 25일(일요일) 새벽에 소련의 지원을 받은 소위 "조선민주주의인민공화국"(북한)의 군대인 "인민군"의 기습 남침으로 민족상잔의 비극적 전쟁을 치르게 되었다. 이 전쟁은 3년여에 걸친 피비린내 나는 살상과 파괴로써 국토를 초토화했는데, 1953년 7월 27일에 휴전(cease fire)이 성립되어 전투는 중지되었으나 2000년대인 현재까지도 남과 북이 무력으로 대치하는 준전시 상태가 계속되고 북한은 심지어 핵폭탄을 개발하여 남한의 적화통일을 공언하고 있는 실정이다.12)

국제연합군의 원조로 전쟁을 수행하였는데 전쟁 기간에 군대 관료제와 민간 관료제가 성장하게 되었다. 1950년대에 10여만 명에 불과하던 국군 병력이 1953년경에 60만 대군으로 성장하였다. 이때 시급한 과제는 당연히 국토와

---

12) 2018년에는 남북이 공존하면서 통일을 지향하기 위한 화해 협력을 위한 노력이 계속되고 있는데, 본서 원고를 작성하고 있는 이 시점에서는 그 귀추가 아직 불확실하다. 그동안 3차에 걸쳐 소위 남북 정상회담이 있었고, 대한민국의 문재인 대통령이 평양을 방문하기도 하였다. 그리고 미국과 북한 간에는 북한의 비핵화와 체제보장이라는 의제를 가지고 협상이 계속되고 있다.

경제를 회복하는 일이었다.

(3) 자유주의 수호와 독재정치

해방 후 극도로 혼란한 정국은 대한민국 정부의 수립으로 안정되어 가는 도중에 북한의 남침으로 시작된 전쟁이 막대한 인명과 재산의 손실을 가져왔을 뿐만 아니라 남한과 북한 중 어느 편을 지원하고 가담했는가에 따라 국민 상호 간에 불신과 증오를 낳게 하였다. 국제전과 내전적 성격이 복합된 6·25전쟁은 심각한 신체적, 정신적 및 물질적 상처를 만들어냈다.

전쟁 중의 불신과 증오를 경험한 사람들은 자유주의를 수호하기 위해서 "반공산주의" 정책을 추진하게 되었고 이러한 반공은 생존을 위한 전략이었으나 그 자체가 목표가 되는 "목표 전환"도 생겨나서 인권이 유린당하는 사례도 발생하게 되었다. 즉 자유주의를 수호하려는 전략이 인권을 탄압하기도 함으로써 자유주의를 왜곡시키는 역설적 현상이 발생하였다. 이러한 과정에서 경찰과 군대의 특무조직이 비대해지고 이것은 급기야 이승만 대통령의 집권욕과 맞물려 독재정치로 치닫고 중앙집권적 관료제는 성장하게 된 것이다. 대한민국의 제정헌법은 대통령 중심제와 의원 내각제적 요소들이 절충된 헌법으로서 초대 대통령 이승만은 국회에서 선출되었다. 그런데 이승만 대통령은 전쟁 수행 중인 1951년의 임시 수도 부산에서 자유당을 창당하고 국회의원들을 강제로 동원하여 대통령 직선제로 헌법을 개정했다. 1954년에는 집권당인 자유당의 주도하에 대통령 중임제를 폐지하고 부통령제를 폐지하는 소위 "4사 5입 개헌"으로 드디어 종신 대통령의 길을 걸었다.

2) 윤보선 대통령과 장면 국무총리 정부(1960-1961)
: 민주화를 위한 시련과 좌절

독재정권의 장기집권으로 정국이 경색된 가운데 1960년 3월 15일 대통령 선거의 대대적인 부정은 드디어 국민적 저항을 가져와 해방 후 민주교육을 받은 한글세대의 4·19 학생혁명으로 자유당 정권은 붕괴하였다. 학생들의 시위 과정에서 경찰은 무력을 사용하여 진압하려고 했으나 군대는 예상과는 달리 치안 유지에만 전념한 사실도 특이한 현상이었다. 특히 다음 해에 군사 쿠데타가 발생한 사실을 고려하면 더욱 그렇다. 1960년의 헌법 개정으로 내각 책임제가 도입되고 민주당이 국회의 다수당이 되어 집권하고 윤보선을 대통령으로 선출하고 장면을 국무총리로 선임하였다. 그러나 민주당 내의 신파와 구파의 갈등이 심화하여 가는 가운데 대중의 민주적 참여요구 확대와 북한에 대한 정책변화의 요구 등이 분출했으나 그것을 제어하지 못하고 사회적 혼란이 극도에 달하자 그동안 비대해진 군부가 개입하여 1961년 5월 16일에 군사 쿠데타를 성공시켜서 민주당 정권이 붕괴하고 말았다. 이렇게 민주화를 위한 노력은 민주당 정권의 무능과 군부의 개입으로 좌절되고 말았다. 이 시기에 경제개발계획이 수립되었으나 정권의 붕괴로 실현되지 못한 것으로 알려졌다.

제2공화국이라고 불리는 장면 정부의 약점에 관한 학자들의 일반적인 평가는 "제2공화국의 행정체제는 능률성의 개념조차 의식하지 못하고 민주성의 극대화만을 허용한 헌법과 집권당의 전근대적인 생리 때문에 대내외적으로 파란만장한 길을 걸었고 그 이후의 정권과 행정체제에 수많은 교훈을 남겼다"라는 것이다.13)

2. 제도적 논리

1) 행정의 배경과 맥락

국가 건설기는 자본주의 국가의 역할과 범위를 설정하고 법제화한 시기다.

---

13) 안해균, 『한국행정체제론-정치·행정분석의 체제적 접근』(서울대학교 출판부, 1986), p. 87.

이 시기 한국 행정의 정치 경제 사회적 배경과 맥락에 관한 학자들의 견해는 다양하다. 대한민국은 그 출발서부터 "국가적 개입을 강화한 사회복지 국가의 모습을 드러내고 있었다는 점에서 관료국가, 행정국가적인 모델에 기초하고 있었다는 것이다"14) 그런데 해방 이후 행정에 관한 법령은 매우 복잡한 상태에 있었다. 구한말 법령, 일본강점기 법령, 미군정 법령, 과도정부 법령 등 잡다한 법령들이 대한민국 정부에 의해 제정된 법령과 더불어 시행되었다. 그러한 상황에서 행정에 대한 법적 규율이 제대로 이루어지기를 기대하기는 사실상 곤란했다.15)

해방 이후의 분단과 6·25전쟁 및 냉전과정에서 한국은 식민지 구체제의 유산을 정리하면서 "한국형 보수적 자본주의의 기본 틀이 만들어졌다"라는 것인데 이들 특성을 한국 자본주의의 "53년 체제"라고 부르기도 한다는 것이다. 이러한 자본주의의 특성은 "연고 자본주의 또는 관료 자본주의"라고 표현하기도 한다.16)

2) 관료제의 우월적 논리

건국 헌법이 "자유주의의 원리에 따라 국민주권의 원리를 천명하고, 자유권과 평등권 등 국민의 기본권을 보장하고 삼권분립과 의회민주주의의 원칙"을 받아들였으나17) 국가 건설기의 자유주의는 한편으로 권위주의로 흐르고 다른 한편으로 그에 대한 저항 자유주의가 나타났다. 이것은 한국 "역사가 경험한 서로 융합할 수 없는 매우 이질적인 요인들"에 의해 영향을 받았기 때문이라고도 할 수 있다는 것이다.18) 국가 건설기에는 사회가 상대적으로 미분화되고 자

---

14) 성낙인, "제1장 헌법적 맥락(1): 헌법의 불연속성과 행정의 연속성," 제2부 제4편 법 제도와 삼권분립, 『한국행정 60년 배경과 맥락』, p. 291.
15) 홍준형, "제3장 행정법제", 위 책, p. 349.
16) 이병천, "제4장 경제적 맥락(2): 경제발전의 명암," 제2부 제3편 『한국행정 60년 배경과 맥락』, pp. 276-7; p. 281.
17) 강정인, "제1장 정치사상," 제2부 제5편 사상과 문화 『한국행정 60년 배경과 맥락』, p. 48.

본주의적 축적도 이루어지지 않은 상황에서 6·25전쟁을 겪어 경제가 피폐해
졌기 때문에 조선 왕조의 유산, 일본강점기 관료제의 억압적 잔재, 그리고 미
국 군정기의 관행들이 혼재된 불안정한 체제에서 관료제의 집권화 논리가 우
월적 논리로 작용했고 일본강점기부터 물려받은 행정법적 사고가 지배적일 수
밖에 없었다.

3. 행정사상과 연구의 논리

1) 행정법적 행정학

헌정질서를 확립하고 경제를 복구해야 하는 시기에 관료제의 집권적 논리가
우세하였는데 당시의 연구 논리는 "행정법적 행정학"이라고 부를 수 있었다.
1948년부터 1960년까지의 자유당 정부와 1960년부터 1961년까지의 민주
당 정부는 법적 성격에서 입헌주의 국가였고 헌법상 적극적 정부의 규정들이
있었음에도 공법상의 규정들은 행정부를 견제하는 규정들이 많았다. 즉 국민
의 생명과 재산을 보호하기 위하여 행정권의 자의적 행사를 견제해야 하고 정
부의 역할은 국방, 치안, 재정, 경제, 교육 등 국가의 기본 기능으로 한정되어야
한다는 원리에 의하여 운영되어야 했다. 그러나 여러 번 언급한 바와 같이 해방
후의 혼란과 전쟁 후의 복구 노력 및 민주적 참여요구 등은 오히려 정부의 기능
을 팽창시키고 있었으며, 정부의 권력은 견제되지 않았다. 이 당시의 행정은
공법학의 적용 대상이었다고 할 수 있어서 이 시기의 행정학을 "행정법적 행정
학"이라고 규정한 학자도 있다.[19]

---

18) 김영민, "접근방법," 제1부 총론, 위의 책, p. 21.
19) 박동서, "한국 행정연구의 사적 변천", 『행정논총』, 1988. 26(2), pp. 220-249에서는 한
  국의 근대적 행정학이 시대별로 조선조 후기의 실학 행정학, 일본 강점기와 해방 직후의
  행정법적 행정학, 대한민국 수립 직후의 행정법·행정학 공존, 그리고 다음 단계의 행정학
  적 행정학으로 발전해 왔다고 주장하기도 했다.

2) 규범적 해결양식의 한계

입헌국가의 지배적인 행정사상은 당연히 입법, 사법, 행정의 삼권분립 하에서 민주적 통제를 통하여 행정권의 자의적 행사를 견제하는 것이다. 헌법과 관련 법령 등은 이와 같은 사상을 구현하기 위한 다양한 제도적 및 절차적 규정들을 두고 있다.

행정에 관한 이와 같은 사상은 국민의 요구에 대한 반응성과 책임성 (responsiveness and accountability)의 확보, 관리상의 효과성과 능률성 (effectiveness and efficiency) 실현, 시민권(civil rights)의 보장 등으로 알려져 있다. 이러한 사상은 행정사상의 핵심적 내용이라고 할 수 있는데 그 구체적인 내용과 강조점이 정치적 상황과 국가의 목표에 따라 형성되는 것이라고 할 수 있을 것이다.

국가 건설기 행정학자들의 고민은 공식적·법적인 제도와 행정의 실제와의 괴리에서 생기는 부조리와 부패 및 월권 등이었는데, 그 원인을 행정문화와 공무원의 행동 양식에서 찾아보려고 했다. 즉 현대적인 행정제도가 합리적으로 운영되려면, 그것을 뒷받침하는 행정문화가 형성되어야 하는데, 당시의 한국은 전통적 가족주의, 정실주의, 운명주의, 비물질주의 등의 행정문화로 인하여 공식적인 제도가 제대로 작동하지 않았다는 것이다.[20]

이와 같은 상황에서 규범적 해결양식을 극복하기 위해 활용된 것이 당시 도입된 관리 중심의 행정이다.

3) 행정학의 도입과 발전

한국에서 현대적인 행정학을 연구하기 시작한 것은 행정법학이라고 할 수 있다. 일본강점기 통치시대의 행정법적 행정관리 방식의 유산이 1948년 정부

---

20) 백완기, 『행정문화론』(고려대학교 출판부, 1982, 1985); 김봉식, "한국인의 사고방식을 통해 본 한국행정문화", 『한국행정학보』 2권, pp. 341-354 등.

수립 이후에도 이어졌고 6·25전쟁과 그 복구를 관리하는 기간까지도 정치·경제·사회적인 기본적 질서를 유지해야 할 필요성 때문에 일본강점기의 유산이 계속 영향을 미쳤다. 그 후 행정법적 행정학은 미국 행정학의 영향으로 약화되었는데 그 때문에 행정학 연구자와 행정법 연구자 간의 상호교류와 이해가 약화된 아쉬움이 있다.

위와 같은 행정법적 행정학은 미국의 행정학이 공무원 교육과정에 도입될 때까지 대학의 정치학과와 행정학과에서 강의 되었다. 그리고 1959년에 서울대학교에 행정대학원이 설립되면서 급격한 변화가 일어났다. 이때부터 한국의 행정학은 법학 중심의 연구에서 사회과학 중심의 연구로 접근 방법상의 변화가 일어난 것이다.21) 그러나 미국의 행정학 사조를 한국에 도입하여 전파하는 과정에서 큰 세력을 형성한 것은 국내에서 주로 법학 교육을 받고 후에 미국에서 행정학을 연구하고 돌아온 일단의 학자들이다. 예를 들면 서울대학교 행정대학원 초기 교수진 10명 중 8명이 법학사 또는 법학석사 출신의 행정학자들이었다.22) 법학 교육 배경을 가진 학자들은 미국의 새로운 행정학을 도입하면서 그 공식적·구조적 접근방법을 수용하는 데 무리가 없었을 것으로 생각한다. 즉 행정학의 기본과목을 조직관리, 인사행정, 재무행정으로 수용한 것이다.

이렇게 행정학을 도입하는 과정에서 행정학의 패러다임이라는 관념조차 없었고 그것을 의식적으로 성찰한 일도 없었다. 초기에 몇몇 학자들은 행정학 연구에서 철학적, 방법론적 문제를 다루었고 접근방법의 차이를 인정하고 있었으나 그로부터 어떤 명시적인 패러다임을 확인하는 단계로 나아가지는 않았다. 아마도 그 이유는 사회과학적 접근방법을 가진 행정학도 법학처럼 규범적으로 논의하는 시각을 가졌기 때문이었을 것이다. 따라서 이 단계에서는 행정학의 연구 논리를 명시적으로 다루는 일이 드물었고 연구방법론(research

---

21) 강신택, "한국행정학사 서설", 『한국정치학회보』 1971. 제4집, pp. 135-144.
22) 이한빈, "법학에서 행정학으로: 해방 후 한국행정학의 수립과정에 관한 고찰", 『한국행정학보』, 1970, 제4집, pp. 321-344.

methodology)은 바로 조사방법(research method)과 동일한 것으로 여기
는 경향이 있었다.

　이와 같은 이유로 국가 건설기 연구의 논리는 한국 행정학의 발달단계를 논
할 때는 매우 참고되는 중요한 주제이지만 다음 장에서 논의하는 것과 같은 행
정학 연구 논리의 성찰에서는 핵심적인 고찰 대상에 포함되지 않는다.

제3절 경제 발전기와 과도기의 행정사상과 연구의 논리

1. 경제 발전기(국가재건최고회의, 박정희 대통령: 1961-1979)

1) 국가재건최고회의(1961-1963)

　이 시기는 권위주의 체제에서 비약적인 경제발전과 산업화로 근대화가 촉진
되었으나 그것이 바로 정치의 민주화로 이어지지는 않았다. 국가 건설기에 정
치·경제·사회·문화의 여러 분야가 급속하게 다양화되고 복잡해져서 한편으로
는 그렇게 축적된 역량을 발휘하여 이러한 발전을 촉진했다고 평가되지만 다른
한편으로는 행정이 정치보다 앞서고 그렇게 발전한 행정이 경이로운 경제발전
의 성과를 축적하는 과정에서 정치적 위기가 조성되었다고 평가되기도 한다.

　국가 건설기에 관료기구는 비대해지고 통치역량이 약한 자유당 정권은
1960년 4월 19일의 4·19혁명으로 종식되었는데, 그 원인은 "1958년을 고비
로 자유당 정부는 위기를 내포하고 있는 변동을 외면했고 경제와 사회의 장기
적인 발전을 간과하여 목전의 정권유지에 집착"했는데, 그것은 "다분히 폐쇄
적인 정치 행정체제에 기인"했기 때문이라는 것이다. 즉 1960년 4월 혁명은
변동에 무관심한 정치력과 무능한 행정력의 결탁이 빚어낸 폭발적인 변혁이었
다는 것이다.23)

6·25전쟁 전에 10만 명 미만이던 한국군이 1953년의 휴전 당시에는 60만 명에 달하는 대군으로 성장하여 "군은 우리 사회에 일찍이 없었던 거대한 특수 집단으로 등장"하고 있었다.24) 그런데 이런 새로운 세력에 대한 민주당의 무시는 군대에 대한 전면적인 무관심에서 더욱 두드러졌는데 "민주당 내에 군대 경력을 가진 각료가 한 사람도 없었다는 사실에도 나타났다"라고 한다.25) 민주당 정부는 정치구조가 불안정하고 내부 성원이 이질적이었기 때문에 강력한 정치적 지도력을 발휘할 수가 없어서 '공론 형성층'의 요구에 압도당했다는 것이다. "그 결과 수임의 과제를 시의에 맞게 해결하지 못했고 해방 후 거대한 힘을 배태하여 자라온 사회세력"에 대한 무관심 때문에 "또 하나의 전환점을 남겨놓고 말았다." 이러한 급격한 전환점은 하나의 커다란 소사회인 군부세력에 의해 수행되었는데 그것이 바로 1961년 5월 16일의 군사 쿠데타이다.26)

민주당 정부를 붕괴시킨 군부는 1961년 5월부터 1963년까지 군정을 실시했는데, 군사정부의 특징은 국가재건최고회의, 중앙정보부, 내각이 3개의 지주를 형성한 것에서 나타나고 있었는데 가장 중요한 정책은 경제개발계획의 채택이었다.

2) 제3공화국(박정희 대통령: 1963-1972)

1962년 12월 17일에 헌법 개정안이 국민투표에서 가결되고(26일 공포) 1963년 10월 15일에 대통령 선거에서 민주공화당 박정희 후보가 당선되어 그해 12월 17일에 제5대 대통령으로 취임하여 대통령 중심제의 소위 제3공화국이 발족했다. 제3공화국의 기본 목표는 자유국가 건설과 경제개발이었다.

---

23) 이한빈, "제3장: 행정과 사회", 이한빈, 박문옥, 박동서, 유훈 공편 『한국행정의 역사적 분석: 1948-1967』(이하 한국행정의 역사적 분석: 1948-1967), p. 30.
24) 이한빈, "제13장: 최고관리," 위의 책, p. 395.
25) 위의 글, p. 399.
26) 위의 글, p. 400.

제3공화국 정부는 한일 간의 국교를 정상화하고 국가안보 태세를 강화하며 정치적 정통성 확보를 위한 경제발전에 힘써서 성과를 거두고 있었다. 그런데 1969년 9월 14일에 대통령 임기 3연임제 개헌안과 국민투표법이 국회에서 변칙 통과되고 10월 17일에 국민투표에서 승인되어 10월 21일에 공포되었다. 이렇듯 한국 정치의 고질적 병폐인 장기집권 세력의 영향으로 대통령은 3선 연임 개헌으로 그의 집권 기간을 연장했다.

3) 제4공화국(박정희 대통령: 1972-1979)

대통령 3회 연임 개헌으로 장기 집권했음에도 불구하고 박정희 정부는 경제발전계획을 위한 정책의 지속적이고 일관성 있는 추진과 1972년 「7.4 남북 공동선언」에 따른 남북 간의 교류에서 우위를 점해야 한다는 명분 아래 1972년 10월 17일에 대통령 특별 선언으로 국회를 해산하고 전국에 비상계엄을 선포했다. 그해 11월 21에 개헌을 위한 국민투표를 거쳐 22일에 소위 "유신헌법"이 확정되었다. 제4공화국의 목표는 경제성장과 복지사회 건설, 자주국방과 안보 강화를 내걸었다.[27]

새로운 헌법에 따라 통일주체국민회의에서 간접선거로 박정희 후보가 대통령으로 선출되고 12월 27일에 제8대 대통령으로 종신 집권의 길을 열었는데 자신의 심복이어야 할 중앙정보부장인 김재규에 의해 1979년 10월 26일에 시해됨으로써 종신까지 대통령직을 연임한 셈이 되어버렸다.

유신헌법 시행 기간에는 국회의원 정수의 3분의 1을 대통령이 지명함으로써 "유신정우회"라고 불리는 지명직 의원들이 집권당인 공화당 의원과 더불어 국회의 다수파가 되기는 했으나 행정부 우위의 지위가 확보되었다. 이와 같은 사태를 "대의기구에 국민이 선출하지 않은 대의자가 포함된 것은, 대의는 선출이 아닌 임명으로 가능하다는, 정치는 행정에 의해서 가능하다는 기막힌 발상

---

27) 안해균, 전게서, p. 194.

을 제도로 표현"한 것이라는 평을 받기도 했다.[28]

2. 과도기(최규하, 전두환, 노태우 대통령: 1979-1993)

이 시기는 권위주의 정권이 연장된 가운데 국민적 저항으로 민주화가 시작된 시기로서 최규하(1979-1980), 전두환(1980-1988), 노태우(1988-1993)라는 세 대통령이 집권한 시기다. 헌법의 형식적 해석에 의하면 제3공화국(박정희: 1963-1971), 제4공화국(박정희: 1972-1979), 제4공화국의 연장(최규하: 1979-1980, 전두환: 1980-1981), 제5공화국(전두환: 1981-1988), 그리고 제6공화국(노태우: 1988-1993)으로 정권을 이어간 격변의 시기다. 이시기를 '과도기'라고 표현하는 이유는 첫째, 격렬한 정치·사회적 갈등 속에서 정권이 이어져 갔고 둘째, 권위주의 시대에서 민주화 시대로 이행한 시기라고 평가되기 때문이다.

1) 과도기와 제5공화국(최규하, 전두환 대통령: 1979-1988)

1979년 하반기는 정치적으로 매우 어수선한 시기였다. 10월 4일에는 국회가 야당 총재인 김영삼 의원을 제명했고 10월 18일에는 학생시위로 부산에 비상계엄이 선포되기도 했다.[29] 그리고 10월 26일에 박정희 대통령이 시해되고 최규하 국무총리가 대통령 권한 대행에 취임했다. 이와 같은 돌발적인 사태 아래에서 정권을 담당할만한 집단이나 세력 중에는 정부와 집권당, 야당과 재야 세력, 그리고 군부 등 여러 가지가 있었으나 모두 정권을 인수할 준비를 갖추고 있지 못한 상태였다고 할 수 있다. 이 시기는 권위주의적인 정권에 의해 진행된

---

28) 김광웅, "제5장: 정치와 행정", 조석준, 박동서, 유훈, 김운태 공편, 『한국 행정의 역사적 분석: 1968-1984』(이하 한국행정의 역사적 분석: 1868-1984), p. 68.

29) 별도의 표시가 없는 경우, 정치·행정사와 관련된 일자는 언론사 등의 『연감』을 참고했다.

경제발전과정에서 형성되고 분화된 다양한 사회적 갈등 요소들을 잉태하고 있었다. 박정희의 권위주의 정권을 즉시 대체할만한 정치세력들은 모두 억압된 상태로 있었기 때문에 예기치 않게 다가온 위기사태를 정상적인 정치과정을 통하여 수습하고 관리할만한 능력이 있거나 준비된 세력이 없었다.

그러나 다른 한편에서는 장기간에 걸친 권위주의 정권의 통치하에서 소위 신군부세력이 형성되고 있었다. 즉 6·25전쟁 기간에 시작된 새로운 정규 4년제 사관학교에서 양성된 장교들을 중심으로 소위 신군부세력이 형성되고 있었으나 그 잠재적 역할이 표면화되어 있지는 않았다. 이것은 마치 4·19혁명으로 준비 없이 정권을 담당하게 되었던 과거 민주당 정부가 6·25전쟁 전후에 성장한 하나의 사회세력으로서의 군부에 대해 알지 못하거나 무시했던 것과 같이 1979년 당시의 정치권은 유신정권 하에서 성장한 신군부세력에 대한 인식이 부족했던 것 같다. 이와 같은 세력 관계 때문에 신군부가 기존 군부세력, 정부와 집권당, 그리고 야당과 재야 세력보다 선점적으로 권력을 장악해 나간 것이라고 해석할 수 있다.

1979년 12월 6일에 통일주체국민회의의 간접선거를 통하여 최규하 총리를 제10대 대통령으로 선출하고 12월 6일에 취임케 함으로써 형식적으로는 정통성을 가진 유신정권이 계승되었다. 그러나 그 후의 사태에 의해 1980년 8월 16일에 최규하 대통령이 물러나고 전두환 국가보위비상대책회의 상임위원장이 9월 11일에 제11대 대통령에 취임했다.

당시 재야의 정치세력들은 극도로 억압되어 있었는데 유력한 민간 지도자들은 서로 대립하고 있어서 정국을 주도하지 못하고 있었다. 그리고 유신정부의 집권세력의 일부인 민주공화당의 지도층도 잠재적 후계자들 간의 갈등과 견제로 역량을 발휘하지 못하는 가운데 다른 정치세력과 더불어 신군부에 의해 정치 활동이 제약되어 갔다.

이와 같은 상황에서 신군부세력인 군대 관료가 민간 관료의 도움을 받아 기존 군부 및 그 영향 아래 성장한 권력을 대체하고 정치권을 배제하면서 정권을 장악해 나갔다. 박정희 대통령 시해 사건을 수습해 가는 과정에서 소위 12·12 사태라 불리는 사건을 통해 신군부가 실세로 등장했다. 1980년에는 정치세력 간의 갈등과 사회적 혼란이 증폭되어 갔는데 드디어 5월 17일에 정부는 전국에 비상계엄을 선포하여 정치 활동을 금지하고 대학에 휴교 조치 등을 취했는데 정국은 수습되지 않고 오히려 광주의 항쟁으로까지 이어져 나갔다.

각종 정치규제 때문에 민주주의는 그 과정 자체가 억압된 가운데 1980년 5월 31일에 정부는 계엄령 하의 대통령자문 보좌기관으로 국가보위비상대책회의(국보위)를 설치했다. 국보위는 최규하 대통령을 형식상 의장으로 하고 전두환 중앙정보부장 서리를 상임위원장으로 했으나 국보위가 실질적으로 정치권, 정부, 정부투자기관 등과 사회집단에 대한 각종 '숙청'과 개혁을 추진해 나갔다. 국보위는 대통령의 자문기관으로 설치했으나 실제로는 정책결정의 역할까지 수행했다. 즉 행정, 사법 업무를 조정 통제하는 기능까지 수행했다.[30]

전술한 바와 같이 1980년 8월에 최규하 대통령이 하야하고 전두환 국보위 상임위원장이 제11대 대통령으로 취임했다. 당시의 중요한 정치적 현안은 장기 집권을 방지하는 것이었는데, 개헌을 통해 대통령의 임기를 단임제로 하는 헌법을 채택했다. 1981년 1월에는 전두환 대통령을 총재로 하는 민주정의당이 창당되고 야당인 민주한국당도 창당되어 정당 체제도 갖추어져 갔으며 대통령 선거인단에 의해 선출된 전두환 대통령이 3월 3일에 다시 제12대 대통령으로 취임하여 소위 제5공화국이 정식으로 출범한 이후 7년간을 집권했다. 그해 4월에는 제11대 국회를 개원했다. 제5공화국이 제시한 국정지표는 민주주의의 토착화, 복지사회의 건설, 정의사회의 구현, 교육개혁과 문화창달 등이었다.[31]

---

30) 안해균, 전게서, p. 341.
31) 김운태, "제1장: 서론"『한국 행정의 역사적 분석: 1968-1984』, p. 7.

2) 제6공화국(노태우 대통령: 1988-1993)

1987년 6월 10일에 민주정의당은 전당대회에서 노태우 대표위원을 대통령 후보로 선출했는데, 이때까지도 노 후보는 당시의 헌법을 준수하겠다고 했다. 노태우 후보도 신군부세력의 핵심적 구성원 중의 한 사람이었기 때문에 그 세력에서 벗어날 수가 없었다. 그러나 변화된 시대적 성격은 그가 전두환과 차별화되는 정책을 선택하지 않을 수 없는 처지에 놓이게 했다.

드디어 민주화 투쟁이 학생 등 대규모의 데모 군중의 "호헌 철폐, 독재 타도" 등의 구호를 외치는 6·10항쟁이라고 불리는 광범위하고 격렬한 저항에 이르게 되고 그에 굴복한 집권층은 1987년 6월 29일의 소위 6·29선언으로 직선제 대통령 중심제의 개헌을 수용하게 되었고 개정된 헌법에 따라 노태우 후보가 5년 단임의 대통령에 취임함으로써 민주화가 시작되기에 이른 것이다. 학자들은 1987년을 한국의 민주화 과정에서의 하나의 결정적인 분기점이라고 평가한다.

1987년 10월 29일에는 개정 헌법이 공포되고 12월 16일에 실시한 대통령 선거에서 당선된 노태우는 1988년 2월 25일에 제13대 대통령으로 취임했다. 대통령 선거 직전인 11월 29일에는 승객 등 115명을 태우고 바그다드에서 서울로 오던 대한항공 여객기가 미얀마 근처의 태국 밀림 지역에 추락했는데 그것이 북한 공작원의 소행으로 밝혀져서 정국이 매우 어수선했다. 1988년에 2월에 노태우 대통령이 취임했을 당시의 한국은 전례가 없는 사회적 혼란과 정치적 긴장을 겪고 있었다. 이러한 불안과 긴장은 과거에 이루어진 업적과 동시에 자행된 억압과 갈등의 복합적 후유증이었다. 노태우 대통령은 여러 가지 억압적 통제를 제거하려고 노력했고 빈번한 불법적 행위들을 용납하기까지 하는 듯했다. 그 결과 학생 데모는 여전히 계속되고 노동자들의 욕구도 분출하고 있었다. 그런 와중에도 1988년 9월 17일부터 10월 2일까지 16일간 제24회 서울 하계올림픽대회를 성공적으로 개최한 것은 다행스러운 일이었다.

3. 제도적 논리

1) 사회변동과 행정의 역할

대한민국은 국가 건설기 초기부터 민주주의 이념과 자본주의 경제체제를 수용하고 의무교육을 시행하여 국민의 정치적 참여 의식이 향상되고 6·25전쟁 후의 혼란과 복구과정에서도 공론을 주도할 수 있는 집단들이 형성되어 가고 있었음에도 자유당 정부는 권력에 대한 집착 때문에 사회변동에 적절히 대응하지 못해서 위기를 초래했고, 민주당 정부는 집권층 내부의 분열과 무능으로 변동에 대응할 기회를 잃고 정권도 잃었다.

그런가 하면 5·16쿠데타를 통하여 집권한 군부세력은 제3공화국을 거쳐 제4공화국과 제5공화국으로 이어 가면서 국력을 강화함으로써 그동안 신장한 사회세력을 적극적으로 활용하기도 했지만 다른 한편으로는 극심하게 억압함으로써 오히려 저항세력을 키우고 정치적 불안정을 조성해 왔다. 그리하여 정치적 안정을 위해 억압하고 억압에서 벗어나기 위하여 저항하는 악순환은 정부의 정책에 적극적으로 참여하려고 하는 계층을 주저하게 만들기도 했다.

이와 같은 상황에서 민주주의 정치는 발전할 수가 없었다. 이때에는 정치발전과 행정발전 간의 선후 관계 또는 병행 관계에 관한 주장들이 있었다.[32] 자유당과 민주당 정부를 거치면서 신장한 정치적 활동은 5·16 군사 쿠데타로 금지되었다가 제3공화국의 민주공화당 정부에서 어느 정도 정상화 되었었는데 다시 유신헌법 아래서 극도로 제한되었다. 과도기를 거쳐 제5공화국에서 다시 정치적 통제가 심화하였다가 제6공화국이 되어 정상적 민주화가 시작된 것이다.

한편, 행정과 경제의 관계에 관해서 볼 때, 정통 민주주의의 교과서적인 이론을 수용한다면, 정치발전과 경제발전이 선행하고 그러한 발전이 행정발전과

---

32) 박동서, "21장: 정치발전과 행정발전", 『한국 행정의 역사적 분석: 1948-1967』, pp. 514-518.

병행하거나 행정발전을 인도하는 것이 바람직한 것으로 생각할 수 있다. 한국의 경우 해방과 6·25전쟁을 겪으면서 정부가 파괴된 국토를 복구하고 경제를 회복해야 할 의무를 맡게 되었다. 이와 같은 사정으로 인하여 이 기간에 행정이 경제를 이끌어 가야 한다는 사상이 자연스럽게 생겨난 것이라고 할 수 있다. 심지어 "경제제일주의"라는 구호와 정책이 행정의 적극적인 역할을 강화하고 있었다. 즉 제한된 민주적 참여와 중앙집권화된 관료제의 제도적 논리가 자본주의적인 축적의 논리를 지원하게 되었다.

6·25전쟁 휴전 이후 한국 대기업체들의 성장 초기에는 대외 의존적이었던 까닭에 "행정과 경제와의 권력 관계는 상하 수직관계"에 놓여 있었고 "신흥 상업자본가들은 적극적으로 행정 관료들과의 결합 관계에서 성장 발전되었다"라는 것이다. 정부가 민간 경제활동에 간섭한 이유는 "국민경제의 급속한 발전을 위해 필요했다는 것과 민간자본이 충분하지" 못했기 때문이었다. 이러한 사정으로 행정이 자본 형성에 있어서 결정적인 역할을 했다.[33]

이와 같은 행정과 경제와의 관계에서 5·16 군사 쿠데타 이후의 5개년 경제개발 계획이 추진될 수 있었다. 한국의 발전연대라고 불리는 1960년대의 경제개발계획의 특징은 그러한 계획이 수립되고 실제로 집행되어 경제성장을 이끌었다는 데 있다고 평가된다. 1958년에 부흥부가 경제개발 3개년 계획을 수립했으나 시행되지 못하고[34] 그 후 민주당 정부가 1961년에 제1차 5개년 경제개발계획을 작성했으나 정권 붕괴로 인해 실행하지 못했다.[35]

2) 행정관리와 개혁

5·16 군사정부인 국가재건최고회의는 1961년 12월 30일에 제1차 경제개발 5개년 계획을 통과시켜 실행에 옮겼다. 이 장기 계획은 기본운영계획 및 연

---

33) 박문옥, "제4장: 행정과 경제", 『한국 행정의 역사적 분석: 1948-1967』, pp. 36-38.
34) 이한빈, "제13장: 최고관리", 『한국 행정의 역사적 분석: 1948-1967』, p. 395.
35) 조석준, "제14장: 기획", 『한국 행정위 역사적 분석: 1948-1867』, p. 412.

도별 예산과 연계되었으나 운영계획과 예산이 일치하지 않는다는 평가를 받기
도 했다.36)

제3공화국 기간에 계속된 계획들은 "실무자인 관료에 대해 고도의 전문적
기술, 특히 여러 가지 정책과 프로그램을 계획·실천하기 위한 지식과 기술을
필요로 했다."37) 즉 경제개발 정책은 한국 관료제의 체질을 변모시켰다. 경제
정책의 결정과 집행의 지도력은 민간 전문가에 의존했는데 특히 경제부처에서
는 위로 전문적 소양을 가진 과업성취형의 장관으로부터 중견 관료에 이르기
까지 기술관료(technocrat)적인 성격이 농후했다. 기술관료들은 점진적인 직
업화 현상으로 변모하는 정책 추진 과정에서 중대한 임무를 수행하고 있었다.

1960년대는 한국의 행정학이 급속하게 발전하던 시기이면서 동시에 행정
공무원들이 새로운 행정관리 기술을 익혀가던 시기였기 때문에 학계와 행정부
간의 대화가 비교적 활발했다. 특히 미국식 관리기술을 훈련받은 군인 관료들
이 5·16 군사 쿠데타 이후에 행정부에 다수 유입되어 이러한 추세는 당분간 계
속되었다.

제3공화국은 "군·관 엘리트의 합작품"이라는 평가도 있는데, 당시의 국가
과제는 경제발전과 안보였다. "군부 출신은 국가 목표관리와 억압구조 관리에
주력하고 경제 영역은 베버리안 관료제의 성격이 강한 기술관료들
(technocrats)에게 위임되고, 외부의 정치·사회적 영향력을 차단해서, 이들
과업 엘리트의 발전사업을 보호하는 데 주력함으로써"38) 중앙집권적 관료제
의 제도적 논리가 우세했다. 다시 말하면, 정부 운영의 상위맥락은 정치권이
설정하고 행정은 그러한 체제 내의 구성 부분들을 결합하면 되었다.

5·16을 거쳐 제3, 4공화국 기간에는 행정개혁이 계속되었고, 발전행정론
이 우세한 이론적 지위를 가지고 있었다. 과도기인 제5공화국 기간에는 발전

36) 조석준, 앞의 글, pp. 412-417.
37) 이한빈, 위의 글, pp. 401-405.
38) 유훈, 앞의 글, p. 409.

을 저해하는 각종 요인을 제거한다는 명분의 사회개혁과 "작은 정부론"의 이론
적 영향을 받은 개혁이 이루어졌다. 제6공화국 시대에는 과거청산과 탈권력화
의 요구를 반영하는 행정개혁이 추진되었다.

3) 관료제 우위의 제도적 논리

해방 이후부터의 사회변동의 추세는 집권층과 관리집단이 정치적 합의와 참
여라는 제도적 논리나 자본주의의 분배라는 제도적 논리보다는 관료제의 집권
화 또는 분권이라는 제도적 논리를 통한 효과성과 능률성의 향상으로 장차 민
주적 참여의 기회를 넓히고 경제적 분배의 기반을 먼저 만드는 것이 불가피한
선택이거나 심지어 옳다는 생각을 하게 만든 것이라고 할 수 있다. 이것이 집권
화된 관료제(centralized bureaucracy)의 논리이다.

행정과 사회·경제적 환경 간의 관계라는 입장에서 볼 때, 1960년대 이후로
는 경제제일주의, 국토건설, 수출진흥 등의 적극적인 행정프로그램을 통해 총
체적으로 보면, 환경에 "밀리는 행정에서 미는 행정으로 전환되었다"라고 할
수 있었다. 그런데 이 "사실은 관료제가 전례 없이 강화되었다는 것을 의미하
는바, 이는 정치발전에 적지 않은 영향을 미쳐서 때로는 역기능을 초래할 위험
성을" 내포하고 있었다.[39] 민주정치의 전통이 없는 우리나라에서 건국 초기부
터 행정권이 계속 우월했으며 강화되었는데" 제3공화국과 제4공화국 기간에
정치에 대한 행정의 우월적인 권력은 더욱 강화되어 나갔었다.[40] 이와 같은 추
세는 제5공화국 시대에 더욱 강화되다가 1987년을 기점으로 제6공화국 시대
에 민주주의의 참여와 합의라는 제도적 논리가 점차로 강화되기 시작했다.

권위주의적 경제 발전기에는 경제·사회 5개년계획에 의하여 정부가 총체적
으로 국민 생활을 관리했는데 다른 한편 사회가 발전하고 성숙해져서 자율적

---

39) 이한빈, "제3장: 행정과 사회", 『한국 행정의 역사적 분석: 1948-1967』, p. 34.
40) 박동서, "제5장: 정치와 행정", 위의 책, p. 71.

역량이 신장함에 따라 사회·경제적 영역이 정치체제를 지원할 수 있는 능력도 크게 신장하였다.

이 시기는 집권화된 관료 중심으로 엘리트들이 국가발전을 주도하게 되어 민주주의의 분권적 제도적 논리는 억압되고 자본주의적 제도적 논리는 관료제와 결합하여 자본집중과 축적의 논리를 강화했다. 이 시기에 재벌과 산업자본가의 역할을 중시하여 노동세력에 대해서는 강제력을 동원하여 억압·통제하는 경우가 많았다. 이 시기의 주요 행정사상은 정부를 개혁해야 한다는 것이었는데 개혁의 과제는 당연히 국가안보와 경제발전이라는 국정 목표를 달성하기 위한 정부의 기획역량을 강화하고 행정관리 능력을 향상하는 일이었다. 즉 이때의 개혁은 관료제의 능력을 키우기 위한 개혁이었다고 할 수 있다. 이것은 국민의 대표가 형성한 정책을 충실히 집행하기만 하는 관료제가 아니라 능동적으로 국가발전을 선도하는 관료제를 뜻하는 것이라고 해석할 수 있는데 이러한 변화가 관리적 행정사상으로부터 발전행정으로의 전환을 의미하는 것이었다.

이어서 제5공화국 및 제6공화국 초기에는 정책학과 작은 정부론을 수용한 개혁이 추진되어 나갔다.

4. 발전연대와 과도기의 행정학 연구의 논리

1) 실증적·경험적 연구

발전연대에는 전통적 행정이론과 행정사상이 발전행정론의 행정사상과 병존하고 있었다고 생각한다. 소위 전통적 관리론은 정치적 결정을 충실히 집행하는 중립적인 관료제를 요구하는 사상이고 발전행정론은 관료제가 정치사회의 발전을 선도해야 한다는 사상인데 양자가 혼재하고 있었고 실증·경험적 연구가 주류를 형성해 가고 있었다.

발전연대 기간에 한국의 행정학자들이 엄밀한 기준에 따른 연역적·법칙적

설명방식을 충실하게 사용해 왔는가 하는 것은 확실치 않아도 주류 사회과학
방법론이 정부의 정책과 행정프로그램의 형성, 집행 그리고 평가에 유용한 지
식과 정보를 제공했던 것으로 평가된다.

이와 같은 실증적·경험적 연구는 중앙집권적 관료적 지배의 맥락에서는 매
우 유용하게 사용되었던 것이라고 할 수 있는데, 그에 대한 비판도 많다. 그러
한 비판에도 불구하고 한국의 행정학 연구에서 그러한 연구방법이 주류를 형
성한 이유는 행정의 효과성과 능률성에 대한 강조 때문이었다는 것이다.

발전연대의 연구는 민주주의의 가치와 체제라는 상위맥락의 성격에 대한 합
의가 있다는 것을 전제로 하는 것으로서 상황적 특성(변수) 간의 관계에만 관
심을 집중하는 연구이다. 전술한 바와 같이 이때의 지배적인 제도적 논리는 집
권화된 관료제의 논리였는데, 발전행정론과 함께 주류 사회과학방법론이 연구
의 지배적인 양식을 형성하고 있었다.

이와 같은 연구 분위기는 과도기(전두환, 노태우 대통령 시기)까지 계속되었
다. 과도기의 한국 주류 행정학은 개발연대의 실증적·경험주의적 연구 논리의
장점과 한계를 그대로 답습하고 있었다. 이 시기에는 행정인의 행태 면에서 창
의성과 자율성을 제고해야 하는 중대한 과제를 안고 있었다. 오랜 기간의 권위
주의적인 정부에서 공무원들은 위축되어 있었기 때문에 창의성과 자율성을 발
휘하도록 하는 것이 중요한 과제였다.

2) 해석과 비판적 연구

해석학적 연구는 행정 현상을 이해하기 위하여 행정인의 행위 의미
(meaning of action)를 해석(interpret)하여 이해(understand)하는 것이
다. 행위는 겉으로 나타나는 행위 자체만으로는 그 의미를 파악하기 어려우므
로 해석을 필요로 하는 것이다.

"해석과 이해"도 매우 다양한 의미를 가지고 있어서 여러 가지 차원에서 논

의될 수 있다. 국가 건설기인 1950년대에 도입하기 시작한 외국의 근대 행정학 이론은 발전연대 이후에도 도입이 계속되었는데 이러한 도입과정에서는 주로 번역과 해석이 중요한 해석적 방법이었다. 이 문제에 관해서는 외국 이론의 도입과 번역, 해석과 이해, 토착화와 한국화 등과 관련하여 본서 제3부에서 해석학적 고찰을 하고자 한다.

과도기에 한국 행정학자들은 행정 구조를 개편하여 관료제의 권한을 축소해야 한다는 문제에는 당연히 관심이 깊었으나 사회적 문제의 해석과 이해에는 다소 관심이 적었던 것으로 보인다. 즉 1980년대의 격동기에 야기된 여러 가지 갈등을 해소하고 각계각층과 집단 간의 화해와 협력을 위해서는 비판이론적 성찰 못지않게 해석적 노력과 이해가 필요했다고 판단된다. 특히 적극적 정부관을 가질 것인가 소극적 정부관을 가질 것인가 하는 것은 중요한 해석적 쟁점이 될 수 있었다. 이러한 맥락에서 중앙집권적 세력의 약화, 정부 규모의 축소와 행정업무 감축 등이 논의된 것이다. 그러나 사회적 합의를 위한 해석과 이해가 더 절실했다.

사회과학방법론(social science methodology)에서 말하는 비판이론(critical theory)은 일반적으로 마르크스 계열의 이론이나 독일 프랑크푸르트학파 계열의 이론을 근거로 하여 왜곡된(distorted) 사회구조와 의식으로부터 해방되기 위한 성찰과 비판을 해야 된다는 태도를 말하는 경우가 많다.

한국의 행정학은 범사회적인 문제의 연구에 소홀했다는 비판이 있으나 행정학 발달의 초창기부터 국가발전과 행정의 역할에 관한 깊은 논의가 있었다. 그러나 좁은 의미의 비판이론적인 연구는 기피되었었다. 한국은 범사회적 수준의 상위 맥락에서는 자유 민주주의라는 체제적 특성을 구성하고 있었는데 북한과의 대치상황에서 참혹한 전쟁을 겪었기 때문에 공산주의 계열의 비판이론적 연구방법은 발전연대 당시 한국의 주류 행정학 연구에서는 관심의 대상이 되지 못하고 오히려 기피의 대상으로 여겨지기도 했다. 이 시기에 계급주의적인 시

각을 동원한 비판은 반체제 또는 반정부활동으로 여겨지기까지 했다. 신계급주
의적인 비판을 자유롭게 구사할 수 있게 된 것은 1987년 민주화 시기 이후부터
다. 반정부 세력 중에는 비판이론을 저항수단으로 사용하는 사람도 있었다.

과도기에도 위와 같은 추세는 계속되었다. 사회적 갈등 해소를 위하여 절실
히 요구되었던 비판적 연구가 소홀했던 것은 아쉬움으로 남아 있는데, 후술하
는 바와 같이, 민주화 이후에도 학문적인 비판적 연구가 제대로 이루어지지 못
했다. 그리고 본서에서는 행정학 연구의 해석학적 접근에 집중하고 비판적 관
점에 관해서는 부수적으로만 언급하고자 한다.

제4절 민주화 이후의 행정사상과 연구의 논리

이 책은 한국 행정학 연구의 논리를 성찰하고 해석학적 접근을 시도하려는
것이므로 그러한 논의 전개를 위하여 필요한 기간만 논의의 범위로 삼고자 한
다. 즉 한국의 본격적인 민주화는 1987년부터 시작된 것으로 받아들여지고 있
는데 1987년 당시의 정부였던 노태우 정부의 시기를 배제하면 민주화 이후의
정부는 이 글의 집필 당시인 2018년까지 김영삼, 김대중, 노무현, 이명박, 박
근혜, 문재인 정부로 이어져 왔는데 아직 평가하기 이른 이명박 정부시기 이후
에 관해서는 일단 이 절의 논의의 범위에서 배제하기로 한다. 이렇게 배제된 부
분을 본서 제3부에서 따로 고찰할 계획이다.

1. 김영삼 정부(1993-1998)

1) 민주화와 문민화

이 시기에 한국은 세계화와 포스트 모더니티의 영향 아래 다양한 정치 사회

적인 현안들이 누적되어 있었으나 그중에서도 가장 시급한 과제는 권위주의적인 정치 행정의 제도와 관행에서 벗어나는 일이었다. 그러한 과제를 표현한 말이 "민주화와 문민화"이다.

1993년 2월 25일에 김영삼 대통령이 취임했다. 1987년의 대통령 직선제 개헌으로 형성된 소위 '제6공화국'의 5년 단임제 대통령으로 노태우 대통령에 이어 취임했으나 김영삼 정부의 성격은 전자와 다르다. 즉 둘 다 제6공화국의 헌법에 따라 선출된 대통령이기 때문에 모두 민주주의 시기의 대통령이라고 할 수 있겠으나 노태우는 신군부의 일원이었기 때문에 과도기로 분류했다.

김영삼 대통령은 오랜 기간 민주화 투쟁을 이끌어 왔기 때문에 그의 취임부터 진정한 민주화 시기라고 보는 것이다. 물론 그가 전두환 시대에 구성된 민주정의당, 신민주공화당, 그리고 민주당의 3당 합당으로 형성된 여당인 민주자유당의 후보로 당선된 대통령이기 때문에, 다음 정권에서는 정통성을 낮게 평가하려는 경향도 보였으나 이 기간에 민주화가 크게 추진된 것만은 부인할 수 없을 것이다.

김영삼 정부는 출범 직후부터 권위주의적인 과거의 잔재를 청산하고 문민우위의 원칙을 위하여 여러 가지 조치를 시행함으로써 정권의 민주주의적인 정통성을 확립하고 민주정치의 기반을 닦기 위해 노력했다. 김영삼 대통령은 집권하자마자 2대 정부 기관의 기능 정상화, 군대에 대한 통제 강화, 공직자 재산 등록과 공개, 금융실명제, 정치 관계 3개 법률의 개정, 전직 두 대통령의 장치자금 횡령의 처벌 등을 통한 정경분리와 저비용 정치를 위한 노력, 광주 문제의 해결, 지방자치단체장의 직선 등과 같은 개혁을 단행했다.[41]

이러한 민주화를 뚜렷하게 상징하는 표현이 '문민화'(civilian supremacy)이다. 문민정부가 수립되었다고 하겠으나 한국의 특수한 역사적 경험으로 인하여 그 용어는 특수한 의미가 있다. 즉 그 뜻은 종전의 권력 기관의 역할을 재

---

41) 박동서, 『한국 행정의 쇄신 사례』(법문사, 1999), p. 14; p. 38.

조정하고 종전에 지배적인 정치세력이었던 군인과 군대 출신의 세력화를 방지
하는 것이었는데 그것을 상징적으로 나타낸 것이 육군사관학교 출신들의 파벌
모임인 '하나회'를 해체하는 작업을 포함한 숙군 작업이었다.

2) 신한국 건설과 경제 사회 및 공공개혁

이 시기는 사회문제를 해결하는 데 있어서 정부만이 아닌 시장-시민사회-
정부 3자 간의 경쟁과 협동에 의한 거버넌스 체제로의 변화가 필요했다.[42] 김영
삼 대통령은 취임사에서 지난 수십 년간 지속한 권위주의 체제에서 비롯된 도덕
성과 효율성의 위기를 '한국병'이라고 규정짓고 변화와 개혁을 통한 '신한국 건
설'을 국정 이념으로 제시했다.[43] 한국병을 치유하고 신한국을 건설하기 위해
서는 국가의 기강을 확립하고 경제를 활성화하며 부정부패를 척결해야 했다.

신한국 건설이라는 새로운 국정 이념에 따라 정부는 부정부패 척결, 권위주
의 잔재 청산 및 국가사회 기강확립, 그리고 경제체질 강화라는 3대 과제를 '투
철한 소명의식' 아래 추진해 나갔다.

취임 첫날 김영삼 대통령은 정치자금을 받지 않겠다고 선언하고 자신의 재
산을 공개했다. 이것을 계기로 여러 공직자가 자진하여 재산을 공개하고 그 결
과 공직을 떠나는 공직자도 있었다. 그 외에도 '민족 정통성 확립'을 위해 독립
운동 정신을 계승 발전시키고 구 조선총독부 건물을 해체하고 경복궁을 복원
했다. 이 시기에 그동안 유보되었던 지방자치가 확대되었다.

경제 분야에서는 신경제 5개년 계획을 추진했으며 1993년 8월 12일에 대
통령 긴급명령으로 금융실명제와 부동산실명제를 전격적으로 실시했다. 그 외
에도 금융산업 자율화, 재정개혁, 세제개혁, 농정개혁, 공기업 민영화를 추진
하고 금융거래 질서 확립과 경제 행정의 규제를 완화해 나갔다. 사회 교육 분야

---

42) 이종범, "서론" 『한국행정학 50년』(한국행정학회, 2006), p. 20.
43) 국무총리실, 『김영삼 정부 2년 6개월: 무엇을 개혁하였는가?』(1995. 8. 25).

에서 여러 가지 자율화와 함께 대학의 학생정원에 관한 통제를 완화했다.

이 시기에 영미권 국가에서 유행한 것이 작은 정부론(small government)과 정부 재발명(reinventing government), 거버넌스 등인데 한국 정부도 이 추세를 따랐다. 이러한 추세에 따라 정부조직 개편과 행정쇄신이 추진되었다.

정부는 1993년 4월 20일에 대통령 직속으로 「행정쇄신위원회」를 설치했다. 그 목표는 첫째, 국민편의 위주로 제도와 관행을 쇄신하고 둘째, 민주적이며 효율적인 행정을 구현하며 셋째, 세계화, 정보화, 지방화 시대에 부응하는 효과적인 행정체제를 마련하는 것 등이었다.

초기에 추진된 개혁 내용은 국민 생활 불편해소라는 차원에서 '행정규제 및 민원사무기본법'을 제정하고 생활민원제도, 자동차 관리제도, 운전면허제도 등을 개선했다. 생활의 질 향상이라는 제도 개선 영역에서는 장애인 복지제도 개선, 소비자 권익 보호제도 강화, 교통사고 처리절차 간소화, 그리고 행정벌(行政罰)의 합리화와 현실화를 도모했다. 경제활동의 자율성 및 합리성 제고를 위한 개혁에서는 건설·교통 행정제도 개선, 농림수산행정제도 개선, 그리고 환경행정제도 개선 등이 이루어졌다. 행정의 생산성 향상을 위한 개혁에서는 공무원 인사제도, 예산회계제도, 조달행정제도, 행정심판제도 등이 포함되었다. 이상 모두가 국민의 일상생활과 밀접하게 관련된 사항들이었다.

3) 과거청산과 역사 바로 세우기

앞에서 예시한 사항들이 모두 과거를 청산하는 작업이라고 말할 수 있겠는데, 김영삼 정부가 과거청산과 역사 바로 세우기를 특별히 강조한 이유는 정부의 민족사적 정통성을 수립해 보려는 노력이었다. 우선 김영삼 정부는 한국의 민주화 과정에서의 1960년의 4·19 학생혁명, 1980년의 5·18 광주민주화운동, 그리고 1987년의 6·10 항쟁 등의 투쟁을 자신들과 일체 시 함으로써 전두환 및 노태우 대통령 정부와의 차별성을 부각하려고 했다. 또한, 중국 상해 임시정부의 법통을 계승하고 있다는 상징적 정치를 했으며 일본 통치의 잔재를 청산한다는 것을 극적으로 표현하기 위해 전술한 바와 같이 구 조선총독부의 건물이었고 한때 대한민국 정부의 중앙청사로 사용했던 당시의 국립박물관 건물을 해체해 버리기도 했다.

2. 김대중 정부(1998-2003)

1) 경제적 위기와 국가 재편성

이 시기는 민주화와 시장경제의 병행 발전과 남북한 간의 화해를 시도한 시기인데 1997년의 외환위기 때문에 대대적인 개혁을 단행해야 하는 어려운 시기였다. 1998년 2월 25일에 네 번의 도전 끝에 당선된 김대중 대통령이 제15대 대통령으로 취임했다. 그의 취임 당시의 정책 목표는 민주주의와 시장경제 및 남북화해였는데 당시의 복잡한 시대적 상황은 이러한 목표들을 순조롭게 실현할 수 있게 하는 유리한 상황은 아니었다. 스스로 '국민의 정부'라고 칭한 김대중 정부는 전라도 지역과 충청도 지역 출신 지도자들의 연합에 의해 탄생한 정부이다.

김대중 정부가 출범할 당시 한국의 정치 경제적 상황은 남한과 북한 간의 계속되는 갈등과 불안한 국가 안전보장, 한국 내의 지역 간 정치적 갈등, 정치 및 사회세력 간의 이념적 갈등, 노동계와 사용자 간의 갈등, 교육을 포함한 사회적 갈등으로 어려움이 많았는데 1997년의 외환위기로 말미암아 최악의 상황을 맞고 있었다. 김대중 대통령은 남북한 간의 평화적인 교류 협력에 대한 강한 집념이 있었다. 그의 북한에 대한 유화적인 정책은 '햇볕정책'이라는 이름으로 추진되었다. 그것은 "남한의 따뜻한 햇볕을 북한에 비춰주면 얼어붙은 북한이 외투를 벗고 화해의 자세로 나올 것이다"라는 기본 전제를 두고 있었다. 이러한 정책의 가시적인 성과 중의 하나가 2000년 6월 15일의 남북 정상회담에서 합의한 6·15공동선언이다. 그 후 김대중 대통령은 한국인으로서는 처음으로 노벨 평화상을 수상하는 영광을 안게 되었다.

김대중 정부는 이렇듯 어려운 여건에서 출발했을 뿐만 아니라 그 권력 기반도 취약했는데, 당시에 진행되고 있는 국가 성격의 변화와 행정이론의 성격 변화에도 대응해야만 했다. 미증유의 경제 위기와 IMF 차관 조건 아래 출범한 김대중 정부는 신자유주의적 구조조정에 착수했다. 정부 규모의 축소와 역할 재조정, 그리고 노동시장 개혁을 포함한 일련의 개혁에는 작은 정부, 탈규제, 민영화, 유연화 등 신자유주의의 원리가 강하게 반영되었다.

2) 국가 성격의 변화와 행정이론의 변화

서구의 근대 국가의 발전과정을 자유방임주의 시대, 광의의 복지 국가 시대, 그리고 20세기 후반의 국가 재편성기로 구분하는 경우,[44] 자유방임 시대에서 복지 국가 시대로의 변화도 하나의 대전환이었지만 20세기 후반의 국가 재편성도 하나의 대전환이다.

19세기 말 이후에 시작된 광의의 복지 국가 시대에는 정부가 여러 가지 사회문제의 해결을 위한 정책을 수립하고 집행했는데, 정책의 타당성을 확인하고 효과성을 높이기 위해서는 객관적인 지식이 필요했다. 따라서 정부의 정책을 수립하는 데 있어서 자연과학뿐만 아니라 사회과학적 지식인의 자문도 필요로 했다. 이 시기는 사회문제의 복잡성 때문에 인문학이나 철학보다는 사회과학적 지식이 필요했는데 자연과학의 눈부신 발전으로 사회과학이 자연과학의 방법을 모방하려고 했던 시기다. 이러한 배경에서 모더니티의 합리성을 전제로 하는 실증주의적이고 경험주의적인 행정사상과 연구의 논리도 발달했다.[45]

---

44) Stephen Brooks and Alain-G Gagnon eds., *Social Scientists, Policy, and the State* (New York: Praeger, 1990) 참조.
45) 강신택, 『행정학의 논리』(박영사, 2002; 2005 개정), pp. 204-205에 정리한 부분을 인용함.

시민의 사회생활에 대한 국가의 적극적인 개입은 많은 혜택을 가져다주었으
나 사회보장과 복지정책 등은 국가 재정을 압박했기 때문에 정부의 기능을 축
소해야 한다는 요구가 강력하게 제기되었다.[46]

한국 경제는 경제 발전기에 고도성장의 성과와 김영삼 정부의 신경제를 거
치면서 '경제 대국'의 반열에 진입했다고 자부했으나 김영삼 정부 말기인
1997년의 외환위기로 인하여 IMF(International Monetary Fund)로부터
구제금융의 지원을 받게 되고 금융정책과 기업부도, 그리고 실업증가 등으로
국가적인 위기상황에 직면했다.[47]

1998년에 집권한 김대중 정부는 이러한 경제 위기가 일시적인 것이 아니라
구조적인 요인에 기인했다는 인식하에 금융, 기업, 노동, 공공부문 등 4대 부문
에 대한 대대적인 개혁작업을 수행했다. 즉 낙후된 금융시스템, 전근대적인 재
벌체제, 비생산적인 노사관계, 그리고 비효율적인 공공부문을 가지고는 시대
적 추세인 정보화와 개방화에 적절히 대응하지 못하고 국가경쟁력을 확보할
수 없는 것으로 판단했다. 이 당시는 공공관리론 또는 신공공관리론(NPM:
New Public Management)이 수용되고 있었다.

3. 노무현 정부(2003-2008)

1) 시대적 상황과 진보세력의 집권

이 시기는 경제발전과 산업화 및 민주화 과정에서 누적되어 온 각종 사회적
갈등이 분출한 가운데 그동안 비주류로 여겨져 왔던 정치세력이 집권하여 다
양하고 광범한 혁신을 시도한 시기다. 2002년 12월 18일의 대통령 선거에서
진보세력의 지지를 받은 노무현 후보가 당선되었다.[48] 2003년 2월 25일에 취

---

46) 이것이 당시 학계의 일반적인 견해다.
47) 정부혁신추진위원회, 『활동보고서 2002』, 대통령자문 정부혁신추진위원회, 2003년 1
월, p. 3.

임한 노무현 정부는 스스로는 '참여정부'라고 명명하고 각계각층에 걸쳐 대대적인 혁신에 착수했다.49)

한국의 정치사에서 노무현 정부의 시대적 과제는 그동안 누적된 정치·경제·사회·문화적 '모순'들을 개혁하고 남·북 관계를 개선하는 일이었다고 말할 수 있는데, 정권을 담당한 집권세력들은 갈등의 정치를 '성찰적 해방'(reflective emancipation)의 정치로 전환하지 못했기 때문에 의욕적으로 추진한 개혁들에 대한 국민적 평가는 낮았다. 그 이유는 정부가 당면한 체제의 문제 또는 정책문제의 성격상 당연히 채택했어야 하는 제도적 논리와 해결양식을 이해하지 못했거나 채택하지 않았기 때문이라고 생각한다.

노무현 정부는 '참여정부'라는 이름 아래 매우 급진적이고 광범위한 사회·경제 및 정치적 개혁을 추진했는데, 그중에서도 정부 혁신을 매우 중요한 국정과제로 삼고 의욕적으로 추진했으나 그 외는 사회갈등을 심화시켰다는 평가를 받았다.50)

다른 한편, 노무현 정부는 정부혁신지방분권위원회를 설치하여 대대적인 정부 혁신사업을 추진했다. 정부 혁신의 비전과 목표를 설정하고 혁신 추진체계를 통하여 혁신의 방법과 로드맵을 작성하여 실행하는 등 많은 성과를 거두었다. 그러나 시대적 상황과 제도적 논리 및 행정쇄신 방법 간에 연계가 부족했다는 견해가 있는데 이것은 연구의 논리에서 검토될 수 있을 것이다.

---

48) 노무현 정부의 출범에 관해서는 각종 학회에서 그 성격을 해석해 보고자 하는 연구발표가 빈번했다.
49) 이러한 개혁과제들은 국가보안법 개정, 사립학교법 개정, 공공분야 개혁, 정부 혁신 등이다.
50) 이러한 평가는 참여정부에 참여했던 인사들로부터도 나왔다.

4. 민주화 시기의 제도적 논리 간의 관계 변화

1) 김영삼 대통령의 독단적 리더십

1960년대와 1970년대와 발전연대 기간에는 자본주의 국가(capitalist state)의 집권적 관료제의 논리가 지배적이었고 그것이 급속한 경제발전이라는 커다란 성과를 거두었으나 동시에 정치적 위기를 만들어내고 있었다는 것은 이미 언급한 바와 같다.[51] 상대적으로 말한다면, 발전연대의 이러한 제도적 논리 간의 갈등은 첨예하기는 했어도 비교적 단순한 것이었다고 말할 수 있다. 이와는 대조적으로 문민적 성격이 강한 김영삼 정부는 자본주의, 관료제, 민주주의의 제도적 논리 간의 더 복합적이며 복잡한 긴장 관계를 관리하지 않으면 안 되게 되었다. 뒤에 가서 논의하게 되겠지만, 이와 같은 논리 간의 변화는 노무현 정부 시기에 이르면 더욱 심화된 갈등으로 나타났다.

김영삼 정부가 단행한 여러 가지 정치 경제 사회적인 급격한 개혁들은 국민의 커다란 지지를 받았으나, 이러한 개혁을 위한 결정이 비밀리에 이루어지고 자의적인 듯한 기미마저 보여 반감을 품은 사람들이 '법치가 아니라 인치'라는 평을 하기도 했다. 그래서 김영삼 정부에 대한 일종이 중간 평가라고 할 수 있는 1995년 6월 27일의 지방자치 단체장과 의원 선거에서 집권당인 민주자유당이 패배하게 된 것이라고 보는 견해가 지배적이었다.

2) 김대중 정부시기의 혁신과 관료제의 해체

이 시기의 정부 혁신의 비전을 "작지만 효율적으로 봉사하는 정부"라고 제시하고 그 목표를 작은 정부, 효율적인 정부, 그리고 봉사하는 정부라고 규정했는데 각각 구체적인 개혁수단을 제시하였다.[52] 이와 같은 정부 혁신은 그 구

---

51) 강신택, "문민(김영삼)정부 행정개혁의 특성: 하나의 해석", 『행정논총』, 1996, 33(2), pp. 54-55 참조.
52) 정부혁신추진위원회, 전게 『활동보고서(2002)』, pp. 20-23.

체적인 강조점에는 차이가 있으나 일반적인 내용은 그 전에도 추진되었고 이후에도 추진되었다. 왜냐하면, 그것은 정부의 본래 기능의 핵심적인 과제들이기 때문이다. 그러나 이 시기의 혁신을 추진하는 관료제는 한편으로 집권적 통제와 규제 면에서 해체(deconstruction)되면서 다른 한편으로는 공공 서비스와 복지의 향상을 위해 재구성(reconstruction)되고 있었다.

3) 제도적 논리 간의 새로운 관계

위에서 논의한 것과 같은 새로운 제도적 논리를 모색한 1980년대 이래의 개혁 운동은 한국만의 현상이 아니고 전 세계적인 현상으로서 그 핵심적 특징들은 생산성 향상, 서비스 지향, 분권화, 서비스 구매자와 제공자로서의 정부 역할의 분리, 과정과 구조보다는 산출과 결과에 초점을 두는 책임 등이다. 현대 복지국가에서 관료제의 역할을 최소화하라는 정치적 압력에도 불구하고 관료제는 강력한 정책결정자의 위치에서 그 중요성이 여전히 증대되기 때문에 그 권력을 현대사회의 효과적인 정부를 위한 체제로 전환해야 한다는 것이다.53)

4) 노무현 정부시기의 제도적 논리 간의 갈등 심화

노무현 정부를 지원하는 집권세력 중에는 그동안의 한국 발전이 사회구조 및 제도의 모순을 심화시켜 왔다고 보는 시각을 가진 집단들이 포함되어 있었다. 이러한 시각에서 제기된 모순으로부터 "해방되기 위한" 지배적인 제도적 논리는 소외계층을 위한 투쟁과 분배라고 할 수 있다. 따라서 노무현 정부의 과제는 민주주의, 관료제, 그리고 자본주의의 내·외적인 긴장 관계 아래에서 '왜곡된' 한국의 제도적 모순을 극복하는 일이었다. 그러나 정부는 물려받은 갈등과 모순에 대응하는 과정에서 갈등과 모순을 더 심화시키는 경향을 보였다.54)

53) Ferrel Heady, *Public Administration, op. cit.*, p. 427.
54) Henry Hardy, ed., Isaiah Berlin: *The Power of Ideas* (Princeton, NJ.: Princeton

한국은 정권별로 여러 가지 종류의 사회갈등이 있었는데, 2000년대 이후 한국에서의 사회갈등의 구조적 원천은 "세계 시장주의에 따른 거대 전환의 사회변동과 정치 권력 이동이라는 이중적 전환과정"에 있었다는 것이다.55) 그런데 2000년대 초 정치 권력 이동 후 한국 사회의 갈등은 더욱 증폭되었다는 것이다.56)

진보적 이념을 가진 사람들은 대한민국의 발전을 인정한다고 하더라도 거기에는 '역사실패'와 '용병국가'라는 야만의 자국이 새겨져 있고 모순 균열이라는 딜레마를 안고 있다는 것이다. 여기서 말하는 딜레마는 산업화 대 민주화, 성장 대 분배, 시장 대 제도적 책임 규율의 결핍 등이다.57) 그리고 이러한 모순이 지속하는 것은 우익 자유주의 세력의 저항 때문이라고 보는 경향이 있었다.

이렇듯 노무현 정부는 국가 건설기, 경제 발전기, 과도기, 민주화 시기에 이룩한 성공과 모순을 함께 떠안고 국가 재편성기의 거버넌스 시대에 진입했는데, 시장경제의 자유보다는 사회적 평등을 강조하는 세력들이 정부 운영의 주도권을 장악하게 되었다. 소위 "386"세대라고 부르는 이러한 집권세력들의 핵심 엘리트들은 "좌파, 진보주의자, 친북세력 등" 여러 가지 명칭으로 불렸다. "1960년대나 1970년대의 운동세대에 비해 386세대는 장기간에 걸친 저항의 경험을 공유하는 세대이며 운동의 목표 또한 대단히 근본적인 사회변동을 추구하는 급진적 지향을 가졌다"58)는 것이다. 이들은 평등주의자들이라고 할 수

University Press, ⓒ Henry Hardy 2000) p. 76에서는 "과거 러시아의 급진주의자와 그 반대자들에게 있어서 지성적 문제는 이론적 문제가 아니라 생사를 건 투쟁에 관한 문제였다"라는 견해가 있는데, 한국의 민주화 이후에도 지식인들 간의 항일 과거사 문제, 권위주의 시대의 정권의 문제, 좌우 대립과 남북관계, 동서 지역갈등, 대미 인식을 비롯한 국제관계 등 정치·사회적 문제에 관한 입장에서 이러한 징후가 있다.
55) 조대엽, 『한국의 사회운동과 NGO-새로운 운동주기의 도래』(아르케, 2007), pp. 291-294.
56) 조대엽, 위의 책, p. 315.
57) 이병천, "반공 개발독재와 돌진적 산업화: 한강의 기적과 그 딜레마", 이병천·홍윤기·김호기 엮음, 『다시 대한민국을 묻는다: 역사와 좌표』(한울, 2007), pp. 114-141.
58) 조대엽, 앞의 책, p. 158.

있는데 이들이 진정한 평등주의를 추구했더라면 사회개혁과 정부 혁신 간의 부합 관계가 높아졌을 것이다. 그러나 이들은 냉전 수구 보수 세력 타도와 반미를 개혁의 목표로 삼았기 때문에 그러한 노력과 정부 혁신 간에는 연계성이 낮았던 것이라고 할 수 있다.

5. 민주화 이후의 행정학 연구의 논리

1) 실증적 · 경험적 연구

전술한 바와 같이 김영삼 정부의 시기는 '문민화'라는 상징정치 아래에서 민주화가 촉진되면서 '신한국 건설과 경제사회 개혁'이 추진되었다. 공공개혁에서는 정치개혁과 사회·교육 분야의 개혁이 이루어졌고 정부 재발명과 행정개혁이 단행되었다. 특히 작은 정부론(small government)을 핵심으로 하는 정부조직 개편과 행정쇄신에 역점을 두었다.

이 시기는 범사회적 수준(societal level)에서 민주주의의 참여와 합의라는 제도적 논리가 관료제의 집권적 논리보다는 우위를 차지하는 맥락을 형성하고 있었으나 여러 가지 다양한 개혁과 쇄신작업에서는 여전히 객관적 지식이 필요하였다. 즉 경제 발전기와 마찬가지로 실증적·경험적 연구가 필요했고 많은 행정학자가 자문과 용역을 통하여 이러한 지식을 제공했다.

김대중 정부는 국가 재편성기에 1998년의 경제적 위기를 맞아 대대적인 공공개혁과 정부 혁신을 추진해야만 했다. 이 시기의 공공개혁의 범위는 매우 다양하게 정의되었다. 예를 들면, 이 당시 정부 개혁성과를 평가한 연구보고서에서는 국민의 인식범위라는 입장에서 공공부문 개혁을 4가지로 정의하기도 했다.59) 첫째, 가장 넓은 의미의 공공개혁은 금융개혁, 노사개혁, 대기업개혁,

---

59) 남궁근, "국민의 정부 개혁성과에 대한 평가", 한국행정학회 2002년도 하계학술대회 발표, pp. 6-8.

공공부문 개혁을 말하고 둘째, 넓은 의미의 공공개혁은 정치·행정·사법 개혁
이고 셋째, 좁은 의미의 공공개혁은 정부 영역의 복지개혁, 의료개혁과 교육개
혁 등이고 넷째, 가장 좁은 의미의 공공개혁은 공공기관 내부관리이다.

　　이와 같은 문제 대부분은 실증적·경험적 연구가 필요한 사항들이었는데,
당시의 경제적 위기, 신공공관리론, 이른바 고객 중심의 행정 등의 풍토로 인
하여 정부 업무에 대한 '경영진단'이 유행하고 행정학자보다는 경영학자의 참
여가 더 활발하여 심지어 '행정학의 위기'가 행정학회의 주제가 되기도 했다.
그런데도 김대중 정부의 시기에도 행정개혁 분야에서는 행정학자들의 적극적
인 참여가 있었고 실증적·경험적 연구를 통하여 기여했다.

　　노무현 정부는 자본주의 국가의 제도적 논리 간의 갈등이 매우 심화한 시대
적 상황에서 진보세력이 집권했기 때문에 대대적인 정치 사회적인 개혁을 추
진하기도 했지만, 그와 동시에 정부 혁신을 강력하게 추진했다. '진보'를 표방
한 노무현 정부가 대북관계, 대미관계, 언론정책, 복지정책, 경제정책, 교육정
책 등의 분야에서 개혁정책을 전격적으로 추진함에 따라 보수 세력의 정치적
상실감과 위기의식이 고조되기도 했다.[60] 이러한 전격적인 개혁 노력은 그것
을 구체적으로 추진한 점진적인 정부 혁신과는 대조되는 특징이었다. 즉 다른
한편으로 5년 내내 "정부 기능의 효율성 향상이라는 명목으로 미국식 NPM적
개혁을 추진"했다는 것이다.[61] 즉 실증적·경험적 연구가 많았다.

　　노무현 정부의 정부 혁신은 전략계획, 운영계획 및 활동 사항을 계층적 체계
적으로 분류하여 구성한 일종의 프로그램 구조(program structure)인 '로드
맵'을 가지고 행정개혁, 인사개혁, 지방분권, 재정세제, 전자정부, 기록관리 등
의 혁신사업이 추진되었고 방대한 보고서를 발행하였다.

---

60) 홍준형, "제3장 행정법제", 제2부 제4편 법 제도와 삼권분립, 『한국행정 60년 배경과 맥
　　락』, p. 368.
61) 임도빈, "제2장 행정사상", 제2부 제5편 사상과 문화, 『한국행정 60년 배경과 맥락』, p.
　　505.

이처럼 민주화 이후에도 역대 정부의 개혁과제들은 행정학자들에 의하여 실증적·경험적으로 활발한 연구가 계속되었다. 그런데 후술하는 바와 같이 제도적 논리의 변화로 인한 모순과 갈등 해소를 위한 해석적·비판적 연구가 미흡했다.

2) 해석적·비판적 연구

민주화 이후의 시대적 상황과 자본주의 국가의 제도적 논리 간의 변화가 상호작용하여 심화시켜 온 여러 가지 모순과 갈등 문제를 해소하기 위해서는 주류 사회과학적인 방법에 추가하여 해석학적 및 비판적 연구가 필요했다.

김영삼 정부가 추진한 신한국 건설과 신경제 건설이야말로 대대적인 해석과 성찰을 요하는 개혁이었다. 여기에 더하여 과거를 청산하고 역사를 바로 세우려는 개혁이 추진되었다. 이와 같은 개혁은 먼저 모순과 갈등의 원인을 찾아야 하는데 그것은 실증적·경험적 연구보다는 역사와 제도에 대한 해석과 성찰적 비판을 해야 하는 것이었다. 그러나 그와 같은 연구가 매우 미흡했다.

김대중 정부의 집권을 '평화적 정권교체'라고 주장한다. 그 근거에는 한국의 정치와 행정의 역사의 특수한 배경이 있다. 1950년부터 3년여 기간의 참혹한 전쟁을 경험한 사람들은 자유 민주주의를 수호하고 생존하기 위해서는 북한과 협력하거나 동조하는 '좌익분자'를 색출하여 제거하거나 억압해야 한다는 견해를 가지고 있었다. 이러한 '반공산주의'를 정책화하고 구호화한 것이 '반공'이다. 이러한 반공은 생존을 위한 전략적 선택이었으나 권위주의 정권이 계속되면서 그 자체가 목표가 되는 일종의 목표 전환이 일어나기도 하고 그럼으로써 인권이 유린당하는 사례도 빈번했다. 즉 자유주의를 수호하고자 했던 정책이 민권을 탄압하게 되는 경우도 생겨나게 함으로써 자유주의를 왜곡시키게 되는 역설적 결과를 낳기도 했다.

국가 건설기에 촉발된 위와 같은 추세는 경제 발전기와 과도기를 거치면서도 크게 개선되지 않았다. 더구나 광주 민주화운동을 겪으면서 좌우 대립은 심화하였다. 이러한 과정을 거쳐 집권한 것이 김대중 정부이기 때문에 '평화적 정권교체'를 강조하는 것이다.

김영삼 정부의 시기와 마찬가지로 김대중 정부의 시기에도 해석적 연구와 비판적 연구가 활발하게 이루어질 수 있고 이루어져야 하는 시기였다. 그 이유는 첫째로 정부의 구조와 정책에서 화해와 협력을 요구하는 갈등적 유산들이 누적되었고 둘째로 사회과학의 연구 논리가 실증적 경험적 연구로부터 질적 연구로 그 강조점이 이동하는 학문적 분위기도 생겨났기 때문이다. 그러나 정치 사회적 갈등이라는 유산은 행정학자보다는 사회과학의 타 학문분과의 연구 대상인 듯이 다루어지는 추세였다. 더구나 처벌과 보상을 위한 사법적 해석이 강조되었다. 행정학은 행정의 조직 수준과 관련된 해석과 의사소통 및 이해의 문제를 전통적인 조직 개편이나 경영학적 관리문제로 국한하여 다루는 경향을 보였다.

그리고 세계화와 민주화라는 두 개의 커다란 전환기에 범사회적 수준에서 새로운 상위맥락을 구성하기 위해서는 한국의 정치 행정을 위한 심층적 해석 (depth hermeneutics)으로서의 비판적 담론이 필요했다. 그러나 이러한 차원의 담론보다는 '햇볕정책'을 둘러싼 갈등만이 심화하기도 했다. 행정학자 중에도 적극적 주창자(advocate)로서의 참여적 역할을 수행하려는 사람들이 있었으므로 심층적 해석으로서의 비판적 담론이 더 활발해야 했다.

노무현 정부시기에 아마도 가장 적실성이 높은 연구방법은 비판이론적 연구였을 것이다. 노무현 정부는 역대 정부를 통해 누적되어 온 한국의 정치 사회적 갈등과 모순에 관하여 일차적으로 발견적 차원에서 성찰적으로 문제를 살펴봄으로써 범사회적 수준에서 과거사 및 모순적 사회구조를 '해방'해 주었어야 한다. 그다음 단계에서 연역적, 귀납적, 실증적 분석 양식들을 순차적으로 적용하여 당면한 문제들을 더욱 구체화하고 정부조직 수준의 중간 맥락에 관한 대

화와 해석을 통해 상호 간의 이해를 높이고 좀 더 한정된 문제들에 관해 실증적
· 경험적 방법론을 적용했더라면 더 효과적 능률적으로 문제를 해결할 수 있었
을 것이다.

노무현 정부는 초기에 실제로 범사회적 수준에서 과거의 병폐와 제도적 모
순으로부터 '해방'될 수 있는 상위 맥락을 설정하려고 노력한 것으로 보이는
데, 그러한 노력의 구체적 표현인 대북관계, 국가보안법 폐지, 과거사 정리, 사
학법 개정, 행정수도 건설, 지역균형 발전, 계층 간 격차 해소 등을 위하여 노력
하면서 대화 부족으로 오히려 갈등만 증폭시켰다는 평가를 받았다.

노무현 정부는 과거 민주화를 위한 투쟁에서는 "미덕일 수 있었던 저항적 습
성"을 사회문제를 해결하는 적극적인 지배의 논리로 행정학자들이 전환하는
데 실패한 것으로 보인다. 오히려 분노와 증오로 조장된 갈등을 해소하는 데 무
력했던 것 같다.

결론적으로 말하면 민주화 시대에 적실성이 높았던 행정학의 해석적 연구와
비판적 연구가 부족했다는 것이다. 다음 장에서는 한국 행정학 연구에 관하여
무엇을 보완해야 할 것인가를 성찰하고 몇 가지 철학적 접근을 검토한 후 제2
부와 제3부에서 더 구체적으로 해석학적 접근을 시도해 보고자 한다.

행정학 연구에 관한 성찰

제4장

행정학 연구에 관한 성찰

제1절 적실성 부족에 대한 비판

1. 비판의 요지

소위 주류 연구방법론을 사용하는 행정학 연구는 적실성이 부족하다는 비판을 받아 왔다. 특히 한국의 행정학계에서는 이러한 비판이 '행정학의 한국화'라는 '담론'과 맞물려 복잡한 양상을 띠고 있다. 이래에서는 이미 앞부분에서 언급한 것을 반복하여 비판의 내용을 알아보고자 한다.

첫째로 행정학 연구에서 규범적 연구(normative study)가 빈곤하다는 것이다. 행정의 목적이 정치 공동체의 공공선(the public weal of the political community)을 구현하는 것인데, 절약과 능률성 및 효과성 향상에만 치중하고 공공선 실현에 관한 규범적 이론이 빈곤해졌다는 것이다. 이것을 바로잡기 위해서는 행정의 정치사상이나 이론에 관한 논의가 필요하다는 것이다.

둘째로 규범적 연구 부족에 대한 비판은 사회과학이 너무 경험적(empirical) 연구에 치중한다는 것인데, 경험적 연구를 주도하는 연구방법론이 소위 실증적 사회과학연구 방법론이기 때문에 규범적 연구의 빈곤 문제와 깊이 관련된 쟁점이 방법론의 적실성에 대한 비판으로 이어지는 경우가 많다.

이러한 비판에 따라 나오는 견해는 결국 행정학 연구에서 철학을 포함한 인문학적 접근이 절실하다는 것이다. 이미 언급한 바와 같이, 이러한 주장은 외견상 매우 타당해 보이지만, 행정학의 정체성과 관련하여 깊이 생각해 보아야 하는 문제이기도 하다. 서구에서 사회과학이 발달한 이유는 산업혁명 이후 사회가 매우 복잡해짐에 따라 종전까지의 고전(classics and tradition)이나 인문학적 지식만으로는 해결할 수 없는 복잡한 세부 문제(detailed issues)들이 생겨났기 때문이다. 그래서 사회과학이 발달하면서 방법론도 발달하게 된 것이다. 그런데, 사회과학방법론에 대한 비판의 요지는 방법론을 사용해서는 사회적 현실(reality)이 파악되지 않는다는 것이다. 그래서 자연과학의 방법론을 모방하면 사회적 현실에 관한 이해가 더욱 어렵다는 것이다. 이렇게 자연과학의 방법론을 모방한 결함 있는 사회과학방법론을 인문학의 연구에 적용하는 것은 더욱 부당하다는 것이다. 이러한 주장을 근거로 행정학 연구에서의 인문학적 연구의 필요성을 강조하면서 사회과학 연구방법의 적용을 비판하는 것이다.

그러나 행정학의 인문학적 측면의 논의와 연구에서는 인문학적 담론이 필요하겠지만 사회과학으로서의 행정학에 대해서까지 사회과학방법론의 적용을 부정하는 것은 논점이 잘못된 것으로 생각한다. 다만 우리가 제3장에서 검토한 바와 같이 특정한 방법론의 결점을 바로잡기 위한 노력은 계속되어야 한다.

한국의 놀라운 국가발전 및 그와 함께 역설적으로 증대되어 온 정치사회적 갈등에 관해서는 여러 학문분과에서 연구됐다. 본서 서론에서 이미 지적한 바와 같이, 행정학에서도 국가발전에 대한 행정 및 행정학의 공헌에 관한 연구가 있었으나 행정의 문제해결 능력의 한계에 관해 성찰을 해야 하는 것도 사실이다. 국가발전과 행정의 역할에 관한 논의는 정치, 경제, 사회, 문화와의 관계하에서 검토된 연구가 많다. 이와 같은 시각들은 행정의 역할을 부차적인 요인으로 다루거나 때로는 도외시하는 경우도 있다. 특히 한국 정치사의 입장에서 서술된 경우, 한국의 발전에 기여한 행정과 관료제의 역할이 잘 다루어지지 않거나, 행정학의 연구가 반영되지 않는 경우도 있는 것으로 판단된다. 따라서 한국의 정치 사회적인 상황에서의 행정에 관해서는 행정학 자제의 시각에서 깊은 논의가 필요한 것으로 생각한다.

2. 적실성의 추구

위와 같은 비판을 이어받아 행정학 연구방법의 적실성을 좀 더 높이기 위한 노력이 있었다. 한국행정학회산하 「행정사상과방법론 연구회」의 계속되는 연찬도 이러한 노력 중의 하나다. 이 연구회는 2007년경부터 시작했으나, 어떤 일정한 프로그램에 따라 진행한 것은 아니나 행정조직과 관리를 위한 철학, 행정윤리, 현상학과 해석학에 관한 연찬을 계속해 왔다. 연구회의 활동에 관해서는 10년사를 정리하여 발간했다.[1]

서론에서 언급한 바와 같이 연구회에서 수행한 활동의 주요 제목과 요지는 아래와 같다.

첫째는 「행정조직과 관리에 관한 철학적 접근」을 검토하였다. 그 주요 내용은 일종의 서양 행정철학사라고 할 수 있는데, 크게 근대 이전, 모더니티의 시기, 모더니티 이후의 행정철학을 여러 각도에서 깊이 있게 다루고 있다. 본서와 관련된 부분은 실증적 경험적 연구방법에 대한 비판과 그 대안으로 제시된 후기 실증주의 및 현상학 등이다.

둘째로 쿠퍼의 『행정(공직)윤리 핸드북』을 공동 번역했고 쿠퍼의 『공직윤리: 책임 있는 행정인』을 번역하여 출판했으며 쿠퍼 공저의 『윤리역량: 공직리더십을 위한 윤리역량의 성취』를 번역하여 출판하였다.

셋째는 후설의 현상학이다. 초월적 자아를 정립하여 사태의 본질을 직관하려는 이 어려운 내용에서 본서에 도움이 될 견해는 현상학적 환원과 생활-세계

---

1) 행정사상과방법론 연구회(김성준, 신희영, 하호수, 강신택 외) 지음, 『또 다른 길을 찾아서: 2008-2017, 행정사상과방법론 연구회 10년사』(조명문화사, 2018).

에 관한 견해이다. 특히 슈츠의 생활-세계의 구조에 관한 논의는 이해하기 어렵기는 하지만 행정이론 구성에는 많은 참고가 될 것으로 판단된다.

또 미셸 푸코(1926-84)의 저술에 관해서도 특강의 형식으로 강독을 하였으나 그 내용을 본서에는 수록하지 못했다.[2]

그 외에도 여러 가지 질적 연구방법을 포함한 다양한 연찬을 계속했다. 그중 몇 개의 주제만을 예시하면, ① 질적 자료의 분석과 해석: 구술 텍스트의 분석을 중심으로, ② 질적 연구: 문화기술적 접근, ③ 근거이론의 실제와 과제, ④ 담론 분석, ⑤ 사건사 인식론과 방법론, ⑥ 비교 역사방법론, ⑦ 도덕사상과 계몽사상에 관한 강독 등이다. 사회과학방법론에 관한 강독과 "행정학의 언어"를 다룬 저서도 검토했다.

위의 내용 중 본 장에서는 "조직과 관리에 관한 철학적 접근", 행정윤리, 그리고 현상학에 관해서만 그 요지를 살펴보고 해석학은 제2부에서 따로 자세히 공부하기로 한다.

제2절 조직과 관리에 관한 철학적 접근

아래에서는 린치와 크루즈(Thomas D. Lynch and Peter L. Cruise)가 조직이론과 관리에 관하여 여러 학자의 철학적 시각에서 쓴 글들을 모아 편집한 핸드북(Handbook)[3]을 개관하여 서양 행정철학의 흐름을 알아보고자 한다.[4]

---

2) 미셸 푸코(Michel Foucault. 1926-84) 특강은 행정사상과방법론 연구회에서 하호수 교수가 2016부터 2017년에 걸쳐 그의 주장과 방법 이해와 활용을 목표로 16회의 강의방식으로 진행했다. 강의 요지는 위 연구회 10년사에 수록하였다.
3) Thomas D. Lynch and Peter Cruise eds., *Handbook of Organization Theory and Management: The Philosophical Approach*, 2nd ed. (Boca Raton, FL.: CRC Press, 2006). 이하 주석에서는 Lynch and Cruise, HB로 표기함.
4) 아래 내용은 필자의 『행정사상과 연구의 논리-한국 행정의 역사적 맥락에서』(조명문화사, 2013)의 해당 부분을 이 책의 취지에 맞게 간추려서 쓴 것이다.

이 책은 현대 행정과 행정학 연구에 영향을 미친 중요한 철학과 운동 (philosophies and movements)의 일부를 선택하여 논의한 책이다. 즉 철학적 관점과 행정학의 접근방법을 결합해 보기 위하여 정치이론 및 조직이론을 발전시켜 온 규범적 사상 및 인식론적 기반에 관하여 분석하고 논의한 문헌들을 편집한 것이다. 그 제목이 "조직이론과 관리에 관한 철학적 접근"이라고 되어 있으나, 그것을 넓게 보면 행정과 행정학에 관한 다양한 사상을 다루고 있는 것이라고 해석할 수 있을 것이다.

35명의 저자가 32개의 장에서 행정에 관한 다양한 주제들을 다룬 글이므로 일반적으로 생각하는 교과서 같은 체제를 가지고 있지는 않지만, 편집자들이 서술한 서론(introduction)을 참고로 본문 내용을 다시 간추려 정리해 보면 행정에 관련된 다양한 사항들을 파악하는 데 도움이 된다. 각 장 하나하나가 깊이 다루어 봐야 하는 내용이라고 할 수 있다.

32장의 글은 7부로 구성되었다. 즉 근대 이전, 모더니스트의 정의, 모더니스트에 대한 초기의 반대, 미국 모더니스트의 영향, 후기 모더니스트의 반대, 포스트 모더니즘의 상승, 21세기의 대안들이다. 현대 행정은 주로 모더니스트의 사상으로 구성되었는데 상대적으로 약세지만 주류 사상에 대한 여러 가지 반대의 견해도 포함한다. 우리는 위와 같은 구성체제를 재구성하여 요약하고자 한다. 즉 모더니스트의 견해를 그 핵심에 놓고 행정철학의 변화를 근대 이전, 모더니스트의 시기, 모더니스트 이후의 시기로 3부로 재구성하여 정리해 보고자 한다. 아래의 내용은 규범적인 견해뿐만 아니라 인식론적 견해도 제시되고 있어서 행정사상과 행정학 연구방법론 간의 관계를 검토하는 데 참고가 되는 글도 많다. 즉 아래의 내용은 "정치이론으로서의 행정사상"보다는 "행정이론과 접근방법" 간의 관계에 관한 견해도 많이 담고 있어서 행정학의 적실성 부족에 대한 비판을 성찰하는 데 도움이 된다고 생각한다.

1. 근대 이전

근대 이전의 사상들이 근대 행정학에 직접적인 영향을 미친 것은 적다. 그러
나 플라톤의 정치이론, 아리스토텔레스의 덕성 윤리, 기독교의 사랑과 자비 그
리고 고대 유대교의 공공조직 기능에 관한 사상을 행정사상에 영향을 미친 것
으로 인식한다.

플라톤(Plato: BC 427-347)과 같은 고대 사상가의 도덕철학과 논리 및 형
이상학 이론에 대하여 관심을 갖는 이유는 현대사회에서의 예절의 쇠퇴, 인간
행태의 이해를 위한 영혼에 관한 관심, 행정이론과 관행의 역사성에 관한 관심
때문이다. 플라톤은 정의, 정직, 아름다움, 선과 용기에 관해 논했는데 민주사
회에 대해서는 비판적이었다. 서양문명은 유대교와 기독교의 성약(聖約) 개념
(the Judeo-Christian concept of covenant), 기독교의 사랑원리(the
Christian principle of love), 그리스-로마의 철학과 과학의 전통과 원리
(the Greek-Roman tradition and principle of philosophy and
science)가 3개의 주류를 형성한다고 할 만큼 종교의 영향이 컸지만, 플라톤
은 종교보다는 질서를 가진 공동체로서의 정치학과 법학발전에 기여했다.[5]

아리스토텔레스(Aristotle: BC 384-322)는 덕성 윤리(virtue ethics)를 발
전시켰다. 덕성 윤리는 사물의 결과로서의 목적(telos)의 개념과 밀접한 관련
이 있다. 인간도 선한 삶을 구현하려는 목적이 있다. 인간은 문리적, 정서적, 그
리고 합리적 성질을 가지고 있는데, 합리성이 최상의 성질을 나타내는 경우는
덕성과 결합한 경우라는 것이다. 덕성은 절제, 아량, 진실한 삶, 재치, 친밀성,
겸손 등이 극단으로 치닫지 않고 중용을 유지해야 하는데, 이러한 덕성의 총화
가 정의(justice)이다. 정치의 목적이 정의의 구현이라고 한다면 정치의 기능

---

5) Ralph C. Chandler, "Plato and the Invention of Political Science" in Lynch and
   Cruise, HB, Ch 1, pp. 3-54.

은 덕성을 통해 목적을 실현하는 것이다.6)

기독교의 신학적 예수로서가 아니라 로마 제국이 지배하던 시대의 역사적 예수(historical Jesus)의 자비와 용서, 사랑에 대한 가르침은 폭압적 정치와 행정에 대한 경고이며 사회적 약자를 위한 배려를 위해 중요한 지침이 된다. 고 대 유대교의 경전의 가르침은 현대 행정과 직접적인 관련이 적으나 전체사회 에서의 공공제도의 기능에 관한 사고방식은 참고가 된다고 한다.7)

2. 모더니스트의 시기

1) 모더니스트

모더니티는 인간이 세상의 중심에 있는 주체이고 세계는 이러한 주체의 이 성(reason)에 의해 구성된 것이라는 생각이 지배하는 시대다. 이러한 시대 정 신 또는 사고를 반영하는 대표적인 사례 중의 하나가 근대 행정이라고 말하기 도 한다. 근대 행정의 핵심은 합리성(rationality)이다. 합리성을 기본 원리로 삼는 근대 행정은 인간의 삶에 지대한 공헌을 하였으나 동시에 그 행정이론은 반대명제(contraries)를 만들거나 한계와 역설(limits and paradoxes)을 품 고 있을 수가 있으므로 수정되어야 한다는 것이다.8)

린치와 크루즈의 핸드북은 모더니티의 논의에 포함될 수 있는 데카르트 (Rene Descartes), 베이컨(Francis Bacon)과 기타 모더니스트에 관한 논의 는 없고 마키아벨리(Niccolo Machiavelli)의 현실정치, 중상주의, 벤담 (Jeremy Bentham)의 공리주의, 로크(John Locke) 자연상태 개념, 애덤 스

6) Thomas Dexter Lynch and Cynthia E. Lynch, "Aristotle, MacIntyre and Virtue Ethics," in Lynch and Cruise, HB, Ch 2, pp. 55-73.
7) *Ibid*, HB, Chs 3 and 4.
8) David John Farmer, *The Language of Public Administration: Bureaucracy, Modernity, and Postmodernity* (Tuscaloosa, Alabama: The University of Alabama Press, 1995). 강신택 역, 『행정학의 언어』(박영사, 1999) 참조.

미스(Adam Smith)의 국부론 등을 통해 근대적 시각을 논의한다.9)

2) 모더니스트에 대한 초기의 반대

위에서 간략히 살펴본 모더니스트의 사상에는 대립하는 견해가 있다. 흄(David Hume)은 경험주의와 회의주의를 창조적으로 혼합했다고 한다. 경험주의는 모든 지식은 이성보다 경험에서 생긴다는 것이고 회의주의는 경험에서 나온 지식도 그 신뢰성에는 의문이 있다는 것이다.10) 버크(Edmund Burke)는 도덕적 기초가 조화로운 사회의 요건이라고 생각했다. 개인들 간의 도덕적 관계가 사회의 자연스러운 기반을 형성하고 이러한 도덕적 관계가 법과 제도에 의해 사회적 및 정치적 관계로 구성된다는 것이다.11)

3) 미국 모더니스트의 영향

모더니티의 미국 행정학은 실용주의, 우드로 윌슨의 사상, 진보주의, 도시조사연구, 그리고 실증주의 등의 영향과 함께, 가치문제를 소홀히 다루지 말아야 한다는 주장까지 다양하다. 고전실용주의(classical pragmatism)는 모든 개념을 그것이 가져오는 실용적 결과에 따라 그 의미와 진리를 결정하고 그 타당성을 검증하려는 철학 또는 경향이다. 고전실용주의는 미국의 철학이라고 할 수 있는데 이상주의와 개척정신이 결합한 것이다. 실용주의는 행정의 실제와 이론을 통합하는 데 도움을 주며 끝없는 변화 속에서 학습하는 조직(learning organization)이 조직하는 원리(organizing principle)의 역할을 수행할 것

---

9) Lynch and Cruise, HB, Chs 6-10.
10) Michael W. Spicer, "The Legacy of David Hume for American Public Administration: Empiricism, Skepticism, and Constitutionalism" in Lynch and Cruise, HB, Ch. 11, pp. 261-282.
11) Akhlaque Haque, "Moral Conscience in Burkian Thought: Implication of Diversity and Tolerance in Public Administration" in Lynch and Cruise, HB, Ch. 12, pp. 283-296.

이라고 기대했다.12)

우드로 윌슨(Woodrow Wilson)은 정치와 정부 철학의 핵심적 문제들을 다룬 미국 행정학의 창시자다. 그는 미국 집행부 권력의 재구성과 헌정제도에서의 대통령의 위치에 관심이 있었고, 모더니티의 도전과 모순 속에서 민주주의 발전과 성공을 추구하면서 학문으로서의 사회과학, 사회과학의 전문화, 그리고 정치연구의 실재성에 기여했다. 윌슨의 행정연구는 그의 전반적인 정치철학 발전의 핵심적 부분이었다. 그의 관심은 행정행위에 대해 명백한 대중적 통제로 책임을 분명하게 하는 것이었는데, 정치와 행정 간의 근본적인 차이를 인정하는 것이 행정개혁의 선행조건이라고 생각했다.13)

19세기 말경의 미국의 진보주의(progressivism)는 모더니티를 향한 운동으로서 행정학 발전에 영향을 미친 하나의 이데올로기이다. 진보주의에서는 전문가의 역할이 인정되고 공공 지향적인 진보주의 개혁자들에게는 과학적 관리방법이 큰 매력이 있었다.14) 20세기 초 미국의 진보주의 철학자들은 민간의 지원으로 연구소를 설립하여 지방행정을 연구하고 교육하여 행정개혁과 행정학 발전에 크게 이바지했다. 이들의 연구 활동은 예산, 회계, 인사절차와 표준화, 직무기술, 업무의 루틴화, 성과평가, 정년체제, 조직도표, 재직자 훈련 등이었는데, 정치·행정 이원론을 수용하고 중앙집권화된 통제와 책임성 및 합리적 의사결정의 필요성을 강조했다.15)

20세기 중반에 논리적 실증주의(logical positivism)보다 더 크게 행정학

12) Robert Brom and Patricia M. Shields, "Classical Pragmatism, the American Experiment, and Public Administration" in Lynch and Cruise, HB, Ch. 13, pp. 301-321.
13) Brian J. Cook, "Making Democracy Safe for the World: Public Administration in the Political Thoughts of Woodrow Wilson" in Lynch and Cruise, HB, Ch. 14, pp. 323-352.
14) Larkin Smith Dudley, "Enduring Narratives from Progressivism" in Lynch and Cruise, HB, Ch. 15, pp. 353-374.
15) Camilla Stivers, "The Bureau Movement: Seedbed of Modern Public Administration" in Lynch and Cruise, HB, Ch. 16, pp. 375-393.

에 영향을 미친 운동이나 학파는 없을 것이다. 그중에서도 사이먼(Herbert A. Simon)의 『행정행태론』(Administrative Behavior)의 영향은 지대했고 그의 견해를 둘러싼 논쟁은 행정학의 분화, 신행정학의 자극, 그리고 현상학과 같은 대안의 모색으로 이어졌다. 논리적 실증주의의 인식론적 기반은 경험주의(empiricism)와 현대과학이다.16)

우드로 윌슨 이후의 미국 행정학은 과학화를 추구했는데, 그러한 고전적 행정학은 진정한 과학성이 없다는 이유로 사이먼의 공격을 받았다. 1955년의 왈도(Dwight Waldo)의 『행정학 연구』(The Study of Public Administration)는 행정학의 가치 기반을 회복시키려는 노력이다. 실증주의 행정학에 대한 반발로 행정의 가치를 강조하는 신행정학(New Public Administration)이 제시되었고 현상학(phenomenology)과 같은 주관적인 질적 연구방법론이 성장하고 있으나 행정학에서 사이먼의 논리 실증주의는 아직도 큰 영향을 미치고 있다. 왈도는 민주주의와 행정의 사상 및 실제에서 상호 간에 어떤 문제와 기회가 제기되고 있는지를 행정학의 중심적 관심 문제로 삼아야 한다고 주장했다.17) 왈도는 행정이 효과적이고 유용하기를 원했으며 행정이론은 정치이론의 매트릭스(a matrix of political theory)를 가지고 있다는 것을 보여주려고 했다.18)

4) 모더니스트에 대한 후기의 반대

19세기와 20세기에 걸쳐 모더니스트들은 진리를 발견하여 인간의 삶의 조

---

16) Peter L. Cruise, "Positively No Proverbs Need Apply: Revisiting the Legacy of Herbert A. Simon" in Lynch and Cruise, HB, Ch. 17, pp. 395-415.
17) Charles Garofalo, "Administrative Statesman, Philosopher, Explorer: The Life, Landscape, and Legacy of Dwight Waldo" in Lynch and Cruise, HB, Ch. 19, pp. 437-446.
18) Dwight Waldo, *The Administrative State: A Study of the Political Theory of American Public Administration* with a new introduction by Hugh Miller (Brunswick, NJ.: Transaction Publisher, 2007), pp. ix-x.

건을 개선하는 데 있어서 인간의 이성(human reason)과 경험적 연구
(empirical inquiry)의 유용성에 대하여 확고한 신념이 있었다. 근대 과학은
이러한 신념의 산물이다. 그런데 인간 이성의 능력에 대한 의문도 있었다. 이
러한 의문은 현상학이나 실존주의 등으로 나타났는데, 이들은 모더니스트 사
상의 근본적 핵심에 대해 도전하는 것이다. 근대 행정학이 과학성을 주장하
여 여러 가지 도덕과 윤리의 문제를 소홀히 한다는 주장은 대표적인 과학적
방법론으로서의 실증주의를 비판하고 그 대안을 제시하는 것이다. 일부 학자
들은 모더니스트의 행정과 조직이론이 해악을 가져올 수도 있다고 경고한
다.19)

디목(Marshall Dimock)은 그의 학문 초기에는 주류 행정학에 관한 공통의
견해를 가지고 출발했으나, 1950년대에는 당시의 행태론적 연구를 거부하였
고 1970년대에는 행정국가를 비판했으며, 1980년대에는 현대사회의 행정의
역할에 관한 특이한 시각을 형성하게 되었다. 그는 근대 조직의 지속적 토대가
조직의 구조와 과정에 내재하는 합리성이 아니라 개인이라고 주장했다.20)

실증주의적 연구를 비판하고 그 대안으로 제시된 철학이 현상학
(phenomenology)이다. 현상학은 "직관으로 인식한 것 이외의 모든 가정과
선입견을 유보함으로써 현상의 본질적 의미를 파악하려는 철학"인데 인간 행
위의 이해를 위한 방법이 될 수 있다는 생각으로 그 철학과 방법을 행정학에 적
용하려는 움직임이 생긴 것이다.21)

실존주의(existentialism) 철학은 1960년대와 1970년대에 더욱 성행하게
되었는데 프랑스 철학자들의 사상이 영향을 미쳤다. 이들은 문제해결을 위한

---

19) Gerson Moreno-Riano, "Modernity, Administrative Evil, and the Contribution
of Eric Voegelin" in Lynch and Cruise, HB, Ch. 20, pp. 449-467.
20) James A. Stever, "Marshal Dimock's Deflective Organizational Theory" in
Lynch and Cruise, HB, Ch. 21, pp. 469-486.
21) William L. Waugh, Jr. and Wesley W. Waugh, "Phenomenology and Public
Administration" in Lynch and Cruise, HB, Ch. 22, pp. 487-509.

행정가의 능동적 책임을 촉구하는 것이다.22) 존 롤스(John Rawls)의 정치철
학은 행정의 연구와 실천에 관해 직접 언급한 것은 적으나 행정학자들은 그의
'무지의 장막'(veil of ignorance)에 가려진 상태의 원초적인 자유계약이라는
생각과 '형평성'의 개념을 널리 활용하고 있다.23)

3. 모더니스트 이후의 시기

1) 포스트 모더니즘의 상승

모더니티 행정사상의 한계를 벗어나 보고자 하는 것이 포스트 모더니티의
행정사상이다. 그러나 포스트 모더니티의 행정사상이 그동안 지배적이었던 모
더니스트 사상을 완전히 대체하는 것은 아니다. 다만, 행정의 경직성을 완화하
기 위해서는 '상상'(imagination)의 중요성을 인정하고 타자(others)를 도덕
적 주체로 인정하는 타자성(alterity)의 마음가짐으로 행정의 개방성, 다양성,
기존 질서에 대한 저항 등을 인정해야 한다는 것이다.24)

한편 후기 실증주의 과학철학에서는 설명(explanation), 해석(interpretation),
비판(critics)이라는 세 가지 연구 논리들을 모두 사용하여 사회적 행위자들 간
의 가치와 사실을 파악하고 해석해서 상호 적절한 영향을 미치게 하려는 전략
적 재배치를 시도해 왔다. 이러한 접근방법에서는 해석학(hermeneutics)과
비판이론(critical theory)의 시각들이 수용되고 있다.25)

정부가 사용하는 말들은 일반인이 알아들을 수 없는 특이한 말들이 많아서

---

22) William L. Waugh, Jr., "The Existentialist Public Administrator" in Lynch and
   Cruise, HB, Ch. 23, pp. 511-527.
23) Stephen L. Esquith, "John Rawls and Public Administration" in Lynch and
   Cruise, Ch. 24, pp. 529-552.
24) Farmer, *op. cit,*
25) Laurent Dobuzinskis, "From Positivism to Postpostivism: An Unfinished
   Journey" in Lynch and Cruise, HB, Ch. 25, pp. 555-593.

'관료어'(bureaucratese)라고 지칭할 수 있다는 비판도 있다.26)

2) 21세기의 대안들

20세기 후반 약 20년간에는 신자유주의 경제학(neoliberal economics)
의 이름으로 공공영역을 근본적으로 재구성하려는 노력이 있었는데 그 핵심적
사고는 시장(market)이 정치적 난제들을 해결해 줄 것이라는 기대다. 그러나
경제적 자유주의가 상이한 정치적 상황에서 공공이익(public interest)을 효
과적으로 관리해야 하는 국가의 능력에 대해 얼마나 도움이 되었는가는 더 연
구되어야 한다. 글로벌화된 세계의 새로운 질서에서 제기되는 문제는 공공영
역(public domain) 내에서의 공공부문(public sector: 가령 정부)이 다루는
공공재(public good)의 성격을 정의하고 그 범위를 설정해야 하는 일과 같은
매우 어려운 문제다.

정책결정에서 공공선택론(public choice theory)에 과도하게 의존하는
경향도 생겨났는데, 이러한 이론적 시각은 공공관료제와 조직상의 복합성
(organizational complexity)을 단순화하는 나머지 왜곡할 가능성까지 생겨
난 것이다.27) 결국, 정부 업무의 민영화(privatization) 이후의 정부조직을 어
떻게 설계해야 할 것인가의 문제가 된다. 여기서 공공 기업가주의(public
entrepreneurism)가 제기된다.28)

행정학도 사물을 올바르게 이해하는 시각을 얻기 위하여 철학을 원용해 왔
는데, 세계가 근본적으로 전환 중이므로 과거의 산업사회를 이해하는 데 사용

---

26) Robert P. Watson, "On the Language of Bureaucracy: Postmodernism, Plain
    English and Wittgenstein" in Lynch and Cruise, HB, Ch. 26, pp. 595-629.
27) Alexander Kouzmin and John Dixon, "Neoliberal Economics, Public Domains:
    Is There Any Organizational Design After Privatization?" in Lynch and Cruise,
    HB, Ch. 28, pp. 667-728.
28) Alan C. Melchoir, "Public Entrepreneurism: A New Paradigm for Public
    Administration?" in Lynch and Cruise, HB, Ch. 29, pp. 728-758.

했던 철학적 시각은 새로운 도덕과 윤리에 대해 부적합할 수도 있다는 견해가 생겨나고 있다. 산업사회에서는 합리성, 남성성, 기술관료, 계량화, 목표 지향성, 비용-수익의 관점, 계층제, 단기적 안목, 실용성, 물질적 모형 등이 우위를 점해 왔으나 이러한 시각들의 근본적인 변화를 요구한다. 행정에서도 적대감과 증오 그리고 이기심보다는 사랑, 열정, 이타심, 그리고 내면적 정신의 힘 등과 같은 것을 강조하고 감각과 감성, 집단소속, 도덕성, 자기희생, 그리고 도리와 의무 등을 인식할 수 있는 윤리의 중요성이 더욱 강조되어야 할 것으로 전망된다.[29]

제3절 행정윤리

I. 행정윤리 핸드북

아래에서는 쿠퍼(Terry L. Cooper)가 편집한 행정(공직)윤리 핸드북을[30] 중심으로 행정윤리에 관한 문제를 살펴보고자 한다.

이 책은 7부로 구성되어 있다. 즉 1. 연구 분야로서의 행정윤리, 2. 행정윤리의 철학적 시각, 3. 행정윤리의 맥락, 4. 윤리적 행동의 유지: 외부 통제, 5. 윤리적 행동의 유지: 내부 통제, 6. 미국 사회에서의 행정윤리, 7. 다른 나라에서의 행정윤리 등으로 총 34개의 장으로 구성되어 있다.

---

29) Thomas D. Lynch and Cynthia E. Lynch, "Twenty-First Century Philosophy and Public Administration: Refocusing the Lens" in Lynch and Cruise, HB, Ch. 32, pp. 801-823.
30) Terry L. Cooper, ed., *Handbook of Administrative Ethics* 2nd ed. (New York: Marcel Dekker, Inc., 2001). 행정사상과방법론 연구회 옮김, 『공직윤리: 책임있는 행정인』(조명문화사, 2013). 행정사상과방법론 연구회에서는 "administrative ethics"를 "공직윤리"라는 더 넓은 개념으로 번역했다. 그러나 본서에서는 특별한 경우 이외에는 그대로 "행정윤리"로 표시했다.

1. 연구 분야로서의 행정윤리
(Administrative Ethics as a Field of Study)

제1장은 미국에서의 연구 분야로서의 행정윤리의 상승에 관하여 서술한다. 19세기 이래로 행정윤리는 행정학의 주요 문헌에서 다루어졌는데, 그것이 하나의 독자적인 연구 분야로 인정되기 시작한 것은 1970년대부터라고 보고 있다. 제2장은 행정윤리에 관한 연구와 지식을 다루고 있는데, 행정윤리를 경험적으로 조사하고 있다. 여기서 경험적(empirical)이라는 방법론을 광의로 해석하여 실증적 접근방법뿐만 아니라 사례연구, 이야기, 심층묘사 등을 포함한다. 제3장은 행정학에서의 윤리교육을 다루고 제4장은 재직자의 윤리 훈련에 관하여 검토한다.

2. 행정윤리의 철학적 시각
(Philosophical Perspectives in Administrative Ethics)

제5장에서는 행정윤리에서의 철학의 적용을 다루고 있는데 행정윤리의 연구에서는 공식적인 학문적 철학(academic philosophy)이 별로 사용되고 있지 않다고 지적한다. 행정윤리를 분류하는 일반적으로 인정된 분류법이 없다고 주장하면서 저자는 최근 철학의 범주를 사용한다. 즉 근본주의적 목적론적(teleological, 결과론적: consequential) 및 철학적 지향과 의무론적(의무-지향적: duty-oriented) 철학적 지향을 고찰하고 있다. 그런데 근래에는 반근본주의적(anti-foundationalist) 철학의 도전도 있는데 그중의 하나가 공동체주의(communitarianism)이다.

제6장에서 저자들은 덕성(virtue)이 행정윤리 연구에서 오랫동안 무시되어 온 주제였는데 근래에 와서 관심 있는 주제가 되고 있다는 것이다. 덕성 윤리는 오랜 역사적 배경을 가지고 있는데 과학주의의 상승으로 단절되었다가 1970

년대 이후 다시 관심을 받게 되었다고 한다. 제7장은 윤리와 공공이익(public interest)을 다루고 있는데 개인적 이해관계를 넘어 집단적 선(good)을 정의하기 어렵다는 점을 토로한다.

제8장과 9장은 행정윤리에 관한 주요 철학적 시각들을 제시한다. 행정윤리의 의무론적 접근에서는 칸트의 정언명령, 윤리와 문화의 상대주의, 아가피즘 (agapism)이 논의되고 있다. 행정윤리에 대한 목적론적 접근은 앞에서도 언급한 바와 같이 결과론적이다. 이 접근방법은 원칙에 대한 의무가 아니라 행위의 결과가 좋은가의 여부다. 이것은 공리주의(utilitarianism)와도 관련이 있다.

3. 행정윤리의 맥락(Contexts of Administrative Ethics)

행정윤리는 공공조직이라는 맥락을 가지고 있다. 제11장은 조직 구조를 사회의 가치에 대한 배경과 개인적 윤리의 맥락으로 다루고 있다. 조직 구조는 사회의 도구로서 개인의 행정행위에 영향을 미치지만 동시에 조직에서 행해지는 개인적 재량의 영향도 받는다고 말한다. 제12장은 조직윤리에서의 조직문화의 중요성을 다루고 있다. 그런데 조직문화의 윤리적 차원을 다루면서 문화와 윤리 간의 갈등에 관해서도 언급한다. 제13장은 행정과 정책에 대한 공공윤리의 관련성을 검토하면서 행정윤리와 공공윤리를 구별하고 공공윤리를 더 넓은 개념으로 사용하고 있다. 이 저자는 행정학 연구에서 "공공"(public)의 의미에 관한 관심이 적은 것에 대해 놀라고 있다. 제14장은 행정윤리와 전문직업주의 간의 문제를 검토했다.

4. 윤리적 행동의 유지:
외부 통제(Maintaining Ethical Conduct: External Control)

여기서는 소망하는 행위를 촉진하기 위한 여러 가지 법적 및 조직적 제도 등

을 검토한다. 제15장에서는 윤리강령(code of ethics)을 검토하고 있다. 제
16장은 행동강령과 윤리강령 간의 관계도 검토했다. 제17장은 관리적 역할과
조직문화에 윤리를 통합하는 것을 이해하는 최근의 이해방식을 논하고 있다.
제18장과 19장은 윤리 관리(ethics management)를 위한 미국의 연방 기구
를 소개하고 있다.

제20장은 내부 고발자(whistle blower) 보호 문제를 고찰하였다. 아직도
내부 고발자를 상사와 동료들의 적대적 태도로부터 보호하는 것이 미흡하다고
보고 있다. 제21장은 행정부패에 관한 관심이 부족한 것을 개탄하면서 반부패
정책에 포함해야 할 요소들을 논한다. 반부패 노력은 공공 책임성의 문화의 지
지를 받아야 한다고 보고 있다.

5. 윤리적 행동의 유지:
내부 통제(Maintaining Ethical Conduct: Internal Controls)

제22장은 행정에서의 도덕발달을 논의한다. 저자들은 심리학 이론에서의
도덕발달에 관한 연구를 원용하여 도덕 발달단계를 6단계로 나누면서 사람들
이 도덕문제에 관하여 생각하는 방식과 행동 간에는 밀접한 관련이 있다고 말
한다. 제23장은 행정인에 의한 개인적 의사결정에 있어서 행태적 및 규범적 시
각의 중요성을 강조한다. 제24장은 가치와 윤리를 검토하면서 가치들이 윤리
적 딜레마에서 본질적 요소라고 설명하고 나서 가치를 정의한 다음 심리학, 사
회학, 철학에서 이 개념을 어떻게 다루고 있는가를 살피고 있다. 저자는 공공
이익을 정의하는 다섯 가지 중심적 가치인 정치적, 경제적, 사회적, 관료적, 전
문직업적 가치들에 초점을 두면서 행정의 윤리와 가치를 통합하려고 하고 있
다. 제25장 공공 서비스에서의 (사람의) 성격과 행동에 관한 연구에서는 성격
에 관한 심리학적 및 철학적 정의 등이 검토되고 있다.

6. 미국 사회에서의 행정윤리
(Administrative Ethics in American Society)

이 부분은 미국 사회에서의 행정윤리를 다루었는데 미국 행정의 정치적 및 사회적 맥락과 관련이 깊은 4개의 주제를 다루고 있다. 제26장은 행정윤리에 관한 젠더 차이를 다루고 있다. 이러한 윤리적 사고방식은 관계, 돌봄, 연결, 협력, 그리고 타인에 관한 관심 등의 가치를 반영하고 있다. 제27장은 행정에서의 시민윤리를 검토하고 있는데 "신분"(status)으로서의 시민성과 "실천"(practice)으로서의 시민성을 구별한다. 시민성과 조직의 가치들 간에는 긴장도 있다. 제28장은 행정윤리와 민주주의 이론 간의 관계를 검토하면서 행정윤리가 민주주의 이론에 대하여 제기하는 문제를 검토한다. 여기서 개인윤리, 행정윤리, 민주주의 이론 간의 관계는 더욱 검토되어야 할 것을 권고한다. 제29장은 비영리 행정기관의 윤리적 측면들을 분석했는데 연구가 미흡하다고 말한다. 제30장은 군대윤리를 분석했다.

7. 다른 나라에서의 행정윤리
(Administrative Ethics in Other Countries)

이 부분은 행정윤리가 행정학만큼 광범한 분야라는 것을 일깨워주고 있다. 그리고 행정윤리는 그것을 발생케 하는 맥락의 반영이라는 것이다. 제31장은 홍콩의 행정윤리를 분석했는데 행정윤리에 대한 맥락적 변수의 중요성을 논한다. 정치적 결정 요인들, 문화적 영향, 변화하는 환경이 행정윤리의 형성에 영향을 미쳤다는 것이다. 제32장은 헌정주의와 행정윤리 간의 관계를 분석했다. 이것은 캐나다, 프랑스, 미국의 헌정주의와 행정윤리 간의 비교연구다. 제33장은 아프리카 사회의 행정윤리를 분석하고 있는데, 식민주의와 신식민주의를 아프리카 전역에 걸친 행정과 행정윤리의 배경으로 보고 있다. 그러나 동시에 행정윤리는 아프리카 대륙의 급변하는 정치적 변화의 맥락에서 이해되어야 한다는 것을 강조한다. 주관적 책임성보다는 객관적 책임성이 강조되어 행정인을 "법과 질서"(law and order)의 지향성으로 이끌었다고 한다. 예를 들면 부과된 의무를 행정윤리의 배타적 근거로 삼는 것과 같은 지향성이다. 제34장은 오스트레일리아의 공직 윤리를 변화하는 레짐 가치와 진화하는 국민적 정체성에 비추어 검토했다.

II. 책임 있는 행정인

아래에서는 쿠퍼(Terry L. Cooper)의 『책임 있는 행정인』을 중심으로 고찰하고자 한다.31) 그 개요는 아래와 같다. (번역본 제1장 서론, 5. 책 내용의 개관, pp. 13-17)

이 책의 가장 핵심적인 선결과제는 윤리적 의사결정과정을 밝히는 데 있다. 제2장은 윤리적 문제가 다루어지는 숙의의 차원을 이해하기 위한 일부 기본 개념에서 시작한다. 그리고 이러한 문제를 분석하고 해결하기 위한 모형이 제시된다. 이 모형의 일부는 단선형적인 것으로서 일련의 단계로 구성되며 다른 일부는 비선형적인 것으로서 도덕규칙, 윤리원칙, 자아성, 정치공동체의 규범을 포함하는 여러 핵심요소의 통합으로 추구한다. 이는 또한 추론, 감정, 신념을 결합한다. 여기에 제시된 모형은 단순히 합리적인 원칙에 주안점을 두고 있는 것이 아니라 본질적으로 윤리적 의사결정과 행정의 정서적 차원들도 포함한다. 이 모형을 옹호하는 논리는 단선형적 삼단논법의 계산이라기보다는 미학적 또는 비유적 논리에 더 가까운 무엇이다. 이 장은 앞으로 전개될 장을 통해 제시한 '설계적 접근방법'의 요약으로 끝을 맺고 있다.

---

31) Terry L. Cooper, *The Responsible Administrator: An Approach for Administrative Role.* 6th ed. (San Francisco: Jossey-Bass, 2012), 행정사상과방법론 연구회 옮김 『공직윤리: 책임 있는 행정인』(조명문화사, 2013).

제3장은 사회적 맥락을 전개한다. 행정인은 사회적 맥락 속에서 일하지 않으면 안 되고 근대사회의 다양하고 상대주의적인 환경 속에서 행정인의 역할을 정의하고 유지해야 하는 문제를 논의하고 있다. 일관된 전통에 대한 안내가 없으면 근대사회에서 행정인의 역할은 다른 경쟁적 역할 가운데서 처리되지 않으면 안 될 또 하나의 의무와 이해관계의 집합일 뿐이라는 것이다. 이러한 사회적 맥락의 중요한 결과 가운데 하나는 오늘날 행정이 불가피하게 정치적인 성격을 갖는다는 것이다.

제4장은 근대사회에서의 행정책임의 이중적 성격을 다룬다. 행정인은 '객관적 책임'(objective responsibility), 즉 공무원의 상사, 공중, 입법부에 대하여 짊어지는 책임과 '주관적 책임'(subjective responsibility), 즉 공무원이 귀책사유가 자신에게 있다고 느끼며 믿는 책임을 갖는다. 이 두 형태의 책임 간의 충돌은 윤리적 딜레마가 일어나는 가장 일상적인 형태라고 할 수 있다.

제5장은 주관적 책임과 객관적 책임 사이의 충돌을 집중적으로 다루어 나간다. 권위, 역할, 이해관계의 충돌을 검토한다. 이들 세 형태의 충돌에서 책임이 분명하게 다른 형태의 분석을 요구하는 것은 아니다. 그보다 충돌을 경험하는 상이한 방법에 대한 이해는 우리가 해결하기 위해 검토하고 취급해야 할 핵심적 행위자의 관계를 밝히는 데 도움이 된다.

제6장은 관리의 시각에서 공공조직 안에서의 책임 있는 행동을 유지하기 위한 일반적인 주요 접근방법, 즉 '내부 통제'(internal controls)와 '외부 통제'(external controls)를 제시한다. 외부 통제는 윤리강령과 윤리입법처럼 외부로부터 개인에게 부과되는 수단을 포함한다. 내부 통제는 전문직업적 가치와 공무원이 개인적으로 또는 전문직업을 통해서나 사회화과정을 통해서 내면화한 표준과 관련이 있다.

제6장의 관리적 시각과 계속 이어지는 제7장은 다양한 내부 통제와 외부 통제 사이의 부합성을 수립하는 것이 중요함을 역설한다. 두 예를 통해서 이것이

달성되지 않았을 때 어떤 일이 일어나는지를 보여준다. 그다음에 책임 있는 행동의 다음과 같은 네 요소, 즉 개인특성, 조직구조, 조직문화, 사회적 기대가 설명된다.

제8장은 부패한 관리나 공익을 위해 위임받은 사명을 망각한 관리에 대항하여 윤리적으로 행동하려고 시도하는 개인으로 시각을 돌린다. 여기서 문제는 서로 충돌하는 충성심, 한편으로는 사상에 대한 충성심과 다른 한편으로는 시민에 대한 충성심의 문제다. 내부 고발은 이러한 종류의 갈등에 대한 하나의 대응으로 인지된다. 공무원 개인에게 가해지는 조직적 압력의 근원이 다루어지며, 조직 차원의 해결책이 논의되고 개인의 책임에 대한 궁극적 필요성이 주장된다. 이 장은 개인의 윤리적 자율성을 위해 요구되는 요소를 다루면서 끝을 맺는다.

여기서 특히 주의해야 할 점은 처음부터 윤리적 자율성이 윤리적 개인주의와 상응하는 것이 아니라 이전 장들의 맥락과 결론부의 모형 측면에서 이해되어야 한다는 것이다. 개인적인 차원에서 윤리적 자율성은 부패한 권위에 저항하는 양심을 행사할 수 있게 하는 데 얼마간 필요하지만, 조직, 제도, 사회의 맥락 내에 있는 행정인에게 양심을 행사해야 하는 일은 항상 발생할 수 있다. 행정인은 단순히 자기실현을 위해 일하는 것이 아니라 공공선을 고양함으로써 시민에게 봉사하는 것이다. 행정인은 시민의 신탁자로서 공동선을 보호한다. 여기에 깔린 가정은 남녀를 불문하고 공직에 입문하려는 사람이 공동선을 추구하는 데서 자기실현을 찾으려고 준비하고 있다는 것이다.

제9장에서는 중요한 윤리문제에 대한 설계적 접근방법의 적실성을 자세히 설명한다. 이 접근방법이 어떻게 적용되는지의 예시로 일부 사례를 원용하면서 쿠퍼는 행정의 역할에 적합한 용어로 이 방법을 재천명한다. 설계적 접근방법을 정부 용역의 계약건에 관한 구체적 사례에 적용함으로써 이 장을 마무리한다.

마지막 장인 제10장은 이전 장들에 걸쳐 전개한 주장을 요약하고 제7장의 책임 있는 행동의 구성요소와 제8장의 개인의 윤리적 자율성의 구성요소를 종합하는 책임 있는 모형을 제시한다. 이 모형의 실천적 함의를 명확하게 밝히기 위하여 예시된 자료가 여기에 추가되었다.

이 저작에 있는 사례는 실제 사건에 기초하고 있으며, 이를 제공한 사람들의 사생활을 보호하기 위하여 극히 일부는 허구적 요소를 가미했다고 한다. 이 사례들은 예시를 위한 것이고 결론은 독자가 생각해 볼 것을 권하고 있다.

결론적으로 이 책은 대체로 기술적(묘사적)이며 분석적이다. 이는 오직 이차적으로만 처방적이며, 그 경우에도 단지 특별한 의미에서만 처방적이다. 쿠퍼는 이 책에서 행정인을 위한 실질적 윤리를 제안하지는 않았다.

Ⅲ. 공직 리더십의 윤리적 역량 성취

아래에서는 쿠퍼와 멘젤(Terry L. Cooper and Donald C. Menzel)이 편집한 윤리적 역량의 성취에 관한 글들의 요지를 살펴보고자 한다.[32]

윤리적 역량의 추구(the pursuit of ethical competence)는 도전과 함정 (장애물) 등과 흔히 가보지 않은 길로 가득 찬 평생의 과정이다. 이것은 중요한 리더십 자리에 승진하는 공직 전문인에게 특히 도전하는 과업이다. 이것은 또한 공직 가치와 공공이익 증진을 요구하는 생애에 헌신하고자 하는 젊은 남녀에게도 어려운 일이다. 때때로 미묘하기도 하고 그렇지도 않은, 직무상의 긴장과 압박은 개인적 선호와 조직의 임무가 충돌하여 최선의 의도를 가진 개인의 눈에서조차도 윤리적 맹점을 만들어낸다. 이러한 순간들은 진정으로 사람의

---

32) Terry L. Cooper and Donald C. Menzel eds., *Achieving Ethical Competency for Public Service Leadership* (Armonk, New York: M. E. Sharpe, 2013). 행정사상과방법론 연구회(김성준, 신충식, 강신택 외) 옮김, 『윤리역량: 공직리더십을 위한 윤리역량 성취』(조명문화사, 2018).

윤리적 역량을 실험하는 순간들이다. 근래에 점점 더 공직 리더십의 윤리역량 취득에 초점을 두는 교과서가 많아졌다.

우선 영어의 용어부터 이해하는 데 어려움이 있고 그것을 한국어로 정확하게 번역하기는 더욱 어려운 점이 있다. competence, competent, competency 라는 용어를 사용하고 있는데 위의 저자들은 아래와 같이 이해한다. 괄호 안의 한국어는 근접한 번역일 뿐이다.

Competence(역량; 능력)는 형용사로 수식할 수 있는 명사다. 예를 들면 그 사람은 조직을 운영할 수 있는 적당한(또는 낮은 또는 높은) 수준의 역량을 갖고 있다.

Competent(역량; 유능함)는 한 사람이 전문직업, 실무, 기능, 또는 업무를 위한 기준을 충족시키는 충분한 수준의 능력에 도달하였다는 것을 가리키는 것이다.

Competency(역량성; 능력들)는 그 의미에 합의 없이 매우 많은 의미를 가진 용어다. 따라서 그것은 때로는 상충하는 여러 가지 방식으로 사용된다. 저자들은 이 용어를 역량의 구성요소들인 특정한 재능, 지식 및 태도를 지칭하는 용어로 사용하고 있다. 즉 요소들은 (1) 윤리적 문제를 지각하는 능력, (2) 윤리적 분석 기술의 소유, (3) 윤리적 이론의 지식, (4) 어떻게 조직 디자인이 윤리적 의사결정과 행동을 촉진하거나 저해하는가에 관한 이해, (5) 자신의 윤리적 결론에 따라 행동하는 강력한 성격의 가치, 그리고 (6) 윤리적 행동의 중요성을 향한 긍정적 태도가 가진 효과의 인정 등이다.

저자들은 개인의 인지적 윤리적 발전이 중요하다고 하면서 맥락을 강조하는데 윤리적 행동에 미치는 조직의 영향에 관한 다음과 같은 능력의 중요성을 강조한다. 즉 행정윤리의 규범적 토대에 관한 지식, 조직이론과 행태에 철저한 기반을 두기, 그리고 조직 발전과 디자인 접근방법에 관한 지식 등이다.

이상의 논의를 거친 다음 윤리역량에 관한 다음과 같은 정의를 제시한다:

(1) 개인적 및 전문직업적 행태의 높은 기준에 대한 헌신

(2) 관련 있는 윤리적 장전과 법에 관한 지식

(3) 윤리적 상황에 도전받았을 때 윤리적 추리를 할 수 있는 능력

(4) 공직 윤리와 가치를 식별하고 수행할 수 있는 능력, 그리고

(5) 공공기관과 조직에서 윤리적 관행과 행태를 추진하는 것에 대한 헌신

저자들은 윤리역량에 관하여 4부로 나누어 검토하고 있다.

1. 윤리적 역량과 리더십

제2장은 역량과 윤리적이라는 용어와 관련한 개념들은 살핀 후에 *윤리적 역량*을 다음과 같이 정의하였다. 즉 "흔히 KASs(Knowledge, Attitude, and Skills)라고 하는, 직무에서 업무수행과 인과적으로 관련이 있는 직원의 기본적 특징들로서의 일단의 지식, 기술 및 태도와 능력이다." 이 정의는 광범하나 관찰 가능하고 측정 가능한 KASs로 조작적 정의가 가능하다고 한다. 이렇게 함으로써 윤리적 역량을 위한 탈신화화 된 개념틀을 구성한다.

제3장은 윤리역량만큼 정의하기 힘든 리더십 개념을 검토하고 있다. 저자는 윤리적 리더십의 세 가지 특성을 식별한다. 첫째는 지도자의 도덕적 특성이며, 둘째는 추종자와의 강력한 관계의 구축이고, 셋째는 윤리를 리더십 주제의 앞머리에 두는 것이다. 윤리적 리더십과 윤리역량은 상호 강화된다.

제4장은 기업환경에서의 윤리역량과 효과적인 리더십 간의 의미 있는 연결을 자세히 검토한다. 특히 기업의 사회적 책임성을 조성하는 데는 이러한 연결이 중요하다.

2. 윤리역량을 성취하기 위한 교육학적 접근법과 방법

윤리역량을 추구하는 길은 여러 가지가 있겠으나, 사회사업, 경영, 법학, 그

리고 행정학의 대학원 수준에서의 공식적 교육이 매우 성과가 있을 것으로 기대된다. 포괄적인 과정은 없겠으나 일정한 공통점은 있는 것 같다. 즉 윤리적 자각과 감수성, 분석적 추론, 윤리적 사상의 지식, 사례 참여의 경험.

제5장은 행정학 대학원 석사학위 과정의 학생들에게 체계적으로 학습할 기회를 부여하는 교육학적 방법을 탐구하고 있다. 이런 교육에서는 윤리적 사상의 규범적 기초로 인도하는 강의실 문화의 중요성을 강조한다.

제6장은 공직 리더십에서 윤리역량을 향상하는 보완적인 교육학적 방법을 제시한다. 윤리역량은 사람의 윤리적 발전단계에 바탕을 두고 있으며 교육으로 조정된다는 것이다.

3. 전문직업의 분야 내 및 공통의 윤리역량

공직의 전문직업인들(professionals)은 흔히 사회사업가, 엔지니어, 환경전문가, 의사와 보건종사자, 기획가, 행정인, 법조인, 재무분석가, 경영자로서 교육되고 훈련된 경우가 많다. 이들 전문직업 분야 각각의 역량은 무엇보다도 업무 또는 과학적/기술적인 것과 관련이 있다. 예를 들면, 공공 수송기관에 고용된 토목기사는 도로, 교량, 건물, 교통망 등에 관한 공학을 이해하고 감시할 수 있어야 한다. 더 나아가 그들은 그들의 전문 직업협회에서 설정한 최상의 윤리적 기준에 따라 그들의 업무를 수행할 수 있어야 한다. 따라서, 전문직업 분야에 걸친 윤리역량의 생각과 실행의 줄기는 "해를 끼치지 마라"(do no harm)라는 것이라는 점을 이해할 수 있다. 그리고 전문직업의 맥락에서 구체적인 기준을 말하는 것은 충분히 이해할 수 있다.

1) 사회사업가

제7장은 사회사업 전문직이 개인, 가족, 집단을 고의적 또는 비고의적 해악

으로부터 보호하면서 공동체의 최선의 이익을 촉진하려고 노력하는 여러 가지 방법들을 묘사하고 있다. 사회사업 임무의 핵심은 사회적 맥락에서의 개인적 웰빙과 일반적 사회적 웰빙에 동시에 초점을 두는 것이다. 현대사회에서 인정되는 경계를 규정하는 윤리적 기준을 마련하는 데는 수십 년이 걸렸다. 사회사업가의 윤리적 역량의 발전은 전문직업의 역사에서 가장 두드러진 발전의 하나라고 저자는 주장한다.

2) 행정인

행정인 공동체의 학자와 실무가들은 1887년에 우드로 윌슨이 행정은 기업원리에 토대를 두어야 한다고 주장한 이래로 윤리적 문제로 고심해 왔다. 행정인은 공공의 이익을 증진하면서 민주적으로 선출된 상사에게 반응하는 공평한 행위를 통하여 공동체와 국가에 봉사하는 방식으로 그들의 의무를 수행할 것이 기대되고 있다. 그 결과는 정직하고 훈련된 공평한 행정행태에 대한 기대다. 그런데 근래에 와서 행정인의 윤리적 역량이 다시 쟁점이 되었다.

4가지 전략을 제시한다. 대학원 교육, 법령과 장전, 직업장전, 리더십의 모범이다. 여기서 윤리적 역량의 목표는 공직 리더십의 효과성을 높이는 것이다.

3) 법률가

정부에서 근무하는 법무관의 윤리적 문제도 매우 어려운 과제다. 소수의 법률가가 정부에서 법무관으로 근무하지만, 그들은 정부 업무에 대하여 매우 중요한 영향을 미치기 때문에 그들의 윤리역량은 중요한 관심사다. 그러나 미국의 문제는 법률가에 대한 국민의 신뢰가 낮다는 점이다. 공직에 있는 법률가의 윤리역량을 식별하기 어려운 이유는 그들의 충성심이 양분된다는 것과 상업화이다.

정부와 공직에 근무하는 법률가는 공평하고 유능한 방식으로 고객에게 봉사해야 한다는 전문직업적인 윤리적 의무에 사회화되면서, 동시에 고객의 이익을 증진하고 보호해야 한다는 것이 기대되고 있다. 이 균형을 잡는 일은 매우 어려운 일이다. 법률의 전문화와 상업화는 동시에 진행됐다. 이렇게 복잡한 상황에서 법률가에게 요구되는 윤리역량은 무엇인가? 그것은 단순한 준법을 넘어 교양 있는 법률가로서 기본적인 헌법적 원리에 충실하고, 단순히 조직의 도구가 되는 것이 아니라 이견(dissent)을 낼 수 있는 능력이다.

4) 비영리기관

비영리기관 종사자들이 당면하는 윤리적 도전은 재정상의 해명성, 인적 자본의 취급, 기금의 모금, 투자정책 등이다. 비영리 조직 구성원의 윤리역량은 다음과 같이 이해하고 비판적으로 사고하는 능력이다. 첫째, 비영리적 맥락, 둘째, 옳고 그름을 분별하는 틀, 셋째, 인적 자원과 비영리 시스템 전반에 관한 인식, 넷째, 모든 사람에 대한 공평성, 형평성 있는 취급, 존중이다.

4. 앞으로의 길

공직 리더십을 위한 윤리적 역량의 추구라는 사상과 이상은 그저 희망 사항이 아니다. 서론에서 말한 바와 같이 그것은 평생의 과업이다. 정직하고 윤리적으로 유능한 전문직업적 경력을 쌓아가려는 사람은 때때로 자신의 윤리적 추론의 수준을 높이기 위해 노력해야 한다. 이와 같은 노력에 포함되는 것은 각종 기관과 협회에서 실시하는 윤리 훈련에 참여하는 것, 전문학회의 활동을 통한 윤리적 가치와 행동의 강화, 비윤리적이라고 비난받을 만한 일에 말려들지 않도록 조심하는 일, 그리고 도덕적 상상력을 발휘해 보는 일들이다.

제4절 후설의 현상학: 유럽학문의 위기와 현상학

아래에서는 후설(Edmund Husserl)의 "유럽 학문의 위기와 현상학 입문"33)에 관하여 알아보고자 한다. 난해한 후설 현상학을 이해하려면 더 많은 깊은 논의가 필요하겠지만, 우리는 이 책에서 말하는 요지만이라도 파악할 수 있기를 바란다.

이 책은 3부로 구성되어 있다.

제 I 부, 유럽 인문의 심각한 생활-위기의 표현으로서의 학문의 위기(The Crisis of the Sciences as Expression of the Radical Life-Crisis of European Humanity).

제 II 부, 물리적 객관주의와 초월적 주관주의 간의 근대적 대립에 관한 해명(Clarification of the Origin of the Modern Opposition Between Physicalistic Objectivism and Transcendental Subjectivism).

제 III 부, 초월적 문제 및 관련된 심리학의 기능에 관한 해명(The Clarification of the Transcendental Problems and the Related Function of Psychology) :

A. 선소여된 생활-세계로부터 물어 들어감으로써 현상학적 초월적 철학으로 가는 방법(The Way Into Phenomenological Transcendental Philosophy by Inquiring Back from the Pregiven Life-World).

B. 심리학으로부터 현상학적 초월적 철학으로 가는 방법(The Way Into Phenomenological Transcendental Philosophy From Psychology).

---

33) Edmund Husserl, *The Crisis of European Sciences and Transcendental Phenomenology: An Introduction to Phenomenological Philosophy*. Translated with an Introduction by David Carr. (Evanston: Northwestern University Press, 1970). 이하 내용에서 표시된 페이지는 이 책의 페이지임.

위의 내용을 간단히 표현하면 4가지로 압축된다.

첫째, 무엇이 유럽학문의 위기인가?

둘째, 위기의 원인은 무엇인가?

셋째, 생활-세계를 통하여 위기를 극복하는 길

넷째, 초월적 철학을 통하여 위기를 극복하는 길

이 책의 요지는 아래와 같다.

1. 유럽 인문의 심각한 생활-위기의 표현으로서의 학문의 위기

후설은 유럽 학문의 위기를 극복하기 위하여 현상학적 철학을 주장하였다. 그는 모든 진정한 학문적 성격, 학문의 과업을 설정하는 방식 및 방법론이 모두 의심스럽다는 인식에서 출발한다. 철학과 심리학도 회의주의, 비합리주의, 신비주의에 빠질(succumb to skepticism, irrationalism, and mysticism) 위험에 처했다고 생각했다. 눈부시게 발달한 과학을 위기라고 말할 수 있는가? 그것은 인간의 실존을 위한 과학의 의미에 관련된 문제다. 실증적 과학의 발달은 인간실존(human existence)의 의미의 문제를 배제하기 때문이다. 실증주의(positivism)는 이성의 문제(the problems of reason)를 배제하여 철학을 무력화시켰다.

인간이 이성에 관한 믿음을 잃으면 자기 자신의 진정한 실존에 대한 믿음을 잃는다는 것을 의미한다. 사람이고자 하는 것은 사회적이고 생성적인 문명의 인간이 되려는 것이고, 인간이 합리적이고자 하면 인간의 문명이 합리적인 문명이어야 한다. 철학의 발달을 다시 비판적으로 검토하고 새로운 철학을 찾아 나서야 한다.

2. 물리적 객관주의와 초월적 주관주의 간의 근대적 대립에 관한 해명: 위기의 원인

유럽학문의 위기의 원인을 크게 두 가지로 보고 있는 것 같다. 하나는 과학 이론을 과도하게 수학화(mathematization)함으로써 생긴 위기이고 다른 하나는 연구 대상인 사물을 모두 물리화(physicalize)함으로써 생기는 위기다.

1) 과학의 수학화

근대의 초기에 기하학(geometry)과 그리스 자연과학의 전통을 이어받은 철학의 관념이 크게 변했다. 그리고 그 합리성이 곧 자연과학을 추월하여 완전히 새로운 수학적 자연과학(mathematical natural science)이라는 관념을 만들었다.

자연이 이념화되고(idealized) 수학화된 의미는 무엇인가? 과학 이전의 일상적인 감각 경험에서는 세계가 주관적으로 다르게 주어졌으나 그렇다고 해서 여러 세계가 있다고 생각하지는 않았다. 자연을 수학화 하는 과정에서 "정확성"(exactness)을 추구하고 다양한 모습을 결합하여 생각해 볼 만한 이념형태(ideal shape)를 만들어내고 객관화했다. 객관화는 측정술의 향상으로 가능했다. 세계에 관한 객관적 지식과 측정방법이 이상화되고 그것이 순수한 기하학적 사고로 진환되있다.

주위 세계에서 직관적으로 주어진 보편적 인과적 양식(causal style)은 현재, 미래 및 과거에 모르던 것에 관한 가설, 귀납, 예측을 가능하게 한다. 과학 이전의 생활에서는 이 정도의 지식이면 족했으나 더 정교한 상호관계의 지식을 얻기 위해서는 세계를 미리 구성해야 했다. 여기에 수학이 도움을 주었다. 우선, 물체의 세계를 시·공간적으로 이상적인 대상의 세계로 만들었다. 그리하여 새로운 객관적 지식을 얻을 수 있게 해주었다. 시·공간적으로 그 모습을 알 수 없는 경험도 간접적으로 수학화했다.

이제 사물의 형태와 내용의 인과관계를 발견하는 것이 물리학(physics)의 과제가 되었고 수학적인 공식(formulae)으로 표현하는 과제가 되었다(p. 40). 자연의 참모습을 표현하기 위하여 가설적 공식은 계속해서 검증된다. 이제 공식은 더 나아가서 산술화되고 대수화된다. 즉 순수한 수의 결합체(pure numerical configurations)가 된다. 이것은 완전한 보편적 공식화로 이끌어 간다. 완전한 공리체계(complete axiomatic system)가 연역적 결정을 할 수 있게 한다. 이로써, 세계 일반에 관한 공식적-논리적 관념이 구성된다.

수학화와 공식화 그리고 기술화는 필요하고 정당하나 그들을 통하여 세계에 관한 지식을 얻고자 했던 본래의 의미가 망각되지 말아야 한다. 그러나 수리화된 세계가 실제의 세계를 대체하게 됨에 따라 정밀과학에 의하여 생활-세계가 대체되어 버렸다(pp. 48-52). 수학화의 의미를 명확하게 이해하지 못하면 여러 가지 오해가 생긴다. 과학의 본래 의미를 알아야 과학의 현재 의미를 이해할 수 있고 현재의 과학 의미에 관한 이해가 있어야 과학의 본래 의미를 파악할 수 있는 일종의 순환관계에 있다. 이와 같은 관점에서, 과학의 본래 의미는 생활-세계와의 관계에서 해석되어야 한다.

2) 과학의 물리화

자연에 관한 특이한 개념의 한 가지 기본 요소는 자연을 물체들의 세계라고 본 것이다. 이것이 이원론(dualism)의 기원이다. 이것은 세계가 자연과 정신이라는 두 개의 세계로 이루어진다는 생각을 하게 한다. 수학화된 자연은 합리적이라고 여기게 되었다. 이러한 이원론에도 불구하고 모든 과학을 물리학적으로 접근하게 함으로써 합리성의 진정한 의미를 파악하기 어렵게 만들었다(pp. 61-67).

그 첫째의 어려움은 합리적인 지적 활동의 결과가 심리학적 허구

(psychological fiction)라는 생각을 하게 만들기도 했다. 여기서 과학적 객관주의가 초월적 주관주의(transcendental subjectivism)로 전환하였다.

객관주의는 이미 주어진 세계를 근거로 경험을 통해 객관적 지식을 추구하는 것이다. 초월주의(transcendentalism)에서는 이미 주어진 생활-세계의 존재적 의미(ontic meaning)는 주관적 구조라는 것이다. 후설은 객관적 철학과 주관적 철학 간의 긴장 관계의 역사적 검토를 통하여 초월적 철학의 최종 형태로서의 현상학으로 이끌고 있다.

모든 지식을 일단 제쳐 두는 에포케(epoche)를 통하여 존재적 타당성에 도달하려는 것인데 자아로서의 나는 에포케의 대상이 아니다. 나는 에포케를 수행하는 데 필요하다.

후설은 철학사를 상세하게 검토한 후에 초월적 철학이 모든 학문의 근거를 밝혀줄 것이라고 주장한다. 과학 이전의 객관주의와 과학적 객관주의와 달리, 초월적 철학은 감각과 존재적 타당성이 객관적으로 형성되는 주된 장소로서의 인식적 주체로 되돌아가서, 존재하는 세계를 감각과 타당성의 구조라고 이해하고자 함으로써 본질적으로 새로운 유형의 과학적 태도와 새로운 유형의 철학을 개시하려는 것이다(p. 99). 그리하여 철학적 및 과학적 문제의 출발점으로 삼으려는 것이다.

3. 초월적 문제 및 관련된 심리학의 기능에 관한 해명

1) 선소여된 생활-세계로부터 물어 들어감으로써 현상학적 초월적 철학으로 가는 방법: 생활-세계를 통한 위기의 극복

(1) 초월적 주관성(transcendental subjectivity)의 문제

근본적인 질문은 과학적 지식에 선행하는 우리의 세계-의식의 주관적 구조(the subjective structure of our world-consciousness)에 관한 것이다.

과학 이전에 그리고 과학적으로 진정한 대상으로 여기는 대상들(objects)이 어떻게 주관적 요소들과 관련이 있는지가 문제다. 당연히 존재하는 것으로 사전 가정된(presupposed) 생활-세계에 관하여 의식할수록 새로운 의미가 있는 현상이 나타난다. 이렇게 나타나는 것은 주관적 현상인데 심리적인 것이 아니라 정신적 과정(mental processes)이다. 그러나 이러한 초월적 주관성(transcendental subjectivity)이 무엇이며 어떻게 기능하며 객관적 과학을 이해할 수 있게 만드는가를 직관하는 것은 매우 어렵다. 초월적 주관성이라는 개념의 의미를 영혼(soul)이라고 생각하거나 경험적 사실로 여기려는 잘못도 있다. 직관성(intuitiveness)이라는 개념이 더 해명되어야 하지만 당연한 것으로 여기는 모든 인지적 성취의 배경적 토대를 체계적으로 추적해 가야(systematically inquire back into those things taken for granted) 한다. 그러나 우리가 영혼(soul)으로부터 초월적 주관성을 구별하자마자 우리는 알 수 없는 신비적인 것에 관여하게 된다(p. 118).

(2) 생활-세계(life-world)의 문제

과학은 인간의 정신적 성과인데, 이는 우리 삶의 미리 주어진 직관적인 주위세계(the intuitive surrounding world of life)가 있다는 것을 전제로 한다. 실제 생활과 과학 활동은 모두 주어진 세계에서 출발하고 주어진 세계에서 그 근거를 찾는다. 따라서 생활-세계의 특이한 존재적 본질을 알아야 한다. 생활-세계는 과학 이전에도 있고 이후에도 있으므로 그 존재 양식을 알아야 한다. 무엇보다도 생활-세계의 본질과 그에 적합한 "과학적" 연구방법부터 정확하게 파악해야 한다(p. 123).

(3) 생활-세계 과학의 문제

사람은 생활-세계에서 일상적 삶은 살아가며, 일상적 관행보다 더 큰 성과에 의해 문제를 풀면 과학적이라고 말한다. 그러나 이때의 과학은 소위 객관적 과학과는 다른 것으로 생각한다. 과학은 필요한 목적을 위하여 생활-세계 위에 구축된다. 그러나 이런 방식으로 생활-세계를 사용하는 것은 그것을 그 자체의 존재 양식에서 과학적으로 아는 것이 아니라 주관적-상대적(subjective-relative)으로 사용하는 것이다. 이러한 주관적 영역의 연구를 심리학이라고 여기고 주관성의 객관적 과학을 시도하지 말아야 한다.

생활-세계는 주관적이고 "진정한" 세계는 "객관적"이라고 생각하는 것은 후자가 이론적-논리적 기초라고 생각하기 때문이다. 이러한 기초는 원칙상 지각할 수 없으나 생활-세계는 실제로 경험할 수 있다는 데에 그 차이가 있다.

이러한 생활-세계는 본래적인 자기-증거들(self-evidences)의 영역이다. 자기-증거로 지각되는 것은 가까이 존재하는 "사물 자체"로 경험한다. 그러나 하부 기초는 자기-증거와의 관계에서만 실제의 진실을 말할 수 있다. 객관적인 것은 절대로 자체를 스스로 경험할 수 없다. 객관적 과학은 주관적으로 구성된 것이다. 특수한 행위로서의 이론적-논리적 구성은 생활-세계의 구체성에 속한다. 객관적 과학 세계의 지식은 생활-세계의 자기-증거에 토대를 두고 있다. 구체적인 생활-세계는 과학적으로 진실인 세계의 토대이면서 동시에 그 자체의 보편적 구체성 안에 과학적 세계를 포함한다. 생활-세계의 이와 같은 포함하는 방식을 어떻게 이해해야 하나? "객관적으로 진실인 세계"와 "생활-세계"의 상호관계는 둘의 존재 양식을 역설적으로 만든다. 이제 생활-세계의 문제는 철학의 부분적 문제가 아니라 보편적 문제가 된다.

(4) 초월적 에포케의 분석. 제1단계: 객관적 과학의 에포케

생활-세계의 문제에 접근하려면 다단계를 거쳐 접근해야 한다. 각 단계는 에포케의 특징을 갖는데, 에포케는 자연적, 소박한(naive) 타당성을 유보하고 이미 작용하는 타당성을 유보하는 것이다. 무엇보다 먼저 필요한 것은 모든 객

관적 과학을 유보하는 것이다. 현상학적 태도와 그에 속하는 에포케는 개인적인 전환(personal transformation)을 이룰 것이다.

객관적 과학을 에포케 한 후에 생활-세계가 어떻게 과학의 주제가 되나? 생활-세계는 상대적 측면에서 일반구조를 가지고 있다. 그러나 상대적으로 존재하는 모든 것이 속하는 이 일반구조 자체는 상대적이 아니다. 근본적 구조가 있어야만 수리적 논리와 같은 것이 과학이 될 수 있다. 이것을 해명하려면 생활-세계의 본질에 관한 순수이론을 성찰해 보아야 한다.

(5) 생활-세계의 공식적인 가장 일반적인 구조

한편으로 사물과 세계가 있고 다른 한편으로 사물-의식(thing- consciousness)이 있다. 생활-세계를 주제로 만드는 두 가지 근본적인 방식 중 하나는 소박하고 자연스러운 직설적 태도이고 다른 하나는 생활-세계와 생활-세계 대상들이 어떻게 주관적 방식으로 주어졌는가를 지속적으로 성찰하는 것이다. 이제 주관성의 새로운 과학이 세계를 미리 부여한다. 이제 미리 주어진 생활-세계를 그 자체를 보편적 연구대상으로 만드는 것은 자연적 태도를 완전히 변화시키는 것이다. 즉 자연스러운 존재의 부정으로서의 태도의 완전한 전환, 전적으로 특이한 보편적 에포케(universal epoche)가 필요하다. 이러한 에포케를 통하여 새로운 경험, 사고 및 이론구성 방식이 열린다. 모든 자연스러운 태도가 작용하지 못하게 하는 것이지만 우리의 세계가 사라지는 것은 아니다. 우리는 세계 위에 서는데 이 세계는 특이한 의미에서 하나의 현상(phenomenon)이다.

이러한 초월적 환원(transcendental reduction)이 어떻게 가능한가? 초월적 주관성이 세계를 초월적 현상으로 환원한다. 생활-세계의 사물과 실제로 관련된 하나의 보편적 에포케에 의하여 생활-세계가 이론적 관심 대상이 된다(p. 155).

우리가 사물을 지각할 때, 모든 지각은 의식을 위하여 지각 대상에 속하는 하나의 지평이 있는데 지각의 시각(perspective)은 변화할 수 있다. 여기에는 지각의 지향성(intentionality)이 관련된다. 카이네틱스의 기초적인 주관적 현상, 타당성의 변경, 지평 의식, 경험의 전달 등에 관해서는 더 탐구되어야 한다. 이 모든 관계는 타인의 삶이 포함된 공동체에서 이루어지고 의사가 전달되고 타당성의 간주관적인 조화가 일어난다(p. 163). 어느 것이나 상관관계의 주관적 체계의 한 지표다. 모든 것은 가능한 경험 내의 주어지는 양식과 타당성의 양식과 합리성의 특수한 양식 간에 상관관계에 있다. 여기서 다루는 것은 간주관성이다. 세계는 간주관적으로 구성되었고, 기본적 지향성들로 구성된 의미의 구조다.

(6) "생활-세계 존재론"의 과업

초월론적 관심이 없더라도 자연스러운 태도(naive attitude: 소박한 태도)에서 생활-세계는 자체로서 과학의 연구대상이 될 수 있다. 초월적 에포케의 지향을 갖는 경우에도 언제나 자연스러운 태도로 돌아와 그 안에서 생활-세계의 불변 구조들을 연구할 수 있다. 생활-세계는 순수한 자기-증거로부터 도출된 하나의 존재론(ontology)을 가지고 있다. 그러나 만일 우리가 초월론적 태도를 취하면 생활-세계는, 초월론적-철학적 준거 내에서, 그저 초월적 현상(mere transcendental phenomenon)으로 전환된다. 여기에 초월론적 환원(transcendental reduction)의 가능성이 있는 것이다.

그러나 여기에는 난섬이 있다. 첫째는 과학적 진리에 대비되는 주관적 진리를 추구하는 것처럼 보이는 어려움이다. 에포케는 재 정향이지 새 진리를 찾는 것이 아니다. 둘째 어려움은 에포케가 모든 삶의 관심을 외면하는 것으로 오해받는 것이다. 그러나 외면하는 것이 아니다. 현상학은 세계의 소박한 존재의미를 초월적 주관의 의미체계로 전환하는 것이다. 셋째 어려움은 환원과 구성이라는 유동적 과정을 묘사하기 어렵다는 것이다.

(7) 역설의 해소

위의 난점들보다 더 큰 난점은 인간이 세계를 향한 주체이면서 동시에 세상의 객체이기도 하다는 생각이다. 현상학은 근거가 되는 토대가 있는 것이 아니라 계속 자기-성찰을 통하여 세계를 현상의 세계(a universe of phenomena)로 전환하는 것이다(p. 181).

인간은 세계를 구성하는 주체지만 세계 자체에 포함되어 있다고 하는 역설을 어떻게 해소하는가? 여기서 인간은 객체(object)로 존재하는 인간이 아니고 구성된 극으로서의 세계(the world as constituted pole)라는 현상에 속하는 것이다. 그리고 내가 에포케를 하는 주체이다. 초월적인 간주관성이 전체를 위한 세계를 구성한다. 요컨대, 에포케는 계속되어야 한다. 진정으로 설명하는 방식은 초월적으로 이해할 수 있게 하는 것이다.

2) 심리학으로부터 현상학적 초월적 철학으로 가는 방법: 초월적 철학으로서의 현상학-초월적 철학을 통하여 위기를 극복하는 길

철학은 발전과정에서 목적과 방법을 철저히 재정의하거나 변경해야 하는 경우가 있다. 이러한 상황을 만든 위대한 철학자의 영향력은 후대에도 계속되는데, 한동안 혼란을 겪기도 하였다. 이제 진정한 합리성을 지닌 철학을 찾아야 한다.

이 과정에서 초월적 철학이 분명한 자기-이해를 위해 갱신하는 노력을 계속해 왔다. 그것은 진정한 초월적 환원(transcendental reduction)을 위한 노력이었다(p. 199). 초월론적 철학의 노력에서 흔히 분명한 이해가 어려운 개념들을 사용하기도 하므로 불만족으로 이끌기도 했다. 경험적 주관성과 초월적 주관성 간의 차이는 피할 수 없으면서 이해할 수 없었다. 초월철학이 가진 문제에 대한 해답은 심리학에서 찾을 수 없었다. 그 이유는 심리물리적 이원론(psychophysical dualism) 때문이다. 그런데 심리학이 자연과학의 모형을 따름으로써 초월적 철학을 위한 매개적 역할에 실패했다.

(1) 심리학과 초월철학 간의 연합과 차이: 결정적 분야로서의 심리학

우리의 자아는 심리학적 자아(ego)와 초월적 자아로 구분할 수 있다. 초월적 자아는 나를 재정향(reorientation)화 해서 모든 자연적 자료와 성과가 초월적 의미를 얻게 한다. 초월적 지평 내의 새로운 과업이 된다. 이와는 대조적으로, 심리학자로서의 나는 자신을 객관적 지식으로 알려고 한다. 그래서 심리학과 초월철학 사이에서 해체할 수 없는 내적 연합이 있다. 이 관계는 초월적 환원(transcendental reduction)이 있어야 이해할 수 있다. 초월적 철학자들이 심리학을 철저하게 고찰하지 않은 이유는 심리학의 특이한 과업을 오해했기 때문이다. 근대 철학은 두 가지 과학관 간의 투쟁이다. 이미 주어진 세계에 근거를 둔 객관주의 철학관과 절대적 초월적 주관성에 근거를 둔 철학관 간의 투쟁이다.

(2) 심리적 태도로부터 초월적 태도로의 재정향 분석, 현상학적 환원 "이전"과 "이후"의 심리학("흘러 들어감"의 문제)

심리학으로부터 초월철학으로 이행하는 방식은 초월적 환원(transcendental reduction)의 방법을 통하여 소박함(naivete)으로부터 벗어나는 것뿐이다(p. 209). 세계 생활의 소박한 태도에서는 모든 것은 바로 세계에 입각한다. 그러나 초월적-현상학적-재정향으로 이루어진 소박함과의 단절은 심리학에 매우 의미 있는 중요한 전환을 가져온다. 그럼으로써 세계를 새롭게 보게 된다.

그런데 심리학은 정신을 사물로 보고 자연과학의 방법을 모방하는 바람에 위기를 맞게 되었다. 심리물리적인(psychophysical) 심리학과 "내적 경험"에 근거를 둔 심리학이라는 두 가지 방향의 심리학 연구는 상충했다. 육체와 정신에 원칙상 동일한 실재(reality)의 자격을 부여하는 터무니없는 일이 생긴 것이다. 자연적 사물과 정신은 원칙상 시간성, 인과성, 개체화에 차이가 있는 것이다. 경험을 외적 경험과 내적 경험으로 구분하고 전자에게 물리적 성격을 부여하고 후자는 정신의 성격을 부여하고 각각 자연과학과 심리학으로 연구했다.

그 자체의 본질 입장에서 고려된 정신적인 것은 물리적 성격이 없으며, 자연적 의미의 자체(in-itself)가 없으며, 시·공적 인과가 없으며, 이념화하고 수학화할 수 있는 자체가 없으며, 자연의 법칙과 같은 법칙이 없다.

(3) 공통 경험의 세계

학문 분야별로 그 분야에 부합하는 특이한 경험이 있다. 따라서 심리학도 심리학을 가능케 하고 정당화하는 경험의 근거를 찾아야 한다.

생활-세계가 주어진 곳에서의 직접적인 경험(straightforward experience)은 모든 객관적 과학의 궁극적 기반이다. 과학에 선행해 존재하는 세계가 순전히 경험을 통하여 모든 가능한 과학적 주제를 제공한다.

첫째, 가장 일반적인 것은 만물(세계, 만유: universe)이 사물들의 만물로 주어진다는 사실이다. 광의로 사물은 궁극적으로 존재하는 것을 표현한다. 사물들은 구체적인 유형이 있으나 가장 광범한 영역에 속한다. 생물과 무생물, 동물과 식물, 동물과 인간 등으로 구분한다. 본래적 경험 세계인 생활-세계에 바탕을 둔 이런 분류가 과학의 영역을 결정한다. 다른 한편, 구체적인 모든 것을 포괄하는 보편적 추상화가 가능한 과학의 주제를 결정한다. 후자의 길을 택한 것은 근대 시기다. 이런 추상화를 통하여 세계는 순수한 자연과학의 주제인 추상적-보편적 자연으로 환원되었다. 그런데 인간을 물체로 보고 추상화한 다음 인간 정신을 추상화한다. 심리학은 개별적 정신만의 일반적 특징에 관한 과학이다. 이 부분에서 이원론이 가진 여러 가지 난점에 관해 길게 논의한다(pp. 226-232).

(4) 현상학적-심리학적 환원의 기본적 심리학적 방법

직접적인 세계경험에서 우리는 인간이 일정한 사물과 지향적으로 (intentionally) 연결되어 있다는 것을 안다. 이런 입장의 심리학의 주제를 갖기 위해서는 현상학적·심리학적 환원의 방법이 필요하다. 심리학자는 에포케를 통한 환원으로 주제에 도달해야 한다(p. 240).

마치 자연과학이 모든 정신적인 것에 관하여 직접 보편적 추상을 수행하는 것처럼 해서, 심리학이 물체적인 모든 것을 직접 추상하여 심리학의 주제에 이를 만큼 간단한 일이 아니다. 여기에는 많은 어려움이 있다. 이런 난점을 해명하기 위해서는 심리학적인 에포케와 환원이라는 두 용어가 사용되는 의미의 차이를 알아야 한다. 기술심리학(descriptive psychology)에서 에포케는 자연스러운 세상의 삶에서 세계의 대상과 지향적 관계에서 경험되는 주제를 그 본질적 순수성에서 경험할 수 있고 주제가 될 수 있게 하는 방법이다. 따라서 절대적으로 중립적인(disinterested) 심리학자에게는 주제가 특이한 의미의 현상들(phenomena)이 된다. 바로 이 재정향을 '현상학적·심리학적 환원'이라 하는 것이다.

(5) 현상학적·심리학적 에포케의 보편성: 정확한 이해가 결정적이다.

후설은 에포케와 환원 그리고 심리학의 깊은 의미를 다양한 측면에서 밝히기 위하여 여러 본질적 문제를 길게 검토하고 있는데 이해하기가 쉽지 않다.

보편적 에포케를 통해서만 순수한 자아-생활이 실제로 무엇인지를 알 수 있다. 그것은 지향적 삶이며 지향적 대상에 의해 이 지향성이 영향을 받는 존재이다. 그러나 자연과학적인 설명의 단계를 거쳐야 심리적 주제에 도달할 수 있다고 생각하는 오랜 관행을 극복하기란 쉬운 일이 아니다.

현상학적 환원은 단계별로 나타나기 때문에 현상학적 심리학도 단계별로 모습이 나타난다. 총체적인 지평에 도달하려면, 현상학적 환원은 "현상학적 환원

의 현상학"(a phenomenology of phenomenological reduction)을 요구
할 것이다. 개별 주제에 초점을 두는 첫 단계에서도 이들 주제의 의미를 알기
위해 고심해야 한다. 이 첫 환원으로 정신에게 본질적으로 합당한 것에 아직 도
달하지 못했다. 현상학적 태도를 가진 사람은 자신과 타인에게 합당한 것이 무
인가를 계속해서 추구해야 한다.

심리학적 환원은 개별 사물과 그 세계 지평에 관한 의식을 동시에 환원해야
한다. 환원을 통하여 이 세계는 우리에게 단순한 현상이 된다(p. 254). 우리 각
자는 모두에게 세계를 의미하는 자신의 생활-세계를 가지고 있는데, 세계는 에
포케를 통하여 현상이 된다. 에포케 이전의 생활-세계의 자연적 태도에서 상호
외재성(mutual externality)이었던 것이 에포케에서 순수한 지향적인 상호
내면성(internality)이 된다. 이로써 세계는 공동의 현상의 "세계"가 된다. 모
든 실제와 있을 수 있는 주체들의 세계로서 사람은 다른 주체들의 지평 내에 속
하도록 하는 지향적 함축을 벗어날 수 없다.

이렇게 해서 정신에 본질적으로 합당한 표현을 찾으려는 기술심리학 관념의
순수한 발전에서, 현상학적-심리학적인 에포케와 환원이 초월적인 에포케와
환원으로 전환했다.

(6) 자기-이해의 합당한 경로서의 초월적 심리학과 초월적 현상학 간의 관계: 정신의 과학으로부터 객관적 이상을 확실하게 제거하기

순수 심리학 자체는 초월적 주체성(주관성: transcendental subjectivity)
의 학문으로서의 초월철학과 같다. 자연적 태도로부터 환원을 통하여 나와 타
자의 자아가 생기고 사물은 나의 현상일 뿐이다. 순수 심리학은 주체성만 안다.
초월적 주체성을 계속 추구하는 것이 초월철학이다. 그러나 현상학적·초월적
철학자인 내가 사람으로서의 존재를 그만둔 것이 아니다. 나아가 세상과 모든
사람의 존재가 변한 것은 아니다. 더욱이 심리학에 관한 관심이 없어진 것도 아

니다. 다만 자연적 태도에서 에포케를 통하여 초월적 주체가 되고 이 초월적 주체가 실제의 심리학적 지식이 의지해야 하는 선험적(a priori) 학문의 역할을 수행하는 것이다.

현상학은 과학적 체계의 낡은 객관주의적 이상, 수학적 자연과학의 이론적 형식으로부터 우리를 해방하고, 물리학과 유사한 정신의 존재론에 관한 생각으로부터 우리를 해방시켜 준다.

제5절 슈츠의 현상학: 생활-세계의 구조

아래에서는 슈츠와 루크만(Alfred Schutz and Thomas Luckmann)의 "생활-세계의 구조"를 고찰하고자 한다.34)

슈츠는 현상학자이며 후설의 영향을 받았다. 그래서 그는 생활-세계의 문제를 중요한 주제로 삼아 그 구조를 밝히고 있으나 후설이 주장하는 초월론적 환원과 주체성에 관하여 명시적인 논의를 하지는 않았다.

따라서 현상학을 공부하지 않은 사람도 아래의 내용을 이해하는 데 큰 어려움이 없어 보인다. 그러나 출발점이 되는 점, 점들의 연결인 선, 선들의 연결인 평면, 평면의 연결인 입체, 이러한 연결의 의미 관계라는 기본 틀을 상정(상상: imaging)하며, 슈츠가 생활-세계의 구조를 밝히는 데 나(주체)를 출발점으로 삼아 동료, 타인, 동시대 일반인 등을 시·공의 선으로 연결하여 점차로 평면과 입체를 구성하며 나아가서 이러한 관계의 의미를 부여하여 결국 사회구조의 기본적인 틀을 구성해 나가고 있다는 것을 알 수 있다.

---

34) Alfred Schutz and Thomas Luckmann, *The Structure of the Life-World*. Translated by Richard Zaner and H. Tristram Englehardt, Jr. (Evanston: Northwestern University Press, 1973). Alfred Schutz and Thomas Luckmann, *The Structure of the Life-World* II. Translated by Richard M. Zaner and David J. Parent. (Evanston: Northwestern University Press, 1989).

1. 일상적 생활-세계와 자연스러운 태도

과학은 인간의 행위와 사고를 해석하고 설명하려는 것이다. 과학은 과학 이전의 근본적 세계의 구조로부터 묘사할 필요가 있다. 이 세계는 자연스러운 태도로 살아가는 사람에게는 자명하게 보이는 현실(실재; reality)이다. 이 현실은 인간이 주어진 공간과 시간 내에서 타인과 상호 작용하면서 살아가는 근본적이고 가장 중요한 현실이다.

일상적 생활-세계는 정상적인 성인이 상식적 태도로 당연한 것으로 받아들인 현실로서 문제가 생기기 전까지는 우리가 경험하는 모든 것을 의문 없는 경험이라고 인정한다. 생활-세계는 나와 타인과의 상호작용의 세계인데, 자연스러운 태도에서는 아래와 같은 것을 당연한 것으로 받아들인다. 즉 (a) 타인의 신체적 존재, (b) 나와 유사한 의식을 가짐, (c) 나와 동료 환경의 공통의미, (d) 나와 타인 간의 상호작용 가능성, (e) 나를 타인에게 이해시킬 수 있고, (f) 계층화된 사회 및 문화적 세계는 역사적으로 주어졌다는 것, (g) 따라서 특정 시점의 내 생활 중에서 작은 부분만이 내가 만든 것이다.

일상적인 생활-세계는 당연한 것으로 인정한 세계인데, 새로운 지식이 기존 지식과 부합하지 않을 때 전형적인 경험에 대하여 의문을 갖게 된다. 이 의문을 풀려고 하면 당연한 것으로 받아들였던 경험을 상세하게 묘사하여 새로운 사고를 해야 한다.

생활-세계는 애초부터 상호주관적이며 주관적 의미-맥락(meaning-context)의 세계다. 이런 맥락에서는 제도, 상징체계와 언어 및 예술도 의미의 체계다. 자연적 태도에서 우리는 실용적 동기가 있으나, 우리는 시·공간 및 사회적으로, 그리고 자연적 사회적으로 규정된 주위 세계 내에 있기 때문에 적실성의 구조를 가지고 있다. 모든 행위는 계획의 일부이며 계획은 선후, 상하의 계층과 존재론적, 역사적, 전기적(biographical) 실행 가능성과 한계 등을 가지고 있다.

2. 생활-세계의 성층〈계층화〉(The Stratification of the Life-World)

생활-세계에 관한 이해가 사회적 국면을 이해하는 데 핵심적이다. 공간적
시간적 관계들은 동료와의 대면접촉, 단순한 동시대인, 우리의 선대인과 후대
인들의 입장에서 세계를 구조화하는 것을 도와주는 사회관계이다. 생활-세계
의 이러한 기본 층위(the basic strata)가 더 사회적인 층위인 의미(meaning)
의 기초가 되며, 나아가서 점점 더 사회화된다. 슈츠는 공간적·시간적 관계가
사회적일 뿐만 아니라 또한 일상적 생활에서의 생활경험의 양식 자체와 인지
(cognition)가 사회적이라는 것을 보여준다. 다중적(multiple) 항목들을 가
진 세계가 근본적으로 간주관적인(inter-subjective) 지식과 행위의 무대라
는 것을 인정하게 되었다.

1) 유한한 의미구조를 가진 실재의 영역들(Provinces of Reality with Finite Meaning-Structure)

일상적 생활-세계란 깨어 있는 정상적인 성숙한 사람이 자연스러운 태도에
서 맞이하는 실제 현실이다. 어린이나 병리적인 현실은 특수한 문제다. 물리
적, 문화적, 사회직, 환상적 실세들이 있을 수 있고 수정될 수 있다.

요컨대, 주관적 관심(주의)에 따라 여러 가지 질서의 실제 세계가 있다. 실제
의 서열은 우리 경험의 의미를 통하여 구성된다. 나아가 특정한 인지 양식
(cognitive style)의 주어진 의미 범위 내에서는 현실이 상호 간에 의미 상충이
없는 경험으로 구성된다. 인지양식은 의식의 구체적인 긴장(a specific
tension of consciousness)에 토대를 둔다. 이러한 관심이 우리의 의식 생활
에 관한 근본적인 규제원리(the fundamental regulative principle)로서 적

실성을 규정한다. 환상의 세계(fantasy worlds)와 꿈의 세계(the dream world) 등과의 대비는 생활-세계의 현실을 이해하는 데 도움이 된다.

2) 일상적 생활-세계의 성층〈층위화〉(Stratification of the Everyday Life-World)

일상적 생활-세계가 우리의 주된 현실이다. 생활-세계는 나의 살아 있는 육체적 행위들의 영역이다. 문제를 극복하고 목표를 세우며 수행한다. 타인과 영향을 주고받으며 함께 행동한다. 일상세계는 상호이해가 가능한 세계다. 이렇게 당연하게 받아들여진 세계이므로 자연스러운 세계로 보이는 것이다.

일상적 생활-세계는 공간적으로 배열되는데, 실제로 도달 가능한 범위 내의 세계가 있고 잠재적으로만 도달 가능한 범위 내(the world within potential reach)의 세계가 있다. 과거 시간은 기억으로 복원될 수 있고, 미래 시간은 기대되는 범위이다. 나와 타자는 실제 범위, 복원 범위, 가능 범위가 다르고 제삼자와 기타 타인의 것과도 다르다. 여기에 친밀성과 익명성의 분화가 생긴다. 실제 운용범위(zones of operation) 내에서 내가 직접적인 행동으로 영향을 미칠 수 있는 구역이 있다.

일상적 생활-세계의 시간적 배열에는 세계 시간(world time), 도달 범위 내의 시간(the temporal structure of the sphere of reach), 주관적 시간(subjective time) 등이 있다.

일상적 실존이 가능한 생활-세계의 사회적 배열(social arrangement of the life-world of everyday existence)은 다양하다. 생활-세계는 애초부터 간주관적이어서 나와 타자는 의식이 있고 외부 세계도 유사하다. 타인과의 의사소통이 가능하며 구조화된 사회와 문화는 이미 역사적으로 주어졌다. 우리는 타자를 직접 경험할 수도 있고 매개를 통하여 경험할 수 있다. 우리-관계(we-relations)에서 내 동료에 대한 내 경험은 복잡한 의미 및 해석적 맥락을

갖는다. 이 과정에서 우리-관계의 간주관적 생활-세계가 우리의 공통 경험의
세계로 발전하고 확장된다. 사회세계는 직접적으로 경험할 수도 있으나 대개
는 유형화나 이상화를 통해 경험하며 때로는 익명성의 단계에 이르기도 한다.
이 밖에도 동시대인들 간의 사회적 관계와 선대 및 후대와의 사회적 관계가
있다.

　생활-세계는 경험의 조건들에 의해 배열되는데 타인과의 직·간접적인 경험
을 통하여 사회관계와 역사의 구조가 구성되고 전체적인 생활-세계가 사회화
된다. 위와 같은 조건들에 의하여 삶의 경로가 결정되면 전기적 구체화
(biographical articulation)가 이루어진다.

3. 생활-세계의 지식(Knowledge of the Life-World)

　생활-세계의 지식은 지식의 재고(在庫, 또는 비축), 지식의 적실성, 유형성
의 측면에서 검토된다.

　첫째, 지식의 재고는 상황, 획득 및 재고구조로 나누어 검토된다. 생활-세계
의 주관적 경험의 상황과 공간적, 시간적 및 사회적 배경이라는 지식의 배경과
관련된 조건들은 한정된 근본적인 요소들이다. 이런 상황은 부단히 변화하고
내가 변경시킬 수 있는 여지가 있다.

　지식을 획득한다는 것은, 현재의 경험을 그 적실성과 선형성에 따라 의미구
조 안으로 정착 또는 침전시키는 것을 말한다. 이러한 지식은 현재 상황을 규정
하고 현재의 경험을 해명하는 데 사용된다. 상황의 한계는 지식획득의 한계이
기도 하다. 한편 생활-세계의 지식재고는 (이론처럼) 논리 구조나 경험적 체계
를 갖춘 것은 아니다. 지식획득은 상황에 따라 영구 또는 일시적으로 중단되기
도 한다.

　지식재고의 구조는 지식획득의 형식과 경험누적의 형식으로부터 도출될 수

있는데, 이것은 모두 지식의 친숙성, 명료성, 신뢰성의 차원과 관련된다. 지식 재고의 두 영역, 즉 기본 요소와 습관적 지식은 위와 같은 차원들에서 서로 모두 일치하는 것은 아니다. 지식획득은 강요 또는 자발적으로 계속되기도 하고 중단되기도 한다.

지식획득에는 한계가 있고 무한한 지평(horizon)을 가진 생활-세계의 불투명성 때문에, 지식을 완전히 해명하기는 어렵다. 이렇듯 생활-세계는 근본적으로 상대적인 불투명성을 가지고 있다.

둘째, 모든 경험과 모든 행위는 적실성 구조에 토대를 두고 있다. 적실성에는 세 가지가 있다. 첫째는 주제의 적실성(thematic relevance) 형식이 있다: 즉 생소함, 영역 변화, 의식 변화, 사회적으로 강요된 주제 등이다. 일반적으로 주제의 적실성은 동기 적실성과 엮여 있다. 주제의 변화와 발전은 이념형의 성격에 따라 좌우된다. 일상적인 생활-세계의 우리 행동은 가설적인 적실성의 인도를 받는다. 둘째의 적실성은 해석적 적실성(interpretive relevance)인데 주제와 지식의 구성요소들이 부합하지 않으면 해석이 이루어지는데 지식 일부만이 해석에서 사용된다. 셋째의 적실성은 동기의 적실성(motivational relevance)으로서 무엇을 하기 위한(in order to; because) 것이다. 이들 세 적실성은 상호 의존적이다.

지식 요소들에 관한 친숙성과 지식재고에 포함된 유형 간에는 연결이 있다. 친숙성은 경험의 "동일성"과 "유사성"인데 유사성은 경험의 유형과 관련이 있다. 생활-세계 경험에서 수립된 유형이란 의미-맥락(meaning-context)이다. 의미-맥락은 과거와 현재의 적실성 있는 결정 요인들에 의하여 수립된다. 모든 유형에는 역사가 있다.

언어는 경험을 유형화하는 도식체계다. 언어와 유형화는 서로 영향을 미친다. 첫 경험 또는 중단된 경험은 유형이 없으나 차기의 경험들에서 유형을 형성하고 재형성해 나간다. 지식재고와 그 유형은 미래 계획 및 행동을 위한 사회 및 자연 관계의 예측에 사용되는데, 예측은 미래의 사태에 관련된 지식재고의 유형화이다. 이런 유형화는 미래의 경험의 흐름에 대한 지향을 가능케 한다.

4. 지식과 사회(Knowledge and Society)

1) 사회적으로 조성된 지식의 주관적 축적

일상적 생활-세계는 사적인 것이 아니라 간주관적이다. 따라서 하나의 사회적 실재라는 사실은 지식의 주관적 축적의 구성과 구조에 대하여 매우 중요한 관계를 맺고 있다. 개인은 하나의 사회적 역사적 세계에 태어나기 때문에 그의 전기적 상황은 처음부터 사회적으로 결정되고 특별한 의미를 가진 사회적 여건에 의해 결정된다. 이것은 주관적 해석적 적실성의 구조에 대하여 특별한 의미를 갖는다. 개인은 타인들의 경험이 객관화된 결과인 지식의 재고로부터 지식을 얻기 때문에 지식의 많은 부분은 획득되기보다는 "배운" 것이다. 세계구조의 일정한 요소들은 사회적, 역사적, 언어적인 의미-맥락에 의해 제도적으로 부과되기도 한다.

주관적 적실성 구조는 사회적 상황의 지배적인 자료와 개인 자신의 주관적 적실성 등에 의하여 결정된다. 정상적인 성인의 주관적 적실성 체계는 광범하게 사회화되었다.

2) 지식의 사회적 축적의 기원

지식의 주관적 축적은 지식의 사회적 재고의 영향을 받지만, 지식의 사회적 재고는 주관적 축적의 결과이기도 하다. 지식의 주관적 요소들을 지식의 사회적 재고로 받아들이기 위한 일반적이고 근본적인 가정은 그런 지식의 "객관화"(objectivization)이다. 지식의 객관화 산물은 기호, 도구, 예술품 등으로 묘사된다. 즉 주관적 지식이 기호 등으로 객관화되는 것이다. 요컨대, 주관적 지식을 지식의 사회적 재고로 포함하는 데 있어서의 전제는 지식의 객관화이다. 객관화에도 여러 수준이 있는데, 기호와 언어는 지식의 축적과 고급 형식의 지식 발전을 위한 전제 조건이다.

객관화된 지식은 사회화되는데, 사회적으로 적실성이 있는 지식의 이전은 사회구조와 관련되어 있다. 보편적으로 적실한 지식은 익명성이 높고 모든 개인에 의해 반복된다. 그러나 의학과 법학 등의 전문화된 지식은 제도화된 목적과 의미-맥락 내에서 획득되고 전달된다.

3) 사회적 지식 축적의 구조

지식의 사회적 축적의 구조는 지식의 주관적 재고의 구조에 상응하는 차원들을 가지고 있지 않다. 지식의 사회적 재고의 구조는 지식의 지배적인 사회적 배분과 상응하기 때문이다. 주관적 지식은 생활-세계에서의 주관적 경험의 공간적, 시간적 및 사회적 축적에 따라 과정과 구조가 결정되는데, 지식의 사회적 재고의 구조는 공간, 시간 및 사회를 직접 경험할 수 없으므로 양자 간에 차이가 있다.

지식은 균일하게 배분되기 어렵다. 지식은 단순하게 사회적으로 배분되기도 하고 복합적으로 배분되기도 하여 불평등이 발생하기도 한다. 지식의 복합적인 사회적 배분의 주요 특징은 일반 지식 배분의 불평등성, 여러 가지 점점 더 자율적인 영역으로의 전문화, 그리고 전문지식 전달의 전문화 등이다.

4) 사회적 지식 축적의 주관적 상관성

지식의 사회적 재고는 개인의 소유로 인식되기도 하고 이상화된 의미구조로 이해되기도 하며 주관적 경험의 대상으로 여기기도 한다. 지식의 사회적 배분은 역사적으로 변화한다.

5. 실천의 영역으로서의 생활-세계(The Life-Worlds as the Province of Practice)

1) 행위와 의식의 수행으로서의 행위의 이해

생활-세계는 사람이 살며 경험하고 견디는 현실의 정수다. 우리는 일상적 삶을 본질적으로 인간 실천의 영역으로 경험한다. 다중적으로 연결된 살아온 경험은 의식의 흐름에서 부각되고 당면하는 것(encounter)은 주의(attention)에 의해 부각된 경험이다.

슈츠는 이어서 행동의 주관적 의미와 객관적 의미, 사고(thoughts)와 운영, 작업 그리고 행동의 시간 구조들을 해명해 나가고 있다. 프로젝트에도 "하기 위하여 맥락"(in-order to context)의 동기로서의 적실성 구조와 "때문에 맥락"(because context)의 동기로서의 적실성 구조가 있는데, 후자는 태도(attitude)와 관련이 있고 태도에도 선행 역사가 있다고 한다.

2) 프로젝트: 가능성들, 계획과 선택

행위(acts)의 목표는 "상상해 본 미래의 완성 양식"이다. 미래의 무엇이 현재의 행위의 동인이 된다. 이와 같은 프로젝트는 유토피아적이지만 실현 가능하다는 가정을 한다. 그러나 절대적 확실성을 예측할 수는 없다. 따라서 프로젝트는 자유로운 환상이 아니라 실현 가능성과 도달 가능성이 함께 고려되어야 한다. 프로젝트는 삶의 과정에서의 의문과 관심에서 생겨나고 선택에 의한 행위가 이루어진다.

3) 행동, 합리적 행동, 합리적 행위들(action, rational action, rational acts)

프로젝트와 행동을 매개하는 것이 결정(decision)이다. 상충하는 프로젝트 중에서 선택하는 것은 근본적으로 의지를 갖추고 해석하는 행위다. 행동에는 경로가 있고 단계의 순서가 있으며 집행 중에 변경할 수 있나.

　행동의 무제한적 합리성은 보통 사람은 실현할 수 없는 너무 많은 가정을 한다. 자연적 태도에서의 일상적 실천 영역에서의 합리성은 행위자가 현재와 미래의 자신과 주변의 세계를 완전히 안다는 가정은 하지 않는다. 실천적·이성적 가능성은 하나의 행위를 구체적인 역사적 생활-세계에서 행위자가 무엇을 어떻게 하는가와 대비하여 측정할 때만 측정할 수 있다. 요컨대 미래와 과거의 행위들은 다 같이 전능의 입장에서 그 합리성이 판단되는 것이 아니라, 행위자가 구체적인 역사적인 생활-세계에서 가질 수 있었던 지식과 관련하여 판단된다.

4) 사회적 행동(social action)

　행위자는 "언제나 이미" 사회에 있고, 행위는 처음부터 사회화된다. 행동들은 언제나 사회화되나, 언제나 사회적인 것은 아니다. 행위의 의미(meaning)가 사회적일 때만 사회적 행동이다. 사회적 행동의 형식에는, 일방성과 호혜성, 일방적 직접적 행동, 호혜적 직접적 행동, 호혜적 매개적 행동, 일방적 매개적 행동 등이 있다.

　사회적 행동 때문에 복잡한 사회관계가 형성된다. 이제까지 위에서 검토한 것만으로도 사회관계의 복잡성을 분석하는 데 있어서 얼마나 많은 요인이 관련되는가를 알 수 있다. 동시에 생활-세계의 기본적인 구조에 관한 해명이 더 복잡한 과학적 사회과학 이론의 토대가 된다.

6. 경험의 경계들과 경계 건너가기(The Boundaries of Experience and the Boundary Crossing)

1) 생활-세계의 경계들(The Boundaries of the Life-World)

모든 사람은 자기 이전부터 존재했고 자기 이후에도 존재할 세계에서 산다는 것과 자기에게 세계가 달린 것이 아니라 자기가 세계에 달려 있다는 것도 안다. 자기는 다른 사람과 함께 세상에 있고 세계의 질서에 순응하며, 세계의 초월성을 안다. 모든 사람은 자기가 자신을 "초월"하는 세계에 살고 있다는 것을 안다.

사람에게는 경험과 행동의 경계가 있고 주검(death)을 피할 수 없다는 것도 안다. 경험, 행동, 삶의 한계에 관한 가정과 지식은 세계의 "초월성"의 지식이라 부를 수 있는 배경지식을 구성한다. 어떤 경험에서 이 지식이 발생하는가?

경험은 주제 영역과 지평에서 계속하여 자신을 넘어간다는 사실에 의해 모든 내용의 모든 경험은 무엇이든 간에 초월적 "공동-경험"이 된다. 경험하지 않은 현실이 현전하는 정도에 따라 "소" "중" "대"의 초월성을 구분할 수 있다.

일상적 현실의 "작은" 초월들은 한때 도달 가능했으나 이제는 도달 범위 밖인 경험의 대상으로 경험한다. 중간 초월에서는 현재의 경험은 원칙상 경험할 수 없는 것을 가리킨다. 간접적으로만 경험할 수 있다. "큰" 초월은 다른 현실들이다. 꿈, 백일몽, 황홀경, 위기와 주검은 모두 큰 초월이다. 죽음이 최종 경계라는 지식은 의문의 여지가 없는 지식이다. 그러나 그 너머에 무엇이 있는가에 관한 지식은 의문의 여지가 없는 것이 아니다.

만일 자기의 삶이 위협받고 있는 것 같으면, 사람은 지금까지 긴급하고 중요하다고 여겼던 것들이 아직도 긴급하고 중요한가를 자문하게 된다. 지금까지 낭연한 것으로 여겼던 모든 적실성을 다시 해석한 다음에 여러 가지 반응을 나타낼 수 있다.

2) 경계 건너가기(Boundary Crossing)

사람들은 지표, 마크, 기호 및 상징을 사용하여 경계를 가로지른다. 지표들은 타자로의 초월에 사용된다. 자국들은 현재 의식한 경험을 다음에 회상하려고 일부러 설정한 지표들이다. 이것은 주관적 의미 관계인데, 타자와의 관계에서도 설정할 수 있는데, 이때는 해석적 틀이 공유되어야 한다. 지표와 자국이 기호의 형식으로 전환되기도 한다. 단순하게 말하면 기호는 지표와 자국의 구성 부분을 사회적으로 결합한 것이다. 기호들은 지표 또는 자국보다 차원이 다른 의미-관계를 갖는다. 기호들은 간주관적으로 구성되며, 언어와 같은 이미 구성된 기호체계는 간주관적으로 획득된다. 일상적 생활-세계에서의 기호들의 본질적 기능은 의사소통이다. 그것은 지표와 자국의 이해하는 기능을 초월한다. 기호들은 개인의 생활-세계 초월을 극복하게 한다. 상징들은 무엇인가 주어진 것(예: 왕관)이 무엇인가 부재하는 것(왕)을 지칭한다. 상징들은 다른 현실의 "큰" 초월성을 극복한다.

3) 생활-세계에서의 의사소통(Communication in the Life-World)

기호들은 간주관적으로 구성되는데, 그 사용 규칙은 간주관적 과정을 가정하고, 역사적으로 미리 주어진 기호들의 체계, 즉 "자연 언어"에 공고화된다고 가정한다.

사람들은 구체적이고 사전에 결정된 구조를 가진 언어의 역사적인 생활-세계에 태어난다. 상징체계는 간주관적으로 구성되고 역사적으로 저장되며 사회적으로 전달된다. 이런 체계가 사람의 현재 경험과 다른 그 무엇 간에 "다리"를 놓는다. 기호-체계의 생활-세계 기능은 공간적, 시간적 및 간주관적 성격의 생활-세계 경계들을 "극복"하게 하는 것이다.

언어는 두 가지 방법으로 언어를 결정한다. 하나는 전형적 의사소통 과정의 특정한 고리를 결정하는 것이고 다른 하나는 기존 의사소통 수단의 전형적 사용을 지배하는 것이다. 사회구조가 의사소통의 근본적 구조와 지식의 사회적 재고와 의사소통 수단들을 결정한다. 모든 사회에는, 제도적으로 다소간 분명하게 결정된 삶과 관심의 상황에 의하여 미리 주어진 여러 종류의 의사소통적 상황이 있다.

제2부

해석학

제2부는 해석학에 관한 고찰이다. 한국 행정학계의 해석학적 연구는 회원들이 공유하는 어떤 일정한 경향성을 가지고 있는 것은 아니라고 판단된다. 그리고 이 책은 해석학에 관해 하나의 정론(orthodox theory)을 펴려는 것도 아니다. 따라서 한국 행정학의 해석학적 접근을 시도하는데 필요하다고 생각하는 한정된 범위 안에서 해석학의 견해들을 정리하여 이해해 보고자 한다.

위와 같은 취지에서 살펴보려는 해석학은 첫째 해석학 개론, 둘째 경험적 해석학 연구, 셋째 철학적 해석학이다. 이 구분은 본서 필자의 편의에 따른 것이다. 해석학 개론에서는 사회과학연구 논리의 견지에서 해석학의 개요를 밝히고. 경험적 해석학에서는 개론에서 논한 방법론과 관련하여 좀 더 구체적으로 해석학을 적용한 외국의 경험적 사례들을 살펴볼 것이다. 이 사례들의 필자들은 주류 사회과학방법론의 훈련을 받고 실제로 그러한 방법으로 연구를 수행하다가 그 한계를 인식하고 해석학적 방법을 채택한 학자들의 견해다. 그리고 철학적 해석학에서는 주로 가다머 (Hans-Georg Gadamer)의 문화, 해석과 이해, 언어에 관해 알아보려고 한다.

해석학 개론

제5장

해석학 개론

제1절 해석학: 연구의 논리와 철학

해석학(Hermeneutics; Interpretive theory)은 텍스트를 해석하고 이해하는 학문 또는 이론이다. 가장 기본적인 의미에 있어서 해석학은 저서, 예술작품, 건축물, 말(words)로 하는 의사소통, 또는 비언어적 몸짓까지도 텍스트로 삼아 해석하는, "인간 해석의 성격에 관하여 이론화하는 여러 가지 방식들"을 가리키는 것이다.1) 일단 이처럼 정의하여 논의의 출발점으로 삼을 수 있을 것이다. 그러나 입장의 차이에 따라 더 구체적인 정의가 가능하나 합의된 바가 없는 것으로 보인다. 따라서 해석학의 더 구체적인 내용은 해석학의 역사와 연구 영역 및 이론적 차이를 논의하면서 밝히게 될 것이다. 그 전에 연구의 논리라는 입장에서 먼저 해석학의 위치를 설정하고자 한다.

우리는 본서 제1부 제2장에서 행정학의 연구 논리를 세 가지로 구분해 보았다. 즉 주류 사회과학방법론, 해석학, 비판이론이다. 이와 같은 구분에서는, 해석학이 주류 사회과학방법론의 목적과 방법과는 다른 목적과 방법을 가지고 있는 것으로 여긴다고 하였다.

---

1) Porter, Stanley E. and Jason C. Robinson, 2011. *Hermeneutics: An Introduction to Interpretative Theory* (Grand Rapids, Mich.: William E. Eerdmans Publishing Co), p. 1.

우선, 주류 사회과학방법론의 연구대상은 객관적 현상인 데 반하여 해석학의 연구대상은 인간 행위의 의미이다. 그리고 주류 사회과학방법론의 목적은 사회현상을 법칙적 연역적 이론을 통해 설명하고 예측하려는 것이며 그 방법은 관찰과 실험, 귀납과 연역, 일반화와 이론구성이다. 위와는 달리 해석학의 목적은 텍스트와 그 저자의 의미를 이해하기 위하여 해석하려는 것이다. 행정학에서는 행태론(behavioral theory) 연구에서 주류 사회과학방법론을 사용하였고 행위론(action theory) 연구에서 해석학을 주로 사용하였다.

이처럼 연구의 대상, 목적과 방법에 관한 차이로 인하여 주류 방법론과 해석학은 상호 간에 서로의 입장을 수용하기가 어려웠다. 특히 본 장의 주제인 해석학의 경우 자연과학의 연구방법론을 모방한 것으로 보이는 사회과학방법론의 "방법론" 자체를 거부하려는 입장도 있다.

이상과 같은 기본적인 전제하에 아래에서는 해석학의 특징을 밝혀보고자 한다. 이미 시사한 바와 같이 해석학도 경험주의적 해석학과 철학적 해석학으로 구분할 수 있으므로 아래에서는 먼저 기본적인 틀을 묘사해 보고, 뒤에 가서 철학적 해석학의 특징에 관해 고찰하기로 한다. 사실상 철학적 해석학은 이해하기도 어렵고 특히 행정학의 연구 논리와 연결해서 논하는 것은 더욱 어렵다. 그 이유는 전술한 바와 같이, 철학적 해석학은 "방법"을 거부하고 인정하지 않기 때문이다. 그러나 우리는 행정학의 연구 논리라는 견지에서 해석학을 고찰하는 것이기 때문에 가능한 한 해석학의 본래적 의미에서 벗어나지 않는 한도 내에서 "해석학적 방법"을 구성해 보고자 한다.

제2절 해석과 이해의 의미

해석학이란 이해에 관한 연구이며, 특히 텍스트에 대한 이해를 그 과제로 한다.[2] 해석학은 텍스트와 저자의 의미를 해석하고 이해하는 것이라고 하였다.

이러한 해석학을 "해석"하고 "이해"하는 방식에는 "해석"과 "이해"라는 용어의 해설부터 시작하는 것이 보통이다.

해석학(hermeneutics)이라는 단어의 어원은 일반적으로 "해석하다(to interpret)로 번역되는 그리스어 동사 「헤르메네웨인」〈hermeneuein〉과 해석(interpretation)으로 번역되는 명사 「헤르메네이아」〈hermeneia〉"라고 한다.3) 위와 같은 용어들은 세 가지를 함축한다고 하는데, 그들은 "(1) 말로 크게 표현하다, 즉 말하다(to say), (2) 하나의 상황을 설명할 때와 같이 설명하다(to explain), (3) 외국어를 번역하는 경우처럼 번역하다(to translate)"라고 한다.4) 아래에서는, 다시 "말하다, 설명하다, 번역하다"의 의미를 간단히 정리해 보기로 한다.

1. 말하다

헤르메네웨인의 첫째 의미는 표현하다(to express), 진술하다(to assert), 말하다(to say)이다.5) 신의 뜻은 사람이 알아들을 수 있는 말로 표현하고, 진술하고, 말해야 한다. 이처럼 표현되고, 진술되고, 말해진 것을 해석하는 것이 이해라고 할 수 있다. 사실 "들을 수 있는 귀를 열고" 말해진 것을 정확하게 이해하는 일은 어려운 사안이다.

2. 설명하다

헤르메네웨인의 두 번째 의미는 설명하다(explain)이다. 해석학을 과학적 설명과 예측의 논리와 별개로 생각하는 경우에는 여기서 사용하는 설명이라는

---

2) 리차드 팔머 지음. 이한우 옮김, 『해석학이란 무엇인가』(문예출판사, 2001) p. 27.
3) 위의 책, p. 33.
4) 위의 책, p. 35.
5) "말하다에서 번역하다"까지의 내용은 위의 책, pp. 37-62 참조.

말의 의미에 혼란을 가져올 수도 있다. 그러나 어떤 말을 더 근원적 의미와 맥
락에서 해명하고자 한다면 진술의 내용을 해설한다는 의미의 설명이 있어야
한다. 여기서 설명은 해석이다. 설명을 위해서는 부분들을 연결하는 맥락
(context)이 필요하다. 행정 현상에 관한 언명도 어떤 이론적 맥락을 사용하는
가에 따라 설명의 내용, 즉 해석의 방식이 달라질 수 있다. 그래서 우리는 본서
제2장에서 행정학의 여러 가지 이론들이 설명의 맥락, 즉 해석과 이해를 위한
맥락으로 사용될 수 있다고 말한 것이다.

3. 번역하다

헤르메네웨인의 세 번째 의미는 "번역하다"이다. 텍스트의 언어와 그 텍스
트를 읽는 사람의 언어가 다를 경우에는 텍스트의 언어를 독자가 이해 가능한
언어로 바꾸어야 한다. 즉 번역해야 한다. 해석의 대상이 되는 고전(the
classics)과 옛 문서들이 옛날의 언어로 작성된 경우에는 말할 것도 없고 텍스
트를 읽는 사람과 동시대(contemporary)의 텍스트나 작품인 경우에도 서로
그 언어가 다르면 번역되어야 한다. 따라서 번역은 바로 해석인 경우가 많고 해
석을 통해야만 이해될 수 있는 텍스트와 작품이 많다. 특히 외래 이론이나 작품
을 이해하려면 그것이 자국어로 번역되어야 한다. 사실 외국의 새로운 이론을
도입하는 경우의 교과서는 불기피하게도 외국 교과서의 번역본인 경우가 많
다. 번역은 이해에 이르는 기본적인 해석과정의 특수한 형식으로서, 이러한 과
정을 통하여 어색하고 낯설며 이해할 수 없는 것을 독자가 이해 가능한 언어로
바꾸게 된다.

철학적 주장과 견해들을 행정학 연구를 위하여 사용하려고 하는 경우, 어떤
철학적 견해를 행정학적 견해로 "번역"하지 않고 또 다른 철학적 용어로 해석
하는 경우 오히려 더욱 이해할 수 없는 경우도 많다. 여기서도 세계관과 맥락의

문제가 중요하고 지평융합의 문제가 제기되는 것이다.

제3절 해석학의 대상

해석학의 대상은 계속 확장되어 가는 경향이 있다. 1960년대의 해석학 입문서에서 언급한 연구 분야보다 2000년대의 해석학 입문서에서 언급된 연구 분야가 더 다양해졌다. 해석학의 각 연구 분야는 각자의 해석학에 대한 입장과 정의(definition) 및 더 구체적인 연구방법에 대한 견해가 포함되어 있다.

1. 해석학에 대한 6개의 근대적 정의

1960년대의 입문서는 해석학에 대한 여섯 개의 근대적 정의라는 견지에서 연구 분야를 다음과 같이 정리한다.[6] 즉 ① 성서 주석의 이론, ② 일반적인 문헌학적인 이론, ③ 모든 언어 이해에 관한 학문, ④ 정신과학의 방법론적 기초, ⑤ 실존과 실존적 이해의 현상학, ⑥ 신화나 상징 배후의 의미에 도달하기 위하여 사용하는 회상적이고 우상 파괴적인 해석의 체계들이다.

1) 성서 주석의 이론으로서의 해석학

「해석학」이라는 용어에 대해 가장 오래되고 아직 폭넓게 이해되고 있는 것이 성서(Bible) 해석의 제 원리일 것이다. 이것은 성서에 대한 적절한 주석 (exegesis)의 규칙들을 발견하려는 원리에 관한 것이다. 사실 이러한 원리를 명확하게 정립하기는 어렵지만 그러한 원리를 정립하려는 계속되는 노력은 해석학이라고 하는 현상에 대한 보다 깊은 이해를 지향하고 있다.

---

6) 이 부분은 팔머 지음, 이한우 옮김, 위의 책, pp. 63-79 참조.

2) 문헌학의 방법론으로서의 해석학

18세기 합리주의의 발전 및 이에 따른 고전 문헌학(philology)의 융성은 성서해석학에 큰 영향을 미쳤다. 그 결과 엄격하게 성서적이었던 해석학의 개념이 점차적으로 문헌학적 주석의 일반적인 규칙들로서의 해석학으로 변해 갔으며, 그 결과 성서는 이러한 규칙들의 가능한 대상 중 하나가 되었다. 해석학의 어원에 표현하다, 설명하다, 말한다는 의미가 포함되어 있다는 것을 생각하면 해석학의 문헌학적 접근방법은 자연스러운 발전으로 보인다.

3) 언어 이해의 학문으로서의 해석학

이것은 해석학을 체계화시켜 이해를 위한 조건들을 기술하는 학문으로 만들려는 시도로서, 해석학은 단순한 문헌학적인 해석학이 아니라 보편적 해석학이 되는 것이다. 이러한 해석학의 원리는 모든 종류의 텍스트 해석을 위한 기초로 사용되기를 희망하는 것이다.

4) 정신과학을 위한 방법론적 기초로서의 해석학

해석학을 모든 정신과학의 기초가 될 수 있는 핵심 분야로 여기는 것이다. 여기서 「정신과학」이란 인간의 예술과 행위 그리고 저작에 대한 이해에 초점을 두는 모든 분야를 총칭하는 말이다. 이러한 해석학은 역사적 이해를 포함하기 때문에 자연과학에서 사용하는 것과 같은 계량적 방법을 사용할 수 없다.

5) "현존재"(Dasein)의 존재론적(ontological) 이해의 현상학(phenomenology)으로서의 해석학

이것은 인간의 세계 내의 일상적 존재(being)에 관한 현상학적 연구이다. 이런 해석학은 텍스트 해석의 과학이나 규칙들을 말하는 것이 아니고 정신과학을 위한 방법론을 지칭하는 것도 아니며, 인간적 실존(existence) 자체에 관한 현상학적 연구이다. 이러한 견해에서는 "이해"와 "해석"이 인간 존재의 근본 양태라는 것이다. 이러한 견해는 철학적 해석학에 관한 철학으로 발전한다. 이러한 입장에 관해서는 본서 제2부 제7장에서 가다머(Hans-Georg Gadamer)의 해석학을 논의할 때 좀 더 상세하게 언급될 것이다.

6) 해석의 체계로서의 해석학: 의미의 재발견 대 우상파괴

이러한 관점에서 말하는 해석학은 텍스트로 간주될 수 있는 기호들의 집합체에 대한 해석을 지배하는 규칙들의 이론을 의미한다.

이상의 여섯 가지 해석학은 시대별 발전단계를 나타내기도 하지만 해석학의 범위 및 접근방법의 변화를 나타내기도 한다. 즉, 성서의 주석에서 문헌학의 방법과 언어 이해를 통하여 좀 더 체계화되고 정신과학의 방법으로 일반이론을 지향하였고 나아가서 실존적 이해의 현상학으로서의 해석학으로까지 변화해 온 것이다. 이 모든 분야가 해석학에 대한 각각의 정의와 방법을 포함하고 있는데, 그와 같은 견해들이 결합될 때 해석학의 내용은 더욱 다양해지고 있다.

2. 2000년대 입문서의 해석학 범위

2000년대의 해석학 입문서에서는 다음과 같은 해석학의 뚜렷한 여섯 가지 경향을 논의한다.[7] 즉 낭만적(romantic), 현상학적 및 실존적(phenomenological and existential), 철학적(philosophical), 비판적(critical), 구조론적(structural), 후기 구조론적(poststructural) 해석학이다.[8] 이 외에도 여러

---

7) Porter and Robinson, *op. cit.*, p. 7.
8) 이러한 경향의 개요에 관해서는 위의 책, pp. 7-16 참조.

가지 해석학적 접근들이 있으나 우리는 위의 여섯 가지 경향을 검토하는 것으로 한정하고자 한다. 아래에서는 해석학의 전체적인 윤곽을 파악하기 위하여 위와 같은 여섯 가지 경향에 관하여 각각 간단히 정리하고 난 다음에, 낭만적 해석학(제4절)과 철학적 해석학(제5절)에 관하여 비교적 상세하게 검토하려고 한다. 더 나아가서 본서의 제7장에서 철학적 해석학에 관하여 더 상세하게 검토하려고 한다.

1) 낭만적 해석학(Romantic Hermeneutics)

낭만적 해석학은 성경을 주석적으로 해석하던 범위를 벗어난 저자 정향의 (author-oriented) 해석학으로서 텍스트 자체보다는 저자와 저자의 사회-역사적(socio-historical)인 맥락을 이해하는 데 초점을 둔 해석적 노력이다. 이 해석학은 19세기 후기와 20세기에 큰 영향을 미쳤는데 슐라이어마허(Friedrich Schleiermacher, 1768-1834)와 딜타이(Wilhelm Dilthey, 1833-1911)의 연구가 크게 이바지한 것으로 인정되고 있다.

슐라이어마허는 해석학의 범위를 넓혀서 개별 학문의 범위를 넘어서는 이해의 보편적 원리 또는 법칙(universal principles or laws of understanding)을 수립하고자 했다. 딜타이는 해석학에서 인식론적 분석을 도입하고 인문학과 자연과학의 구분을 강조했다. 딜타이는 인간의 역사적 삶의 구체적 표현에 관심이 있었고 그것을 객관적으로 이해할 수 있게 하는 방법론에 관심이 있었다. 딜타이에 의하면 해석학은 하나의 일반적인 절차일 뿐만 아니라 과학적이며 근본적인 방법으로서 텍스트를 읽는 단순한 규칙이나 원리를 넘어선다는 것이다. 우리는 뒤에 가서 낭만적 해석학을 좀 더 상세하게 검토할 것이다.

2) 현상학적 및 실존론적 해석학(Phenomenological and Existential Hermeneutics)

후설(Edmund Husserl, 1859-1938)과 하이데거(Martin Heidegger, 1889-1976)가 현상학적 해석학에 크게 기여했다. 후설은 해석학을 직접 다룬 것은 아니나 그의 견해는 다른 해석학자들에게 큰 영향을 미쳤다. 후설은 해석학이 다른 학문들의 토대가 되는 지식의 기초이론과 방법을 제공한다고 주장했다. 그는 주장하기를 자신의 현상학적 방법을 통하여 해석, 선행 가정 또는 설명 이전에 있는 그대로의 현상에 관한 우리의 의식을 묘사할 수 있다고 말한다.

후설과는 대조적으로, 하이데거는 인간 이해와 해석의 명료성을 높이기 위해서는 방법론적 입장을 피해야 한다고 주장한다. 대신 그는 주장하기를 우리는 자기 삶의 방식에 대한 더 근본적인 것을 밝혀내야 한다는 것이다. 하이데거는 정확하고 객관적인 해석을 지향하려는 방법과 인식적 욕망을 가진 일반적 해석학을 제공하려는 노력에 반대하고 더 근본적인 존재론적 문제를 제기한다. 그 질문은 존재(being)의 "의미"(meaning)는 무엇인가 하는 것이다. 이것은 우리가 무엇을 알며 어떻게 해석적 정확성을 보장할 것인가에 관한 질문이 아니라, 아는 양식(mode)에 관한 질문이며 아는 자로서의 우리의 삶에 관한 질문이지 우리의 지식 자체의 상태 또는 내용에 관한 질문이 아니다. 하이데거의 해석학은 실존적으로 존재하는 생물이라는 우리의 성격 때문에 가능하다. 하이데거는 우리는 "세계-내-존재"(beings-in-the-world)이기 때문에 해석학이 가능하다고 주장한다. 우리의 삶은 해석의 방법, 규칙, 기법으로는 접근할 수 없다. 뒤에 가서 상세하게 다루어져야 할 문제로서는 하이데거는 해석의 과정에서 선입견을 피할 수 없다는 견해다. 하이데거의 견해에 의하면 인간의 이해와 해석은 인간이 존재하는 상황과 불가분의 관계라는 것이다.

3) 철학적 해석학(Philosophical Hermeneutics)

철학적 해석학은 가다머(Hans-Georg Gadamer, 1900-2002)에 의하여 발전되었는데 그는 20세기의 가장 중요한 해석학자로 인정되고 있다. 가다머는 자연과학의 모형을 사회 및 인문학에서 모방하려는 것을 반대하고, 이해란 실험적 격리나 조사를 통하여 파악될 수 있는 그 무엇이 아니라 경험으로서 또는 우리의 통제 밖에 있는 의미의 사건(event of meaning)으로 우리를 장악하는 것이다. 방법은 중요하나 한정된다. 가다머에 의하면 진정한 이해는 우리가 문제시되는 것을 새롭게 보기 시작하고 텍스트, 사람, 예술작품과 같은 타자와의 대화에 우리를 개방할 때 나타나는 것이다. 가다머에게 국지적인 것으로부터 일반적인 것으로, 그리고 인식론적인 것으로부터 실존론적인 것으로의 광범한 해석학적 전환은 명백하다. 해석학에 대한 그의 가장 중요한 공헌 중의 하나는 어떻게 이해가 언어와 전통에 의해 매개되는가에 관하여 특이하게 강조하였다는 점이다. 철학적 해석학은 텍스트의 고정된 최종적 의미를 찾는 것이 아니라 과거와 현재 간의, 텍스트와 해석자 간의 개방된 질문과 대답(question and answer)을 하는 대화(dialogue)를 추구하는 것이다.

4) 비판적 해석학(Critical Hermeneutics)

하버마스(Jürgen Habermas, 1929-)는 비판적 해석학자로 알려져 있다. 우리가 이 책 제2장에서 고찰한 연구의 논리에서는 그를 설명적 논리와 해석적 논리와 대비되는 비판적 논리를 주장하는 학자로 분류했었는데, 여기서는 그를 비판적 해석학자로 다루고 있다. 하버마스의 비판적 해석학은 텍스트를 읽는 것과는 명백한 관련성이 적으나, 의사소통과 이해 내에서의 왜곡을 바로잡고 인간의 언어소통에서 합리성을 증진하려는 면에서 해석학적 의미를 지니고 있다. 하버마스의 주요 관심은 권력 관계 및 이데올로기로부터 생기는 왜곡을 바로잡으려는 것이다. 우리는 이 책에서 비판적 해석학을 따로 더 사세히 검토하지는 않을 것이다.

5) 구조주의(Structuralism)

구조주의는 다양한 연구 분야로서 자연과학과 예술 및 인문학을 포함한 학문적 지성적 분야에서 중요한 영향을 미쳤다. 구조주의가 미국에 전해진 후로는 하나의 해석학적 모형으로서 언어학, 문학 비평, 성경연구, 인류학 등에서 크게 유행하다가 언어학과 인류학 이외에서는 영향력이 감소하고 있다. 구조주의는 소쉬르(Ferdinand Saussure)의 언어이론에 기원을 둔다.

6) 후기 구조주의(Poststructuralism)

가장 유명한 후기 구조주의자는 데리다(Jacques Derrida, 1930-2004)이다. 데리다의 연구는 해체(deconstruction)와 동의어로 알려져 있는데, 이것은 느슨하게 해석학이라고 묘사될 수 있는 여러 가지 도전과 사상을 모아 놓은 것이다. 사실상, 그는 현상학적, 실존론적, 철학적, 비판적, 또는 기타 어느 것이 되었건 해석학의 가능성을 비관했다. 데리다의 "해체"라는 개념은 이해하기 어렵고 모든 철학적 전제들에 대해 의문을 갖는다. 데리다는 우리가 알고 합의하는 의미가 있다는 것을 인정하나, 의미는 언제나 맥락적이고, 연기되고, 불완전하며, 내적 긴장과 모순으로 가득 차 있기 때문에 최종적이고 결정적인 의미가 있을 수 없다고 주장한다. 이렇게 보면 데리다의 비관적 견해가 해석학의 의미를 성찰하는 데 기여했다고 할 수 있을 것이다.

위에서는 1960년대 입문서와 2000년대 입문서에서 각각 논의한 해석학의 분야 또는 대상의 내용을 간단히 정리해 보았다. 이러한 다양한 분야 중에서 해석학의 기초로 여겨지는 낭만적 해석학과 철학적 해석학을 각각 좀 더 상세하게 검토한 다음에 제7장에서 철학적 해석학을 다시 따로 상세하게 검토하고자 한다. 이처럼 단계적으로 해석학의 대상을 풀어나가는 이유는 철학을 전공하지 않는 독자가 철학적 해석학을 이해하는 데 도움을 얻을 수 있다고 생각하기 때문이다.

제4절 해석학의 기초: 일반적 해석학

낭만적 해석학은 해석학의 새로운 기초를 마련한 것으로 인정되고 있으며 이와 같은 일종의 해석학적 혁명을 촉발한 사상가들은 앞에서도 언급한 슐라이어마허와 딜타이라고 여겨지고 있다.9) 특정한 학문분과와 연결된 해석학을 인간 이해를 위한 더 일반화된 견해로 해석을 재정의하는 데 있어서 이들은 크게 기여했는데 처음으로 저자-정향의(author-oriented) 해석학적 전통이라고 알려지게 된 것을 강조했다. 그들은 주장하기를 텍스트 자체만을 해석하려고 해서는 충분하지 않다고 말한다. 텍스트의 의미를 이해하려면 우리는 텍스트, 저자와 그의 사회-역사적 맥락, 그리고 해석자의 참여를 고려해야 한다. 이처럼 재정의된 해석학은 인문과학의 토대가 될 것이라고 여겼다

1. 슐라이어마허의 공헌

슐라이어마허는 철학자, 문헌학자, 목회자, 신학자로 알려져 있다. 그는 문헌주석적인 절차(exegetical procedures)를 따르던 문헌학적, 법적 및 신학적 해석학과 대비되는 방법론적으로 자기 의식적인 연구의 공식적 학문으로서의 일반적 해석학(general hermeneutics)을 발전시킨 선구자다. 18세기는 합리적 계몽주의가 지배하던 시대인데, 낭만주의는 계몽주의의 협소한 합리주의에 반대했다. 낭만주의자들은 인간의 이성도 기계론적인 과학도 삶, 예술, 종교, 자연의 큰 내용을 적절하게 해명하거나 포착할 수 없다고 믿었다. 슐라

---

9) 낭만적 해석학 또는 해석학의 기초에 관한 내용은 Porter and Robinson, 위의 책, pp. 23-47 참조.

이어마허의 연구는 과학적 합리성이 부과하는 많은 한계를 극복하려는 노력을 보여주고 있다.

슐라이어마허에 의하면, 해석학은 인간의 사고와 언어의 성격에 관하여 관심을 두고 개발한 이해의 일반규칙(general rules of understanding)을 적용하는 것이다. 그의 접근방법은 방법과 절차에 토대를 둔 문헌학적(philological) 중심의 해석으로부터 해석 행위 자체와 그 역사적 근거에 관한 자각을 높이는 철학적(philosophical) 해석으로 옮겨 가는 것이다. 이러한 해석 규칙들의 기원은 텍스트의 구조와 맥락에는 의존하지 않는데, 그 이유는 규칙들이 우리가 어떻게 이해하는가 하는 일반이론에 토대를 두고 있기 때문이다. 따라서, 이제 해석적 과업은 텍스트 자체의 의미를 정립하는 데 관심을 두기보다는 이해하는 행위 자체를 파악하는 데 더 관심을 두는 것이 된다. 이러한 의미의 해석학은 본질적으로 타자의 이해에 이르는 일종의 기능이다.

왜 이해하려고 하나? 오해와 이질성이 있을 때 이해를 위해 노력한다. 이러한 이해에 도달하려면 특별한 방법론적 노력이 필요하다. 텍스트의 저자, 텍스트, 해석자 간에 시간적 문화적 사회적으로 거리가 있을 때 오해와 이질성이 있고 이들을 극복해야 이해가 가능한 것이다.

슐라이어마허는 해석의 과업을 주로 저자의 과거 행위를 재구성하고 재생하는 일이라고 생각한다. 해석적 재구성을 위하여 그는 자기 해석학의 이론적 및 보편적 성격 양자의 토대를 형성하는 해석의 상호의존적인 접근방법 또는 수단을 제안한다. 첫째는 문법과 언어적 관심이고, 둘째는 심리적 관심이다. 사안에 따라 둘의 중요성에 차이가 있을 수 있으나 문법이나 심리적 절차가 각각 단독으로는 이해가 충분하지 않다.

단순한 번역과는 다른 문법적 또는 언어적인 해석은 텍스트의 본래의 언어적 규칙과 구조를 배경으로 해석할 목적으로 문헌적, 주석적, 문학적 작용을 검토하는 것이다. 이와 같이 해석학에서는 언어의 이해가 매우 중요한 것이다.

심리적 해석은 개별 저자 또는 화자의 주관성과 독창성을 고려하는 것이다. 텍스트의 의미를 저자의 주관성과 일치시킴으로써 슐라이어마허는 우리가 검토해야 할 텍스트의 배후에는 언제나 무엇인가가 있다고 생각한다. 즉 저자의 세계관이나 천재성이 있다고 생각한다. 요컨대, 텍스트를 이해하려면, 해석자는 역사적 및 문화적 맥락을 포함하는 문법적 측면과 심리적 측면과 대화를 해야 한다. 텍스트와 관련된 문법적 및 심리적인 대화적 운동 간에는 구체적이고 세부적인 규칙이 없으므로, 해석자는 읽기를 거듭하면서 자각을 높여가도록 애써야 한다. 이처럼 해서 해석과정은 독자로부터, 작품의 시간적 문화적 맥락에 비추어, 저자의 본래 의도를 향해 간다. 그러나 아무리 엄밀하게 방법과 절차를 따르더라도 저자의 의도를 완전히 파악할 수는 없다. 다만 이 과정을 계속하다 보면 작품에 나타난 저자의 의도의 배경까지를 더 잘 알게 되어 종국적으로는 저자보다도 해석자 또는 독자가 더 잘 이해할 수 있을 것으로 생각한다. 역설적으로 슐라이어마허는 저자는 자신의 작품을 가장 잘 아는 해석자가 아닐 수도 있다고 생각한다. 모든 이해의 내재적인 순환성과 모든 해석을 보충할 관련된 지식이 무한하기 때문에 최종적인 해석은 기대할 수 없다. 이와 같은 순환성을 "해석학적 순환"(hermeneutic circle)이라고 부른다. 이것은 부분과 전체와의 관계다. 부분의 이해가 전체에 관한 이해를 높이고, 전체에 관한 이해가 부분에 관한 이해를 높여주는 것이다. 이해는 한 번에 이루어지는 것이 아니라 반복되는 과정을 통하여 이해의 정도가 높아지는 것이다. 따라서 해석학적 순환은 악순환이 아니다.

2. 딜타이의 사회 및 인문과학을 위한 방법

철학자, 역사가 그리고 인문학자인 딜타이는 베를린에서 슐라이어마허를 계승하고 영향을 받은 바가 많으나 압도된 것은 아니다. 그가 현대 해석학의 탄생에 기여했다면 딜타이는 전체적인 인문학과 사회과학의 본질적 성격을 포괄하는 일반적 해석학의 발전에 이바지했다고 말할 수 있다. 딜타이는 사람의 삶 자체가 해석학적으로 접근할 수 있다고 생각한다. "삶의 해석학"(hermeneutics of life)을 통하여 우리는 산 경험, 즉 우리들의 행위와 우리 자신까지의 의미의 종합성을 더 잘 인식하게 된다. 그에게 이해는 내면적 삶의 모든 표현의 해석이다. 그의 노력으로, 해석학의 학문은 사회 및 인문과학 모두를 위한 방법론적 기초로 발전했다. 이와 같은 토대를 확보하면서 딜타이는 사회 및 인문과학이, 매우 다른 방식이기는 하지만, 자연과학처럼 엄격하고 객관적으로 타당할 수 있다는 것을 보여주기 위하여 그의 해석학을 발전시켰다.

중요한 역사적 사상가로서의 딜타이는 사회 또는 인문과학의 인식론적 분석으로 잘 알려져 있고, 문헌학, 종교, 심리학, 정치학, 경제학 등을 포함한 인문과학과 물리학, 화학, 천문학 등을 포함한 자연과학 간의 구분을 강조했다. 그의 주된 주장 중의 하나는 인문과학이 자연과학처럼 경험적, 객관적, 과학적으로 타당한 별개의 주제를 가지고 있다는 것이다. 그러나 자연과학과 달리, 인문과학은 인간의 마음에 의하여 구성되고 형성된 역사적 세계로부터 방법론적 출발점을 잡아야 한다는 것이다. 개인의 역사적 세계를 과학적으로 연구하기 위해서는 인간의 선별된 몇 개의 요소들이 아니라 전체로서의 사람을 이해하려고 노력해야 한다.

딜타이는 인간 현상의 해석문제를 삶 자체의 더 깊은 역사적 의식과 이해를 추구하는 방법론을 가지고 접근했다. 이것은 자연과학적 방법의 환원주의적, 기계론적, 비역사적인 측면을 거부하는 것이다. 이렇듯 기계론적인 것이 아니면서도 "내면적 삶의 표현"에 관한 더 구체적이고 역사적인 지식을 얻는 하나의 체계적인 방법으로서의 인간 연구의 근본적인 학문을 추구했다. 그러나 초월론적 주체나 형이상학적 절대성 등을 추구한 것은 아니다. 딜타이는 사람의 경험은 그의 삶의 전체적인 역사적 문화적 맥락으로부터 분리될 수 없다고 생각한다. 딜타이의 주된 방법인 해석학은 내면적 삶의 구체적·역사적 표현을 객관적으로 해석하고자 하는 것이다. 이해한다는 것은 역사적 표현을 이해하는 것이기 때문에 해석학은 삶을 이해하거나 해석하는 것이다. 사람들은 개별적인 경험과 공유하는 경험이 있다. 우리 삶의 이러한 상호의존적인 양상은 해석학으로 접근할 수 있는 의미의 통일성에서 서로를 지지한다. 개별적 및 공통의 경험들이 함께 객관적 연구를 의미 있고 가능하게 한다.

딜타이의 인문학은 산 경험, 표현, 이해 간의 관계(the relations of lived experience, expression, and understanding)에 토대를 두고 있다. 일종의 "정신과학"을 추구한 것인데, 그것은 종교적 의미의 정신을 말하는 것이 아니라 역사학, 철학, 사회학, 종교학, 심리학, 예술, 문학, 정치학, 법학, 경제학을 포함한 연구 분야를 포함한다. 딜타이가 말하는 이해는 생각, 의도, 느낌 등과 같은 것이 텍스트, 말들, 제스쳐, 예술 등과 같은 주어진 표현에 나타난 정신적 내용을 종합적으로 자각하는 인문학에서 본질적인 것이다. 이해는 항상 미 결정적이다. 언제나 무엇인가가 빠져있다. 표현은 주관적 경험에 대한 객관적 접근을 가능하게 하지만 삶은 여러 가지 형식으로 표현되고 그 의미는 전혀 절대적이거나 종국적이 아니다. 그 이유는 역사 자체가 종국적이 아니기 때문이다.

1) 역사주의(historicism)

여러 학문분과에는 다양한 역사관 또는 역사주의에 관한 관념이 있다. 딜타이의 역사주의는 해석되지 않은 관찰과 사건들로부터 역사적 지식을 도출할 수 있다고 생각하는 객관적 역사적 이해인 실증적 신념과는 다르다. 딜타이는 역사의 성격을 이해하려고 노력했는데, 그는 우리가 역사적 존재이며 이해될 수 있는 것은 모두 역사적으로 이루어진다고 믿었기 때문이다. 역사적 이해를 통하여 그는 인간 역사의 중립적 자료를 조직하려고 하는 여러 가지 선험적 역사 인식론과는 다른 새로운 철학적 토대를 마련하고자 했다.

딜타이는 주장하기를 우리는 우리 자신의 내면적 경험의 역사성을 이해할 수 있는 역사적 존재이기 때문에 역사과학이 가능하다는 것이다. 우리 경험들의 역사성을 이해하는 것은 특정한 맥락에 묶여있는 특정한 역사적 개인에게 초점을 둠으로써 시작된다. 이해한다는 것은 그 자체가 삶의 표현인 우리의 역사성을 이해하는 것이다. 우리는 과거 현재 미래라는 맥락 아래에서 삶을 경험한다. 역사주의는 가다머의 철학적 해석학에서 비판적으로 검토된다.

2) 방법론적 해석과 해석적 순환

해석적 방법론을 통하여 딜타이는 인간 실존의 표현을 성찰할 것을 제안했는데, 그것은 객관적으로 타당한 방법으로 이해할 수 있게 하여 삶을 삶의 입장에서 이해할 수 있게 할 것이라고 여겼다. 그의 해석학은 자연과학의 과학적 신뢰성에 맞먹는 방법론적 이해로서의 정신과학의 기초를 형성하려는 것이었다. 딜타이에게 의미는 언제나 맥락적이기에 우리는 구체적인 장소와 시간이라는 주어진 맥락에 따라 이해해야 한다. 해석학적 순환은 부분과 전체 간의 상호성에 의해 형성된다. 의미는 전체에 비추어 부분 또는 개별적 표현으로부터 파악되며, 전체에 관한 감지는 부분들의 의미에 의해 조정된다. 전체와 부분의 관계는 맥락과 관계의 문제로서 살아온 경험에 근거를 둔다. 해석학은 본질적으로 타자의 경험을 재경험하는 재 구성적 작업이다. 표현을 이해하는 것과 마찬가지로, 텍스트를 이해한다는 것은 텍스트로부터 시작하여 저자의 전기, 특정한 역사적 맥락으로 연구를 진행하고, 이것을 역으로 되풀이하는 것이다. 이것은 동어반복(tautology)에 이르는 악순환이 아니라 더 넓은 이해를 위한 나선 그리기인 것이다. 텍스트는 그 저자의 표현이고, 텍스트 저자는 그들의 사회-역사적 맥락의 표현인 것이다.

3) 낭만적 해석학의 평가

낭만적 해석학은 문헌학, 신학, 법학의 형식으로 이루어지던 해석학을 일반적이고 방법론적 기초를 갖는 해석학으로 전환하는 데 이바지했다. 저자 본래의 의도를 파악하려고 한다거나 텍스트와 표현을 객관적으로 이해한다거나 하는 문제의 여러 가지 결함과 한계에도 불구하고 낭만적 해석학은 해석학의 기초를 놓은 것으로 인정되고 있다.

제5절 철학적 해석학: 예비적 고찰

앞에서 우리는 여러 가지 해석학적 접근에 관하여 개관하고, 그중에서 낭만적 해석학과 철학적 해석학을 따로 개관하기로 했다. "해석학의 기초"라는 입장에서 낭만적 해석학을 개관했으므로 이제 철학적 해석학을 개관하고자 한다. 철학적 해석학을 개관하기에 앞서서 현상학적 및 실존적 해석학도 개관하려고 하는데 그 이유는 이들이 가다머의 철학적 해석학 발전과 관계가 깊은 것으로 인식되고 있기 때문이다. 여러 번 언급한 바와 같이 여기서 개관하는 철학적 해석학은 뒤에 가서 제7장에서 가다머의 저서를 중심으로 더 상세하게 다루고자 한다.

1. 현상학적 및 실존적 해석학

후설과 하이데거는 현상학적 및 실존론적 해석학의 발달에 크게 기여했다. 후설의 현상학적 방법은 우리의 현상에 관한 의식을 해석, 사전 가정 또는 설명 이전에 그 자체로서 묘사하려는 것이다. 이와는 달리 하이데거는 존재의 "의미"(meaning)란 무엇이냐는 질문을 함으로써 우리의 삶의 방식에 대하여 더 근본적이라고 믿는 무엇인가를 밝히려는 것이다. 이것은 우리의 지식의 상태 또는 그 내용 자체에 관한 문제가 아니라, 우리의 아는 양식에 관한 질문, 아는 자(knowers)로서의 우리의 삶에 관한 질문이다.

1) 후설

후설(Edmund Husserl)은 20세기 현상학의 중심적 인물이다. 후설의 현상학에 관해서는 본서 제2부 제4장에서도 "유럽 학문의 위기"라는 견지에서 소개한 바 있다. 여기서는 해석학과 관련한 견해를 밝히고 있다. 현상학(phenomenology)은 "현상의 학문"(the science of phenomena)이며 현상은 우리가 본 것 또는 관찰한 것을 가리킨다. 기본적인 의미에서 이것은 사물에 관한 우리의 의식적 지각에서 무엇이 주어지며 또는 나타나는가에 관한 학문이다. 즉 현상학은 인간이 보거나 직접 경험한 것에 관한 연구이다. 후설의 철학적 접근방법은 해석학이 아니지만 "현상학적 해석학"의 발전에 지대한 영향을 미쳤다. 후설은 자연과학의 우세에 대항하고 실재(reality)의 뒤에는 무엇인가가 있다고 말하는 형이상학의 고집스러운 가정에 반하여 지식의 보편적으로 타당한 기초와 이론을 발전시키려고 했다. 그는 현상학적 방법을 통하여 철학을 모든 학문의 토대가 되는 엄밀한 학문으로 발전시키고자 했다.

철학을 하나의 엄밀한 학문으로 만들기 위하여 후설은 실제로 존재하는 세계보다는 구체적인 "살아온 경험"(lived experience)의 세계를 비판적으로 분석하고 묘사할 것을 주장한다. 왜냐하면, 우리가 실제로 세상을 경험하는 데 있어서 적합하고 구체적인 지식에 방해가 되는 검토되지 않은 신념과 가정을 극복해야만 합리적인 삶을 살 수 있기 때문이다. 후설의 현상학은 객관성, 과학적 이론의 추상성, 형이상학이나 초월로부터 벗어나고자 하는 것이다. 그러나 그는 초월적 주관성(transcendental subjectivity)이라는 생각을 매우 중요한 개념으로 사용하고 있다.

본질적으로 묘사적이며 엄밀한 학문으로서의 후설의 현상학은 "사태 자체들"(the things themselves)을 묘사하는 것을 지향하고자 하는 것이다. 사태 자체에 초점을 둔다는 것은 우리가 선입견, 편견, 또는 검토되지 않은 전제들 없이 의식의 내용 또는 자료를 묘사할 수 있을 때만 실현될 수 있는 순수하고 절대적인 지식을 추구하는 것을 의미한다. 이와 같이 경험, 사상, 실재의 궁극적이고 근본적인 구조를 추구하는 연구를 "초월론적 현상학"(transcendental phenomenology)이라고 부른다. 편견과 선입견을 제쳐두고 현상 자체를 보기 위해 사용하는 방법이 현상학적 환원(phenomenological reduction)이다. 이와 같은 환원을 더 세부적으로 나누어 해석하기도 하는데, 일반적으로 환원은 우선 "에포케"(epoche) 방법을 사용한다. 에포케는 "괄호치기" 또는 "접어 두기" 등으로 표현되기도 하는데, 이러한 방법을 통하여 우리는 어떻게 일정한 신념, 지각, 기대 등이 구조화되었는가를 밝혀낼 의도를 가지고 자연적 세계에 관한 판단과 신념을 접어두고 뒤로 미루는 것이다. 이렇게 해서 사태 자체의 본질을 직관하려는 것이다.

후설의 초월론적 현상학에서 이상적 지식은 직관이다. 즉 지각의 경험에 주어진 것이다. 과학적 지식보다도 근본적인 의식 행위의 분석과 묘사를 통하여 사태 자체로 돌아와야 한다.

2) 하이데거

하이데거(Martin Heidegger)는 20세기의 위대한 철학자다. 사람들은 그를 그릇된 형이상학을 극복할 수 있는 새로운 인간 사고를 시작한 사람으로 높이 평가하기도 하고, 일부 사람들은 그의 주장은 무의미한 말일뿐이라고 비판하기도 한다. 다양한 평가에도 불구하고 해석학에 대한 그의 생각과 영향력은 무시할 수 없다. 그의 사고의 영향은 해석학으로부터 해체, 정치이론, 심리학, 신학 등에 걸쳐 광범하다.

1927년에 하이데거는 『존재와 시간』(Sein und Zeit)을 발표하고 "기초존재론"(fundamental ontology)의 연구를 시작했다. 그는 후설의 초월론적 현상학과는 결별했으나, 후설의 일상적 경험의 생활-세계에 관한 존재론적 관념과 그 외의 다른 요소들을 채택하여 살아온 세계에 관한 자신의 존재론적 과업을 시작했다. 후설의 현상학이 철학을 절대적으로 확실한 근거 위에 구축하려고 한 것과는 달리, 하이데거의 현상학은 존재에 관한 질문 또는 존재 질문에 관한 것을 묻는 것이다. 여기에 답하기 위하여 하이데거는 인간 경험을 드러내고 우리가 세계 및 세계 내 존재들과 어떻게 관련되는가를 밝히기 위한 "실존적 분석적인 것"을 제안하는 것이다.

후설과는 대조적으로, 하이데거는 의식, 본질, 또는 지식 자체의 구조에 관해 관심이 없고 존재의 의미를 연구하는 데 관심이 있었다. 지식의 어느 이론보다 앞서는 것이 존재의 질문이다. 인간은 어떤 종류의 존재를 하고 있나? 하이데거가 볼 때, 순수한 의식을 분석하거나 묘사하는 것은 우리가 언제나 이미 세계-내-존재(being-in-the-world)라는 근본적인 진리를 놓친다. 세계는 괄호치기 하거나 실제로 존재하는 것에 관한 판단을 정지시키거나 할 수 없는데 그 이유는 사물들이 가진 의미는 세계 내의 그들에 대한 우리들과의 관계라는 맥락에서 알 수 있기 때문이다. 이해와 의미는 이와 같은 관계들에 대한 우리의 성찰에 앞서는 것이다. 사태들은 일상 과정에서 당면하고 실제로 사용되는 것에 의해 인지되고 이해되기 때문에 사태들은 괄호치기 행위가 배제할 그런 방식으로 알 수 없다.

하이데거의 현상학은 이해에서 선입견이나 편견이 배제되지 않는 해석작업이 된다. 우리가 이해를 시작하는 중립적 또는 선입견 없는 출발점이 없기 때문이다. 우리는 이미 세계에 던져져 있어서(being thrown) 객관적인 이해는 불가능하다. 우리는 언어, 문화, 삶의 제도들이 이미 주어진 세계에 던져졌기 때문에 우리가 어디에 있건 간에 우리들 자신의 역사적 상황에 의해 조건이 주어져 있다. 우리는 삶을 삶 자체로부터 이해한다. 우리는 세계-내-존재이며 우리는 세계와 분리된 관찰자가 아니라는 것을 먼저 인식해야 성과 있는 연구가 가능하다.

세계-내-존재가 되려면 중립적이고 객관적인 관찰자보다는 행위자처럼 되어야 한다. 우리는 사태를 추상적이고 거리를 둔 인식을 통하여 세계를 보는 관찰자가 아니라 참여자들이다. 우리는 세계-내-존재이지만 동시에 타자와-함께-하는-존재이기도 하다. 궁극적으로 하이데거의 존재 의미에 관한 탐구는 하나의 통합된 전체를 제시할 것으로 생각하면서도, 총체성을 검토하고 그것이 의미하는 바를 밝히기 위해서, "그 안에 존재, 함께 존재, 거기 있는 존재"(being-in, being-with, and being there)라는 조각난 부분들을 통하여 해명한다.

(1) 다자인과 실존론적 분석

우리 자신은 무엇인가 하는 것을 진지하게 물어야 한다. 하이데거에게 해석학은 더는 방법론, 인식론, 또는 의식까지도 관련이 없고 우리가 잊어버린 의미에 관한 존재론적 연구를 통하여 진정한 실존을 기르는 것이다. 우리가 본질, 사실, 추상과 같은 것들을 파악하려고 하지 말고, 지배하거나 조작하려고 함이 없이 삶을 살기 시작할 때만, 존재의 의미가 나타난다.

인간은 어떤 종류의 존재인가를 분석하며 하이데거는 다자인(Dasein, 거기-있음)이라는 매우 어려운 용어를 그의 분석에서 사용한다. 존재하는 것(to be)은 하나의 실체가 되는 것 또는 다른 존재들과 더불어 존재하는 것이 아니다. 존재한다는 것(to be)은 다자인의 뚜렷한 별도의 측면이다. 존재한다는 거기 있는 것 - 현재, 다른 가능성 및 환경과 상호작용하면서 존재하는 것(exist)이다. 진리는 우리가 완전히 나타날 때 출현한다. 그것은 감추어진 것이 밝혀지고 나타나는 영원한 운동이다. 이러한 진리는 일시에 모두 최종적으로 밝혀지는 것이 아니라 부분적으로 나타났다가 감추어졌다 하는 것이다. 존재의 의미에 이르는 길 또는 창은 다자인을 통해서인데, 다자인이 존재의 존재를 위한 장소와 계기를 제공한다. 존재의 의미가 무엇이든 그것은 하나의 이론, 개념, 또는 사실이 아니다. 존재를 어떻게 개념화하건, 존재는 주체-대상 (subject-object)이라는 틀보다 앞선다.

다자인은 검토되어야 하는 결정적 본질이나 고정된 속성들을 가지고 있는 것이 아니다. 그것은 가능성으로 구성되어 있다. 진정한 삶이란 객관적 방법론적 과학에서 가능한 것보다는 더 근본적으로 생각하면서 존재한다는 것이 무엇인가를 계속해서 이해하고 해석하는 것이다. 다자인은 특수한 시간성 (particular temporality)을 갖는다.

(2) 상황의 문제와 현사실성의 해석학

하이데거의 존재론적 현상학은 삶의 해석학 또는 그가 "현사실성의 해석학"(hermeneutics of facticity)이라고 부르는 것이다. 이런 의미의 해석학은 세계-내-존재로서의 사람의 가능성을 결정하거나 한정하는 조건들과 상황들을 해석하는 것이다. 우리들의 일상적인 삶에 있어서 우리는 사람들과 사물들의 주어진 관계라는 맥락 안에서 이미 부분적으로 해석되고 이해된 삶을 경험하는 것이다. 우리의 현사실성을 우리가 "이미-들어 와 있는-존재"(being-already-in)이기 때문에 해석학은 존재의 성격을 이해를 통해 분명하게 하고 드러내는 것 (disclosing)이다. 다자인의 실존적 분석은 그 자체가 하나의 해석에 종사하는 것, 존재의 자기-이해다. 다자인이 되려면 우리가 그 부분들을 알기 전에 전부 또는 전체로서 우리가 아는 세계에 있어야 한다. 우리는 배려하기 때문에, 관심을 갖기 때문에, 사물들과 연결된다. 이러한 배려는 개인 자신들에 관한 것이면서, 사회적 활동이다. 우리는 기본적으로 개인이면서 동시에 타자들과 얽혀 있다. 우리는 개인들 자체이면서 언제나 사회적으로 관련되어 있다. 세계-내-존재로서의 다자인은 미래를 지향한 선택을 해야 한다. 우리가 알아야 하는 것은 가능성으로서의 주검과 함께 산다는 것이 무엇인가를 이해하는 것이다.

이 과정에서 다자인 자체는 완결될 수 없다. 이미 주어진 세계 내의 불안 속에서 우리 자신의 선택을 해야 한다.

(3) 이해와 해석

하이데거의 이해와 해석의 생각은 존재의 의미와 전적으로 얽혀 있다. 다자인은 언제나 "평균적 일상성"(average everydayness)이라고 요약되는 자체의 선-존재론적 이해를 하고 있다. 그러나 다자인의 이해는 그의 일상적 존재적 실존(ontic existence)에 근거한 구조를 드러내도록 발전하고 자체를 해석할 것이다. 근본적 존재론의 해석학으로서의 해석학은, 존재를 드러내는 것이고 이해의 새로운 형식이다.

이해는 언제나 상황과의 관계에서 이해하는 것이다. 우리는 이해를 통해 존재한다. 이해를 묘사하기 위해 방법, 지식 이론, 의식분석 등으로 시작할 수 없다. 도리어 우리는 존재를 드러내는 것으로부터 시작해야 한다. 이해는 계속되는 순환이다. 해석적 순환의 개념은 대상-주체 간의 관계가 아니라 선이해(先理解)와 예상된 이해의 반복인 것이다. 이해에서 언어가 매우 중요하다. 언어는 존재의 물음을 검토하는 데 사용하는 수단이기 때문이다. 하이데거의 해석 관념이 텍스트 해석을 위해 갖는 직접적인 함축성을 알기는 어려우나, 그것이 미친 영향은 크다. 텍스트를 해석할 때에도 삶을 해석할 때와 같이 선입견과 역사성을 벗이날 수 없다. 텍스트를 이해하는 것은 저자의 의도된 의미나 텍스트 자체의 고정된 의미를 풀어내는 것이 아니다. 우리는 언제나 우리 자신의 존재 가능성 또는 지평으로부터 텍스트를 이해하는 것이다.

3) 현상학적 및 실존론적 해석학에 대한 비판적 평가

낭만적 해석학은 옛날의 문헌학적 해석의 경계를 넘어 이해의 방법을 하나의 일반적인 해석학으로 발전시켰고 나아가서 자연과학처럼 엄밀하고 객관적인 사회과학을 가능하게 하는 토대로서의 해석학을 발전시키려고 했다. 후설도 지식 추구의 근본적 토대를 마련하고자 했다. 이들과 달리 하이데거는 상황 아래의 특정 종류의 이해로 존재하는 다자인의 의미를 묻고자 하였다. 그의 실존론적·현상학적 분석은 이해가 무엇을 의미하는가를 재정의한다. 존재론을 해석학의 중심에 둠으로써 그는 삶과 텍스트를 해석하는 의미를 변경한다.

2. 가다머의 철학적 해석학

본서 제7장에서는 가다머의 『진리와 방법』을 따로 요약한다. 그 내용이 좀 길고 이해하기 어려운 부분도 많아서, 중복되는 내용이지만, 일단 여기서 가다머의 철학적 해석학을 간단히 정리해 두는 것이 제7장의 다소 긴 논의를 이해하는 데 도움이 되리라고 생각한다.

딜타이의 역사적 넓이, 후설의 현상학적 묘사, 하이데거의 존재론적 분석은 가다머에 이르러 인간 이해의 본래적인 해석학적 묘사로 이어져 갔다.[10] 가다머의 이름은 철학적 해석학과 동일시되고 "지평융합"(the fusion of horizons)이라는 구절과 텍스트의 이해에 대한 그의 공헌으로 잘 알려지고, 인문학과 사회과학 전반에 걸쳐 해석의 성격에 관한 견해를 크게 변화시켰다. 인문학과 사회과학에 자연과학의 방법이 적용되는 것을 경계했다. 인간의 이해는 역사적으로 조정된 우리 자신의 사고방식에 의해 가능하고 언어가 결정적 역할을 수행한다. 가다머는 자연과학이 흔히 간과하거나 오해하는 의미와 이해에 관한 인간의 경험구조를 해석학이 가장 잘 묘사할 수 있는 수단을 제공할 것이라고 믿었다. 가다머가 의미와 이해의 문제를 다루기 위하여 철학적 관심과 해석학적 관심을 결합한 대표적인 저작이 『진리와 방법: 철학적 해석학의 요소들』[11]이다.

---

10) 가다머의 철학적 해석학의 개요는 Porter and Robinson, 위의 책, pp. 74-104 참조.
11) *Wahrheit und Methode: Grundzüge einer philosophischen Hermeneutik* (Truth and Method: Elements of a Philosophical Hermeneutics), 1960.

1) 가다머의 철학적 해석학(Philosophical Hermeneutics)

근대성 개념과 객관주의가 문화생활에 침투하여 진리의 중요한 경험 (experience)에 대한 우리의 접근을 차단했다. 우리는 세상의 단순한 관찰자가 아니라 참여자이다. 인간의 이해는 순간으로 살아가는 경험으로서 경험되어야 한다. 가다머는 우리가 대화를 통하여 객관주의가 제공하는 것보다 더 근본적이고 보편적인 이해를 경험할 수 있다고 믿는다.

철학적 해석학은 기록된 메시지를 발견하거나 밝히기 위하여 일정한 원리들을 실행하거나 기술을 적용하는 것 이상이다. 기록된 것이건 또는 다른 것이건 간에, 진리의 경험은 우리가 완전히 파악할 수 있는 것 이상이다. 가다머의 철학적 해석학은 우리가 어떻게 살아가야 하는 가에 관한 처방이나 정확하게 생각하도록 하기 위한 원칙을 처방하는 것이 아니다. 오히려 해석학은 우리가 이미 어떻게 살아가고 생각하는가를 묘사하는 수단이며 우리가 하고 있고 바라는 것 이상으로 무엇이 일어나고 있는가에 관한 묘사이다. 가다머의 연구는 이해 자체의 본질적 구조의 분석과 묘사다.

가다머에게서 우리는 기법, 규칙, 그리고 이성의 원칙을 적용하기 이전에, 이미 해석적으로 이해된 삶을 사는 "세계-내-존재들"(beings-in-the-world)이다. 이해가 의미하는 것이 무엇인가를 알기 위해 가다머는 우리의 사고와 행위 이전에 발생하는 이해의 본래 경험을 드러내려는 것이다. 해석학은 우리의 역사적 텍스트와의 대면과 세계와의 대면에도 도움을 주는 일반적이고 포괄적인 철학적 묘사다. 이 과정은 한 번에 완결되는 것이 아니라 언어와 경험과 역사를 함께 묶는 대화를 계속하는 과정이다.

2) 진리와 방법

가다머는 실제와 이론적인 것 양자의 중요성을 인정했다. 그러나 근대 인식론과 과학적 방법론의 지배하에 이론적으로만 이해하고자 하는 것은 반대했다. 따라서 『진리와 방법』(Truth and Method)은 그 제목이 함축하는 것과는 반대로 진리를 가져다주는 방법에 관한 책이 아니다. 그 제목을 "방법을 넘고 건너선 진리"(Truth Over and Beyond Method)라고 하는 편이 나을 뻔했다.12)

『진리와 방법』은 가다머의 일생 연구를 반영하는 깊은 독창성을 담고 있는 책으로서 대부분의 독자가 이해하기 어려운 책이라고 하는데, 행정학자인 우리로서도 당연히 이해하기 쉽지 않은 책이다. 이 책의 첫 부분은 칸트에 기반을 둔 미학의 비판과 진리가 예술의 경험에서 어떻게 나타나는가에 관한 분석이다. 둘째 부분은 우리가 앞에서 낭만주의 해석학에서 소개한 바와 같이, 딜타이(딜타이 이전 사람을 포함)의 방법론적 역사주의에 대한 비판이고, 셋째 부분은 어떻게 의미와 진리가 그 성격상 역사적인 언어에 의해 매개되는가를 탐구하고 있다.

가다머에 의하면 객관성과 주관성의 두 극단은 이해를 잘못 묘사하는 것이다. 『진리와 방법』은 (시, 회화, 조각 등) 우리의 예술 경험이 우리가 어떻게 객관성과 주관성 양자의 함정을 해석학적으로 회피하면서도 우리가 아는 것이 진리이고 신뢰할 만하다는 확신을 보여주는 방식을 묘사하는 것으로 시작한다. 객관성의 한정된 범위를 초월하는 인간 이해의 예로서 예술작품을 통하여 나타나는 진리를 옹호하기 위하여 가다머는 예술작품은 주관적인 가치밖에 없다는 속된 견해를 부정한다. 예술작품은 단지 주관적인 감상용 장식품이 아니다. 예술품은 우리에게 의미 있는 말을 하는 것이다.

가다머는 예술작품과 더불어 인간 경험의 다른 형식도 진리와 합리성의 지배적인 이상들보다 열등하다고 배제하는 잘못에도 관심을 가졌다. 과학적 지식에 관한 계몽주의적 이상들이 교양, 공통감각, 판단, 취향 등의 개념으로 잘

---

12) Porter and Robinson, *op. cit.*, p. 82.

묘사될 수 있는 인문학을 경시함으로써 우리 자신들이 처한 구체적인 상황에서 현명한 결정을 하는 데 필요한 능력과 지혜를 약화시켰다. 가다머는 인간 이해를 증진하려면 이론적인 것과 실제적인 것을 결합해야 한다고 믿는다. 가다머는 인간과학(역사, 사회학, 심리학, 신학, 종교 등)이 자연과학을 모방하지 말아야 한다고 주장한다.

가다머의 핵심 주장은 선입견이나 편견이 없는 연구가 가능하다는 주장은 조절된 이해 방식을 부정하는 것이다. 가다머는 우리가 처한 상황에서 생기는 선입견이나 편견의 불가피성을 인정한다. 이해는 광범한 역사적 맥락에서 생기기 때문이다. 이해한다는 것은 새로운 견해를 반영하여 진리를 밝히려는 계속되는 해석학적 순환과정에서 생기는 것이다.

3) 지평융합(Fusion of Horizons)

이해의 우리 경험의 구조는 우리가 참여하는 사건이다. 이러한 해석학적 사건 안에서 가능성의 새로운 지평을 만드는, 새로운 의미와 이해를 만드는, 객관적 및 주관적 "언어적" 융합("linguistic" fusion)이 일어난다. 이러한 가능성과 새로운 이해는 현재와 과거에 의해 조정된 것에 근거한다. 지평융합은 우리 자신과 우리의 지평들을 타자들(다른 삶, 의문, 생각)에게 개방하는 사건이다. 이와 같은 융합은 주체와 해석자의 최초의 입장 간의 점진적이고 지속적인 상호작용으로 일어난다. 여기서 하나의 객관적으로 진정한 해석이 형성되는 것은 아니고 언어, 전통, 경험을 함께 묶어가는 가능성을 계속 찾아가는 것이다.

방법론적으로 계획된 방식으로 해석하는 것은 텍스트의 의도된 본래의 의미를 충분히 파악하지 못한다. 왜냐하면, 해석은 자기 생각을 재고하면서 자신의 전통(tradition)에 반응하는 역사적 행위이기 때문이다. 이것은 묻고 대답하는 변증법적인 운동이다. 대화적 이해를 통한 변증법적 명료성을 경험하려면 주제(the subject matter)가 말을 할 수 있게 해야 한다. 가다머의 "지평융합"

과 "대화적 이해"(dialogical understanding)는 상호성이 있다. 이것은 자신을 해석학적 사건에 의해 파악되도록 내어 주면서 동시에 자신의 지평으로 주제를 흡수하는 것이다. 놀이(play)처럼 이해의 대화를 많이 할수록 해석학적 경험이 커진다. 진리는 우리의 개별적 지평과 타자(예컨대, 텍스트, 사람, 예술품)의 지평들이 융합할 때 생긴다. 즉 놀라운 새로운 방식으로 새로운 세계를 함께 초래하는 것이다.

4) 전통, 영향사 및 선입견(Tradition, Effective-History, and Prejudice)

우리의 이해는 전통의 영향을 받으며 선입견의 영향을 받는다. 그러나 우리 자신의 맥락의 가능성이 완전히 억제되는 것은 아니다. 가다머는 "영향사"(effective history)라는 개념 아래에서 전통과 선입견의 문제를 다루고 있다. 우리의 개인적 역사가 우리의 관심, 믿음, 목표, 욕망 등을 결정하는 데 중요한 영향을 미친다는 것은 너무나 당연하게 들린다. 그러나 이것이 새로운 이해 가능성을 모두 제약하는 것은 아니다. 새로운 경험으로 우리를 개방하여 새로운 지평으로 융합할 수 있다. 위와 같은 전통, 영향사, 선입견에 관한 생각은, 뒤에서 가다머의 생각을 더 검토해 본 후에, 본서 제3부 제11장에서 한국의 정치와 행정의 한 단면을 해석하는 데 원용해 보려고 한다.

5) 놀이와 예술작품(Play and the Work of Art)

가다머에게 있어서 예술은 우리의 삶에 대해 말을 하며 과학이 이해하지 않으며 이해할 수 없는 진실을 말해 준다. 이렇게 진리와 이해의 무시되어 온 측면을 복원하기 위하여 그는 "놀이"(play)라는 은유를 사용한다. 그는 말하기를, 만일 우리가 예술을 만나는 "놀이"를 잘 묘사할 수만 있다면, 우리는 우리의 다른 진리와의 만남도 더 가까이 평가할 수 있으리라는 것이다. 가다머는 주장하기를 사람은 놀이에서 개인을 초월하는 이해에 빠져들고, 여기에서 자신과 예술품과의 대화는 자신에게 혼자 말하는 것이 아니라 생생한 대화(living dialogue)의 주고받음에서 신념을 검증하고 모험하는 실존적 비약(an existential leap)이라는 것이다. 놀이에서 우리는 주체-객체라는 그릇된 이분법을 극복하는 진리를 경험하고 예술품을 단지 관찰대상으로만 대면하지 않고 마치 동반자들 간의 사건인 것처럼 놀이의 규칙과 구조에 따라 참여하는 것이다. 사람이 예술과 대화하는 것처럼 놀이에 참여하면 예술에서 강렬한 변화의 느낌을 경험한다.

대화의 구조와 마찬가지로 놀이는 "놀이 되는"(being-played) 자신과 "놀이하는"(playing) 사람의 상호 관계를 맺고 있다. 대화가 말하고 듣는 것인 것처럼 모든 놀이도 놀아지는 것이다. 놀이는 개방적 태도를 유지하려는 노력을 요구하는 전환과정이다. 예술에 대한 우리의 관계는 우리가 거기에 참여하고 전환되는 진리를 경험하는 것이다. 예술은 해석자와 작품 간의 창조적 의사소통인 것처럼 우리가 대화적 대화에서 경험하는 언어와 소리를 가지고 있다.

6) 개방성의 문제(The Question of Openness)

개방성 관념에서 중요한 것은 질문의 구조다. "질문"이 가다머의 존재론적 분석에서 긴요한 역할을 수행했다. 그는 의미와 진리의 모든 진정한 경험에 선행하는 것이 질문이라고 믿는다. 우리를 질문에 개방하지 않고서는 새로운 경험을 얻을 수 없다. 우리는 무엇인가를 알기 위해 질문한다. 해석학적 질문은 가능한 한 개방된 질문을 하는 것이지만 동시에 우리 자신의 지평이 받아들일 수 있는 범위 내에서 대답이 가능한 것을 알아야 한다. 미리 해답을 아는 것은 질문하지 않으며 질문과 대답의 변증법은 방법이나 공식 같은 구조에 넣을 수 없다. 변증법은 유기적인 활동으로서 새로운 질문과 대답이 흔히 갑자기 계획 없이 나타난다. 질문하는 것은 새롭고 다른 것에 대한 개방성과 취약성을 지탱하고자 하는 태도다.

7) 대화(Dialogue)

철학적 해석학은 현상학적이다. 이는 이해에 관해 생각하는 것을 묘사적, 창조적, 직관적, 구체적인 방식으로 행하는 것을 의미한다. 무엇보다도 이것은 우리의 일상적 생활에서 우리의 생생한 경험에 대한 반응으로 사태들이 나타나게 된다고 보는 식으로 인간 이해를 바라보는 것을 의미한다. 우리가 객관적 및 이론적으로 설명하면 우리는 우리의 생활-세계와 분리된 이해의 한정된 좁은 형식만을 갖게 된다. 가다머는 그의 철학적 해석학 전반에 걸쳐, 계산적이고 도구적인 합리성의 일방성을 넘어 의사소통적 또는 대화적 합리성의 매우 중요한 역할을 옹호한다. 대화를 통하여 사태는 자체로 나타나며 주제는 자신을 스스로 내보인다. 우리의 살아가는 대화와 우리가 묻는 말은 상황에 대한 우리의 지향과 삶의 실제적 문제에 대한 우리의 지향을 반영한다. 우리는 우리의 삶에 의미가 적거나 없는 추상적 사실들을 가지고 대화를 계속할 수는 없다. 현상학과 마찬가지로, 철학적 해석학은 이론과 실제가 우리의 일상적 삶에서 분리될 수 없는 그런 사고의 대화적 방식을 묘사하는 것이다.

가다머의 대화에 관한 관념과 질문과 응답의 구조에 관한 그의 묘사는 그의 해석학의 뚜렷한 특징이다. 대화에 관한 그의 견해는 진리의 경험은 명시적으로 주관적이지도 않고 객관적이지도 않다는 그의 묘사를 강화한다. 대화는 참여자 누구도 예기치 않은 질문과 대답을 가져오면서, 대화 참여자들을 초월하는 진리를 창출한다. 예를 들면, 텍스트와 대화할 때, 해석자는 저자가 묻지 않은 질문에 당면하기도 할 것인데, 그럼에도 불구하고 텍스트가 대답할 수 있는 진정한 질문을 하는 것이다. 이해는 다른 사람의 의미를 그저 재창조하는 것이 아니다. 가다머의 질문하고 대답하는 변증법은 시간적 문화적으로 잠정적인 이해의 사건이라고 이해될 수 있을 것인데, 이 사건에서 생성되는 지평들의 규칙과의 관계에서 의미가 생성된다.

예술의 경험에서 중요한 진리의 형식을 되찾으려는 가다머의 주장(놀이, 개방성, 대화를 포함한)과 지평들의 융합을 이해라고 말하는 그의 해명은 현대 과학과 인식론에서 묘사하는 것 이상의 진리와 의미를 개념화하는 데 중요한 기여를 했다. 철학적 해석학은 우리가 끊임없는 대화의 가능성에 참여하여 배움에 따라 인위적인 객관적 경계들과 극단적 주관성의 소외를 극복할 수 있는 방식들을 묘사하는 것이다. 언어는 우리의 진리 경험을 위한 매개적 토대다. 해석학적 경험 안에서, 우리가 우리의 역사적으로 상황이 주어진 현실에 참여하고 질문–응답과 선입견을 고려하는 끝없는 변증법적 대화에서 타자의 지평과 융합함에 있어, 언어는 매개자이다.

전통적으로, 해석학은 번역, 성경 주석 방법, 그리고 거의 모든 문학적 방법들의 여러 가지 개념들을 이해하고 적용하는 통찰을 제공하는 것으로 알려져 왔는데, 가다머는 이해의 개념을 훨씬 깊고 넓게 만들었다.

경험적 해석학

제6장

경험적 해석학

제1절 사회과학의 해석학 전환

앞에서는 해석학 일반에 관하여 개관했는데 다음 제7장에서 가다머의『진리와 방법』을 중심으로 철학적 해석학을 논의하기 전에 아래에서는 우선 "경험적 해석학"에 관한 견해를 살펴보고자 한다. 일반적으로 경험적 연구라고 하면 실증적 연구만을 말하는 것으로 생각하는 경향이 있기 때문에 해석학을 실증적 연구와 대립하는 것으로 보는 경우 경험적 연구와 해석적 연구는 양립될 수 없는 것으로 해석될 수 있다.

그러나 해석적 입장을 취하면서도 실증적 연구방법을 사용하지 않는 경험적 연구가 있는데, 그것을 "경험적 해석학"이라고 할 수 있을 것이다. 이러한 경험적 해석학에도 여러 견해가 있을 수 있는데, 아래에서는 외국의 사례로 편집된 하나의 저서에 포함된 다양한 견해들을 본서의 취지에 따라 간추려 보고자 한다.1)

---

1) Yanow, Dvora and Peregrine Schwartz-Shea, eds, *Interpretation and Method and Interpretive Turn*, 2nd ed. (Armonk, New York: M. E. Sharpe, 2014)(이하 Yanow and Schwartz-Shea, Interpretation으로 표기함).

1. 서론: 해석의 문제

모든 학문은 해당 분야의 텍스트와 자료를 해석한다. 이렇듯 해석적 사회과
학만이 해석이라는 용어를 배타적으로 사용하는 것이 아니므로 사회과학 연구
방법론의 존재론적 및 인식론적 맥락을 밝혀 둘 필요가 있다는 것이다. 이처럼
사회과학방법론의 맥락을 밝히는 일은 철학과 과학사회학(sociology of
science)의 발전에 따른 변화, 즉 "해석적 전회"(interpretative turn)와 학제
간 연구의 증가로 인하여 더욱 필요하게 되었다.[2]

19세기 말 및 20세기 초의 유럽 철학자들의 저서들이 영어로 번역됨에 따라
미국에서도 해석적 전회를 하거나 해석적 패러다임을 도입하게 되었다. 이와
같은 전회는 두 가지다. 하나는 사람을 대상(object)으로 개념화하는 사회과
학의 견해에서 벗어나는 것이다. 다른 하나는 연구 관행을 다시 재인간화
(rehumanized)한 맥락을 마련하는 것이다. 해석적 접근방법을 주장하는 사
람들은 실증적 철학을 비판하는 데 너무 치중하기 때문에 해석적 접근방법의
긍정적 내용을 부각하는데 어려움을 겪는 경우가 많아서 야노우와 슈바르츠-
쉬아(Dvora Yanow and Peregrine Schwartz-Shea)가 편집한 책의 필자들
은 해석학의 긍정적 측면을 강조하려고 시도한다.

여기서 다루는 해석적 연구는 경험적이면서 해석학적으로 생각하고 분석하
는 의미의 문제와 관련이 있다. 즉 경험적 연구와 의미에 초섬을 누는 연구는
서로 상충하지 않는다. 해석적 철학과 연구방법 간에는 밀접한 관계가 있으나,
철학적 전제들로부터 바로 방법론으로 이어 간 것은 아니다. 해석적 방법론을
사용하는 많은 사회과학자는 오랜 기간 경험적 연구를 수행한 후에 그 철학적
전제들을 다루거나 알게 된 경우가 많다. 흔히 더 일반적인 철학적인 근거를 가
진 연구로부터 시작하기보다는 연구문제에 대한 전통적인 계량적 방법의 설명

---

2) 서론의 내용은 상게서, pp. xiii-xxxi.

력에 불만을 가진 경험적 연구사들이 해석적 인식론과 해석적 방법을 탐구하게 된 경우가 많다. 따라서 해석적 연구와 해석적 철학의 존재론적 및 인식론적 주장의 연계를 밝혀야 할 뿐만 아니라 다양한 해석연구와 관련된 고려사항과 절차들을 밝힐 필요가 있다. 이와 같은 필요에 따라 과학의 개념, 설명과 인과성, 엄밀성, 일반화 가능성, 타당성, 신뢰성 등의 기준이 검토되는데 해석적 연구는 실증적 연구와 상이한 기준을 적용하고 있다.

2. 해석적 연구방법의 분석방법의 다양성

연구방법론을 계량적(quantitative) 방법과 질적(qualitative) 방법으로 구분하는 경우, 해석적 연구는 질적 방법에 속한다. 따라서 질적 방법에서 사용하는 다양한 분석 방법(analytic methods)들은 해석적 연구에서도 사용되는 것들이 많다. 분석방법이 다양하다는 것은 해석적 연구자들이 중심적인 철학적 및 절차적 쟁점들에 관해 동일한 견해를 가지고 있는 것이 아니라는 것을 말해 준다. 해석적 방법에서 사용하는 방법들은 묘사적인(descriptive) 것으로부터 비판이론적(critical-theoretical)인 것에 이르기까지 매우 다양하다. 이렇듯 다양한 분석방법들이 사용되고 있다는 사실은 해석연구도 다양한 철학적 및 절차적인 지향과 쟁점을 가지고 있다는 것을 의미한다. 연구자가 어떤 해석적 방법을 선택할 것인가 하는 것은 연구문제의 형성에서 배경이 된 존재론적 및 인식론적 전제들과 관련이 있다. 해석적 양식 안에서도 경험적 해석적 경로를 택하는가 또는 좀 더 철학적 비판적 전통을 따르는가 하는 것도 다양하다.

야노우와 슈바르츠-쉬아(Yanow and Schwartz-Shea)가 편집한 책은 다음과 같이 4부로 나누어 해석학의 연구방법을 제시한다. 첫째, 의미와 방법론 (Meaning and Methodology), 둘째, 자료의 생성(Generating Data), 셋째, 자료의 분석(Analyzing Data), 넷째, 해석적 방법론을 통한 인문과학의 재인식

(Re-Recognizing Human Sciences Through Interpretive Methodologies) 이다.

아래의 내용 중에는 본서 제4장 및 제5장에서 서술한 내용과 중복되는 것들이 있다. 그러나 좀 더 다른 시각에서 정리된 것들이어서 더 참고할 만하다.

제2절 의미와 방법론(Meaning and Methodology)

여기서 다루는 문제들은 지식사회학(sociology of knowledge)과 과학철학(philosophy of science)의 시각에서 인문 또는 사회과학의 사상사의 맥락에서 방법론 문제를 밝히려는 것이다. 아래의 글들은 인간의 의미 형성을 경험적으로 연구하는 데 가장 적합한 방법론적 전제와 실제에 관한 것과 함께, 사회과학의 해석적 전회와 지식 주장에 관한 그 함축성을 다루고 있다. 이러한 시각은 연구자의 성찰성이 필요하다. 지식에 관한 주장이 어떻게 생성되는가를 알려면 관찰하고 대화하고 수집한 문서의 증거를 다루는 연구자의 역할이 중요하게 된다. 이것은 "세계형성"(world making)에서의 서술의 역할, 연구의 엄밀성, 좋은 해석적 연구를 인식하는 평가 기준의 문제 등의 주제로 이어진다.

1. 해석적으로 생각하기: 철학적 전제와 인문과학(Thinking Interpretively: Philosophical Presuppositions and the Human Sciences)

여기서는 해석학적 연구자들이 공통으로 가지고 있는 철학적 전제들을 검토한다.3)

---

3) 이 부분은 주로 Dvora Yanow, Ch. 1, "Thinking Interpretively: Philosophical Presuppositions and Human Sciences", in Yanow and Schwartz-Shea, ed, *Interpretation*, pp. 5-26.

1) 과학의 성격과 이해

과학적 방법들은 과학 활동(scientific practice)에 관한 현대적 이해의 맥락에서 그 위치를 알아보아야 한다. 일반적으로 과학은 몇 가지 요건들을 가지고 있다. 즉 인간은 추론능력(reasoning power)이 있으며, 이러한 추리 때문에 일단의 법칙을 구성할 수 있는데, 이러한 법칙들은 보편적(universal)이다. 이와 같은 요건들을 가장 잘 충족시키는 것이 자연과학인데 자연과학의 이와 같은 특성들을 인간과 사회현상의 연구에 적용한 것이 실증적 사회과학이다. 실증주의(positivism)는 사회적 실증주의, 비판적 실증주의 등을 거쳐 논리적 실증주의(logical positivism)로 변화해 왔다. 이 중에서 해석적 철학자들이 반대하는 것은 주로 실증주의의 견해다.

의식적이건 또는 묵시적이건 간에 해석적 전제들을 알거나 영향을 받은 연구자들은 현상학(phenomenology)과 해석학(hermeneutics)에서 발전한 생각들을 적용한다. 해석적 철학자들은 자연 또는 문리적 세계와 사회세계 간의 유사성에 관한 실증주의자의 유추는 허위라는 것이다. 자연의 세계와 사회적 세계의 차이 때문에 자연과학의 방법을 사회현상의 연구에 그대로 적용할 수 없다는 것이다.

현상학과 해석학의 영향을 받은 사회과학의 연구에서는 연구자의 시각이 지식을 창출하고 인간의 행위들(acts)을 연구하는 방식은 이해(understanding; Verstehen)를 통해 이루어진다고 말하는 것은 본서의 여러 부분에서 이미 서술한 바 있다. 그리고 자연과학 방법론을 모형으로 삼은 사회과학방법론은 현상의 설명(explanation)을 목적으로 하고 인간의 행위를 대상으로 하는 연구는 인간의 의미를 해명하고 해석하여 이해하는 것을 목적으로 한다는 것도 본서의 관련된 여러 부분에서 다루었다.

2) 현상학(phenomenology)과 해석학(hermeneutics)

현상학과 해석학은 연구의 목적 중에서 공유하는 부분이 많으나 연구의 초점으로서의 인간의 의미표현을 바라보는 방식에는 차이가 있다. 후설(Edmund Husserl)과 슈츠(Alfred Schutz)와 같은 20세기의 위대한 현상학자들 간에도 견해의 차이가 있으나, 그들의 공통점은 인간의 의미가 생활-세계(life-world)에서 형성된다는 것이다. 생활-세계를 기초로 사회적, 정치적, 문화적으로 의미 있는 것과 그러한 집단 내의 인간의 의미에 접근하고 의미가 어떻게 발전하고 표현되고 소통되는가를 이해하는 것이다. 후설은 의식(consciousness)의 작용을 강조하는데 슈츠는 생활-세계의 구조 이해를 강조한다. 현상학은 인간이 삶의 의미를 형성하는 데 있어서 작용하는 깊이 잠재된 가정의 틀에 관심을 둔다.

해석학자들의 사회과학 연구의 초점은 인간이 만든 인간의 가치, 신념 및 감정을 부여한 문화적 인공물이다. 즉 의식 자체보다는 마음 또는 의식의 구체적 표현 또는 객체화이다. 해석학적 사상가들은 인간의 의미가 직접적으로 표현되지 않는다는 데 초점을 두었다. 오히려 인간의 의미는 그 창조자에 의하여 인공물에 포함되고, 인간의 의미는 인공물의 해석을 통해 알 수 있다는 것이다. 초기에 이것은 기록된 말들(words)을 해석하는 것을 의미했다. 성서해석의 규칙으로부터 시작한 해석학은 그 적용 범위가 확대되어 왔다. 해석학적 사고의 양식은 텍스트와 같은 대상들로 확장되고 이어서 창조적 표현의 다른 양식으로 확장되었다. 이러한 창조물들은 2차원적으로 표현되는 예술작품뿐 아니라 3차원적 사물들까지 포함하게 되었다. 나아가서 행위들(acts)도 텍스트와 유사하게 다루어지게 되었다. 해석학에서는 해석학적 순환(hermeneutic circle)이라는 생각이 적용된다. 즉 텍스트의 의미 해석은 한 번에 완료되는 것이 아니라 반복해서 확장하고 수정해 나간다. 또 순환은 문장(sentence)과 단어(word) 간에도 이루어진다. 즉 단어의 뜻을 알면 문장의 뜻을 잘 알 수 있고 문장의 뜻을 알면 단어의 뜻을 잘 알 수 있는 경우이다. 더 나아가서 진체(the whole)와 부분들(the parts) 간에도 순환 관계가 있다고 생각한다.

해석학의 내용은 앞에서도 서술했고 본서의 뒤에 가서 철학적 해석학을 소개할 때 더 자세한 논의를 할 것이다. 그리고 야노우와 슈바르츠-쉬아가 편집한 책의 다른 글들에서 보고된 해석적 연구결과의 내용은 우리가 검토할 때 많은 참고가 될 것이다.

3) 의미 형성과정

현상학과 철학적 해석학이 직접 해석적 절차에 관한 방법들을 제시하는 것은 아니라고 말한 바 있다. 그들의 관심은 존재론과 인식론에 관한 사항이다. 그러나 이들의 지향성이 해석적 방법의 논리적 기초를 제공한다. 생활경험에 초점을 두는 참여관찰, 민속학, 인터뷰 등은 현상학적 영향을 받은 것이다. 그리고 광의의 텍스트 분석은 해석학의 영향을 받고 있다.

인간의 의미를 이해하려는 연구자들은 인공물(artifacts)을 직접 관찰할 수는 있으나, 의미들(meanings)을 직접 관찰할 수는 없다. 우리는 의미를 포함하고 있는 직접 관찰 가능한 더 구체적인 인공물에 표시된 것 또는 표현된 것으로부터 그 의미를 추론한다. 대상의 비언어적 자료와 관찰된 행위 및 행위자의 명시적인 말을 비교하는 과정을 반복하면서 의미를 해석하고 이해하는 연구가 진행된다. 이 과정은 해석적 연구의 장점이라고 할 수 있다. 이것은 말의 의미와 행위가 부합하지 않을 것 같은 상황에서 연구하는 데 매우 유용하다. 이러한 해석은 통상 잠정적인 것으로 다루고 추가적인 관찰 또는 대화를 통해 확증과 반박이 이루어진다.

누가 언제 해석하는가 하는 문제가 있는데, 해석적 연구자들은 자기들이 추구하는 의미는 구성원의 상황(situation)에 의해 형성된 것이라고 주장한다. 그래서 연구자의 것보다도 구성원의 의미 형성을 더 존중한다고 주장한다.

하나의 연구 과정에서 4개의 해석적 계기를 묘사할 수 있다. 이러한 계기들은 하나의 사건을 이해하는 데 관심이 있는 경우를 가정해서 생각해 볼 수 있다. 동시대의 사건인 경우, 최초의 해석은 사건 현장에 있으면서 관찰한 사람, 또는 사건에 능동적으로 참여한 사람에 의해 행해진다. 이것은 참여 관찰자로서 역할을 행하는 연구자일 수 있다. 만일 연구자의 사건의 최초 해석이 구성원에 의해 전달된 자료에 의해 생긴 것이면, 현장에 있던 다른 구성원과의 대화에서 추가적인 정보와 해석을 얻을 수 있다. 나아가서 다른 여러 행위자에 의해 생산된 자료들을 참고할 수 있다.

이와 같은 과정에서 두 번째 해석이 이루어지는데 그러한 의미 형성은 해석의 해석 또는 이중적 해석일 수 있다.

세 번째 해석은 창출된 자료를 분석하고 보고서를 작성할 때 이루어진다.

네 번째 해석의 계기는 독자의 반응과 관련하여 이루어진다. 여기서 독자는 수동적으로 의미를 받아들이는 것이 아니라 독자, 텍스트 그리고 저자와의 맥락에서 의미를 구성하는 능동적인 구성자라는 것이다. 이런 견지에서 보면, 텍스트의 의미는 유한하지 않다, 왜냐하면 독자들은 각각 상이한 경험을 추가하기 때문이다. 그래서 해석의 네 번째 계기는 연구보고서를 발표할 때에 이루어진다. 위에서 묘사한 해석의 단계는 텍스트 또는 물리적 인공물의 해석에서도 적용된다.

2. 경쟁하는 과학의 개념(Competing Conceptions of Science)

앞에서는 연구자의 존재론적 및 인식론적 전제의 차이가 연구방법론의 차이를 가져온다는 견해를 알아보았다. 이러한 논의를 연장한 견해가 "과학"(science)을 개념화하는 견해의 차이가 이론구성과 연구방법론의 차이를 가져온다는 견해이다.4) 이러한 견해는 주로 실증주의의 한계에 대하여 비판하고 대안을 제시한다.

1) 방법론(methodology)

연구 과정 또는 지식 생산에 적합한 일단의 인식론에 관한 사상, 연구의 전략 및 증거의 기준 등으로서의 방법론이 특정한 학문분과를 규정하게 되었다. 특정한 연구 분야, 인식론적 가정들, 연구방법에 관한 공유하는 견해가 자연과학, 생명과학, 사회과학, 행태과학 및 인문학 등의 구분을 만들었다. 한동안 지배적이었던 실증주의(positivism)는 인식론적 입장에서 비판을 받아 왔을 뿐만 아니라 법칙적 설명방식을 추구한 정치학 연구는 20세기의 커다란 정치적 변혁들을 설명하거나 예측하는 데 실패했다고 해서 비판을 받아 왔다.

2) 실증주의와 후기 실증주의에 대한 비판

경험적 실증주의적 연구는 객관적으로 관찰할 수 있는 영역으로 한정하고, 검증 가능한 묘사, 설명 및 예측에 초점을 한정함으로써 객관적 지식을 얻을 수 있다고 생각한다. 객관적 지식을 획득하기 위한 구체적인 기술적 요건들은 실증주의와 비판적 합리주의 사회과학을 형성하는 두 개의 과학 개념을 형성했다.

하나는 관찰 가능한 경험에 토대를 둔 지식만이 진정한 지식이라는 주장으로 채택한 검증가능성(verifiability)이라는 기준이다. 즉 명제(proposition)는 경험적으로 검증할 수 있어야만 의미가 있다는 것이다. 과학의 검증가능성 기준은 여러 가지를 함축한다. 즉 모든 지식은 관찰에 달려 있다고 믿는다. 그래서 경험적 관찰에 근거를 두지 않는 모든 주장은, 신학적, 형이상학적, 철학적, 윤리적, 규범적, 또는 미학적이건 간에, 무의미하다는 것이다. 이렇듯 과학

---

4) 이 부분은 Mary Hawkesworth, "Contending Conceptions of Science and Politics: Methodology and the Constitution of the Political", in Yanow and Schwartz-Shea, *ibid*, pp. 27-49.

의 영역은 제한되고 과학적 지식만이 타당한 지식이라고 인정되었다. 그리고 관찰된 자료의 귀납이 경험적 일반화(empirical generalization)의 근거라는 것이다.

다른 하나는 사실(facts), 가설(hypothesis), 법칙(laws), 이론(theories)을 구성하여 사건의 설명과 예측이 가능해야 한다는 것이다. 즉 특정한 사건을 선행 조건 및 법칙으로부터 연역적(deductive)으로 도출할 수 있어야 한다.

위와 같은 실증주의는 날카로운 비판을 받아 왔다. 즉 귀납의 논리나 의미의 검증가능성 기준이 실증주의의 목적을 달성할 수 없다는 것이다. 어느 것도 진리의 획득을 보장하지 않는다. 그리고 과학적 관찰은 이론의 가정을 담고 있기 때문에 사실을 있는 그대로 관찰할 수 없다. 즉 사실들을 관찰하여 이론을 구성하는 것이 아니라 이론을 가지고 사실을 관찰한다. 추상적인 이론체계는 경험적 관찰을 근거로 검증할 수 없다.

과학에 관한 연역적 실증적 개념에 대한 하나의 대안이 "비판적 합리주의"(critical rationalism)이다. 이것은 포퍼(Karl Popper)의 주장인데, 모든 과학적 이론은 과학자가 세계에 부관한 대담한 추측(conjecture)이라는 것이다. 이런 관점에서는 이론적 예측을 검증할 수 없고 허위 여부를 밝히는 것이다. 즉 평가 기준은 검증가능성(verifiability)이 아니라 반증가능성(falsifiability)이라는 것이다. 이론적 추측에서 도출한 예측적 언명이 허위로 밝혀지지 않는 한 그런 이론적 추측을 계속 사용히는 것이다. 이러한 주장이 논리적 실증주의의 한계를 지적하고 있으나 양자는 공유하는 측면이 많다.

3) 후기 실증주의적 전제를 가진 과학이론

실증주의와 비판적 합리주의에 대한 비판을 근거로 제시된 주장이 후기 실증주의적 과학이론(postpositivist presuppositionist theories of science)이다. 이들에 의하면 관찰은 이론을 근거로 이루어질 뿐만 아니라 모든 인간의 지식을 구성하는 데 있어서 이론이 필수적이라는 것이다. 과학 활동에서 핵심적인 시각, 의미, 적실성, 설명, 지식 및 방법 등의 관념은 모두 이론적으로 구성된 개념들이다.

다양한 전제들 때문에 이론을 구성할 수 있다고 하더라고 이론을 자의적으로 구성할 수는 없고 모든 이론은 합리적인 판단근거에 의하여 평가된다. 논리적 연역, 귀납적 추론, 또는 경험적 검증 등의 한 가지 기법의 입장에서만 합리성을 평가하는 과학의 개념은 과학적 연구에서 나타나는 여러 가지 형태의 합리성을 포함하기에는 너무 협소하다. 이러한 이유로 모든 이해의 특징인 해석과 판단과정에서 나타나는 실천이성(practical reason)이 과학적 합리성의 패러다임 형식에 대한 대안으로 제안되는 것이다.

이런 이론가들은 숙고, 개념화, 표현, 기억, 성찰, 추론, 합리화, 추정, 연역 및 고찰 등의 다양한 과정들을 고려해 보면 이성(reason)의 다양한 차원이 나타난다고 말한다. 과학적 연구의 합리성을 정립하기 위해서 과학적 연구에는 의문의 여지가 없는 방법의 토대가 있어야 한다고 가정할 이유가 없다. 과학이 최종적 진리를 제공한다는 신념은 형식적 논리의 원칙, 경험적 연구방법 또는 취약한 인간의 인지 때문에 지지가 될 수 없다. 실천적 이성이 구성하는 합리성의 개념은 과학 활동에서 이성을 다양하게 사용하는 것을 포함할 수 있게 하고, 이론적 해석의 잠재적인 오류를 찾아낼 수 있게 하고, 사건이 여러 가지 설명방법 중에서 선택하는데 적용하는 증거와 논의의 평가 기준을 밝혀준다. 과학적 합리성의 한 개념으로서의 실천적 이성은 실증주의보다는 더 포괄적이고 더 큰 설명력을 갖는다.

3. 개념의 사용

여기서는 정치의 영역을 예로 삼아 개념들(concepts)이 어떻게 사용되는가를 간단히 고찰하고자 한다.5) 정치는 언어를 매개하여 행해진다. 언어는 정치 생활의 필요조건(necessary condition)이면서 동시에 정치 자체의 하나의 핵심적 주제(subject)이다. 언어를 통하여 사람들은 정치적 행위가 이해되고 평가되는 조건을 설정한다. 정치 행태, 제도 및 관행들을 묘사하고 평가하는 능력은 개념적 용어들(conceptual terms)의 축적에 달려 있다. 이러한 용어들은 대부분 새롭게 만든 것이기보다는 다른 사람들로부터 전수한 것이다. 정치적·사회적 개념들과 이들 개념들이 정치적 논쟁에서 수행하는 기능을 이해하는 접근방법에는 여러 가지가 있다. 정치적 언어의 연구자들은 일상적 정치적 담론에서 비중이 큰 용어를 지칭하기 위하여 여러 상이한 문구를 사용해 왔다. 이러한 용어들이 없으면 정치적 논쟁은 불가능할 것이다. 그러한 용어들을 정치적 개념, 어휘, 정치적 논쟁 용어, 또는 핵심적 단어 중 무엇이라고 부르건 간에 이들은 "본질적으로 경쟁하는 개념들"(essentially contested concepts)이라고 묘사되는 단어들의 범주에 속한다. 이러한 용어의 적절한 경쟁적 사용이 정치 생활을 구성하는 하나의 측면이라는 것이다. 이러한 명칭의 차이에도 불구하고 정치 담론에 관한 모든 연구는 정치적 행위자들이 여러 가지 정도의 자기-의식을 가지고, 비교적 소수의 본질적 용어들을 사용하고 변경하는 것을 연구하는 것이다. 역으로, 정치적 담론의 연구는 정치적 행위자들의 기회와 조건들 자체가 어떻게 언어를 통하여 만들어지는가를 연구한다.

일정한 개념들은 정치적 논쟁에서 필요하고 그들의 적절한 의미에 관한 이견으로 알아볼 수 있다. 또한, 정치적 행위자가 정치를 묘사, 평가, 기대 및 실현에 사용하는 정치적 개념들의 의미와 기능들은 정지된 것이 아니라 계속하여 변화하고 발전한다. 이들 변화는 점진적, 또는 급격히, 그리고 동시에 또는 장기간에 일어난다. 개념적 변화(conceptual change)의 연구는 정치적 현상

---

5) Douglas C. Dow, "Working with Concepts: Challenging the Language-Reality Dichotomy" in *ibid*, pp. 64-79. 참조.

연구의 중심적 부분이며 정치적 행위, 정치적 제도 또는 정책의 연구와 쉽게 분리될 수 없다. 어떤 개념에 관한 경쟁하고 조화될 수 없는 의미와 용례가 증가하는 곳에 정치 연구를 위한 가치 있는 주제가 있다고 가정하면, 지성적으로 풍부한 기회가 생긴다.

언어-실재의 양분론(language-reality dichotomy)을 채택하는 학자들은 정치적 현상을 묘사, 평가, 비교하기 위하여 사회과학 연구에서 사용할 개념적 용어들을 사전에 구성해야 한다고 생각한다. 그들은 개념 형성에 있어서 가능한 한 가치중립적인 개념을 개발하려고 노력한다. 개념적 분쟁을 연구하기보다는, 개념을 조작적으로 정의하고 지표를 개발하여 관찰 가능한 현상으로 전환하려고 한다. 이러한 개념 형성에서는 가치판단으로 오염되지 않게 하려고 노력한다.

언어-실재 양분론을 거부하는 학자들은 과학적으로 정치 현상을 분석하는 도구를 만들려고 하기보다는, 핵심 용어와 개념들의 정당화 기준에 관한 이견과 논쟁 자체를 중요한 평가의 주제로 삼는다. 정치 분쟁의 표현으로서의 개념 변화에 관한 연구는 불필요한 언어-실재 양분법을 바로잡으면서 사회과학 연구에서 그 가치가 증가하고 있다.

중요한 개념의 변화와 그 결과에 관한 연구는 정치 현상을 포함한 사회현상의 연구에서 매우 중요한 주제이며, 이러한 변화와 결과를 연구하는 접근방법에도 몇 가지가 있다. 예를 들면 케임브리지학파: 행위와 사건으로서의 개념적 혁신(The Cambridge School: conceptual innovation as action and event), 개념적 변화의 민주화: 라인하르트 코젤렉과 개념사(Democratizing conceptual change: Reinhart Koselleck and Begriffsgeshichte), 푸코의 개념적 계보학(Foucault's conceptual genealogies) 등이 있다. 여기서는 그 자세한 내용의 소개를 생략한다. 다만 우리가 행정 현상을 해석적으로 연구할 때에는 이러한 접근방법들과 선행연구를 더 구체적으로 참고해야 할 것이다. 정치, 경제, 사회 문화가 언어의 변화와 함께 변화하는 것이라고 가정한다면, 개념변화에 관한 연구는 행정학 연구에서 중요한 연구주제가 된다고 생각한다.

4. 일반화(Generalization)

연구결과의 일반화(generalization)에 관해서는 실증주의와 해석적 연구가 서로 다른 견해를 가지고 있다. 아래에서는 비교 역사적 분석(comparative historical analysis)을 해명하고 그것을 통하여 비교 및 역사적 사회과학(comparative and historical social science)에 대한 해석적 접근의 특징을 부각하고 있는 하나의 견해를 검토해 보고자 한다.6) 이러한 비교의 관심은 어느 쪽이 더 일반적인 시각을 갖는가 하는 것이 아니라 일반화가 구성하는 지식을 어떻게 생각하는가 하는 데 있다.

비교 역사분석은 진화적 실증주의(evolutionary positivism)와 발전적 역사주의(developmental historicism) 등의 대립하는 견해들을 거쳐 20세기 초에 논리실증주의의 영향을 크게 받게 되었다. 이들은 관찰과 상관관계의 통계적 분석을 과학적 사회과학의 토대라고 생각하게 되었다. 이것을 상승하는 모더니즘의 영향이라고 보기도 한다. 통계적 분석을 강조하는 과학적 방법에 대해서는 세 가지 반응이 나타났다. 하나는 거부이고, 둘째는 변형된 수용인데, 셋째는 통계기법을 사용하지 않되 재구성된 실험의 논리를 사용하여 비교하는 것이다. 그 대표학자가 파슨스(Talcott Parsons)이다. 그의 이론은 총체적인 사회체제(total social systems)와 대규모 사회의 광범한 분석을 위해 제안되었다. 이것이 일반이론을 구성하려는 추세였다.

---

6) Robert Adcock, "Generalization in Comparative and Historical Social Science: The Difference That Interpretivism Makes" in *ibid*, pp. 80-96 참조.

위와 같은 추세를 거부한 것이 해석적 사회과학을 위한 노력이고, 계속해서 의존한 것이 합리적 선택이론과 같은 것들이다. 이와 같은 파슨스 이후의 비교 연구 양상들이 비교 역사적 분석의 주제들을 해명하고, 그와 대비되는 비교 및 역사적 사회과학에 대한 해석적 접근을 탐구하는 맥락을 제공한다.

1) 모더니스트 인식론과 비교 역사적 분석

모더니스트적인 전통을 계속하는 비교 역사적 분석의 특징은 다음과 같다. 첫째, 경험된 실재(reality as experienced)는 개념적으로 분리되며 이렇게 분리된 개념들은 상호 간에 여러 가지 관계를 맺을 수 있다. 둘째, 지식 구성은 이러한 관계들을 특징짓는 명제들(propositions)을 구성하고 평가하는 일로 이루어진다. 셋째, 그 성격상 구체적으로(specifically) "일반"명제들을 찾는데, 일반화는 일정한 시간과 장소에서 반복하는 관계를 특징짓는 명제들을 나타내는 것이다.

2) 해석적 사회과학과 "일반적"인 것의 추구

미국 사회과학의 해석적 전회에서도 인간 행위들의 의미 있는 특징에 더 관심을 두어야 한다는 것보다는 다른 입장을 택한 것도 있다. 즉 의미를 행위로부터 분리하여 범주화한 다음 행위들도 범주화하고 의미와 행위 위치들의 관계를 구성하는 것이다.

해석적 사회과학은 이런 분석과는 근본적으로 다르다. 해석주의자들은 그들의 가장 기초적인 단계부터 지식구성 방식이 모더니스트의 방법과 다르다. 그들은 요소들을 개념적으로 분리하는 행위에 관해 회의적이다. 이러한 요소 분리가 없으면 모더니스트들이 소망하는 반복하는 관계들에 관한 명제를 구성할 수 없다. 그와는 달리 해석주의자들은 의미와 행위를 복합적인 특정한 상황의 부분들로 한꺼번에 파악한다. 해석주의자들은 이러한 복합체의 이해를 위한 연구로써 의미의 형성, 재형성 및 함축성을 탐구하는 것이다. 맥락에 민감한 해석학자들은 특정한 시간과 장소에서 일어나는 의미, 상황, 행위의 복합관계에 관심이 있다.

특정한 관점들을 더 일반적인 시각 안에 자리매김하는 방식에 차이가 있다. 비교 역사 분석가들은 거시적 인과들(macro causes)로 명제들을 구성하고 일반적 명제를 구성한다. 해석학자들은 문제를 보편적인 관점에서 추상화한 다음 상이한 사회들이 이러한 보편적 문제에 어떻게 대응하는가를 알아보는 것이다. 반응의 범위는 넓다. 비교를 위해 사용하는 일반적 시각에는 역사의 일반적 변동(movement)이 있다. 역사의 일반적 변동 경향에서 특정한 국가의 역사적 특수성을 이해할 수 있을 것이다. 근래의 "세계화"(globalization)에 관한 설명도 일반적인 것을 특수한 것과 연결하는 것이다.

결국 일반적인 것과 특수한 것의 연계는 해석학에서 말하는 전체와 부분(the whole and parts) 간의 해석학적 순환(hermeneutic circle)의 문제라고 할 수 있을 것이다. 즉 텍스트의 의미를 행위와 의미 간의 인과적 일반론에 따라 이해하는 것이 아니라 일반적 시각이라는 전체적 맥락에서 부분으로서의 행위의 의미를 해석하고 이해하는 것이다.

5. 엄밀성과 객관성(Rigorousness and Objectivity)

해석적 연구자들이 당면하는 또 다른 도전은 그들의 학문이 엄밀하지도 않고 객관적이지도 않다는(neither rigorous nor objective) 비판이다.[7] 이러한 비난은 계량적 연구계획(quantitative research project)을 특징짓는 요

---

7) Dvora Yanow, "Neither Rigoros nor Objective?: Interrogating Criteria for Knowledge Claims in Interpretive Science" in *ibid*, pp. 97-119 참조.

소들을 근거로 한다. 즉 해석적 연구자들은 현장연구를 시작하기 전에 잘 구성된 가설들이 없고, 독립변수와 종속변수를 식별하는 가설이 없고, 변수 간의 관계를 분명하게 하지 않으며, 그들을 어떻게 측정할 것인가를 밝히지 않는다는 것이다. 가설들, 변수들, 측정 및 기타 기법과 도구들이 좋은 것인가의 여부는 엄밀성과 객관성의 문제다. 또한, 엄밀성과 객관성이 있어야 신뢰성과 타당성을 따질 수 있을 것이다.

해석적 연구자들은 위와 같은 기대는 해석적 연구 과정에 대한 오해 때문에 생긴 것이라고 해명하는 경향이 있는데, 무엇이 믿을만한 과학인가를 논하는 데 있어서 두 용어를 서로 다른 뜻으로 사용하기 때문에 실질적인 절차적 해명을 하기가 어렵다. 또 비판의 근거가 되는 철학적 차이도 있다. 이런 비판은 엄밀성과 객관성을 제시하는 데에는 한 가지 방법밖에 없다는 가정에서 오는 것이다. 그것은 실증적인 존재론 및 인식론 전제들을 가진 것이다. 철학적으로 해석적 연구는 인문과학 연구자가 연구 주제의 외부에 서 있을 가능성을 부정하는데, 이것이 바로 객관성의 정의와 관련된 문제이다. 해석적 입장에서는 실증주의의 영향을 받은 객관성은 해석적 연구의 과학성을 판단하는 기준으로써 사용할 수 없다고 생각한다.

1) 엄밀성(Rigorousness)

연구를 엄밀하게 수행한다는 것이 무엇을 의미하나? 엄밀성을 정확하게 정의하는 경우가 적은데, 과학적 방법을 사용하면 엄밀한 연구가 가능하다고 전제한다. 과학적 방법이라고 제시된 절차에는 몇 가지 단계가 있는데, 이러한 단계를 정확하게 거친 연구가 엄밀한 연구가 되는 것이다. 이러한 과학적 연구 절차를 예시하면, 그 순서는 연구문제를 정하고 가설을 만들고, 연구계획서를 작성하고, 자료를 수집하거나 관찰한 다음 분석하여 결론을 도출하는 것이다.

그런데 이러한 절차의 엄밀성이라는 뜻에는 체계성이라는 의미가 있다. 그래서 해석적 연구는 자체의 체계적인 절차적 기준을 가지고 엄밀성이 있다고 주장할 수 있다. 그러나 절차가 엄격하게 통제되는 것은 아니고 상황에 따라 "잠정적 속성"(provisional quality)이 발휘되는데 그것을 즉흥성으로 오해해서는 안 된다. 연구장소, 읽을 문헌, 대화상대의 선택 등등에 관하여 사전에 충분한 예행을 해 두어야 순발성이 가능하므로 엄밀하게 연구가 이루어질 수 있다고 주장할 수 있을 것이다. 해석적 연구는 사전에 가설을 구성하고 현장에서 검증하는 것이 아니라 자료 자체에 몰입함으로써 가설이나 설명이 나타나게 하는 것이다.

철학적 근거에서도 해석적 방법의 엄밀성을 주장할 수 있다. 즉 연구결과를 충분한 증거와 전제로부터 논리적으로 도출하면 체계적이고 엄밀한 연구가 이루어진 것이다. 엄밀성과 체계성이 계량적 실증연구에서 나타나는 것과는 다르게 보일 수 있으나 해석적 연구에도 엄밀성과 체계성이 있다는 것이다.

2) 객관성(Objectivity)

객관적이라는 말이 사용되는 여러 가지 의미를 따져보면 객관성에 관한 논의를 명확히 할 수 있을 것이다. 여기서는 객관성에 관한 철학적 의미보다는 교과서에서 말하는 실제 사용하는 의미를 따져본다. 실제 사용되는 객관성의 의미는 연구 활동의 두 가지 측면이다. 하나는 증거의 특성이고 다른 하나는 증거가 생산되는 과정의 특징이다.

(1) 정의상의 문제(definitional matters)
① 증거에 대한 초점
객관적(대상적)인 것의 사전적 정의는 주체의 외부에 있는 대상(object)에 관한 것을 말한다.

② 사람과 과정에 관한 초점

거리를 두고 분리된 비 편파적 중립적 사실들로 가치중립적이고 공정한 것이라는 특징으로 정의된다. 이것은 존재론적 객관성은 관찰자의 외부에 있는 실재를 말하고 인식론적 객관성은 관찰대상과 분리된 인식적 감정적 마음이다.

위와 같은 정의와 관련하여 해석적 연구에서는 물리적 분리가 불가능하다. 의문은 정서적 인지적 차원은 어떻게 되는가 하는 것이다.

(2) 철학적 비판(The Philosophical Critique)

해석적 철학자들은 사회적 실재와 그에 관한 인간의 지식은 우리의 행위와 상호작용하고, 간주관적(inter-subjectivity)으로 인간의 행위로 만들어진다고 본다. 우리는 실재의 외부에 있지 않고 있을 수도 없다. 우리의 인간성이 인간의 경험에 대한 인간의 반응을 공감적으로 인식할 수 있게 해준다. 이런 견해에서 이론들은 사회세계의 거울이 아니라 사회세계의 해석을 구성하는 것이다. 물리적으로 떨어져 있다고 해서 인지적-정서적 분리가 보장되지 않는다. 사실상 해석적 연구는 인지적으로 외부에 있으면 이해가 불가능하다고 생각한다. 그리고 선행지식이 없으면 세계를 인식할 수 없다.

(3) 절차적 방어: 신임할만한 연구와 충실한 알기(The Procedural Defense: Trustworthy Research and Faithful Knowing)

인문과학에서 객관성, 즉 외부로부터 알 수 있는 가능성을 철학적으로 부정하는 것은 해석적 연구절차의 이해에 의해 지지가 된다. 그러나 일반적으로 이러한 절차에 관한 생각들은 이러한 방법에 실제로 관련된 것을 자각하지 못하거나 심지어 오해조차 하는 것을 나타낸다. 이러한 우려 중의 하나는 신뢰하지 못할 수도 있는 개별 특성을 가진 개인적 지식을 연구자가 만들어 내는 것이 아닌가 하는 것이다. 이러한 우려는 선입견을 가진 결과에 대한 것이다.

여러 해석적 연구절차는 모든 인간의 관찰을 특징짓는 왜곡과 편파적 시각을 의식적으로 다룬다. 이것 또한 체계적이고 성찰적인 연구의 특징이다. 이러한 절차에는 텍스트, 응답자, 또는 관찰 위치 등을 의도적으로 선택하고 비교한다. 이러한 비교는 해석이 개인특성에 따라 편향되지 않게 규율한다. 그리고 전문분야의 방법론상의 간주관성도 개인특성을 견제한다. 연구를 해석적 공동체와의 관계에 놓음으로써 개인 특성적인 연구를 통제한다. 이러한 절차적 관점은 진리 주장의 확실성에 관한 철학적 관점과도 관련이 있다. 학문적 공동체는 패러다임을 통하여 지식의 틀을 구성하고 공유한다. 또한 해석적 순환과정에서 문제의 이해를 공유하게 된다. 또 자료를 계량화해야 객관성을 확보할 수 있다고 하는데, 자료를 숫자로 정화하는 과정에서 오류가 없도록 통제하는 것은 해석적 판단이다.

해석은 자료에 충실하고 해석적 연구자 가신의 이론에 충실해야 한다. 또 어떤 하나의 텍스트에서 얻은 용어와 개념들은 다른 텍스트를 읽는 데 사용할 수 있다. 객관성은 알 수 있는 모든 것은 분명하게 말로 표현할 수 있을 것을 요구한다. 그러나 해석적 연구는 묵시적 지식의 사회현실도 다룬다.

3) 결론

과학적 연구의 징표인 검증가능성의 정신으로 연구공동체의 맥락 내에서 해석적 과학이 지성적 성찰을 해야만 연구자들의 개인특성으로 인한 그릇된 편견과 해석을 견제할 수 있을 것이다.

6. 질의 판단(Judging Quality)

실증적 연구자들은 해석적 연구의 질을 판단할 수 있는 기준이 없다고 비판해 왔다. 그러나 특정한 인식적 공동체(epistemic community)의 연구형태를 이해해야만 그 공동체에서 적용하는 판단 기준을 이해할 수 있을 것이다. 아래에서는 여러 번 반복해서 언급된 내용이지만, 우선 해석적 연구의 형태를 밝히고, 해석적 연구의 질을 판단하기 위한 기준을 마련하기 위해 노력해 온 과정에 관해 알아본 다음, 잠정적인 기준에 관한 제안을 살펴보고자 한다.8)

1) 해석적 연구형태의 이해

야노와 슈바르츠 쉬아(Yanow and Schwartz-Shea)는 해석적 연구에 대한 실증주의의 비판을 이해하고 해석적 연구의 질을 판단하는 기준을 마련하기 위해서는 우선 해석적 연구의 행태를 이해해야 한다고 말한다. 해석적 연구의 성격에 관해서도 여러 가지 견해가 있으나 주로 다음과 같은 두 가지 특징을 실증주의와 대비되는 특징으로 들고 있다. 첫째로 해석적 접근의 목적은 인간의 의미형성(meaning making)을 이해하는 것이다. 그렇다고 해서 인과관계를 배제하는 것은 아니나 실증주의에서 사용하는 변수 관계로 여겨지는 것은 아니다. 둘째로 해석적 연구는 자료의 "형식"에 대한 민감성을 주장한다. 자료 대부분은 인터뷰, 문서, 현장의 관찰기록 등의 출처에서 얻은 것이다. 영상, 음향, 건축물과 공간도 관심의 대상이다. 숫자로 된 자료들도 있으나 계량적 시각과는 다르게 읽는다.

2) 해석적 연구의 평가 기준의 진화

1970년대 후기와 1980년대 초기부터 미국의 학자들은 실증적 연구자들과는 다른 해석적 연구의 기준을 개발하려고 노력해 왔다.9) 초기에 이 학자들은

---

8) Peregrine Schwartz-Shea, Ch. 7. "Judging Quality: Evaluative Criteria and Epistemic Community", in *ibid*, pp. 121-146.
9) 초기의 학자들은, Mattew B. Miles, and A. Michael Huberman. Qualitative Data Analysis: A Sourcebook for New Methods, (Beverly Hills, CA: Sage. 1984). Lincoln, Yvonna S. and Egon G. Guba. 1985. "Establishing Trustworthiness" In

실증적 연구방법론의 평가 기준에 상응하는 질적 연구의 기준을 개발하려고 했다. 예를 들면 실증적 연구의 기준인 내적 타당성, 외적 타당성과 일반화 가능성, 신뢰성, 객관성(internal validity, external validity/generalizability, objectivity)에 상응하는 질적 연구의 기준으로 신임성, 전이가능성, 신뢰성, 확인가능성(credibility, transferability, dependability, conformability) 등을 제안했다. 그 후의 학자들이 기준을 수정하고 추가했다.10)

이러한 기준의 개발이 오히려 질적 연구의 창의성을 제약할 수 있다는 반론이 있으나, 실용적으로 그러한 기준이 유용할 것이라는 견해 아래에 새로운 기준들이 추가되었다. 다만 이러한 기준들은 실증주의의 기준들에 대응하기보다는 해석적 연구의 전제들에 부합하는 것을 찾고자 하였다. 그런데 이러한 기준을 어떻게 적용할 것인가 하는 실제적인 문제와 관련하여 여러 가지 평가기법들이 제시되었다.

이렇듯 질적 연구의 평가 기준과 기법들이 증가한 이유는 첫째, 해석적 연구도 실증적 연구만큼이나 과학적 연구라는 것을 인식시키려는 것이었고, 둘째, 기준과 기법이라는 용어 사용의 일관성이 부족하여 합의하기 어려웠다.

그런데도 야노와 슈바르츠-쉬아는 "해석적 연구를 평가하기 위해 적합한 기준은 무엇인가?"라는 문제를 위해 잠정적인 기준을 귀납적으로 개발할 것을 제안한다.

3) 잠정적 기준의 개발: 귀납적 접근

공유하는 기준을 마련하는 것은 학문적 의사소통과 판단을 촉진할 것이다.

Naturalistic Inquiry, pp. 289-333, (Thousand Oaks, CA: Sage, 1985).

10) 위의 예시에서 알 수 있는 바와 같이 영어에서 사용하는 유사한 두 어휘의 한글 번역에서 일관성 있는 대응 관계를 맺은 합의된 어휘를 선택하기는 매우 어렵다. 따라서 어휘의 뜻을 정확하게 차별화해야 할 부분이 아닌 경우에는 논지를 이해하는 수준의 번역에 만족하는 수밖에 없을 것이다.

그러나 이러한 기준은 완전한 분류표가 되어서는 안 되고 연역적으로 도출한 기준들을 적용하기보다는 해석적 연구에서 실제로 사용하고 있는 기준들로부터 귀납해 나가는 것이 적절한 것으로 판단된다는 것이다. 보편적이고 불변하는 분류표는 비역사적이고 해석주의의 인식론 및 존재론적 전제에 부합하지 않는다는 것이다.

야노와 슈바르츠-쉬아는 질을 판단하는 기준에 관한 기존의 연구결과와 방법론 교과서에서 자주 사용하는 평가용어 중에서 7개의 용어를 선정하여 그들을 제1순위 용어와 제2순위 용어로 분류하였다. 제1순위 용어들은 흔히 사용하고 있는 기준이다.

(1) 제1차 순위 용어들: 신뢰성, 중층기술, 성찰성, 및 삼각측량/상호텍스트성
   (First-Order Terms: Trustworthiness, Thick Description, Reflexivity,
   and Triangulation/Intertextuality)

① 신뢰성

이것은 연구결과에 대하여 독자의 신임을 얻는 문제다. 신뢰성과 타당성 등을 말한다. 이것은 연구의 숙고성, 투명성, 윤리성 등을 포함한 연구 태도의 체계성을 말한다. 이 신뢰성은 다른 기준들을 포괄하는 용어로 사용될 수 있다. 신뢰할 수 있는 연구자와는 공동연구가 가능하고 신뢰할 수 있는 연구결과는 의사결정에 의해 집행될 수 있을 것이다.

② 중층기술

이 용어는 연구의 서술에서 충분한 묘사적 세부사항이 포함된 것을 지칭한다. 연구자의 해석을 뒷받침하는 의미의 특정한 맥락을 파악할 수 있는 사건, 상황, 사람, 또는 상호작용 등을 포함하는 것이다.

③ 성찰성

이것은 연구의 일지를 작성하는 데 있어서 자신(self)과 방법(method) 등을 기록하여 성찰하는 것과 관련된다. 이 용어는 현상학과 비판이론에서도 사용하는 핵심적 개념이다. 이것은 연구의 전체적인 단계에서 자신의 역할을 자각하고 이론화하는 태도와 관련이 있다.

④ 삼각측량/상호텍스트성

삼각측량은 적어도 세 개 이상의 분석적 도구를 사용하여 현상을 이해하려는 노력이다. 이 용어의 기원은 토지나 바다의 측량을 위한 삼각법(trigonometry)에 있다. 이는 삼각형의 접점에 있는 두 개의 알려진 점을 사용하여 모르는 점을 찾는 방법이다. 실증적 연구에서 복합적인 개념을 조작적으로 정의하는 데(operationalize) 있어서 다중적 지표들을 사용하는 방법과 유사하다. 질적 연구에서는 복합적인 자료 출처, 여러 가지 자료창출 방법, 여러 사람의 연구자 그리고 하나의 연구 과제에 관하여 여러 가지 이론이나 패러다임을 사용하는 것을 말한다. 삼각측량은 연구 과정의 여러 차원을 의미한다. 삼각측량이라는 용어는 실증적 연구에서 사용하는 정밀성 개념을 상기시키기에 상호텍스트성(intertextuality)이라는 용어가 선호되기도 한다.

(2) 제2차 순위 개념들: 사료세공사의 환류/ 동료 검토, 감사 및 부정적 사례분석 (Second-Order Concepts: Informant Feedback/Member Checks, Audit, and Negative Case Analysis)

제1차 순위 용어들과 비교할 때, 제2차 순위 개념들은 좀 더 분명한 기법들(techniques)로서 어떻게 신뢰성 있는 연구를 수행하게 하고 해석적 연구에 대하여 제기하는 여러 가지 질문들에 대답할 수 있게 한다.

① 자료제공자 환류/ 동료 검토

이 기준들은 인류학과 사회학에 그 기원이 있는데, "당신 연구결과의 표현을 당신이 연구한 사람들이 알아볼 수 있다는 것을 어떻게 아나?" 그리고 "이 말들과 이 견해들이 당신의 것이 아니라 그들의 것이라는 것을 독자들이 어떻게 알 수 있나?"라는 물음에 대답하기 위한 것이다. 자료제공자 환류(feedback)와 동료 검토는 연구대상이 된 사람들에게 되돌아가서 연구자가 제대로 연구했는가를 따져봄으로써 자신의 의미 형성을 검토하는 구체적인 방법이다. 제1차 순위의 용어인 성찰성은 연구자가 자신과 다른 사람 간의 차이에 관해 생각하고 교육 배경, 사회계급, 인종, 성별, 직업 및 역사적 시기 등을 포함한 인간 경험을 구성하는 요소들을 사용하여 이론을 구성하는 것이다.

연구자의 구성(constructions)에 대한 동료들의 반응은 다양한데, 그중 중요한 것은 연구 참여자와 잠재적 청중 간의 중간에 연구자가 속해 있다는 점인데, 두 집단은 연구의 함축성에 대해 매우 다른 이해관계를 가지고 있을 수 있다는 것이다. 이것은 도움이 되는가 아닌가 하는 것과 권력과도 관계가 있기 때문이다.

② 감사/투명성

감사는 "얼마나 정확하게 당신이 이 연구를 수행했나?"와 같은 질문에 대답할 수 있도록 연구절차를 기록해 두는 관행들을 말한다. 자기의 연구 자료에 대한 비판적 감사를 예상하고 연구를 수행한 과정과 결정들을 기록하는 훈련을 하는 것이다. 이와 같은 기록은 인터뷰의 계획이나 그것을 실행한 장소 등을 알 수 있게 하는 체계성이다. 그 궁극적 목적은 연구자의 결정, 창출된 자료, 그리고 도출된 추론 간의 연계들을 가능한 한 투명하게 하려는 것이다. 이와 같은 투명성은 연구평가자뿐만 아니라 연구자 자신의 자료 분석에 도움이 된다.

③ 부정적 사례분석

여러 가지 기법들의 의도는 "당신이 부합하는 자료만을 본 것이 아니라는 것을 독자가 어떻게 알 수 있나?"와 같은 질문에 대하여 해석적 연구자가 대답할 수 있게 하려는 것이다. 집합적으로 이 기법들은 "부정적 사례분석"이라는 개념으로 표현할 수 있다. 이것은 연구자가 의미를 형성하는 데 있어서 모순을 식별하여 성급한 경향판단이나 해석을 하지 않도록 하는 것이다. 연구자는 의식적으로 부정적 자료를 탐색하여 초기의 인상이나 설명을 재검토하게 하는 것이다.

4) 인과성과 보편성 문제

인과성과 일반화 가능성(causality and generalizability)은 실증적 연구의 특징이며, 신뢰성 및 타당성과 함께 과학적 연구의 특징으로 여겨 왔다. 이와 같은 입장에서는 독립변수와 종속변수 간의 관계를 인과관계로 본다. 따라서 이러한 변수 간의 관계를 연구하지 않는 해석적 방법은 비과학적이거나 엄밀하지 않다고 말하는 경우도 있다.

그러나 해석적 연구에서는 인과관계의 개념을 실증주의보다는 넓게 해석할 수 있다는 것이다. 하나는 일반법칙에서 결과를 도출하기보다는 구체적인 사례들에서 결과를 이해하도록 하는 것이다. 다른 하나는 인간의 의미 형성과 신념이 행위의 구성적 동인으로 작용할 수 있다는 것이다.

해석학에서는 일반성도 달리 해석할 수 있다는 것이다. 즉 해석적 연구에서 이해한 것 또는 통찰을 특정한 연구에서 다른 연구로 "일반화할" 수 있는가의 여부는 연구를 시작한 사람의 책임이 아니라 새로운 상황으로 그러한 발견을 이행하려는 사람의 책임이라는 것이다. 이러한 견해에서는 해석적 연구자의 책임은 충분한 심층적 묘사를 하여 다른 사람이 한 연구로부터 다른 연구로 어떻게 통찰을 이전시킬 수 있는가를 따져볼 수 있게 해야 한다는 것이다.

제3절 자료의 생성(Generating Data)

위에서는 야노와 슈바르츠-쉬아가 편집한 책의 4부 중 제1부인 "의미와 방법론"(Meaning and Methodology)에 관하여 알아보았다. 아래에는 그 2부인 "자료의 생성"(Generating Data)에 관하여 알아보고자 한다.[11)]

제2부의 상세한 내용은 여섯 명의 저자들의 글을 통하여 서술하고 있는데, 이 책의 편집자가 그 내용을 정리한다. 본서는 이렇게 정리된 부분에서 자료생성에 관한 견해의 요지를 알아볼 것이다. 제2부는 자료접근의 문제(accessing data), 말하기(talking), 관찰하기(observing), 읽기(reading), 분석과 자료생성을 분리하기(on separating data generation from analysis)로 구성되어 있다.

일반적인 연구절차에서는 이론구성과 분석의 틀이 마련된 다음에는 자료를 수집(gathering or collecting)하는 단계이다. 그러나 해석적 자료는 수집되기보다는 연구자에 의하여 문헌적 자료 및 관찰된 사건과 정신적, 개념적으로 상호작용하면서 생성(generate)하는 것으로 여긴다. 그리고 참여적 상호작용에서 응답자와 연구자가 인터뷰나 신체적 또는 비언어적 교류를 통하여 자료가 생산되는 경우에는 자료가 공동생산(co-generation) 된다고 말할 수 있을 것이다.

1. 잠재적 증거의 잠재적 자료원으로의 접근(access to potential sources of potential evidence)

인류학이나 민속적 연구의 경우, 종전에는 연구자가 원시 사회나 어떤 다른 장소에 들어가야 했기 때문에 자료원(source)으로 "진입"(entry)한다는 표현

---

11) "Generating Data" in Yanow, Dvora and Peregrine Schwartz-Shea, eds., 2014. *Interpretation*, pp. 147-160.

을 사용하기도 했으나, 근래는 자료원에 가까이 가는 것을 일반적으로 "접근"(access)이라고 표현할 수 있다는 것이다. 자료에 접근한다는 말은 연구자가 분석할 토대를 형성하는 자료를 생성(창출)하는 일을 시작하기 전에 수행하는 다양한 "발품 팔이"(legwork)라고 비유하여 말할 수 있을 것이다. 이러한 자료접근 및 창출 단계에 포함되는 활동들은 현장에 들어가기 위한 협상이나 연구의 주제와 관련이 있을 가능성이 있는 정보가 있을 수 있는 문헌이나 기록문서 보관소에 접근하는 것이다. 또는 연구에 유용할 듯한 주제에 관하여 알만한 개인을 찾아내는 일을 포함한다. 이렇듯, 자신의 연구에 관련 있는 사람, 문헌, 장소를 찾고 접근하여 연구에 도움이 되는 정보를 얻을 가능성을 찾는 것이 자료접근의 탐색적 과정이다. 이것은 실제의 접근을 시작하기 전에 착수하는 탐색인데, 면접의 경우에는 하나의 자료원이 다른 자료원으로 이어지는 경우가 있다. 더 이야기해 볼 사람이 있는가를 묻는 것은 면접의 마지막 단계에서 이루어지는 전형적인 질문이다. 그래서 이러한 식별과 접근과정은 현장에서 계속되며 그것을 예상하고 미리 연구설계에 포함해야 한다. 따라서 연구계획을 미리 경직적으로 작성하는 것은 가능하지도 소망스럽지도 않다.

연구자가 접근하는 것은 자료 자체이기보다는 증거적 자료의 가능성이 있는 잠재적 증거원이다. 사람들과 이야기하고, 그들을 관찰하고 상호작용하며, 그들과 그들의 활동에 관하여 읽음으로써, 연구자가 분석하고 논의에서 사용할 증거가 형성되는 것이다.

2. 말하기(Talking)

해석적 연구자들이 가장 많이 사용하는 인터뷰는 경직된 방식으로 설문조사방식(survey style)에 의해 미리 정해진 질문들을 실행하는 것이 아니고, 특히 한마디로 대답하거나 응답 칸을 표시하여 대답할 수 있는 질문을 하는 것이 아니다.

이러한 인터뷰는 심층적으로 개방적이다. 인터뷰는 대화(conversation)에 가깝다. 대화적 인터뷰는 연구 현장에서의 관계적 특성을 강조하는 것이다. 이러한 산만한 인터뷰는 "개방형"(open-ended)이라고 부른다. 이것은 구조화된 경직된 조사연구와 대비하기 위하여 사용하는 용어지만 서로가 완전히 상반되는 것이 아니고 정도의 차이를 나타낸다. 즉 해석적 연구에서도 대화의 방향을 지시하는 "목적 지향적 대화"(purposive conversation)도 있다.

대화적 인터뷰는 "심층적"(in-depth)이다. 해석적 면접은 사람들이 살아온 상황과 사건들이 그들의 관점에서 갖는 의미를 탐색하려는 것이다. 경험에 토대를 둔 의미는 한 문장으로 나타내는 것보다는 심층적일 것이다. 그러나 개방적이니 심층적이니 하는 용어들은 이러한 방식의 특징 자체를 포착하기보다는 설문조사방식과 대조하기 위한 말로 발전한 것이기 때문에 대화의 특성을 나타내기에는 미흡하다.

야노와 슈바르츠-쉬아의 저서는 말하기를 통한 자료생성에 관한 여러 사례를 요약한다. 이들은 어떤 순서에 따라 체계적으로 서술된 것이 아니므로 말하기에서 유념해야 할 참고 사항들이 예시되고 있는 것으로 이해될 수 있다.

대화적 인터뷰의 독특한 맥락은 응답자가 자기 생각을 성찰하고 탐구하며 장점뿐만 아니라 걱정과 불확실성도 노출하게 한다. 즉, 인간의 취약성과 관련되는 것이다. 대화적 인터뷰는 인간의 행위성(human agency)을 드러내는 방식이다. 이것은 자신에 관한 타인의 기대들과 함께하는 지점이며 그들이 저항하고 때로는 독자적 경로를 그리는 지점이다. 인터뷰 도중 연구자의 성찰성이 중요하다. 연구자 자신의 동감과 혐오를 알고, 밀고 당길 때를 알고, 이러한 교환관계에서 공동 창출되는 자료에 대해 이런 감정과 결정이 어떻게 영향을 미치는가를 분석하는 성찰이 필요하다. 사회적, 직업적, 정치적 생활은 감정적 내용으로 가득하다. 분노, 수치, 공감, 공포 등은 개인과 집합적인 조직적, 공동체적, 정치적, 기타 행위를 이해하는 관건일 수 있다. 대화적 인터뷰는 사람들이 이러한 감정적 경험들을 어떻게 느끼는가 하는 것과 어떻게 이런 감각을 행위와 연결하는가를 탐구한다. 해석적 양식에서의 어떤 인터뷰에서는 배우고 알고자 하는 호기심이 대화를 촉진한다.

인터뷰는 구조화되는데, 주제와 상황에 따라 구조는 다양하다. 대화적 인터뷰를 조직하는 원리에는 시간, 공간, 조직 계통 및 성별 등이 있다. 인터뷰에서 응답을 풀어서 말하는 것은 응답자와의 관계를 발전시키고 연구자가 이해한 것을 성실하게 전달하는 방법이다. 이 과정은 연구자의 이해를 검토할 수 있는 과정이기도 하다.

어떤 상징체계가 의미를 형성하는 것을 배우는 과정에서 언어와 행위가 서로의 의미를 시사하는 방식들에 있어서 맥락(context)이 매우 중요하다. 인터뷰에서 응답자의 일상적인 언어를 받아들이는 것도 유용하다. 응답자는 자신의 견해를 자신의 언어로 표현할 수 있게 해야 한다. 결국 사람들 자신의 생활에 관한 사람들의 견해가 해석적 연구자가 가까이하고자 하는 견해이다. 연구자들은 언제나 다른 인터뷰, 다른 문헌, 또는 다른 관찰과 자신이 들은 것을 맥락에 놓는 것(contextualizing)이다.

3. 관찰하기(Observing)

참여의 정도는 다양하겠지만, 관찰은 자료를 생성하는 또 다른 중심적 양식이다. 이 양식은 단독적 자료로 사용할 수도 있고 인터뷰와 결합할 수도 있는데, 각 방법은 다른 방법으로 도출된 잠정적 해석을 확인하거나 반박하는 데 사용될 수 있다. 예를 들면, 주거지의 인구변화를 연구하는 데 빨랫줄에 널려있는 세탁물의 종류에 관심을 두는 것은 주민들을 인터뷰하는 것만큼이나 유용하다.

　　민속학적 연구와 참여-관찰연구는 관찰에 의존한다. 미국 학계에서는 두 가지 접근방법을 사회학적 민속학(sociological ethnography)과 인류학적 민속학(anthropological ethnography)으로 구분하기도 한다. 행정학, 공공정책, 도시연구, 지역사회 연구, 조직연구 등은 사회학과 함께 참여관찰 방법을 사용하는 경향이 있다. 국제관계, 비교 정부론, 발전 연구 등은 인류학과 함께 민속학적 방법을 사용하는 경향이 있다.

　　민속학적 민감성(ethnographic sensitivity)을 가지고 관찰하는 것을 배울 수도 있다. 민속학은 자신을 지식획득의 도구로 사용하여 타인의 생활세계를 이해하려는 노력이다. 심층적인 이러한 연구는 아는 자와 알려진 것의 위치를 정하는 그들 각각의 맥락에 놓는 것이다. 여기서 민속학적 민감성이란 이 세계-공간(world-space) 안으로 들어가서 행동의 유형을 형성하는 존재 양식을 발견할 뿐만 아니라 의도적 또는 기타 이유로 보이지 않았거나 말하지 않은 것도 다루기 위해 그 표면 아래를 살펴보는 것이다. 이러한 민감성이 획득되면 다른 상황, 다른 정책들, 그리고 다른 연구문제에서 사용될 수 있다.

　　민속학적 연구에서는 연구자의 정체성(신분 등)이 상황 내에 포함되거나 배제되는 동태를 동시에 형성한다. 민속학적 연구는 보통 인간들이 당연하게 받아들인 일상적인 관찰과정을 낯설게 만들고, 자신들도 보통 인간인 연구자들은 과학적 목적을 위하여 어떻게 찾아보고 어떻게 바라볼 수 있는가를 배우는 데는 상당한 연습이 필요하다. 그런데 이것은 매우 어렵다.

4. 읽기(Reading)

　　인간들은 그들의 정치적, 사회적, 조직적 및 공동체적 삶의 맥락에서 그들에게 의미 있는 것을 광범한 인공물(artifacts)의 속과 겉에, 그리고 인공물을 통해서 기록하고 전달한다. 정치학이 더 그러한데, 여러 분석은 그들의 문헌적인 증거에 관한 이해를 기록된 기록물에 한정하고, 때로는 그 의미를 지배 엘리트에 의해 생산된 기록물에 좁히기까지 한다. 예를 들면, 공공정책 연구는 입법부와 행정 기관의 문서를 검토하고 국제관계 연구는 외교협상의 기록을 검토한다. 그리고 공법 연구는 법원의 기록을 분석한다.

그러나 연구문제에 따라서는 문헌적 증거를 지배 엘리트가 생산하고 승인한 것에만 한정하는 것은 너무 제한적이다. 그와는 대조적으로 널리 읽히는 대중소설이나 만화도 유용하다. 그리고 기록된 자료에만 문헌적 증거를 한정하는 것도 제한적이다. 정치적, 사회적, 조직적 및 문화적 정체성과 가치들은 영화, 기록영화, 노래, 건축물, 박물관 전시물, 그림, 정치적 만화 등에 새겨져 있다. 필름과 비 텍스트적인 문화를 탐구하고 광범한 텍스트적인 자료들을 의미의 저장물 및 전달자로 다루는 인종연구, 도시연구, 문화연구 및 기타 분야의 사회과학 연구는 해석적·경험적 연구에 유용한 기록된 인공물의 범위를 넓혔다. 역사적 연구도 범위를 넓혀왔다.

물질적 문화를 불필요하게 좁게 다루는 이유는 아마도 "문헌"(documents)이라는 용어 때문에 생겼을 것이다. 정치학에서 이런 지향은 고전텍스트(플라톤, 아리스토텔레스)와 헌법으로부터 법령에 이르는 정부 문서를 다루어 온 깊이 뿌리박힌 오랜 역사에서 생겼을 것이다. 다른 사회과학보다도 정치학과 법학은 강력한 텍스트적 해석학적 지향을 하고 있다. 모든 사회과학 연구는 읽고 쓰는 것에 많은 시간과 정력을 바치는데, 이렇게 문학적 텍스트에 초점을 좁히는 것은 직업적 습관에서 오거나 다른 형식보다 "기록된" 지식을 우선시하는, 더 깊이 각인된 인식론적 관념에서 오는 것이거나 상상의 실패에서 오는 것일 수 있다. 많은 학자는 이런 제약을 벗어나고 있다. 이론에 관한 개념도 적절한 자료에 관한 개념을 만들어서 주류 연구자가 받아들일 수 있는 질문을 제약했다.

해석학적 과학철학의 맥락에서 강조하는 증거로서의 자료원의 가능한 범위를 고려하면 인간의 의미의 목록은 여러 범주로 표현된다. 그래서 텍스트 간의 관계에서 적용되는 공통의 생각은 상이한 문학적 텍스트 간에만 있는 것이 아니라 자료의 종류 간에도 있을 수 있다.

자료가 공정하고 충실한 것이 아니라고 여길 때는 그 이면과 침묵 된 내용을 찾아보기도 한다. 또 인터뷰나 조사연구의 경우 맥락에 따라 달라지는 응답 내용의 의미도 해석할 수 있어야 한다. 연구자가 기대하는 내용이 아닌 텍스트나 응답은 거짓이 아니라 좀 더 바람직한 자신을 표현하려는 한 요소다. 행위자의 살아온 경험에 맞지 않는 범주를 나타내는 용어들을 가지고 현장의 다양한 형식의 행동을 읽기는 어렵다.

5. 자료생성을 분석과 분리하기
(On Separating Data Generation From Analysis)

자료를 생성하는 방법과 자료를 분석하는 방법을 구별하는 것은 분석과 개념적 목적을 위해 유용하나 모든 방법에 해당하는 것이 아니고 매우 위험한 예도 있다. 구별에 신중해야 하는 경우는 다음과 같다. 즉 연구자가 연구계획을 구상할 때, 연구문제의 틀을 잡을 때, 주제에 관한 다른 사람의 기록을 읽을 때, 연구를 설계할 때 이미 분석은 시작된 것이다. 이 과정에 관한 의식에는 차이가 있다. 분석을 연구의 마지막 단계라고 생각하는 것은 자료생성과 분석이 동시에 진행되는 경우가 많다는 것을 인식하지 않기 때문이다. 그런데도 양자를 구별하는 것은 교시적(heuristic) 목적 때문이다.

제4절 자료 분석하기(Analyzing Data)

위에서는 야노와 슈바르츠-쉬아가 편집한 책의 4부 중 제1부 "의미와 방법론"(Meaning and Methodology)과 그 제2부인 "자료의 생성"(Generating Data)에 관하여 알아보았다. 아래에서는 그 제3부인 "자료의 분석"(Analyzing Data)에 관한 논의를 살펴보고자 한다. 그런데 이하의 내용은 "방법"을 체계적으로 제시한 것이 아니지만 주로 연구 사례들을 예시한 것들이기 때문에 다양한 방법에 관한 시사를 받을 수 있을 것이다. 우선 "통상적인" 연구방법에 관하여 언급하고 나서 해석적 연구의 자료 분석의 차이점을 논한다.12)

전통적 연구방법론에서는 자료수집 다음 단계로 제시되는 것이 "자료 분석"(data analysis)이다. 이러한 방식은 연구의 순차적인 단계를 강조하는 방법론적으로 실증적인 시각과 부합한다. 즉 이론으로부터 명제들을 도출하고, 개념을 조작화(operationalize)하고 측정하며, 계량적 자료가 수집되고 난 다음에 자료 분석이 시작된다. 이러한 분석은 주로 통계적으로 유의미한 관계나 인과관계를 찾으려는 것이다. 이런 식으로 생각하는 자료 분석은 이 저서에서 말하는 것과 같은 해석적 분석절차를 배제한다. 여기서 말하는 "자료 분석"(data analysis)은 해석학과 현상학의 접근방법에 더 가깝다. 이 방법은 지식이 반복적 과정을 거쳐서 형성된다는 것을 강조한다.

제2부의 논의에서도 언급한 바와 같이, 자료를 창출하는 것과 자료를 분석하는 단계를 구분하는 것은 교시적 목적을 위해 유용한 것이고 실제로는 두 단계가 서로 얽혀 있다. 그러나 분석이 연구자가 당면하는 개념적으로 뚜렷한 계기가 있다. 예를 들면 자료수집의 현장이나 기록문서 보관소를 떠난 후에 그동안의 연구방침에 따라 창출해 놓은 증거들을 가지고 있는 때의 경우이다.

다른 경우에는 자료의 창출과 분석이 서로 얽혀 있고 반복적이어서 양자 간

---

12) 이 부분의 논의는 주로 III. "Analyzing Data" in *ibid*, pp. 255-266.

의 구분이 뚜렷하지 않은 경우도 있다. 이런 예들에서는 연구절차가 매우 복잡
하게 보이기도 하지만 그 구체성에는 관심을 가질 수 있다. 즉 저자들은 일반적
이고 추상적인 입장에서 연구절차를 다루기보다는 자기의 연구문제를 구성한
기대, 관심 및 궁금증을 밝히고 자신들이 사용한 분석 단계와 절차 및 방법론적
쟁점들을 다룬다.

아래에서 예시되는 연구들이 사용한 분석 기법들은 텍스트 민속학, 케임브
리지학파 방법, 프레임 분석, 과학연구, 비판적 해석, 성찰적 역사적 분석, 가
치-비판적 분석, 이야기 분석, 시각 자료 및 공간자료 등이다.13) 아래에서는
이들을 분류하여 간단히 언급하기로 한다.

1. 역사적 텍스트: 정치적 및 법적 행위자의 분석(Historical Texts: Analyzing Political and Legal Actors)

상이한 행위자들의 행위를 연구하기 위하여 역사적 문헌을 사용할 수 있다.
예를 들면, 제2차 세계대전 후의 독일과 연합 점령군 간의 관계에 관한 서독 정
치가들의 논쟁을 다룬 연구에서는 역사적 기록물을 사용하고 있다.14) 이 연구
는 전후 독일의 정통성(legitimacy)에 관한 정치적 행위자들의 해석을 연구자
가 다시 해석하고 있다. 기록된 역사적 자료를 사용하고 있어서 역사적 행위자
와 연구자가 공동으로 의미를 부여하는데 작용한다고 보는 것이다.

역사적 자료를 사용하여 법률적 지식을 연구한 예에서는 프레임 분석
(frame analysis)이라는 것을 사용한다.15) 프레임 분석의 근본적인 해석적

---

13) 이 용어들의 영문명을 본문에 표시하기 번거로워 여기 각주에 표시했다. textual
ethnography, Cambridge School methods, frame analysis, science studies,
critical interpretation, reflexive historical analysis, value-critical analysis,
story analysis, analyzing visual data, analyzing spacial data.
14) Patrick Thaddeus Jackson, "Making Sense of Making Sense: Configurational
Analysis and the Double Hermeneutics," in Dvora Yanow and Peregrine
Schwartz-Shea, eds., 2014. *Interpretation*, pp. 267-283.

가정에서는 "의미"가 연구 자료에 자명하게 나타나는 것이 아니라 역사적 경험, 기존의 인식적 구조, 새로운 경험 간의 복잡한 상호작용에서 생기는 것이라고 말한다. 행위자가 사건과 개념들을 구성(프레임)하는 방식이 특정한 행위로 이끈다는 것이다. 또한 과학연구(science studies)의 관점에서는 학문 연구 활동도 사고의 습관, 전문직업적 네트워크, 개인 및 제도적 경쟁 등의 특징을 갖는 사회적 활동이라는 것이다.

2. 역사적 텍스트: 학문공동체의 가정을 나타내기(Historical Texts: Revealing Assumptions of Academic Communities)

역사적 자료를 사용하여 연구자들이 자신들의 특정한 시기의 정치 상황과 각자의 학문 공동체 안에 자신들의 연구를 연결하는 복잡한 방식들을 분석할 수 있다. 이러한 방식은 개별적 연구자뿐만 아니라 전체 인식 공동체에 영향을 미치는 검토되지 않은 가정들을 연구자가 밝혀내는 해석적 성찰성(interpretative reflexivity)이다. 예를 들면 두 차례의 세계대전 사이의 평화운동을 "비판적 해석적"으로 연구하면 그러한 운동을 주장하거나 반대하는 행위자들의 지배적인 주장에 포함된 가정(assumptions)을 나타낼 수 있다는 것이다.16)

역사에 관한 상이한 학문적 개념들을 겹쳐서 사용하기도 한다.17) 하나는 방법론적 실증주의와 부합하는 것으로 역사를 이론적 가정들을 검증하는 데 사용할 수 있는 "사실들"의 저장소를 보는 것이다. 다른 하나는 연구자를 역사의

---

15) Pamela Brandwin, "Studying the Careers of Knowledge Claims: A Guide," in *ibid*, pp. 284-299.
16) Cecelia Lynch, "Critical Interpretation and Interwar Peace Movements: Challenging Dominant Narratives," in *ibid*, pp. 300-308.
17) Ido Oren, "Political Science as History: A Reflexive Approach," in *ibid*, pp. 309-321.

내부에 있는 것으로 보고 그 입장을 "성찰적 역사"(reflexive history)라는 용어로 표현한다. 이와 같은 방식을 "민주주의"라는 사상의 변화를 추적하는 데 사용하고 있다.

위의 사례는 중복되면서도 차이가 있는 해석적 분석을 제시하고 있다. 그 모두는 개인들의 해석적 의미 형성 활동을 강조한다. 그들은 또한 연구자들도 의미 형성자라는 것을 강조하고 따라서 인문과학에서는 연구자가 "행위자들의 해석을 해석하는" 일에 관여한다는 것이다.

3. 당대의 자료: 이야기와 공공정책(Contemporary Materials: Stories and Public Policies)

앞의 예는 텍스트 기록이나 과거의 유물인 역사적 자료들을 다룬 것인데, 여기서 다루는 예들은 현대의 행위와 기록들을 분석하는 것이다. 여기에는 이야기와 시각적 자료들이 있다.

미국에서 영어를 공용어로 추진하는 정책에 관한 상충하는 집단들이 여러 가지 성명(이야기) 방식을 통하여 그들의 입장을 구성(frame)하는 방식에 관한 연구는 해석적 연구의 반복적 성격을 보여주고 있다.18) 쟁점의 맥락과 행위자들의 입장에 관해 더 알게 됨에 따라 정책의 핵심 쟁점과 그 주창자들에 관해 자세히 알게 된다. 초기에는 잠정적 분석적 단계를 밟지만 쟁점에 관해 더 알게 됨에 따라 좀 더 방향이 잡힌 분석을 할 수 있게 된다. 이와 같은 반복적 해석을 통하여 발견한 것은 영어를 공용어로 사용할 것인가에 관한 쟁점이 사실은 미국인의 정체성과 소수 민족에 관한 정의의 문제라는 문제로 해석되었다. 이 연구는 일상적인 사소한 문제의 검토로 시작한 해석적 분석 방식이 더 광범한 문제의 요소라는 것을 밝힌 연구의 예다.

---

18) Ronald Schmidt, Sr., "Value-Critical Analysis: The Case of Language Policy in the United States," in *ibid*, pp. 322-337.

정책연구에서 엘리트와 학자들이 "국가 행위자"(State-Agent)의 서술에 도전하는 연구의 예에서는 현장 직원의 이야기를 자료로 삼는다.[19] 이 방법은 일선 근무자가 제약 없이 자신의 경험을 이야기로 서술하게 하는 것이다. 이러한 접근방법은 순경, 교사 및 상담원과 같은 일선 근무자들이 조직과 정책 세계의 계층상 엘리트의 견해에 종속되지 않는 이야기를 끌어내는 것이다. 이러한 연구에서는 연구자들이 자신들의 이론적 선입견과 범주들을 근무자들에게 부과하지 말고 근무자들의 일상 언어와 경험들을 근무자 자신의 이야기로 말하도록 해야 한다.

4. 텍스트 유사물들: 시각적인 것을 "읽기"
   (Text Analogues: "Reading" the Visual)

해석학자들은 말에 토대를 둔 언어(기록된 것과 말한 것)가 의미를 구성하는 데 중요한 역할을 한다는 근거하에 그것을 중시하고 의미를 포함하고 전달하는 다른 인공물(artifacts)을 배제하거나 경시하는 경향이 있다. 이러한 의미가 있는 것들은 행위들(acts)과 비언어적 의사소통과 공간적인 것 및 기념비, 시의회 회의실, 복장 등을 포함한 다른 물체들이 시각적, 물체적 및 청각적으로 표현된 "언어"의 형식을 가지고 있다. 근래에 사회과학에서는 자료원으로서의 시각적 자료들과 그와 병행하는 시각적 분석방법이 발전하고 있다.

만화(cartoons)도 해석에 사용된다. 정치적 만화를 해석하려면 연구자들의 기호학(semiotics)에 관한 묵시적인 지식을 반영하고 구체화해야 한다는 것이다.[20] 만화해석의 쟁점은 그림의 상징적 요소들을 통하여 연구자와 만화가가 만화의 의미를 공동으로 구성하는 것이다. 만화분석은 매우 맥락적이다. 만

---

19) Steven Maynard-Moody and Michael Misheno, "Stories for Research," in *ibid*, pp. 338-352.
20) Ilan Danjoux, "Don't Judge a Cartoon by Its Image: Interpretive Approach to the Study of Public Cartoons" in *ibid*, pp. 353-367.

화가의 기법들이 갖는 의미 형성 외에서도 독자들이 만화를 어떻게 이해하는가 하는 것은 그림의 선들뿐만 아니라 역사적, 문화적 및 국가적 맥락과도 관련된다. 연구자는 만화의 의미 범위를 밝히기 위하여 이러한 맥락들을 풀어야 한다.

공간 관계의 연구에서는 신체적 경험(bodily experience)을 말(word)로 번역하기도 한다. 이 말들은 건축이나 디자인에서 사용하는 말인데 극장이나 비언어적 의사소통에 관한 연구에서 오기도 한다.21) 공간적 경험을 번역하는 것도 문화적으로 매개된다. 예를 들면 건물의 "위"(up)가 어떤 문화에서는 높은 사회적 신분을 나타내고 다른 문화에서는 낮은 신분을 나타낸다. 동일한 문화 안에서도 연구자와 다른 사람의 공간적 경험이 같을 것이라고 가정할 수 없다. 연구자 자신의 신체적 의미 형성을 토대로 초기에 타인에게 귀속시킨 의미는 다른 구성원들에 의해 지지가 되거나 부정될 때까지는 가정적이고 잠정적이다.

5. 자료의 해석적 분석의 추가적인 주제들 (Additional Themes in Analyzing Data Interpretively)

위에서 예시한 연구들은 "자료 분석"을 계량적 기법이나 질적 코딩과 동일시 하지 말아야 한다는 것을 보여준다. 그중 어떤 것은 텍스트와 텍스트 유사물에 더 관심이 있는 해석학에 더 가깝다. 어떤 것은 생활경험에 초점을 두는 현상학적인 분석이다. 또 어떤 것은 해석학과 현상학을 함께 사용하고 있다.

이상에서 예시한 자료의 분석방법들은 그러한 방법들을 발전시킨 맥락으로부터 추상화한 "교훈"(lessons)이라고 생각하지 말고 참고해야 한다. 그리고 여기서 모두 예시할 수 없을 만큼 많은 다양한 방법들이 사용되고 있다.

---

21) Dvora Yanow, "How Built Spaces Mean,: SA Semiotics of Space" in *ibid*, pp. 368-386.

제5절 해석적 방법론을 통한 인문과학의 재인식 (Re-Recognizing Human Sciences Through Interpretive Methodologies)

위에서는 야노와 슈바르츠-쉬아가 편집한 책의 4부 중 제1부 "의미와 방법론"(Meaning and Methodology), 제2부인 "자료의 생성"(Generating Data), 그리고 그 제3부인 "자료를 분석하기"(Analyzing Data)에 관하여 알아보았다. 아래에서는 제4부인 "해석적 방법론을 통한 인문과학의 재인식"(Re-Recognizing Human Sciences Through Interpretive Methodologies)에 관하여 간단히 검토하고자 한다.22)

전반적인 상위 시각(metaperspective)에서 볼 때, 사회과학의 방법론과 방법(methodologies and methods)에 관한 논쟁은 더 넓은 일단의 쟁점들에 관한 표현이라고 할 수 있다. 이 문제는 사회학, 정치학, 인류학, 경제학과 이들을 응용하는 여러 분야인 기획론, 행정학, 공공정책, 커뮤니케이션 연구, 사회복지, 보건 및 교육, 환경, 관리 및 도시연구 등의 업무 관행(연구 활동: work practices)에 관련된 문제이다. 이것은 해석적 방법들을 "과학"의 정의 내에서 하나의 과학적 활동으로 그 위치를 정하는 그런 단순한 문제가 아니다. 이해관계가 있는 이 문제는 분과학문의 정체성(disciplinary identity)과 실무자(practitioner)의 정체성, 그리고 그 자격과 경계에 관한 기준의 수립과 규제에 관련된 문제들이다. 이들은 또한 실무연구와 전문직의 사회학(sociology of professions)과 과학연구의 분야이기도 하다.

전문직업학교(the professional schools)와 관련된 전문직 사회학은 다음

---

22) "Re-Recognizing The Human Sciences Through Interpretive Methodologies," in Yanow, Dvora and Peregrine Schwartz-Shea, eds., 2014 *Interpretation and Method*, pp. 421-425.

과 같은 문제들을 제기한다. 즉 예를 들면, 행정 분야의 전문식은 자기가 하는 일을 어떻게 아나? 어떻게 전문직업적 정체성을 구성하나? 과학의 사회연구 (social studies of science)는 주로 자연과학의 학문적 관행을 연구하는 것이었는데 최근에는 사회과학의 연구 관행도 연구하고 있다.

도구로서의 방법에 관한 사소한 논쟁으로부터 한걸음 뒤로 물러나 볼 때 분명해지는 것은 사회과학은 자신들의 지식 생산과정을 포함한 자신들의 연구 관행을 성찰한다는 것이다. 이러한 성찰의 예는 방법론적 쟁점뿐만 아니라 학술지의 편집 관행, 학회의 지배구조, 학과의 채용, 신분보장, 승진과 교과 과정상의 문제를 포함한다. 이러한 맥락에서 분명한 것은 방법이 여러 분야의 정체성 형성자로 작용한다는 것이다. 이것은 박사 후보생의 시험과 논문, 졸업자의 구직, 신진학자의 승진과 정년 보장, 연구비 확보, 학회의 연구발표 기회, 연구 결과의 출판 등에 작용한다. 이것은 나아가서 수업과 교과 구성, 그리고 교과서 내용에서도 제기되는 문제다.

방법론적 쟁점에 관한 논쟁을 사소한 방법론 맹신주의로 보는 경향도 있으나 그것은 논쟁의 중요성과 방법의 성격을 오해하는 것이다. 방법은 철학적 전제들을 담고 있으며 방법과 철학은 연구문제를 구성하는 데 있어서 풀 수 없을 만큼 서로 얽혀 있다. 방법을 그 전제가 되는 존재론적 및 인식론적 입장과 분리된 것으로 보는 것은 그 의의를 훼손하고 부정하는 것이다. 방법을 도구로만 간주하고 더 철학적으로 근거를 가진 논쟁을 무시하는 것은 더 깊고 근본적이며 때로는 개인적인 문제들에 당면하는 것을 뒤로 미루는 것이다.

이상에서 개관한 문제 중 인간의 의미 형성 문제와 과학적 정체성 형성 및 관행과 관련하여 간단히 고찰하고자 한다.

1. 해석적 지향과 인문사회과학

인간은 다른 사람들의 의미 형성으로부터 의미를 형성한다.23) 존재론과 인식론적인 것을 쉬운 말로 말하면 위의 주장이 해석주의자의 핵심적 주장이다. 사실 근본적인 의미에서 우리는 모두 태어날 때부터 해석주의자다. 공유하는 의미 형성이 우리 모두에게 공통으로 중심적이라면 왜 해석적 방법을 거부하는 것이냐는 의문이 제기된다. 다시 말해서 의미 형성이 인간의 조건과 긴밀하게 묶여있는 것이라면 해석적 접근방법이 왜 주류 사회과학과 다투어야 하나? 그것은 주류 사회과학이 해석적 방법의 정체성과 연구의 엄밀성과 객관성의 기준 등에 대해 비판하기 때문이다.

이와 같은 비판에 대응하는 데 있어서 실증주의 방법론에서 사용하는 표준이나 기준에 상응하는 해석학적 기준을 제시하려는 경우가 있는데 이것은 잘못이라는 것이다. 해석학은 인문과학 자체의 기준을 사용하면 된다는 것이다. 그것은 기법을 강조하기보다는 상상력 있는 이론구성과 새로운 생각을 만들어 내는 데 도움이 되는 환경을 조성하는 것이다. 결국 인간의 의미 형성에 관한 연구는 인간적 특성을 인정하는 것이다.

2. 인문적 방식으로 사회과학 하기

제2차 대전 이후의 행태주의 혁명 이후로 해석학적 방법은 도전을 받아 왔다.24) 해석적 연구의 관행과 정통성에 관한 도전은 어떻게 이해될 수 있는가? 그 대답의 일부는 전문직(professional)의 사회학과 과학연구에서 제시하는 시각에서 찾아볼 수 있을 것이다.

23) Timothy Pachirat, "We Call it a Grain of Sand: The Interpretive Orientation and a Human Social Science," in *ibid*, pp. 426-432.
24) Dvora Yanow and Preregrine Schwartz-Shea, "Doing Social Science in a Humanistic Manner," in *ibid*, pp. 433-447.

방법에 관한 논의는 자료를 창출하고 분석하는 방법 자체보다는 더 큰 맥락인 전문직의 사회학의 맥락에서 이루어진다. 연구 활동의 영역은 받아들여진 방법에 따라 영향을 받는다. 해석적 연구자들이 걱정하는 것은 이렇게 방법의 지배를 받는 연구가 사회과학이 유용하게 기여할 수 있는 문제의 범위를 좁힌다는 것이다. 즉 만일 연구문제가 맥락적으로 구체적인 의미에 민감해지길 요구하면 그것은 계량적 연구보다는 해석적 연구의 형식이 더 유용할 것이다. 그런데 방법론의 쟁점은 분과학문의 형성과 지속에도 관련이 있다. 대학원 교과과정, 학위 논문을 통한 대학원 훈련, 연구 제안의 승인, 교원의 채용과 승진, 출판과 학회발표 등이 모두 관련된다.

개인의 전문직업적 선택은 진공에서 이루어지는 것이 아니고 역사적 제도적인 제약을 받는다. 그런데 과학에 관한 실증적 생각과 사회적인 이해가 아직도 지배적이다. 과학은 관찰, 가설 및 검증이라는 생각이 퍼져있다. 이러한 지배적인 견해가 해석적 성향이 있는 젊은 학생들이 사회과학을 선택하는 방향으로 유도하지 못하는 경향도 있다. 그래서 해석적 방법에 관해 명시적인 해명이 더 필요하다는 것이다.

방법론(methodology)은 과학철학 영역 내의 논의들과 관련이 있다. 즉 인식론적 전제들, 존재론적 의미, 배우고 아는 과정에 관한 함축성 등이 관련된다. 방법(method)을 정의하기에 따라 해석적 방법이라는 말이 성립되지 않을 수도 있고 관련될 수도 있다. 방법을 기법이라고 정의하면 해석적 연구와는 관련이 없다. 그러나 방법을 자료를 처리하는 절차라고 이해하면 해석적 연구도 체계적인 절차를 사용한다고 할 수 있다.

해석적 연구자들이 계량적-실증적 방법 전체를 바꾸자고 주장하는 것이 아니고, 변수, 측정 및 통계처리 등을 강조하는 과도한 수학화를 경계하는 것이다. 이것은 인간적 측면과 규범적 관심을 소홀히 하는 것에 대한 경계이다. 해석적 연구자들은 인문적 측면을 강조하자는 것이다. 이 모든 것이 학원의 정치와도 관련이 있다.

결국, 해석적 방법을 사용하는 것은 그것이 사회적, 정치적, 기타 행위들의 의미에 초점을 둔 연구를 위해 유용하기 때문이다. 이런 연구는 학문의 비인간화를 경계하는 것이다.

가다머의 『진리와 방법』

제7장

가다머의 『진리와 방법』

가다머(Hans-Georg Gadamer)의 철학적 해석학에 관해서는 제5장에서
도 예비적으로 검토하였다. 아래에서는 가다머의 주저인 『진리와 방법』
(*Truth and Method: Wahrheit und Methode*)[1]을 좀 더 집중적으로 검토
해 보고자 한다. 이 책은 인문학적 연구의 철학에서 20세기의 둘 또는 세 개의
가장 중요한 연구 중의 하나인데, 강력하고, 자극적이지만 이해하기 매우 어려
운 책이라고 평가된다(TM xi). 우리의 목적은 가다머의 사상을 더 상세하게 해
설하려는 것이 아니고 행정학 연구의 해석학적 접근을 염두에 두고 『진리와 방
법』의 요지를 정리해 보려는 것이다.

가다머의 『진리와 방법』은 크게 나누어 다음과 같이 구성되어 있다.

첫째, 예술의 경험에서 나타나는 진리의 문제

둘째, 진리 문제를 정신과학에서 이해로 확장하는 것

셋째, 언어의 실마리에 해석학을 존재론으로 적용하는 것

---

1) Hans-Georg Gadamer, *Truth and Method* 2nd ed. Translation, revised by Joel
   Weinsheimer and Donald G Marshall. New York/London, 1989.
   ※ 아래에서는 본문에 해당부분을 (TM oo)로 표시함. 이길우 외 옮김, 『진리와 밥법 1:철학
   적 해석학의 기본특징들』(문학동네, 2000). 임홍배 옮김, 『진리와 방법 2: 철학적 해석학
   의 기본특징들』(문학동네, 2012). 이하 주에서는 각각 『진리와 방법 Ⅰ』과 『진리와 방법
   2』로 표시함.
   ※※ 한국행정학회 「행정사상과방법론 연구회」에서는 2014년부터 2015년까지 신충식 교수
   가 위 교재를 중심으로 강독을 했다. 어려운 내용을 회원들이 이해할 수 있도록 도와준
   신충식 교수에게 감사한다.

이상의 내용을 검토하기 전에 첫째, 독일어 원본을 영어로 번역한 역자의 서문과 둘째, 가다머 자신의 서문의 일부를 알아보는 것이 본문 이해에 도움이 되리라고 생각한다.

첫째. 독일어를 영어로 번역한 역자의 서문(TM xi-xix)

우리는 앞 장들에서 몇 개의 다른 언어(외국어)를 반복하여 번역하는 데서 생기는 어려움에 관하여 말한 바 있다. 이와 같은 어려움은 『진리와 방법』독일어 원본을 여기서 우리가 참고로 하는 영어로 번역한 역자들(Joel Weinsheimer와 Donald G. Marshall)의 서문에서도 아래의 요지로 언급되고 있다. 이러한 해설은 본문의 뜻을 파악하는 데 다소나마 도움이 되리라고 생각한다.

그래서 그중 몇 가지만 언급하면, 우선 가다머가 사용하는 핵심 용어들(key terms)은 그것이 사용될 때마다 같은 뜻으로 사용되지 않고 상황에 맞게 달리 사용하기 때문에 동일한 단어로 번역하기가 어렵다는 것이다. 즉 용어의 뜻을 고정하지 않고 실제의 어휘들(words)을 신축적으로 사용한다는 것이다. 그러한 예들은 교양, 예술, 경험, 놀이, 역사, 해석, 이해 등의 핵심 용어들에서 나타나고 있다.

제1절에서 분석하고 있는 "교양"(소양; Bildung; culture)은 "자신의 자연적 재능과 능력을 개발하는 마땅한 인간적 방식"이라고 정의되는데 그 용례가 다양하다. 여기서 중요한 것은 교양이 자신의 과거와 단절되거나 기술적으로 형성되는 것이 아니라는 개념이다. 교양을 쌓는다는 것은 인간의 "이상적 모습"(ideal image)에 따라 자신을 가꾸는 것이다. 여기서 예술의 역할이 중요한 역할을 수행한다.

또 다른 예는 "경험"(experience)에 관하여 "경험한 것"(Erlebnis)과 "경험하고 있는 것"(Erfah-rung)으로 나누어 사용한다는 것이다. "경험하고 있는 것"에 관한 분석은 "역사"(history)와 "전통"(전승; tradition)의 개념들을 논의하는 데 긴요하게 사용된다. 여기서 이루어지는 것은 질문과 대답의 대화다. 이러한 경험은 사람의 지평(horizon: 안목)을 넓혀간다. 이것은 지식의 확장이 아니라 인간의 삶과 교양에 관한 넓은 시각을 제공하는 것이다.

천재(genius)가 경험들을 예술품(art works)으로 전환한다는 칸트(Immanuel Kant)의 생각과는 달리 가다머는 "구조로의 전환"(transformation into structure)이라는 것을 설정한다. 여기서 "놀이"(play)라는 생각을 도입하는데, 놀이는 놀이에 참여하는 자의 주관적 태도가 아니라 참여자가 게임 자체에서 형성된 활동에 사로잡히는 것이다. 이러한 활동이 지속하면 "구조"가 된다. 이러한 모습 또는 구조에 관한 생각은 우리가 그림을 비롯한 예술품에 참여함으로써 나타나는 이해에도 사용된다.

제2절에서 가다머는 역사학과 그 이론의 발전과정을 회고하고 그것이 "이해"에 대한 우리의 통찰에 관하여 무엇을 기여하는가를 검토하였다. 여기서 "영향사"(역사적으로 영향받은 의식: historically effected consciousness)라는 핵심적 개념을 사용한다. 그 개념은 이중적으로 전통과 관련이 있는데 하나는 역사의 영향을 받았다(affected)는 것이고 다른 하나는 역사에 대해 영향을 미쳤다(effected)는 것이다. 이렇게 영향을 받고 영향을 일으키는 이중적 관계를 "소속함"(belonging)이라고 부른다. 이 말은 "듣다" "복종하다"와 같은 뜻도 가지고 있다. 여기서 대화에 참여하고 있는 참여자들과 주제(subject)는 다 같이 소속되는 것이다. 이와 같은 지속되는 대화가 "전통"(전승, 계승: tradition)이다. 과거로부터 이어받은 전통 또는 전승은 우리의 과업으로 다가오는 것이다. 그것은 우리가 능동적으로 질문하고 자문하면서 이해하는 노력을 요구하는 것이다.

가다머의 연구에서 중심적인 질문은 특히 인문학 연구에서 나타나는 "이해"(understanding)의 성격에 관한 것이다. 여기서 이해는 참여자 사이의 이해와 참여자들이 함께 이해하는 주제와의 3자 간의 관계다. 이해를 가능케 하는 것은 언어(language)인데 언어는 이해를 위한 수단이며 장소다. 이해의 바탕은 명시적인 합의로 수립되는 것이 아니라, 놀이와 같이, 사물 또는 주제와 같은 무엇인가가 나타나도록 허용하는 참여자들의 공통적인 자발성에 달려 있다.

가다머는 미학(aesthetics), 즉 아름다움의 중심개념을 다룬다. 무엇인가가 아름다우면, 그것은 타당한 즉각적인 자명함으로 다가온다. 가다머는 아름다움의 이 경험을 과거로부터 우리에게 전수되고 언어에 보존된 사물에 대하여 타당하다고 깨우치는 자명성과 관련을 짓는다. 자명한 것은 그것이 빛(light) 안에 있기 때문이다. 이해를 발생하는 것이다. 이해와 그에 속하는 진리는 사건(event)의 성격을 갖는다. 즉 우리 인간의 삶의 특정한 시간적 성격에 속하는 무엇인가이다.

가다머는 과학(sciences)과 인문학(humanities)을 확실히 대비시키는데, 독일인들은 이들을 자연과학(natural sciences)과 인문과학(human sciences)이라고 부르면서 서로를 밀접하게 생각한다. 그러나 가다머는 인문과학을 영어에서 뜻하는 인문과학을 의미하지 않는다. 정신과학이라는 말이나 도덕과학이라는 말도 뜻에 맞는 번역을 하기가 어렵다.

이상의 견해들은 『진리와 방법』의 본문을 중심으로 진행하는 우리의 이해에 도움이 되리라고 믿는다. 우리가 난해한 본문을 이해하려면 당연히 연구를 더 계속해야 한다. 그러나 아래에서는 충분한 이해를 하지 못하더라도 어떤 문제들이 다루어졌는가 하는 것만이라도 인식할 수 있기를 바란다.

둘째. 가다머의 서문과 제2판 서문(TM xx)

가다머의 난해한 『진리와 방법』의 철학적 해석을 이해하는데 도움을 받기 위해서는 그가 스스로 말하는 해석학의 문제에 관한 견해가 참고될 것이다.

이 저서는 해석학(hermcneutics)에 관한 깃인데, 텍스트를 이해하고 해석하는 것은 과학만의 관심이 아니라 세상의 인간 경험 전반에 속하는 것이다. 해석적 현상(hermeneutic phenomenon)은 근본적으로 전혀 방법(method)의 문제가 아니다. 해석학은 과학적 검증을 통하지 않고서도 얻을 수 있는 지식과 진리를 얻고자 하는 것이다.

이 책은 경험(experience)이 있는 곳에서 지배적인 과학적 방법을 초월하는 진리의 경험을 추구하고 그 정당성을 탐구하려는 것이다. 즉 인문학(human sciences)은 과학 밖에 있는 경험의 양식에 관련되는 철학, 예술 및 역사 자체에 관련되는 것이다. 이러한 경험들은 과학연구에 고유한 방법론적 수단으로는 검증될 수 없는 진리가 전달되는 경험의 방식들인 것이다.

현대 철학은 이것을 자각하고 있으나 그런 진리를 철학적으로 정당화하는 데는 어려움이 있다. 여기에 철학사의 중요성이 있다. 이것은 위대한 사상가의 철학을 과학이 자체의 발전을 측정하는 방식으로 해명하려는 것이 아니다. 예술의 경험에 관해서도 마찬가지다. 철학적 경험과 예술적 경험은 다 함께 과학적 의식이 그 한계를 인식하라고 말하는 강력한 경고다.

『진리와 방법』의 연구는 예술작품을 통하여 얻는 진리의 경험을 옹호하기 위하여 미학적 의식(aesthetic consciousness)을 비판하는 것으로부터 출발한다. 미학적 이론은 진리의 과학적 개념에 한정된다. 예술의 진리는 우리의 해석적 경험 전부에 상응하는 진리 개념 발전의 출발점으로 삼을 수 있다. 역사적 전통의 경험도 객관적으로 연구될 수 있는 영역을 넘어선다.

따라서 예술과 역사적 전통의 경험들로부터 출발하는 해석학의 연구들은 해석적 경험을 충분히 제시하려는 것이다. 그것은 철학적으로 정당화되고 그 자체가 철학을 하는 것인 진리의 경험을 인정하는 문제이다. 여기서 개진하는 해석학은 인문학의 방법론이 아니라, 방법론적 자기의식을 넘어, 진실로 인문학이 무엇인가 하는 것과 그것이 세계에 관한 우리 경험 전체와 무엇을 연결하는가를 이해하려는 노력이다. 이해가 연구의 대상이지만 이해의 기능이나 기법을 제시하려는 것은 아니다. 그러나 전통과의 합당한 연결을 위하여 개념들의 역사에 관한 검토가 이루어져야 한다.

영문 번역본 제2판에서 가다머는 자신의 연구가 이해를 인도하는 교본이나 인문학을 위한 방법론적 절차를 마련하거나 실용적 적용을 위한 이론적 토대를 마련하는 것이 아님을 강조한다. 그의 진정한 관심은 철학적인 것이다. 여기서는 인문학의 방법이 주제가 아니라 역사적 인문학이 출발점이다. 그러나 이것은 현대적 자연과학의 방법들을 사회적 삶에 적용하는 것을 방지하려는 것은 아니다. 과학적 정신은 팽배하다. 우리가 당면하는 차이는 방법에 있는 것이 아니라 지식의 목적의 차이에 있다. 과학의 탈로써 도덕적 설득을 하는 것이 터무니없는 일이듯이 과학을 철학적으로 정당화하기 위하여 변화하는 방식을 어떤 원리들(principles)로부터 도출해야 한다는 철학자의 가정도 불합리한 일이다.

가다머의 기본 관심은 "이해가 어떻게 가능한가?"이다. 그의 연구의 목적은 해석의 일반이론과 방법들의 차이를 제시하려는 것이 아니라 이해의 모든 양식(modes)에 공통적인 것을 발견하고 이해는 일정한 "대상"(object)과의 주관적 관계가 아니라 그 영향의 역사에 관한 것이라는 것을 보여주려는 것이다. 즉 이해는 이해되고 있는 존재(being)에 속하는 것이다. 따라서 음악 연주, 시의 감상, 미술 감상은 모두 이해를 위한 해석이다. 해석적 관점의 보편성은 역사학의 모든 역사적 관심에도 해당된다.

역사적으로 영향받은 의식(historically effected consciousness)이라는 개념에도 모호성이 있다. 이 모호성은 그 의식의 역사적 과정의 영향을 받고 동시에 역사에 의해 결정되었다는 의미로 사용되었기 때문이다. 즉 존재의 그 의식이 역사의 영향을 받았고 역사에 의해 결정되었다는 의미로 썼기 때문이다.

왜 역사의 이 시점에 와서 이해에서 영향사의 역할에 관한 통찰이 가능하게 되었는가? 그것은 역사주의(historicism)의 결함 때문이다. 비역사적-독단적인 것과 역사적인 것, 전통과 역사학, 고대와 근대 간의 대립이 절대적인 것이 아님이 명백해졌다.

따라서 여기서 확인되는 것, 즉 해석학의 영역은 보편적이며 특히 언어는 이해가 이루어지는 형식이라는 것이 확인되는 것은 해석 이전 의식과 해석적 의식의 양식을 다 같이 포괄한다는 것이다. 이제 근본적인 질문은 이해 자체의 영역과 그 언어성(linguisticity)이 얼마나 멀리 갈 수 있는가 하는 것이다. "이해될 수 있는 존재가 언어다"(Being that can be understood is language.)라는 명제에 함축된 철학적 보편성을 정당화될 수 있는가? "말할 수 없는 것"(the ineffable)이 언어의 보편성에 미치는 영향은 상대적이다.

전체(the whole)라는 개념도 상대적으로만 이해되어야 한다. 역사 또는 전통에서 이해되어야 할 의미의 전체는 결코 역사 전체의 의미가 아니다. 이와 유사한 논의는 당신(Thou)의 경험에 관한 것이다. 이해되고 있는 것은 당신이 아니라 당신이 우리에게 말한 것이다. 타자와 역사적 전통은 우리 스스로는 알 수 없었던 무엇인가를 우리에게 가르쳐 주기 때문에 우리가 관심을 갖는 것이다. "이해될 수 있는 것은 언어다"라는 언명은 이런 의미로 읽어야 한다. 이것은 이해한 사람은 존재에 대한 절대적 지배를 한다는 의미가 아니라, 그와는 반대로 우리가 무엇인가를 구성하고 그만큼 구상할 수 있는 곳에서는 존재가 경험된 것이 아니다; 무엇이 그저 이해될 수 있는 곳에서 존재가 경험되는 것이다.

이것은 철학적 방법론(philosophical methodology)에 관한 질문을 제기한다. 가다머는 그의 책에서 사용하는 방법이 "현상학적"(phenomenological)이라고 말한다. (그러나) 이 근본적인 접근방법은 어떤 형이상학적 결론들의 함축도 피한다. 해석학적 보편성의 내용이 일방적이라는 평도 있으나 극단적인 결론을 내려야 하는 것은 아니라고 생각한다. 사람이 필요로 하는 것은 궁극적인 질문을 지속해서 제기하는 것이 아니라, 여기서 지금, 있을 수 있고 가능하고 정확한 것에 관한 감(느낌)이다. 가다머의 생각은, 모든 사람 중에서, 철학자는 자신이 성취할 것이라고 주장하는 것과 자신이 발견하는 실제 간의 긴장을 자각해야 한다는 것이다.

제1절 예술의 경험에서 나타나는 진리의 문제 (The Question of Truth as it Emerges in the Experience of Art)

제1절에서는 미학적 차원의 초월과 놀이 개념을 다루고 있는데, 우리는 추후의 행정학 연구와의 연관을 염두에 두면서, 어떤 것은 좀 더 자세히 알아보고 다른 것은 간단히 언급하기로 한다.

I. 미학적 차원의 초월(Transcending the Aesthetic Dimension)

1. 인문학을 위한 인문적 전통의 의의(The significance of the humanist tradition for the human sciences)

가다머는 그의 주장을 펴나가는 데 있어서 자기의 사상과 관련된 용어와 견해의 역사를 자세히 검토하는 경향이 있다. 즉 철학사에서 중요한 사상가들의 견해를 면밀하게 검토하는 경향이 있다. 자기의 입장을 분명히 전개해 나가기 위해서는 선구자들의 견해 중에서 자기가 무엇을 비판하고 무엇을 계승 발전시키고 있는가를 해명하는 것이 매우 중요한 방법이라고 생각한다.

그러나 『진리와 방법』을 중심으로 한 가다머의 사상을 더 상세하게 해설하려는 것도 아니고 그렇게 할 수 있는 입장도 아닌 일개 행정학도로서는 그의 핵심적 견해만이라도 파악하는 일에 우선 주력하는 일에 만족해야 할 듯하다. 따라서 아래의 내용은 가다머의 사상 중에서 행정학 연구의 접근방법을 확장하는 데 도움이 될 것이라고 "해석되고 이해되는" 견해들만 부각해서 정리하려고 한다. 이와 같은 견해들이 행정학 연구의 논리와 연결될 수 있는 더 구체적인 내용은 본서 제3부에서 한국의 행정학 연구와 관련하여 논의해 보려고 한다.

1) 방법의 문제(The problems of method)

19세기에 인문과학(human sciences)의 발전에 따라 행해진 논리적인 자기 성찰은 전적으로 자연과학의 모형에 의해 지배되었다(TM 3~9). 과학은 개별 현상과 과정을 예측할 수 있게 하는 유사성, 규칙성 및 법칙과의 일치를 수립하는 것으로 생각했다. 그러나 역사적 지식은 규칙성의 진보로 측정되는 것이 아니다. 역사연구는 구체적인 현상을 어떤 보편적 규칙의 사례로서 파악하려는 것이 아니다. 역사연구의 이상은 오히려 현상 자체를 그 특수성과 역사적 구체성으로 이해하는 것이다. 경험적 보편성이 얼마나 크건 간에, 역사연구의 목적은 법칙적 지식을 얻기 위하여 이러한 보편화된 경험들을 확인하고 확장하려는 것이 아니다. 예를 들면, 사람과 국가가 어떻게 진보하는가에 관한 법칙을 찾는 것이 아니라 이런 사람과 국가가 어떻게 생기게 되었는가를 이해하려는 것이다.

어떤 것이 생기게 된 것을 이해함으로써 이해하는 지식은 어떤 것인가? 자연과학과 인문과학을 구별하려는 시도에서는 인문과학이 자연과학의 방법론적 이상에 미치지 못하는 것으로 여겼다. 동시에 19세기에는 "역사학파"(the historical school)가 논리적인 자기-의식의 수준으로 그 지식을 높이려는 과업이 있었다. 딜타이(Dilthey)와 같은 학자는 정신(spirit)이라는 개념에서 낭만적 이상의 유산을 지니고 있었고, 인문학의 방법론적 독자성을 정당화하려고 노력했음에도 불구하고, 자연과학의 모형의 영향을 크게 받았다.

이와 같은 노력 이후에 나타난 것은 자연과학에서 대상으로 하는 경험과는 다른 경험의 성격에 관심을 두게 되고, 인간성(humanity)의 이상과 계몽된 이성의 이상에 근본적으로 새로운 내용을 부여했다. "인간을 교양하는 것"(cultivating the human)이라는 새로운 이상이 19세기의 역사학 성장의 토대를 마련했다. 이 시기에 매우 중요하게 된 자기-형성, 교육 또는 함양이라는 개념은 (the concept of self-formation, education, or cultivation) 18세기에는 아마도 위대한 생각이었을 것인데, 인문학이 그것을 인식론적으로 정당화하지는 못했을지라도, 그것은 19세기의 인문학이 살아가고 있는 분위기였다.

과학적 방법론에서 가장 대표적인 것은 법칙적-연역적 설명과 예측방식(nomological-deductive explanation and prediction method)이다. 이 방식에서는 법칙(laws)과 조건(conditions)을 전제로 삼아 어떤 현상이나 사건에 관한 언명을 결론으로 도출한다. 즉 개별적인 현상, 사건, 사실이 일반적 법칙의 구체적인 사례로서 제시되는 것이다. 이와 같은 방식을 인문학에서 사용할 수 없다는 견해에서는 첫째로 인문학의 목적이 개별 사건을 법칙으로부터 도출하려는 것이 아니라 개별 사건 자체의 발생을 알고자 하는 것이고, 둘째로 인문학에서 상정하는 경험은 자연과학에서 대상으로 삼는 경험과는 다른 성격의 경험이라고 주장한다.

2) 인문주의의 주요 개념들(The guiding concepts of humanism)

인문주의적 연구는 자연과학을 모방한 방법론의 사용을 거부하면서, 이해와 해석을 위한 개념들을 사용한다. 아래서는 그 지배적인 개념들에 관한 개념사(conceptual history)를 바탕으로 그 의미를 해석하고 있다. 철학사의 검토에서와 마찬가지로 이러한 개념사의 검토가 매우 중요하지만, 행정학 연구의 입장에서는 때로는 지배적인 개념들의 의미를 해명(explication)하는 일에 초점을 두는 것이 더 도움이 되는 경우도 있는 것 같다.

(1) 교양(Culture; Bildung)

인문학의 핵심 개념들은 역사의 흔적을 가지고 있다. 따라서 논리적으로 추론된 역사적 자기-이해를 위해 노력하려면 일단의 구어적 및 개념적 역사의 문제를 다루어야 한다. 아래에서는 이러한 거대한 연구를 시작할 수 있을 뿐이다. 우리가 자명한 것으로 여기는 예술, 역사, 창조성, 세계관, 경험, 천재, 외부 세계, 내면성, 표현, 스타일, 상징(art, history, the creative, worldview, experience, genius, external world, interiority, expression, style, symbol) 등과 같은 개념들은 풍부한 역사를 포함하고 있다(TM 9).

인문학 연구에서 중요한 교양(육성; 함양; Bildung; culture)이라는 개념은 다행히도 개념사가 연구되었고, 19세기에 이르러 "문화를 통한 인간성의 고양"(rising up to humanity through culture)이라는 심오한 측면이 나타났는데 여기서도 그런 뜻으로 사용한다.

그리고 나서 가다머는 'Bildung'과 관련된 다양한 개념들과의 관련성을 논한다. 여기서 우리가 독일어와 영어에서 사용하는 'Bildung'과 유사한 개념들을 차별화하여 명백히 해명하는 일은 매우 어려운 일이고 많은 경우에 오히려 오해를 불러올 것으로 생각한다. 예를 들면, 이 핵심 개념은 "형성하는 것," "형성되는 것," 등의 의미도 있고 형성된 결과라는 뜻보다 형성의 내면과정을 강조하기도 한다. "교양"은 목적도 수단도 아니고 얻어진 것이 모두 보존된다. 교양은 진정한 역사적 개념이며, "보존"(preservation)이라는 이 역사적 성격 때문에 이 개념은 인문학에서 이해를 위해 매우 중요하다. 행정을 연구하는 우리는 이러한 논의에서 그 핵심적 항목만을 간단히 언급할 수 있을 뿐이다.

위와 같은 교양에 관한 언어사의 예비고찰을 거친 후 가다머는 헤겔(Hegel)이 철학의 영역에 도입한 역사적 사상의 고리로 고찰을 이어 간다. 그러면서 정신(spirit)의 존재는 교양이라는 생각과 본질적 연결을 한다거나, 스스로 보편적 지성적 존재를 구성하는 것이 교양의 보편적 성격이라는 것과 같은 헤겔의

말을 인용한다. 따라서 보편적인 것으로 고양하는 교양은 사람의 과업이다. 그
것은 보편성을 위해 특수성을 희생하는 것이다. 실제적 교양(practical
Bildung)에서도 일정한 한계를 넘지 말아야 하며 이론적 교양은 사람이 아는
것과 직접 경험이라는 것 너머로 이끌어 간다. 사람은 자신과 다른 것으로부터
자신을 확인한다. 그래서 외국어와 개념을 배우는 것조차 교양을 계속하는 것
이 된다. 이렇듯 모든 사람은 언제나 교양과정에 참여하고 있으며 사람이 성장
하고 있는 세계가 언어와 관습을 통하여 인간적으로 구성된 것인 만큼 자신의
자연성을 넘어가는 것이다. 이런 말은 교양이 정신의 요소라는 말로 이어지기
도 한다. 기억(memory)도 교양의 일부이다. 기억은 형성되어야 한다. 그것은
유한한 역사적 인간 존재의 본질적 요소다.

교양과 같은 개념의 역사를 검토하는 것은 19세기의 방법론에 사로잡힌 인
위적인 협소성으로부터 인문학을 해방하려는 것이다. 인간과학을 과학(학문)
으로 만드는 것은 과학적 방법의 현대적 사상에서보다는 교양 개념의 전통에
서 더 쉽게 이해될 수 있다. 우리가 향해야 하는 것은 인문적 전통이다. 현대 과
학의 주장에 저항함으로써 그것은 새로운 의미를 얻는다.

(2) 공통감각(상식: Sensus Communis)

공통감각 또는 상식은 가다머 해석학의 중요한 개념으로서 인문적 전통 내
에서 특정한 색채를 갖는다(TM 18·28). 이 전통에서는 지혜(wisdom)와 신
중함 및 능변(prudence and eloquence)의 함양이 중시된다. 그러나 그보다
더 중요한 것은 공통감각의 훈련이다. 이것은 사람의 일반 능력만을 의미하는
것이 아니라 공동체를 정초하는 감각을 의미한다. 인간에게 의미를 부여하는
이성(reason)의 추상적인 보편성이 아니라 집단, 인민, 민족 또는 전 인류의
공동체에 의해 표현되는 구체적인 보편성이다. 이러한 상식은 과학을 통해서
배우는 것이 아니라 이해할만한 것을 실제 생활에서 터득하는 것이다. 여기에

는 도덕적 판단(judgment)이 이루어진다.

이 부분에서 가다머가 인용하는 플라톤, 아리스토텔레스 등의 견해와 그리스와 로마 시대의 사상의 차이 등을 우리가 다시 요약하기는 매우 어렵다. 그러나 문헌학 및 역사적 연구와 인문과학이 이루어지는 방식들을 이 공통감각의 개념에 근거를 두는 것은 분명하다. 우리의 말과 행위에서 형성되는 인간성의 도덕적 및 역사적 존재는 당연히 공통감각으로 결정된다.

역사는 이론적 이성과는 전혀 다른 진리의 원천이다. 이러한 원천을 현대 과학의 방법론적 사고로 측정하는 것은 잘못된 것이다. 공통감각 개념의 도덕적 요소는 오늘날에도 남아 있다. 그러나 19세기의 인문과학의 자기-성찰(self-reflection)의 특징은 도덕 철학의 영향 아래에 진행된 것이 아니라 칸트와 괴테 시대의 독일 철학의 영향 아래에 진행되었다는 것이다. 영국과는 달리 독일에서는 공통감각 개념에는 사회적 및 정치적 조건들에 관한 생각은 포함되지 않았다고 한다. 그러나 경건주의(pietism)와 관련하여 논의되기도 하고 생명과 관련짓기도 했다. 이성보다 감각이 우선한다.

(3) 판단(Judgment)

판단이라는 개념은 공통감각과 밀접하게 관련된다(TM 28). 가다머는 판단이라는 중요한 개념을 명확하게 정의하기보다는 공통감각, 취미(taste)와의 관계에서 그 의미를 살피고 있다. 보편적인 것 속에 특수한 것을 포함하거나, 무엇인가를 어떤 규칙의 예라고 인정하는 것과 같은, 판단의 논리적 토대를 보여 줄 수 없다고 생각한다. 판단은 추상적으로 가르칠 수 없고 사례별로 실천하는 것이기 때문에 감지력(sense)과 같은 능력에 더 가깝다. 개념들의 실증(demonstration)이 규칙들의 적용을 인도할 수 없으므로 판단은 추상적으로 배울 수 없는 그 무엇이다. 여기서 공통감각의 의미를 미적 판단으로 환원하기 어렵다는 말도 한다. 공통감각은 공식적 능력, 즉 사용할 지적 능력이 아니고, 판단의 총화와 판단의 내용을 결정하는 판단 기준들을 이미 포함한다고 말한다.

공통감각은 옳고 그름, 적절함과 부적절함을 판단할 때 나타난다. 건전한 판단력을 가진 사람은 보편적 관점 아래 특수한 것을 판단할 수 있게 되는 것이 아니라, 이미 무엇이 중요한가를 안다. 즉 그는 무엇이 옳은가 하는 관점에서 사물을 본다. 이것은 공동체의 감각이라는 개념을 지성화 하는 것을 거부하는 것이다. 그리고 공통감각은 사회적 및 도덕적 존재의 요소다. 판단과 공통감각 등에 관한 칸트의 견해도 여기서 논의되고 있는데 우리가 그것을 여기서 요약하기는 너무 어려운 것 같다. 공동체의 진정한 감(sense)은 취미(taste)라고 칸트가 말했다는 것이다.

(4) 취미(Taste)

앞에서 고찰한 교양, 공통감각, 판단이라는 개념과 마찬가지로 가다머는 취미라는 개념을 인문학을 위한 매우 주요한 개념으로 여기고 있다. 그런데 또한 앞에서 고찰한 개념들과 마찬가지로 그 개념을 해설하는 데는 개념의 역사와 더불어 다른 개념들과의 관계를 여러 가지로 검토한다(TM 32). 이와 같은 해석은 한편으로는 취미라는 개념의 풍부한 의미를 이해토록 하는 데는 크게 도움이 되지만 다른 한편으로는 그 실질적 의미(substantive meaning; semantic meaning)와 경험적 의미(empirical meaning; referents)를 파악하는 데 어려움을 겪게 하기도 한다. 더구나 taste라는 말을 한국어에서 취미, 취향, 성향, 관계, 맛 등으로 다양하게 번역하고, 나아가서 가다머가 "취미"를 해석하기 위하여 사용하는 용어들을 다시 한국어로 번역하다 보면 과연 우리도 그가 이해하는 바를 비슷하게나마 이해하고 있는 것인지 해석의 어려움을 느끼게 되기도 한다.

가다머는 취미의 고찰에서도 시간을 거슬러 올라간다. 그러다 보면 공통감각의 개념이 취미의 개념으로 좁혀지는 문제가 있을 뿐만 아니라 취미라는 개념 자체가 좁혀지는 문제가 있다. 취미라는 개념은 본래 미학적 생각이기보다는 도덕적 개념이었다. 그것은 진정한 인간성의 이상을 묘사하는 것이다. 취향의 감각은 감각적 본능과 지적 자유 간의 균형이라고 여긴다. 취향은 정신적 내용을 가지며 교화(cultivate)될 수 있다. 이러한 교양은 귀족과 같은 특정한 계급의 독점물이 아니다. 그것은 새로운 사회, 좋은 사회를 위한 이상이다.

취향은 사적인 것이 아니라 공적이다. 좋은 취향은 판단을 확고히 한다. 그럼에도 취향은 하나의 감(sense)과 유사한 것이다. 취향이 작동할 때 그것은 이유를 모른다. "좋은 취향"의 반대는 "나쁜 취향"이 아니라 "취향이 없는 것"이다. 취향과 밀접하게 연결된 현상은 유행(fashion)이다. 그러나 유행은 경험적 일반성이지만, 취향의 현상은 차별화를 위한 지성적 능력이다. 취향은 공동체에서 작동하지만, 그에 굴종하지는 않는다.

취향은 아름다움을 식별할 뿐만 아니라, 아름다운 모든 것과 조화를 이루어야 하는 전체(whole)에 관한 안목이 있다. 이 전체는 타자들의 판단과 일치한다는 경험적 보편성이 아니라 규범적인 것이다. 취향은 앎의 특수한 방식을 구성한다. 그것은 보편 속에서 개별을 파악하는 것이다. 취향과 판단은 다 같이 개별적인 것이 다른 모든 것과 부합되는지를 보기 위하여 전체와의 관계에서 개별 대상을 평가한다. 이런 감각은 전체가 무엇인지를 알아야 하는데, 취향은 자연과 예술의 아름다움에 한정되지 않고 도덕의 영역을 포괄한다.

항상 문제가 되는 것은 일반 원칙들을 정확하게 적용하는 것 이상이 관련된다는 것이다. 우리의 법률과 도덕 지식도 언제나 개별 사건에 의해 보완된다. 도덕, 자연, 예술이 모두 개별 사례에 의해 전체가 보완된다. 이것은 보편적인 것에 개별적인 것을 포괄하는 이론적 및 실천적 이성과는 다른 것이다. 모든 판단은 보편 법칙을 적용하는 것이 아니라 특별한 사례(special case)에 관한 판단이다. 이것은 원칙을 그저 적용하는 것이 아니라 사례와 함께 공동 결정하고, 보충하고 원칙을 교정하는 것이다. 이것은 원리만으로는 달성될 수 없는 솜씨이다. 중용의 윤리(the ethics of the mean)도 심층적 의미에서 좋은 취향의 윤리이다. 취향을 미학 이론에 종속시키는 경향도 있다. 그러나 가다머는 진리 개념을 개념적 지식에만 적용해야 하는가를 묻고 있다. 예술작품이 가진 진리도 인정해야 하는 것 아닌가? 이것을 인정하면 예술 현상뿐만 아니라 역사도 새롭게 보게 된다고 한다.

2. 칸트의 비판을 통한 미학의 주관화(The subjectivization of aesthetics through the Kantian critique)

1) 칸트의 취미론과 천재론(Kant's doctrines of taste and genius)

(1) 취미의 선험적 특성(The transcendental distinctness of taste)

취미의 토대는 무엇인가? 미적 판단의 타당성은 보편적 원리로부터 도출할 수는 없다. 그리고 취미의 문제를 토론과 증명으로 결정할 수도 없다. 또한 좋은 취미는 절대로 경험적 보편성에 도달할 수 없고, 따라서 지배적인 취미에 호소하는 것은 취미의 진정한 성격을 보지 못하는 것이다. 이것은 취미의 비판가 능성을 정당화할 수 있는 진정한 선험성에 관한 것이다. 이런 견해는 미적 판단에 관한 원리를 논하는 칸트 주장의 타당성을 검토하면서 전개되는데, 이것은 천재(genius)의 개념과 관련된 해석이다. 가다머는 여기서 칸트의 자유미와 종속미라는 놀랍고 논쟁적인 원리를 검토할 필요가 있다고 생각한다(TM 41).

(2) 자유미와 종속미에 관한 이론(The doctrine of free and dependent beauty)

칸트는 취향의 "순수"(pure)한 판단과 "지성화한"(intellectualized) 판단의 차이를 논하는데 그것은 "자유"(free)미와 "종속"(dependent)미에 상응한다. 그러나 이것은 예술을 이해하고자 할 때 매우 위험한 원리라고 가다머는 말한다.

(3) 미의 이상에 관한 원리(The doctrine of the ideal of beauty)

인간의 형식과 관련해서만, 즉 "도덕적인 것의 표현에서만," 아름다움의 이상이 존재한다. 도덕적인 것이 없는 대상은 보편적으로 즐거움을 줄 수 없다. 따라서 아름다움의 이상에 따른 판단은 단순한 취미의 판단이 아니라고 칸트가 말했다고 한다. 미의 이상만이 목적(end)의 개념과 결부된 아름다움이 가능하므로 인간 형식에서만 미의 이상이 있는 것이다.

미의 이상의 원리는 미의 이상의 규범적 사상과 합리적 사상 간의 차이에 근거를 두고 있다. 미적 규범적 사상은 모든 자연적 사물에서 발견된다. 즉 표준적인 아름다움이 아니라 올바른 아름다움이다. 인간 형식의 규범적 이상도 그와 같으나 그 진정한 이상은 "도덕적인 것의 표현"(expression of the moral)에 있다. 만일 우리가 미적 사상과 미의 원리를 도덕성의 상징으로 결합한다면 우리는 또한 미의 이상의 원리로서 예술의 본질 위치를 마련하는 것이다. 인간 형식의 표현에서만 작품의 전체 내용은 동시에 그 대상의 표현으로서 우리에게 말을 한다. 자율적인 현상으로서의 예술의 과업은 이제 더는 자연의 이상을 표현하는 것이 아니라 자연과 인간의 역사적 세계에서, 자신을 그들에게 당면할 수 있게 해주는 것이다(TM 45).

(4) 자연미와 예술적 미에 의해 제기된 관심(The interest aroused by natural and artistic beauty)

천재 개념을 통하여 칸트는 예술에 대하여 특별한 지위를 부여한다. 왜냐하면, 취미는 자연미와 예술미를 다 같이 판단하는데, 천재의 생산성은 예술에만 관련되기 때문이다.[2]

칸트가 아름다움의 문제를 경험적으로 제기하지 않고 선험적으로 제기했을

---

2) Joel C. Weinsheimer, *Gadamer's Hermeneutics: A Reading of Truth and Method* (New Haven: Yale University Press, 1985), p. 85.

때, 미에 관한 이 질문은, 그가 미학적 즐거움의 근본적인 무관심에 관하여 말하는 것과 달리, 새로운 문제를 제기하고 취미의 입장으로부터 천재의 입장으로의 이전을 완결했다(TM 45). 예술의 토대는 천재라는 것이다.

천재 개념(the concept of genius)은 미적 취미에 관하여 칸트가 결정적이라고 보는 것을 나타낸다. 즉 천재는 사람의 정신적 힘의 작용을 촉진하고, 상상과 이해의 조화에서 생기는 활력을 증진하며, 사람이 아름다움 앞에서 머물게 한다. 천재는 규칙에 얽매이는 것과 달리, 자유롭게 창조하며 새 모형을 창조하기 때문에, 그것은 궁극적으로 생동하는 정신을 표현하는 것이다(TM 49).

천재와 취미의 관계(the relation between taste and genius)에서 천재 개념의 체계적인 의의는 예술적으로 아름다운 것의 특별한 사례에 한정되지만, 그와 대조적으로 취미의 개념은 보편적이다(TM 49). 예술품만이 내재적으로 결정되기 때문에 천재에 의해 창조되는 것이다.

2) 천재 미학과 체험 개념(The aesthetics of genius and the concept of experience (Erlebnis)

(1) 천재 개념의 부각(The dominance of the concept of genius)

예술의 관점에서는 취미와 천재의 개념이 완전히 그 자리를 바꾸었다. 천재가 더 종합적인 개념이 되고, 반대로, 취미의 현상은 평가절하되어어야 했다. 만일 예술의 현상이 앞으로 나오면 취미의 개념은 그 의의를 상실한다. 취미의 입장은 예술에 대해 제2의 자리가 된다. 완전한 취미라는 개념을 갖게 되면 그 개념은 천재라는 개념으로 더 적절하게 정의될 수 있다고 생각한다. 그러나 자연과 예술 양자에 관해 완전한 취미를 논하기는 어려운 것 같다. 그래서 가다머는 칸트가 예술적 아름다움의 초월적 원리로 개발하는 천재의 개념이 보편적 미적 원리로서 더 적절한 것으로 보인다고 말한다. 왜냐하면, 천재 개념이 취미 개념보다는 시간의 흐름에서 불변이기 때문이다. 그 후로 초월적 주관성으로부터 모든 객관적 다당성을 도출하려고 함으로써, 신칸트주의(neo-Kantianism)는 체험(Erlebnis)의 개념이 바로 의식의 자료라고 선언했다(TM 55).

(2) 체험이라는 낱말의 역사에 관하여(On the history of the word Erlebnis)
체험이라는 낱말의 역사를 한국어를 통해서 분석하기는 어렵다. 따라서 그 역사와 관련된 몇 가지 논의만을 언급할 수 있을 뿐이다. 체험하다(erleben)라는 것보다는 체험(Erlebnis)이라는 명사가 1870년대에 더 나중에 통용되었다고 한다. 체험된 것은 언제나 자신이 겪은 것이다. 사실 체험된 것(das Erlebte)은 경험한 것이 지속되는 상태와 내용을 의미하기 위하여 원용되었다. 이 모든 경험과 관련된 용어들은 전기(傳記), 문자 그대로 생활기록(biography)의 작성에 사용되었다.

(3) 체험 개념
체험 개념은 인간학의 인식론적 접근방법과 관련이 있다. 자연과학의 연구를 위하여 연구 자료가 주어지듯이 인간학 연구에 주어진 자료를 추구했는데 그것이 의식에 주어진(given) 단위이다. 이 단위가 체험의 단위이며 그 자체가 의미의 단위이다. 체험의 단위는 주어진 것(자료)의 진정한 단위를 나타낸다. 체험이라는 개념은 객관적인 것의 모든 지식을 위한 인식론적 토대이다. 이 개념은 삶과 목적론 등과 관련이 있다. 그러나 삶과 체험의 관계는 하나의 특수한 것(a particular)에 대한 하나의 보편(a universal)의 관계가 아니다. 오히려 지향적 내용에 의해 결정되는 체험의 통일성은 전체(the whole), 삶의 총체와 직접적으로 연관이 있다. 모든 체험은 지속적인 삶으로부터 오는 것이지만 동시에 사람의 삶 전체와 관련된다. 체험은 삶의 전체 안에 있으며 삶의 전체도 체험 안에 있다.
가다머는 체험의 개념분석에서 체험의 구조와 미적인 것의 존재 양식 간에 유사성이 있다는 것을 발견한다. 미적 체험은 여러 가지 중에서 단지 하나의 체험의 종류가 아니라 체험 그 자체의 본질을 나타낸다. 예술작품이 자신의 세계이듯이 미적으로 체험된 것은 일종의 체험으로서 현실과의 모든 연결에서 분리된다. 예술품은 정의상(by definition) 거의 미적 체험처럼 보인다. 그러나 그것은 예술품의 위력은 예술품을 경험하는 사람을 그의 삶의 맥락에서 갑자기 떼어내지만 그를 그의 존재의 전체로 다시 되돌려 보낸다(TM 64).

미적 체험은 체험 개념의 의미에 관한 전형적 사례이므로, 체험 개념이 예술의 토대에서 결정적 특징이라는 것이 분명하다. 예술품은 삶의 상징적 표현의 절정이라고 이해되며, 이 절정을 향해 모든 체험이 지향한다.

3) 체험 예술의 한계 및 알레고리의 복원(The limits of Erlebniskunst and the rehabilitation of allegory)

체험 예술의 개념에 심각한 모호성이 존재한다. 본래 체험 예술이 분명히 의미하는 것은 예술은 경험에서 오며 경험의 표현이라는 것이었다. 그러나 체험 예술 개념의 파생된 의미는 미적으로 경험하려고 지향한(intended) 예술에 대해서 사용되었다. 양자는 분명히 연계된다. 경험을 표현하는 데서 의미가 있는 존재는 표현을 거치지 않고서는 파악될 수 없다(TM 64).

언제나 그러하듯이 체험 예술의 개념도 그 사용을 한정했던 경험의 영향을 받았다. 예술작품의 성격과 평가 기준이 변화하면서 체험 예술의 개념을 의식하게 된 것이다.

상징(symbol)과 알레고리 개념의 역사와 현대에서의 그들 간의 관계를 예로 들면 참고가 될 것이다. 양자는 다 같이 그 의미(meaning)가 외적 모습이나 소리에 있는 것이 아니라 그것을 초월하는 의의(significance)에 있다고 여겼다. 양자는 대체 가능했다. 그 후 이러한 전통적인 용법은 양자의 구별과 대립으로 변화했다. 본래 두 개념은 관련이 없었다. 그러나 그들이 상이한 영역에 속함에도 그들은 한 사물에 의해 다른 사물을 표현한다는 공통 구조로 되어 있을 뿐만 아니라, 그들이 주로 종교적인 영역에서 적용된다는 점에서 밀접하다. 그런데 천재 개념과 "표현"의 주관화의 영향으로 양자의 의미의 차이가 가치(value)의 차이가 되었다.

상징과 알레고리는 어떻게 우리에게는 친숙하면서도 이제는 서로 대척 관계가 되었나 하는 것이 의문이다(TM 69). 여기서도 가다머는 이 개념들의 역사를 면밀하게 검토한다. 우리 입장에서는 행정학 연구를 위해 필요한 경우에 더 검토해 볼 수 있는 내용이라고 생각하나 이 시점에서는 그 취지를 이해하는 것만으로도 벅차게 느껴진다.

상징과 알레고리의 언어 역사를 검토한 후에 가다머는 사실적 추론을 한다. 즉 두 개념의 고정된 대조는 그것들을 천재의 미학 및 경험의 미학과 관련해서 보면 설득력이 떨어진다는 것이다. 상징과 알레고리의 대조는 상대적이다. 이러한 질문의 제기는 미학의 기초 개념들을 근본적으로 변경해야 할 필요성을 갖게 한다. 여기서 취미와 미적 가치들이 관련되고 미적 의식 개념 자체가 의심스럽고 거기에 속하는 예술의 입장이 의심스럽다. 예술작품에 대한 미학적 접근은 적절한 것인가? 우리가 "미적 의식"(aesthetic consciousness)이라고 부르는 것은 하나의 추상인가? 우리가 묘사한 알레고리의 재평가가 말하는 것은 미적 의식에도 독단의 요소가 있다는 것이다. 만일 신화와 미적 의식 간의 차이가 절대적인 것이 아니라면 예술의 개념 자체가 의심스러운 것이 아닌가? 예술은 미적 의식의 산물이기 때문이다. 어느 경우이건 예술사의 위대한 시기는 아무런 미적 의식과 "예술"(arts)에 관한 우리의 개념 없이도 종교적 및 세속적 기능을 모든 사람이 이해할 수 있고 오직 미적 즐거움만을 준 것이 아닌 창작물로 자신들을 둘러싸고 있었다는 것은 의심할 수 없다(TM 74).

3. 다시 제기한 예술의 진리에 대한 물음(Retrieving the question of artistic truth)

1) 미적 교양(함양)개념의 문제점(The dubiousness of the concept of aesthetic cultivation)

이 문제의 정확한 범위를 측정하기 위하여 가다머는 구체적이고 역사적으로 발전한 "미적 의식" 개념의 의미를 발견하려고 역사적 연구를 하였다. 그 논의가 너무 복잡하여 논지를 파악하기 어렵다. 행정학 연구에서 필요하면 더 논의해 볼 수 있으리라고 생각한다.

2) 미적 의식에 내재하는 추상작용에 대한 비판(Critique of the abstraction inherent in aesthetic consciousness)

가다머는 미적 분화(aesthetic differentiation) 개념을 고찰하고 미적인 것의 개념(the concept of the aesthetic)에 포함된 이론적 어려움을 논의하는데, "순수하게 미적인 것"으로 추상화해 버리면 미를 제거하는 것과 같아진다고 말한다(TM 81).

장구한 분석을 거쳐 가다머는 다음과 같이 말한다. 우리가 미적인 것에 관하여 경험하는 것도 자기-이해(self-understanding)의 한 양식이다. 자기-이해는 또 나른 사기-이해를 통하여 발생하며 디자의 통일성과 통합성을 포함한다. 우리는 세계에서 예술작품을 만나며 개별적인 예술작품에서 세계를 만나기에 예술작품은 잠시 마법에 의해 이동한 어떤 낯선 우주가 아니다. 오히려 우리는 예술작품 안에서 그리고 예술을 통해서 우리 자신을 이해하는 것을 배우는데, 이는 우리가 고립된 경험의 단절과 원자화를 우리 자신의 존재 계속성으로 고양하는 것이다. 이러한 이유로 우리는 예술과 아름다움과 관련하여 즉시성(immediacy)을 요구하지 않고 인간 조건의 역사적 성격에 상응하는 입장을 택해야 한다. 즉시성, 순간적인 천재적 심광, "경험들"의 의의에 내한 호소는 자기-이해의 계속성과 통일성에 대한 인간 존재의 요구를 거스를 수 없다. 예술 경험의 결속적 속성은 미적 의식에 의해 해체되어서는 안 된다(TM 88). 어느 경우이건, 예술문제는 미적 의식의 관점에서는 풀 수 없고 오직 인문과학에서 진리란 무엇인가 하는 더 넓은 준거의 틀 속에서만 풀 수 있다.

이상의 검토는 미적 의식의 자기-해석을 교정하고 예술의 진리의 문제를 회복하는 방향으로 한 걸음을 뗐을 뿐이다. 우리의 관심은 예술의 경험을 경험의 이해라는 방식으로 보는 것이다. 예술의 경험은 미적 문화의 소유가 되어 허구화되고 그 특별한 요구가 중립화되어서는 안 된다. 이것은 커다란 해석학적 결과를 가지고 있다. 그 이유는 예술의 언어와의 모든 만남은 미완의 사건과 만남이며 그 자체가 사건 일부이기 때문이다. 이것이 미적 의식과 진리의 문제의 중립화에 대항하여 강조되어야 하는 것이다(TM 90).

우리는 인문과학의 진실에서의 이해의 양식을 물어야 한다. 특히 예술의 진리 문제는 이 더 광범한 문제를 위한 방법을 준비하는 것이다. 예술작품의 경험은 이해를 포함하기 때문에 자체가 해석학적 현상을 나타내는 것이기에 그렇다. 그러나 그것은 과학적 방법을 의미하는 것은 아니다. 오히려 이해는 예술작품 자체와 만남이며, 그래서 이 소속됨(belonging)은 예술작품 자체의 존재양식을 그 근거로 해서만 보여줄 수 있다.

II. 예술작품의 존재론과 그 해석학적 의미(The Ontology of the Work of Art and Its Hermeneutic Significance)

1. 놀이: 존재론적 설명의 실마리(Play as the clue to ontological explanation)

1) 놀이 개념(The concept of the play)

가다머는 미학에서 중요한 역할을 수행하는 생각(idea)을 놀이 개념에서 찾는다. 예술 경험과의 관계에서 볼 때 놀이는 참가자나 관람자의 지향이나 마음의 상태도 아니고, 놀이에 참여하는 사람의 주관적 자유도 아니고, 예술작품 자체의 존재 양식(mode of being of the work of art itself)이다. 대상을 맞이하는 무엇인가로서의 미적 의식은 실제 상황에서는 옳게 작용하지 않는다고 생각하기 때문에, 가다머의 해설에서는 놀이의 개념이 중요하다(TM 106).

놀이와 놀이꾼의 행태(the behavior of the player)는 구별된다. 놀이의 행태는 주관적인 다른 행태에 속한다. 그래서 놀이꾼에게 놀이는 심각하지 않다. 따라서 그는 놀이를 한다. 이런 관점에서 놀이의 개념 정의를 시도하고 있다. 그저 놀이이기만 한 것은 진지(serious)하지 않다. 놀이는 진지한 것과 특별한 관계가 있다. 진지성이 놀이에 "목적"(purpose)을 부여하는 것이다. 놀이 자체는 성스럽기까지 한 그 자체의 진지성을 포함한다. 그러나 놀이에서는 목적이 사라지는 것은 아니고 유보된다. 놀이는 놀이꾼이 놀이에서 자신을 망각해야만 놀이의 목적이 달성된다. 그러나 여전히 완전한 놀이는 진지성이 있어야 한다(TM 107).

따라서 놀이꾼의 주관적 성찰에서는 놀이의 성격 문제에 관한 대답을 찾을 수 없다. 오히려, 우리는 놀이의 존재 양식을 탐구하는 것이다. 예술 경험의 문제가 존재의 양식에 관한 문제이듯이 놀이의 존재 양식이 중요한 것이다(TM

107). 왜냐하면, 놀이는 그 자체의 본질이 있는데, 이것은 놀이꾼의 의식과는 별개다.

놀이꾼은 놀이의 주체가 아니다. 놀이꾼을 통해서 놀이가 보일 뿐이다. 이와 관련하여 가다머는 또다시 놀이라는 단어의 은유적인 용례들을 추적한다. 놀이의 은유적 사용과 그 어원을 추적해 보면, 놀이의 실제 주체는 다른 여러 가지 활동들 중에서 놀이를 하는 개인의 주체성이 아니라 놀이 자체가 주체라는 것이다. 놀이꾼의 의식보다도 놀이가 우선한다는 것이 인정된다. 이러한 놀이에서는 갱신이 지속된다. 놀이에서 주고받는 운동, 가고 오는 운동(the to-and-fro movement)은 근본적인 역할을 수행한다.

놀이의 성격의 일반적 특징은 모든 놀이는 놀이가 되고 있는 존재(all playing is a being-played)라는 것이다(TM 111). 모든 시합(game)에는 자체의 적절한 정신이 있다. 그리고 인간 놀이의 특징은 무엇인가를 놀이한다(it plays something)는 것이다. 여기에는 선택이 있다. 이 놀이에는 놀이터(playing field)가 있다(TM 112).

놀이의 존재 양식은 자기표현(self-presentation)이다. 모든 표현은 다른 무엇의 대리 표현(representation)이다. 이런 가능성을 의도하고 있는 것이 놀이로서의 예술의 특징적 양태다. 종교적 의식이나 극장의 연극은 청중을 필요로 한다. 그런데 청중은 놀이를 완결시킬 뿐이다. 놀이꾼들은 모든 시합에서와 같이 그들의 역할을 수행(놀이)하며 놀이가 표현된다. 그러나 놀이 자체는 놀이꾼과 관객으로 구성되는 전체(the whole)이다. 여기서 관객도 참여자가 된다(TM 113).

2) 구조(형성체)로의 변화와 총체적 매개(Transformation into structure and total mediation)

인간의 놀이가 예술에서 그 진정한 완성에 이르는 변화를 가다머는 구조로의 전환(transformation into structure)이라고 부른다. 이 변화를 통해서만 놀이가 이상에 도달해서 놀이로 의도되고 이해될 수 있다. 이때에만 놀이는 놀이꾼의 표현에서 분리되어 나타나고 그들이 놀고 있는 것이 순수하게 나타난다. 이렇듯 놀이는 원칙상 반복될 수 있어서 영원하다. 그것은 작업의 성격을 갖는다. 이런 의미에서 가다머는 그것을 구조라고 부른다(TM 115).

놀이꾼의 표현하는 활동과 분리된 것은 여전히 표현과 연계되어 있다. 이러한 관계에서 놀이는 절대적 자율성을 가지기 때문에 가다머는 전환 개념으로 그것을 말한다. 예술의 성격을 정의하는 데 있어서 이것이 의미하는 바는 전환의 의미를 심각하게 여길 때 나타난다. 전환은 개조(alteration)가 아니다. 개조는 변화된 것이 남아 있다. 그러나 전환은 무엇인가가 갑자기 전체적으로 다른 무엇이 되는 것으로서, 이전에 존재하던 것이 아무것도 아닌 것과 비교하여, 이렇게 형성된 전환된 사물이 진정한 존재다. 구조로의 전환이 의미하는 것은 이전에 존재하던 것이 이제는 존재하지 않는다는 것이다. 그러나 이제 존재하는 것, 예술의 놀이에서 자체를 표현하는 것은 영속되는 진리이다.

놀이꾼은 더는 존재하지 않는다. 오히려 놀이 자체는 놀이꾼의 정체성이 어떤 사람으로 계속 남지 않는 그런 전환이다. 여기서 말하는 전환은 진리로의 전환이다. 예술작품의 세계는, 놀이가 자신을 충분히 나타내는, 사실상 전체가 전환된 세계다. 이어서 모방의 개념(the concept of imitation)이 인정(recognition)의 인지적 중요성 능과 함께 논의된다(TM 118).

가다머의 주장은 예술의 존재를 미적 의식의 대상으로 정의할 수 없다는 것이다. 왜냐하면 미학적 태도는 스스로 아는 것 이상이기 때문이다. 표현에서 생기는 것은 존재의 사건 일부이며 본질적으로 놀이로서의 놀이에 속하는 것이다(TM 120). 이것이 갖는 존재론적 결과는 무엇인가? 놀이는 구조다. 그리고 구조도 놀이다. 우리들의 역사적 존재의 유한성의 관점에서 볼 때, 특이하고 정확한 해석이라는 생각에는 좀 불합리한 것이 있다(TM 123). 이제 시간의 입장에서 예술작품을 해석하는 일이 있다.

3) 미적인 것의 시간성(temporality)

어떤 종류의 시간성이 미적 존재에 속하는가? 미적 존재의 동시대성과 현재
성은 일반적으로 무시간성(timelessness)이라고 부른다. 그러나 이 무시간성
은 그것이 속하는 시간성과 함께 고려되어야 한다. 무시간성은 시간성으로부
터 생기고 시간성과 대조되는 변증법적 양상이다(TM 124).

가다머는 예술작품은 놀이라는 입장에서 출발했다. 즉 예술작품의 실제 존
재는 그 표현과 분리될 수 없고 이 표현에서 한 구조의 통일성과 정체성이 나타
난다. 예술작품이 표현되면서 아무리 많이 전환되고 왜곡되어도 그 자체는 그
대로 남아 있다. 불가피하게도, 표현은 동일한 것을 반복하는 특징이 있다. 모
든 반복은 작품 자체만큼 원본이다. 축제(festival)를 예로 들면서 축제는 축하
될 때만 존재한다고 말한다. 이와 관련하여 관찰자는 참여자가 된다. 이어서
예술작품의 작가, 작품, 그리고 관찰자 사이의 관계를 깊이 논의한다. 여기서
는 종교적 의식도 예로 논의되고 있다.

4) 비극적인 것의 범례(example)

가다머는 전체로서의 미적 존재의 구조를 예증하기 위하여 아리스토텔레스
의 비극 이론을 논의한다. 아리스토텔레스는 미적인 것의 문제에 결정적인 공
헌을 했다. 즉 그는 비극의 정의에 관객에 대한 효과를 포함했다. 비극의 본질
정의에 관객이 포함되었다는 것은 이전에 가다머가 말한 것을 분명하게 한다
고 생각한다. 즉 관객은 놀이의 놀음에 본질적으로 소속된다는 것이다. 관객이
놀음에 속하는 방식은 왜 그것이 예술을 놀이로 묘사하는 것이 의미 있는 것인
가 하는 것을 분명케 한다. 비극적이라고 이해된 것은 그저 인정되어야 한다.
따라서 그것은 미학적인 것에 대한 근본적인 현상이다. 비극적 행동의 표현은

관객에게 특별한 영향을 미친다(TM 130).

관객이 확인하는 것은 무엇인가? 그것은 관객에게 요구하는 진정으로 느껴야 하는 죄스러운 행위로부터 오는 넘치는 두려운 결과이다. 비극적 확인은 이러한 요구를 충족시키는 것이다. 그것은 진정한 공감(communion)의 성격을 갖는다. 비극적 고통의 이러한 과잉으로부터 경험하는 것은 진정으로 공통적인 무엇이다. 관객은 운명의 힘 앞에서 자신과 자신의 유한성을 알게 된다. 비극적 확인은 관객이 자신의 위치를 정하는 의미의 계속성에 의해 얻는 통찰이다. 관객은 예술이 표현하는 것을 즐기는 미학적 의식의 특징처럼 거리를 두는 것이 아니고, 제시된 것과의 교감으로 참여한다. 비극 현상의 진정한 강조점은 궁극적으로 제시되고 인정된 것이며, 참여는 선택의 문제가 아니다. 비극에서 깊이 생각하는 것은 관객이 얻게 되는 자기-지식으로부터 흘러나오는 것이다. 관객은 비극적 행동에서 자신을 다시 발견한다. 왜냐하면 그가 당면하는 것은 종교적 또는 역사적 전통으로부터 친숙한 자기의 이야기이기 때문이다. 비극에서 발견되는 것은 더 넓은 맥락에서도 발견된다(TM 134).

미적 존재는 무엇인가? 가다머는 놀이 개념 일반에 관한 것과 예술적 놀이의 특징적 구조로의 전환에 관한 것이 무엇인가를 보여주려고 했다. 다시 말해서, 문학이나 음악의 표현이나 연주는 본질적인 것이지 임시적인 것이 아니다. 이는 이미 있는 작품을 완성하는 것이기 때문이다. 이제 일반적으로 조형예술, 조각 및 건축 등에 관해서도 모두 그러한가를 물을 수 있다(TM 135).

2. 미학적 및 해석학적 결과 (Aesthetic and hermeneutic consequences)

1) 그림의 존재가(The ontological valence of the picture)

조형예술들(plastic arts)은 언뜻 분명한 정체성(동일성: identity)이 있어서 현전(presentation)의 가변성은 없는 것처럼 보인다. 가변성은 보는 사람의 주관성이지 예술작품 그 자체는 아니라고 생각한다. 말하자면, 어떤 그림이 똑같은 그림으로 있는데 보는 사람이 다른 관점에서 보면 다른 그림이라고 여길 수도 있다는 의미다. 가다머는 그림(picture)의 존재 양식을 연구함으로써 놀이의 입장에서 묘사했던 미적 존재 양식이 그림에도 적용되는가를 묻고 있다. 그림의 존재 양식에 관한 질문은 그림의 모든 상이한 형식들에게 공통적인 것이 무엇인가를 묻는 것이다(TM 137).

여기서 다루는 개념 분석은 예술의 역사에 관한 것이 아니라 그 존재론에 관한 것이다(TM 138). 그 첫 과업인 전통 미학에 대한 비판은 예술과 역사 둘 다 아우르는 지평(horizon)을 얻는 첫 단계일 뿐이다. 가다머의 그림의 개념에 관한 분석에서 그는 두 가지 질문에만 관심이 있다. 첫째는 어떤 면에서 그림은 복사품(copy)과 다른가를 묻는 것이다. 즉 원본(the original)의 문제를 제기하는 것이다. 이어서 이 문제로부터 어떤 방식으로 세계(world)에 대한 그림의 관계가 따라 나오는가를 묻는 것이다.

따라서 그림의 개념은 지금까지 사용한 표현 개념 이상을 넘어가는데, 그 이유는 그림이 그 원본과 본질적 관계를 가지고 있기 때문이다(TM 138).

여기서 첫째의 질문을 보면, 표현의 개념은 원본과 관련된 그림의 개념과 관계가 있다. 문학 작품의 표현이나 곡의 연주는 복사품이 아니고 표현과 연주로 절정에 이르는 것이다. 조형예술의 경우에도 그런가를 알기 위해서는 원본과 복사품의 존재론적 문제를 다루어야 한다.

예술작품의 존재 양식은 표현인데, 표현은 그림이다. 그런데 표현은 복사하는 것이 아니다. 가다머는 표현이 원본과 관계되는 방식과 복사품이 원본과 관계되는 방식을 구별해야 그림의 존재 양식을 더 정확하게 규정할 수 있다고 생각한다.

복사품의 본질은 원본을 닮는 것이다. 그 진정한 기능은 유사성을 통하여 복사된 것을 가리키는 것이다. 이리하여 복사품은 스스로를 소멸시킴으로써 자신의 기능을 수행한다. 그러나 그림은 이와 대조적으로 스스로 소멸되지 않는다. 왜냐하면 그림은 목적에 대한 수단이 아니기 때문이다. 여기서 표현된 것이 그림에서 어떻게 표현되었는가가 중요한 것이므로 그림 자체는 의미하려고 한 것 자체이다. 거울에 비친 모습과는 달리 그림은 그 자신의 존재(its own being)가 있다. 그 존재는 제시(현전)이다.

2) 계기적인 것과 장식적인 것의 존재론적 근거(The ontological foundation of the occasional and the decorative)

초상화 또는 시는 어떤 계기로(occasionally) 누군가에게 헌정되는 경우가 있다. 중요한 것은 이러한 계기가 작품 자체의 요구에 속하는 것이지 그 해석자에 의해 강요된 무엇이 아니라는 것이다. 이러한 이유로 그 계기성이 명백한 초상화와 같은 예술 형식은 경험개념에 토대를 둔 미학에서는 중요성이 없는 것이다. 그 자체의 회화적 내용으로, 초상화는 그 원본과의 관계를 포함한다. 이것은 그림이 그 원본과 같다는 것만을 의미하는 것이 아니라 오히려 그것은 원본의 그림이라는 것이다. 이것은 화가가 장르 그림(a genre picture)에서 모델을 사용하는 것과 다르다. 초상화에서는 초상 되는 개인은 표현된다. 그러나 장르 그림에서는 모델의 개인성은 사라진다(TM 145).

가다머가 계기성이라고 부르는 것은 이런 작품이 예술적이라는 주장을 감소시키는 것이 아니다(TM 147). 그림의 존재가(the ontological valence)에 관해서 일반적으로 말한 것은 계기적 요소들을 포함한다. 계기의 요인과 관련해서, 이러한 현상들은 예술작품의 존재를 위해 있는 일반적 관계의 특수한 사례를 나타내는 것이다. 즉 그 요인은 표현하게 되는 "계기"로부터 그 의미의 계속되는 결정을 경험하는 것이다. 이것은 연극이나 음악과 같이 오직 계기를 통해서만 자신들이 존재하고, 규정되는 계기를 기다리는 공연 예술의 경우 가장 분명하다.

미학적 평준화에 반하여 예술품의 특별한 존재론적 지위를 옹호할 때에 종교적 개념을 떠올리는 것은 결코 우연이 아니다. 세속과 성스러움의 대립은 상대적일 뿐이다(TM 152). 이 상대성은 개념들의 변증법적 측면일 뿐만 아니라 그림 현상에서의 현시로 볼 수도 있다. 하나의 예술작품은 언제나 성스러운 무엇이 있다.

가다머는 기호, 상징, 그림의 유사성과 차이점에 관해 길게 논한다(TM 151). 상징(symbol)은 제도화로 그 기능이 인정되나, 예술품은 제도화의 행위로 그 진정한 의미를 얻는 것이 아니다. 그림은 기호(sign)도 아니고 상징(symbol)도 아니고 양자의 중간이다.

긴 논의 후에 가다머는 다음과 같이 말한다(TM 159). 놀이의 보편적 의의로부터 시작하여 표현의 존재론적 의의는 "재생"(reproduction)이 본래의 예술작품 자체의 존재론적 양식 자체라는 사실에 있다는 것을 알았다. 이제 우리는 존재론적으로 말해서 그림과 조형예술이 일반적으로 동일한 존재 양식을 가지고 있다는 것을 확인했다. 예술작품의 특별한 출현 양식은 존재의 출현이 되는 것(the coming-to-presentation of being)이다.

3) 문학의 경계 설정(The borderline position of literature)

이어서 예술을 위해 개발한 존재론적 시각이 문학(literature)의 존재 양식에도 적용되는지를 검토한다. 여기서는 자체의 존재론적 가치를 주장할 수 있는 여하한 출현(현전)도 나타나지 않는다. 읽는 것은 순순한 내적 정신 과정이다. 공개적으로 읽고 연주하는 것과는 대조적으로 계기와 상황으로부터 완전히 떨어져 있을 수 있다. 문학이 따르는 유일한 조건은 언어에 의해 전수되고 읽기에 의해 이어진다는 것이다. 읽는 의식의 자율성(the autonomy of reading consciousness)에 의해 미적 분화가 정당화되는 것은 아닌가? 써놓은 말인 문학은 그 존재론적 값과 동떨어진 시(운문; poetry)처럼 보인다.

낭송과 소리 없는 읽기는 차이가 없다. 이해하며 읽는 것은 일종의 재생, 연출 및 해석이다. 문학에서 의미하는 것과 이해하는 것은 언어의 유형성과 밀접하게 연결되어 있으므로 이해는 또한 언제나 속으로 말하는 것을 의미한다. 만일 그렇다면, 문학은 읽힘으로써 본래의 존재가 있다. 따라서 책을 읽는 것은 그 내용이 제시되는 사건이다. 문학과 그것을 읽는 것은 최대한의 자유와 이동성을 갖는다. 책은 한 번에 전부를 읽지 않아도 된다.

문학예술은 예술작품의 존재로부터 이해될 수 있고 읽는 과정에서 발생하는 미적 경험에서 이해되는 것은 아니다. 공개적인 읽기와 연출처럼 읽히는 것은 그 본성상 문학에 속한다(TM 160).

문학 개념은 독자와 관련이 있다. 문학은 소외된 천재의 죽은 잔해로 존재하는 것이 아니다. 이는 지성적으로 보존되고 전수될 존재의 기능이며, 따라서 모든 시대에 그 감춰진 역사를 가져온다. 문학사에서 역사적 의식의 발전은 세계 문학이라는 관념을 발생시켰다. 문학의 역사적 존재 양식이 그것을 세계 문학에 속하는 무엇이 될 수 있게 했다. 그런데 문학 개념은 문학적 예술작품보다는 훨씬 넓다. 가장 넓은 의미의 문학은 말할 수 있는 것의 범위에 의해서만 제한된다. 말할 수 있는 모든 것은 글로 표현할 수 있기 때문이다. 이제 질문은 예술의 존재 양식에 관한 말이 광의의 문학에도 적용되는가 하는 것이다. 순수 예술문학만 존재 가치를 갖는 것인가? 예술작품과 다른 것들 사이에 구분은 가능한가? 문학적 예술작품과 기타의 다른 텍스트 사이의 차이는 그렇게 근본적인 것은 아니다.

문학은 예술과 과학이 융합하는 장소다. 기록된 말은 지성적 마음이 전해지는 것이다. 기록으로 전수된 것을 읽을 수 있는 사람은 과거의 순수한 현존(the sheer presence of the past)을 생산하고 이룩하는 것이다(TM 163).

따라서 이러한 맥락에서 미학적 구분에도 불구하고 문학의 개념은 매우 광

범하다. 예술작품의 존재는 놀이이며 놀이가 실현되기 위해서는 관객에 의해
인식되어야 하듯이 텍스트도 이해하는 과정에서만 의미의 죽은 흔적이 살아
있는 의미로 전환된다.

4) 해석학적 과제로서의 재구성과 통합(Reconstruction and integration as hermeneutic tasks)

텍스트를 이해하는 방법에 관한 고전학문이 해석학이다. 그러나 가다머는
자기의 주장이 옳다면 해석학의 문제는 사람들이 예상하는 것과는 매우 다르
다고 말한다. 그것은 그의 미적 의식의 비판이 미의 문제를 이전시킨 것과 같은
방향이라는 것이다. 사실, 이제 해석학은 예술의 전 영역과 그 문제들의 복합
성을 포함하는 종합적 의미에서 이해되어야 할 것이다. 문학뿐만 아니라 모든
예술작품은 이해해야 하는 다른 모든 텍스트처럼 이해되어야 하며, 이런 이해
는 얻어져야 한다. 이것이 해석학적 의식(hermeneutic consciousness)에게
미적 의식(aesthetic consciousness)조차도 초월하는 종합성을 부여하는 것
이다. 미학은 해석학에 흡수되어야 한다(Aesthetics has to be absorbed
into hermeneutics). 이 말은 문제의 폭을 보여줄 뿐만 아니라 상당히 정확한
것이다. 반대로 해석학은 예술의 경험을 정당하게 평가하도록 확고해야 한다.
이해는 의미가 발생하는 사건 일부로 인식되어야 한다. 이 사건은 예술과 다른
모든 전통의 언명들 의미가 형성되고 실현되는 사건이다(TM 164).

19세기에 신학과 문헌학의 보조물이었던 해석학은 하나의 체계로 발전하고
모든 인문과학의 토대가 되었다. 본래의 뜻을 벗어났다고 생각되는 법률, 종
교, 철학 등을 바로잡으려고 했다. 해석학이 인문과학의 중심에 서게 된 것은
역사의식의 발흥(the rise of historical consciousness) 덕택이다. 그러나
역사의식의 전제들을 토대로 해서 해석학의 문제를 파악할 수 있는가를 물어
야 한다. 예술을 이해하는 데는 역사적 매개(historical mediation)가 있다.

이와 관련해서 해석의 과업은 무엇인가? 슐라이어마허(Schleiermacher)와 헤겔(Hegel)은 이 문제에 대해 매우 다르게 말한다. 슐라이어마허는 원래의 모습대로 재건(reconstruction)해야 한다는 주장이고 헤겔은 정신으로 통합(integration)해야 한다는 것이다(TM 165).

예술의 진리 문제는 예술과 역사에서 스스로를 나타내는 진리를 탐구하는 한 우리에게 (이론화를 지향하는) 미학적 의식과 역사적 의식 양자를 비판하도록 한다(TM 168).

제2절 진리 문제를 인문과학에서의 이해로 확장하기 (The Extension of the Question of Truth to Understanding in the Human Sciences)

아래에서는 해석학의 역사적 준비와 해석학적 경험이론의 기본 특성을 다루고 있다. 여기서도 우리의 관심에 따라 어떤 것은 좀 더 자세히 알아보고 다른 것은 간단히 언급하기로 한다.

Ⅰ. 역사적 예비(Historical Preparation)

1. 낭만주의 해석학과 그것을 역사연구에 적용하는 문제점 (The questionableness of romantic hermeneutics and its application to the study of history)

1) 계몽주의와 낭만주의 사이 해석학의 변화(The change in hermeneutics from the enlightenment to romanticism)

만약에 우리가 슐라이어마허보다는 헤겔을 따랐더라면, 해석학의 역사는 지금과는 매우 다른 점을 강조했을 것이다. 헤겔을 따랐더라면, 역사적 이해를 독단론적 편견으로부터 해방되는 것이라고 하지도 않았을 것이고, 슐라이어마허를 따라 딜타이가 제시한 해석학의 상승을 보지 않을 수도 있었을 것이다. 오히려 우리는 딜타이의 연구 단계를 역추적하여 딜타이의 역사의식과는 다른 목적들을 찾아보아야 한다. 가다머는 독단론 문제는 제쳐두고, 역사적 의식의 상승으로 절정에 달한 근대의 해석학적 방법의 발전만을 다룰 것이라고 말한다(TM 181).

(1) 낭만주의 해석학의 전사(The prehistory of romantic hermeneutics)

이해와 해석의 방법은 신학과 문헌학(theology and philology)이라는 두 길의 유사한 충동에서 발전했다. 그 충동은 고전 문학과 성경을 정확하게 해석하는 문제였다. 여기서 전체와 부분 간의 순환적 관계가 강조되었다. 즉 부분은 전체의 맥락에서 이해되어야 하고 전체의 맥락은 부분적 이해의 축적으로 이루어진다는 생각이다. 여기서 전체적 맥락이 무엇인가 하는 것이 문제가 된다. 전체와 부분 간의 순환적 관계에서 해석이 이루어지려면, 전체는 통일성(unity)이 있어야 한다. 이제 역사적 문헌의 해석에 있어서 개별적 역사적 문헌이 속하는 역사적 실제의 전체성(the totality of the historical reality)에 관심을 갖게 되었다(TM 184). 역사연구의 크고 작은 개별 대상들의 진정한 의미를 나타내는 세계사 맥락은 그 자체가 하나의 전체라 할 수 있다. 전체의 관점에서 개별 특수적인 것의 의미가 충분히 이해되는가 하면, 이 전체는 개별적이고 특수한 것들의 관점에서 충분히 이해된다고 생각했다.

여기서 해석학의 독자성이 나타나는데 이해의 기술보다는 이해 자체가 문제가 되었다. 이 문제의 보편성이 보여주는 것은 이해가 새로운 의미의 과업이 되었고, 이론적 성찰은 새로운 의미를 갖게 되었다. 슐라이어마허는 신학과 문헌학 모두에게 관계되는 것을 넘어 더 근본인 것, 즉 사상의 이해(the understanding of thoughts)에 다다름으로써 신학과 문헌학에 공통되는 절차의 이론적 토대를 찾고자 했다(TM 185).

이제는 해석학의 관심이 전통의 내용의 통일성을 추구하는 것이 아니라 해석절차의 통일성을 추구하는 것이다. 슐라이어마허의 보편적 해석학이라는 생각은 여기서 출발한다. 즉 낯선 것의 경험과 오해의 가능성은 보편적이라는 생각이다. 이와 같은 변화를 알려면 "이해한다는 것은 서로(with each other) 이해에 이르는 것이다"라는 그의 명제부터 검토해 보아야 한다(TM 186). 서로 이해한다는 것은 무엇인가에 관해 서로 이해하는 것이다.

(2) 슐라이어마허의 보편적 해석학 구상(Schleiermacher's project of a universal hermeneutics)

슐라이어마허는 이해의 부족보다는 오해를 강조했다(TM 191). 그는 해석의 문제는 이해의 문제라고 보고, 해석학은 "오해를 피하는 기술"이라고 말하기까지 했다. 그는 이해 자체의 독자적인 방법을 만들려고 노력했다. 이해되어야 할 것은 정확한 말들과 그들의 객관적 의미뿐만 아니라 화자 또는 저자의 개별성이다. 그는 문법적 해석과 더불어 심리적 해석을 제안했는데, 그의 각별한 공헌은 심리적 해석에 있다고 한다. 이것은 해석자를 저자의 위치에 놓아 보는 것이다. 이것은 테스트를 주제의 입장에서 이해하는 것이 아니라 예술적 창작, 예술품 또는 지적 사고의 입장에서 이해하는 것이다. 슐라이어마허는 부분과 전체 사이의 순환 관계를 심리적인 이해에도 적용하는데, 이것은 사고의 모든 구조를 사람의 생애의 총체적인 맥락의 한 요소로 이해하는 것이다. 여기서도 문제가 되는 것은 부분을 알 수 있게 하는 전체를 어떻게 미리 아는가 하는 것이다. 그 대답은 전체와 부분의 이해를 점차 확장해 나간다는 것이다. 이해는 단 한 번에 완성되지 않는다.

슐라이어마허의 주장 중에서 지금까지 논쟁이 계속되는 주장은 이해의 목표는 "저자가 자신을 이해했던 것보다 더 잘 이해하는 것"(to understand a writer better than he understood himself)이라는 것이다. 이것은 생산된 것을 재생산하는 것이다. 그렇게 하려면 원래의 생산에 관련된 배경적 지식도 필요하게 된다. 배경적 지식은 역사적 지식도 포함되지만, 슐라이어마허의 방법론적 추상(methodological abstraction)은 신학자를 위한 것이지 역사가를 위한 것은 아니었다(TM 202).

2) 역사학파와 낭만주의 해석학의 연결(The connection between the historical school and romantic hermeneutics)

(1) 보편사의 이상에 관련된 딜레마(The dilemma involved in the ideal of universal history)

여기서는 역사학자들이 자신들의 연구를 해석학적 이론의 입장에서 이해하는 방식을 알아보고 있다. 그들의 주제는 개별 텍스트가 아니라 보편적 역사다. 역사학자는 하나의 전체로서의 인류의 역사를 이해하려고 한다. 이런 연구에서도 전체와 부분의 구도(the schema of whole and part)를 사용한다. 그런데 텍스트의 해석에서 텍스트의 의도를 이해하고 문학의 구조를 형성하려고 하는 것과는 달리 역사연구에서는 역사를 넓은 역사적 맥락을 연구하는 문서(텍스트)로 사용한다.

딜타이(Dilthey)는 낭만적 해석학을 역사학의 방법으로 확장하고 인문과학의 인식론으로 확장했다. 딜타이의 맥락의 개념과 역사의 통일성의 논리적 분석은 해석학적 원리를 역사에 적용하는 것인데, 이 원리는 우리는 전체적인 맥락에서만 세부사항을 알 수 있고, 세부사항의 견지에서만 전체를 알 수 있다는 원리다. 자료가 텍스트라고 말하는 것만이 아니고, 역사적 현실 자체가 이해되어야 할 텍스트라는 것이다.

그래서 낭만적 해석학이 19세기 역사연구이론에 결정적 영향을 미쳤는데, 가다머의 주장은 이것이 인문과학과 역사학파의 세계관에 대하여 치명적이었다는 것이다. 세계사의 철학(philosophy of world history)에 대한 저항은 역사를 문헌학의 흔적 안으로 밀어 넣었다. 역사는 목적도 없고 종말이 없고 보편적 역사의 계속성은 오로지 역사적 전통 자체로부터만 이해될 수 있다는 것이다. 이것이 바로 텍스트의 의미는 바로 자체로부터만 이해될 수 있다고 하는 문헌 해석학의 주장인 것이다. "이렇듯 역사연구의 토대는 해석학이다(Thus the foundation for the study of history is hermeneutics)"라고 주장하는 것이다(TM 204).

그러나 보편사의 이상은 역사적 세계관에 대해 특별한 문제가 된다. 역사의 보편적 맥락은 하나의 텍스트가 그 비평가에게 보여주는 것과 같은 그런 폐쇄된 내용물을 제시하지 않기 때문이다. 그래서 일정한 사람, 시기 또는 국가의 역사를 전체로 보고 그 의미를 연구자와 분리하여 파악할 수는 있다. 그러나 해석자를 그 대상으로부터 분리하는 것이나 의미의 전체성 속에서의 자기 완결성(the self-containedness)도 역사학자의 특별한 과업인 보편사(universal history)를 지지할 수 없다. 역사는 종말에 있지 않을 뿐만 아니라 해석자는 계속되는 연쇄 내에 포함되고 유한한 연계를 맺고 있기에 그렇다. 보편사에 관한 이런 문제 상황에 비추어 보면, 해석학이 역사연구를 위한 토대가 될 수 있는지는 여전히 의문이다(TM 206).

그래서 보편사를 평가하기 위한 역사 외적 기준들(criteria)을 목적론적으로(teleologically) 찾기도 하고 고전의 전범에서 찾아보려고도 했다. 그러나 19세기 초 역사연구에서의 선험적, 비역사적 기준의 부정도 형이상학적 가정들에서 벗어나지 못했다. 여기서 나타난 주도적 사상은 근본적으로 인문주의 이상(humanist ideal)이다(TM 207). 인문주의 이상의 장점은 그것이 특정한 내용을 갖고 있지 않고 다양한 형식적 관념에 기초한다는 것이다. 그러나 문제는 어떻게 형식적 이상으로시 세계사의 통일싱을 생각하며, 우리가 세계사의 지식을 가졌다는 주장을 할 수 있는가 하는 것이다. 이제 역사적 계속성의 구조는 목적론적이며, 그 기준은 사건들의 연속성의 성공이라고 생각한다.

(2) 랑케의 역사관(Ranke's historical worldview)

요컨대, 랑케의 입장은 사전에 주어진 목적론 없이 개별적으로 이루어진 자유로운 선택과 결정이 역사의 통일성과 계속성을 형성한다는 견해다. 이것은 어떤 철학적 체계의 동일성을 말하는 것이 아니라 결정권을 가진 자유로운 선택이 내면적 통일성으로 사건들을 이어간다는 생각이다. 이 설명에서 중요한 것은 자유의 개념이 힘(권력)의 개념과 연결된 방식이다. 힘(권력)은 분명히 역사적 세계관의 중심 범주다. 힘(권력)은 표현되는데, 표현으로 소진되는 것은 아니다. 그래서 랑케(Ranke)는 "자유는 힘(권력)과 결합한다"(Freedom is combined with power)라고 말한다(TM 210). 즉 권력의 표현 그 이상의 것(more than its expression)이 자유(freedom)이다. 이는 역사가에게 결정적 중요성을 갖는다. 역사가는 모든 것이 다를 수 있었다는 것과, 행위를 하는 모든 사람은 달리 행위를 할 수 있었다는 것을 안다. 역사를 만드는 힘은 기계적인 힘이 아니다.

자유가 제한될 수 있다는 것은 모순이 아니다(TM 211). 필요성이 자유를 제약한다. 자유로운 힘이 당면하는 저항 자체도 자유로움이다. 역사적 존재는 파괴될 수 없다. 따라서 그것은 모든 새로운 활동의 토대다. 존재하게 된 것은 새로운 것을 위한 토대로 지속하며, 그것은 통합된 맥락 내에서 새로운 행동을 한다. 랑케는 "이미 존재하는 것은 새롭게 존재하는 것과 결합한다"라고 말한다(TM 211). 이 모호한 문장이 말하는 것은 분명히 역사적 현실의 성격을 표현하려는 것이다. 존재하게 되는 것은 자유로우나 거기서 오는 자유로움은 언제나 이미 와 있는 것의 제약을 받는다. 모나드로서 개인의 주체성(monadic subjectivity)이 아닌 역사적 힘이 역사발전의 진정한 토대다. 힘이라는 범주를 사용하면 역사의 통일성을 주어진 매우 중요한 것(as a primary given)으로 생각할 수 있게 한다. 그러나 문제는 여러 힘이 어떻게 통일적인 전체(whole)를 형성하는가 하는 것이다.

역사의 세계는 언제나 세계 역사의 통일성이라는 견지에서 인식된 것은 아니다. 그러나 역사발전의 거대하고 다양한 전체로부터 서양문명의 통일성이 나타났다는 소박한 생각이 발생했다. 서양 역사의 계속성이 문화적 존재의 형식을 구성한다는 것이다(TM 213).

결국 역사학파의 해석학적 자기-이해는 그 궁극적 토대를 보편사라는 관념에 두고 있다. 보편사, 즉 세계사는 사건들의 총체성을 지칭하는 형식적 요체가 아니다. 오히려 역사적 사고에서는 신의 창조물로서의 우주가 그 자체의 의식으로 고양된다.

(3) 드로이젠이 본 역사학과 해석학의 관계(The relation between historical study and hermeneutics in J. G. Droysen)

역사가는 정신에 역사를 결부시키는 자기-개념(self-conception)의 문제를 인식했다. 이해는 표현(expression)을 이해하는 것이다. 역사의 이해는 언어의 이해와 근본적으로 다르지 않다. 여기서 새롭게 도덕적 힘(moral power)이라는 견해가 도입된다. 도덕적 힘이라는 개념이 드로이젠(Droysen)의 중심자리를 차지한다(TM 217).

역사적 과정의 계속성은 무엇을 해야 할 것인가 하는 비판을 통하여 현상을 계속하여 극복하는 과정으로 이루어진다. 역사적 선험주의에 반해 드로이젠은 우리가 역사운동의 방향을 볼 수 있으나 그 끝은 볼 수 없다고 말한다. 역사가는 공정하게 이해하려고 해야 한다. 따라서 역사적 지식을 위한 드로이젠의 공식은 "연구를 통한 이해"(understanding through research)이다(TM 219).

끊임없는 연구가 이루어져야 하지만 연구되고 있는 것이 시야에 들어오는 것
은 아니다. 언제나 새롭고 다른 무엇인가 하는 것, 다시 말해서 전통
(tradition)을 연구해야 한다. 끊임없는 전통의 연구를 통하여 결국에는 이해
가 가능하다(TM 221)

표현의 개념을 통한 역사 현실은 의미의 영역으로 떠오른다. 이에 따라 드로
이젠의 방법에 관한 고찰에서도 해석학은 역사연구의 관건이 된다. 세부적인
것은 전체 내에서 이해되고, 전체는 세부에서 이해된다. 텍스트를 이해하는 것
과 마찬가지로, 역사이해는 정신적 현전(spiritual presence)에서 그 절정에
이른다. 드로이젠에게도 역사연구의 목적은 전통의 파편으로부터 역사의 위대
한 텍스트를 재구성하는 것이다(TM 221).

2. 역사주의의 난관에 빠진 딜타이(Dilthey's entanglement in aporias of historicism)

1) 역사의 인식론적 문제로부터 인문과학의 해석학적 기초설립에 이르기까지 (From the epistemological problem of history to the hermeneutic foundation of the human sciences)

미학적 해석학과 역사철학 간의 긴장은 빌헬름 딜타이(Wilhelm Dilthey)
와 함께 절정에 다다랐다. 딜타이가 중요한 이유는 그가 역사적 견해가 관념론
(idealism)과 관련하여 함축하는 인식론적 문제를 진정으로 인식했다는 사실
때문이다. 딜타이도 관념론과 경험론 간의 이분법(dichotomy) 때문에 고민
했다(TM 222).

딜타이의 갈등의 뿌리는 철학과 경험 사이의 역사학파의 중간위치 때문이
다. 인식론적 토대를 마련하려는 딜타이의 노력으로 그 갈등이 제거되기보다
는 더 날카로워졌다. 딜타이는 역사학파와 관념론의 명제 간의 양립 불가능성

을 인식하지 못하고 두 견해를 무비판적으로 결합한 것이 역사학파의 약점이라고 보았다. 그래서 딜타이는 역사적 경험과 역사학파의 관념론적 유산 사이의 새롭고 더 생명력 있는 인식론을 구성하려고 했다. 이 목적은 사변적 관념론에서 벗어나는 것을 보여준다. 딜타이는 역사적 이성(historical reason)이 순수 이성과 같은 정당화가 필요하다고 말하기를 원하는 것이다(TM 223.). 역사학파는 칸트가 자연의 지식을 위해 달성한 것과 같은 그런 철학적 토대를 역사적 지식을 위하여 마련하기를 원하는 것이다.

인식론의 문제는 역사과학을 통해 더 긴급하게 되었다. 딜타이의 중요성은 그가 경험(experience)을 자연의 연구에서 하는 것과 다르게 보았다는 점이다(TM 225). 역사적 세계의 구조는 경험으로부터 얻은 다음 가치 관계를 획득한 사실들을 기초로 하는 것이 아니라 경험 자체에 속하는 내면적 역사성에 기초하는 것이다. 우리가 경험이라고 부르고 경험을 통하여 얻는 것은 살아 있는 역사적 과정이다. 그리고 그 패러다임은 사실의 발견이 아니라 기억과 기대(memory and expectation)가 하나의 전체(a whole)가 되는 특이한 융합이다. 이렇듯 역사과학의 특별한 아는 방식을 미리 형성하는 것은 통찰을 키워가는 사람이 실재(reality)의 고통스러운 경험으로부터 얻는 고통과 지식이다. 역사과학은 이미 삶의 경험에 함축된 생각을 발전시키고 넓힐 뿐이다.

이렇듯 인식론적 탐구는 상이한 출발점에서 시작한다. 이 탐구는 우리의 관념들이 "외부 세계"와 부합한다는 사실의 가능성에 근거를 두지 않아도 된다. 우리가 여기서 관심을 갖는 것은 역사적 세계의 지식이며, 그것은 언제나 인간의 마음으로 구성되고 형성된 세계다. 역사과학의 가능성의 첫째 조건은 나 자신이 역사적 존재이며, 역사를 연구하는 사람이 역사를 만드는 사람이라는 것이라고 한다. 역사적 지식을 가능하게 하는 것은 주체와 대상의 동질성이다.

여기서 문제가 되는 것은 어떻게 개인의 경험과 지식이 역사적 지식이 될 수 있는지 이다. 딜타이는 개인의 삶이 지속성을 얻게 되는 방식을 밝힘으로써 역사적 지속성과 그에 관한 지식 양자의 근거로 사용할 개념들을 찾고자 했다. 이러한 개념들을 삶에서 찾고자 했고 역사적 세계의 지식에 관한 궁극적 사전 가정은 경험(experience)이라고 보았다(TM 226). 이러한 경험의 지속성을 설명하기 위해 구조(structure)라는 개념을 사용했다. 개인의 삶에서 나타나는 지속성은 특정 경험들의 의의(중요성)를 통하여 형성된다. 삶의 구조의 응집성은 전체와 부분 간의 관계로 정의된다. 각 부분은 삶의 전체의 어떤 것을 표상한다. 즉 전체를 위한 의미가 있다. 또한 각 부분의 의미는 전체에 의해 결정된다. 이것은 텍스트 이해를 위한 오래된 해석학적 원리다.

인문과학의 인식론적 토대를 마련하는 딜타이의 결정적 단계는 개인 경험의 응집성(coherence) 구조로부터 어느 개인도 경험하지 않는 역사적 응집성(historical coherence)으로 이행하는 것이다. 여기서 중요한 문제는 인문과학의 심리적 토대로부터 해석학적 토대로 이행하는 것인데 딜타이는 그 개요만을 제시했을 뿐이다(TM 227). 구조 개념을 정당화하기 위해 후설이 말하는 의식의 본질속성에 관한 현상학적 기술을 원용하기도 하였다. 삶은 시간에 따라 의미 있는 지속적 단위들(enduring units of significance)을 형성해 나간다. 삶은 자체를 해석한다. 삶 자체는 해석학적 구조를 가지고 있다(TM 229). 따라서 삶이 인문과학의 진정한 토대를 구성한다. 딜타이의 삶의 해석학은 근본적으로 역사적 세계관을 유지하려는 것이다. 관념론적 형이상학을 피하려고 했지만, 후년에 가서 딜타이는 삶을 말하던 곳에서 정신(spirit)을 말했다. 그는 이러한 생각을 역사의식(historical consciousness)이라고 표현하기도 했다(TM 232). 역사의식에서 전통의 전체는 인간의 마음(mind)의 자기-대면(self-encounter)이 된다. 역사의식은 예술, 종교, 철학에 특별히 유보했던 것으로 보이던 것을 차지했다. 그것은 개념의 사변적 지식에 있는 것이 아니라 정신의 자기 지식이 절정에 이르는 역사적 의식에 있다. 역사의식은 모든 사물의 역사적 정신을 식별한다. 철학조차도 삶의 표상일 뿐이라고 보아야 한다. 그러나 가다머는 역사의식이라는 것이 결국은 내부모순이 있는 유토피아적 이상이 아닌가를 묻는다.

2) 딜타이의 역사의식 분석에 나타난 학문과 생철학의 갈등(The conflict between science and life-philosophy in Dilthey's analysis of historical consciousness)

딜타이는 이 문제를 집요하게 연구해나갔다. 그는 언제나 역사적으로 조정된 지식을, 아는 자 자체가 조정되었다는 사실에도 객관적 과학의 성취라고 정당화하려고 노력했다. 이것은 그 자체의 중심으로부터 자체의 통일성을 구성해 나가는 구조이론(the theory of structure)으로 정당화하려고 했다. 구조화된 전체는 그 중심의 입장에서 이해될 수 있다는 생각은 해석학의 옛날 원리에 상응하고 한 시대는 다른 외적인 기준이 아니라 자체의 입장에서 이해되어야 한다는 역사적 사고의 주장과 유사하다. 딜타이의 생각에는 점차로 커지는 역사적 단위들에 관한 지식은 구조의 틀에 따라 생각할 수 있고 보편사(universal history)의 지식을 구성하도록 확장될 수 있다는 것이다. 이것은 마치 단어는 전 문장의 입장에서만 이해되고, 문장은 전체의 텍스트, 전체적인 문학의 맥락에서 이해될 수 있다는 것과 같다.

이런 생각을 적용하려면 역사 감각이니 역사의식이니 하는 관점이 필요하다(TM 234). 역사적 이해는 마음(mind)의 내적 통일성과 무한성(infinity)이라는 확고한 토대를 가지고 있어서 모든 역사자료를 포용하도록 확장하고 진정으로 보편적인 것이 된다는 것이다. 개인의 사적인 경험의 세계에서 출발하여 역사적 세계를 재경험함으로써 얻어지는 무한성으로 사적인 경험의 협소함과 신뢰성을 확충해 나간다.

이해의 보편성에 대한 한계를 극복하는 방법으로 동감(sympathy), 비교방법, 절대적 지식 등을 원용하기도 하나 모두 한계가 있다. 명확한 해답은 제시되지 않았으나, 역사적 의식은 너는 사신이 처한 전통에 대하여 자신의 이해 기준을 적용하지 않으며, 소박하게 전통을 동화하고 계속하지도 않는다. 오히려 그것은 자신과 처해 있는 전통을 향해 성찰적 태도를 취하는 것이다. 역사적 의식은 자신의 역사 입장에서 자신을 이해한다. 역사적 의식은 자기-지식의 양식 (a mode of self-knowledge)이다(TM 237).

이런 대답은 자기-지식의 성격에 관한 충분한 해명이 필요하다. 성공하지는 못했지만, 딜타이는 어떻게 자기-지식이 과학적 의식을 탄생시키는가를 삶의 입장에서(in terms of life) 설명하려고 한다. 딜타이는 삶에서 시작한다. 삶은 성찰을 향해 정렬되어 있다. 삶 자체에는 지식이 있다는 것이다. 우리 자신의 활동 맥락으로부터 거리를 두면 성찰로 의미를 경험할 수 있다. 삶은 안정을 향해 노력하는(striving toward stability) 경향이 있어서 과학적 지식을 얻고자 한다(TM 238). 인문과학도 객관적인 역사적 지식을 얻고자 한다.

따라서 딜타이에게 있어서 삶과 지식의 연결은 원초적 자료다. 딜타이는 상대성에서 어떻게 객관성이 가능하며 우리는 어떻게 절대성에 대한 유한성을 생각하는가에 관해 알고자 했다. 그러나 질문이 잘못되었고 사고의 내적 통일성도 모호했다. 삶의 여러 가지 의문에서 확실성을 추구하는데 과학도 확실성의 하나이기는 하나 삶에서 얻은 확실성과는 다른 것이라고 가다머는 말한다. 역사적 계몽주의의 절정에서 딜타이는 인문과학의 지식 양식을 자연과학의 방법론적 기준과 조화시키는 데 성공했다는 것이다. 그런데 이것은 인문과학의 본질적 역사성을 무시해야 가능한 것이다.

딜타이는 역사적 세계를 하나의 텍스트라고 생각함으로써 그는 인문과학의 인식론을 정당화한다고 생각했다. 그렇게 해서 그는 우리가 받아들일 수 없는 결과로 이끌었다. 역사적 세계관의 해석자로서의 딜타이는 해석학이 자신의 모델이라는 정도의 결론에 이르렀다. 그 결과 역사는 궁극적으로 지성사로 환원되었다(TM 243). 역사의 모든 것은 알 수 있게 되었다. 왜냐하면 모든 것이 텍스트이기 때문이다. 이렇듯 딜타이는 결국 역사적 과거를 연구하는 것을 역사적 경험이라고 생각하지 않고 해독하는 것(deciphering)으로 생각했다. 이런 사고는 역사학파에 도움이 되지 않는 것이다. 인문과학의 자기-지식을 추구하는 데 있어서 현대 과학의 방법론적 압력을 피하려면, 인문과학의 경험과 그들이 달성할 수 있는 객관성을 더 적절하게 묘사해야 한다(TM 244).

3. 현상학적 연구를 통한 인식론적 문제 제기의 극복(Overcoming the epistemological problem through phenomenological research)

1) 후설과 요크 백작의 삶 개념(The concept of life in Husserl and Count York)

소여(주어진 것; the given)와 실증적인 것의 개념은 근본적 비판의 대상이 되어 왔다. 가다머는 관념론 등에서 행해진 이런 논의에 이어서 지향성의 현상학에서 다룬 경험, 과학, 지식의 과업 등을 분석한 다음(TM 244-246), 후설의 괄호치기(bracketing), 시간의식(time- consciousness), 지평(horizon) 등에 관해 논하였다.

후설이 삶과 관련하여 사용하는 개념이 생활-세계(life-world)다. 이 개념은 과학에 따라 객관화될 수 있는 만물(the universe)을 포함하는 세계(world)의 개념과 내조되는 현상학적 개념이다. 즉 이 세계는 우리가 그 속에 자연적 태도(natural attitude)로 빠져있어서 우리의 대상이 되지 않으나 모든 경험에 미리 주어진 토대를 나타낸다. 이 세계 지평은 모든 과학의 사전 가정이기도 해서 더 근본적이다. 지평 현상으로서의 세계는 본질적으로 주관성과 관련되고 이 관계는 또한 그것이 상시성에 있지 않다는 것을 의미한다. 생활-세계는 상대적 타당성의 계속되는 이동하에 있다(TM 248).

생활-세계의 개념은 모든 객관주의와 대립한다. 그것은 본질적으로 역사적 개념으로서 존재의 민물, "실존하는 세계"(an existing world)를 지칭하지 않는다. 생활-세계는 역사적 존재로서 우리가 사는 전체(the whole)를 지칭한다. 이 세계는 다른 사람의 존재가 있는 공동의 세계다. 이어서 논의되는 것이 초월적 주관성의 구성적 행위다. 생활-세계를 구성하는 것은 패러독스적인 과업인데, 후설은 우리가 현상학적 환원(reduction)의 초월론적 의미를 지속하면 해소될 수 있다고 생각한다(TM 249).

후설의 삶의 개념은 딜타이의 경험의 응집성의 개념과 동일한 역할을 수행한다. 그들은 모두 삶의 구체성(concreteness)으로 되돌아간다. 딜타이는 삶에 내재하는 성찰성으로부터 역사적 세계의 구조를 도출하려고 노력하는데 후설은 "의식적 삶"으로부터 역사적 세계의 구성을 도출하려고 한다. 사실상 삶의 개념의 추론적 중요성은 두 사람에 의해 개발되지 않은 채로 남아 있다. 이 점에서 요크 백작(Count York)의 유고가 중요성을 갖는다고 가다머는 생각한다.

요크는 딜타이와 후설이 실패한 것을 성취했다. 즉 삶의 개념은 관념론과 실험론 양자를 포괄하는 것으로 제시되었기 때문에, 요크의 체계적 의도는 추론적 관념론과 새로운 실험적 입장 간에 다리를 놓았다. 요크의 사상에는 관념론적 모티브가 있다. 요크가 제시하는 것은 헤겔의 현상학이 이미 발전시킨 삶과 자기-의식 간의 구조적 상관관계다. 삶의 현상은 의식으로부터 자기-의식으로의 결정적인 이행(transition)을 한다. 이것은 인위적인 연계가 아니다. 왜냐하면 삶과 자기-의식은 유사하기 때문이다. 삶(life)이란 살아 있는(alive) 것이 자기가 살고 있는 세계와 자기와 연결된 것으로부터 차별화되고 이 차별화에서 자신을 보존하는 것이라고 정의된다. 살아있는 것은 자기의 밖에 있는 모든 것을 자기에게 끌어들이면서 자신을 보존한다. 살아있는 모든 것은 자신에게 이질적인 것에 의지하여 자신을 배양한다. 살아 있다는 근본적인 사실은 동화다. 그래서 분화는 동시에 비분화다. 이질적인 것은 수용된다. 이해의 조건은 동화와 통합이다.

2) 하이데거가 구상한 해석학적 현상학(Heidegger's project of a hermeneutic phenomenology)

딜타이와 요크가 공통으로 구성한 "삶의 입장에서의 이해"와 후설이 과학의 객관성의 배후로 생활-세계로 돌아가면서 표현한 경향은 하이데거 자신의 처음 접근방법의 특징이었다. 그러나 그는 (딜타이의) 삶에 되돌아가야 한다는 것과 스스로 주어진 경험에 방법론적으로 토대를 두어야 한다는 (후설의 극도의 자기 성찰의) 초월론적 환원의 방법론적 요건에 의존하지 않았다. 반대로 모든 것은 하이데거의 비판 대상이 되었다. "현사실성의 현상학"이라는 이름 아래 후설의 현상학에 대면했다. 현상학은 다자인(Dasein)의 현사실성인 실존(existence)에 존재론적으로 근거해야 되며, 그 외의 어느 것에 근거하거나 토대를 둘 수 없고, 전형적 보편성의 본질적 구성으로서의 순수 인식에도 근거할 수 없다(TM 255).

이 사상의 핵심적 부분은 전혀 새로운 것은 아니다. 하이데거는 서양 철학의 시초로 돌아가고 오래전에 망각된 그리스의 "존재"(being)에 관한 논쟁을 부활하려는 것이었다. 현사실성의 문제는 역사주의의 중심적 문제였다. 다자인(Dasein)은 존재(being)가 쟁점이 되는 존재다.3) 따라서 근본적 존재론에 관한 하이데거의 계획은 역사의 문제를 전면에 두어야 했다. 그러나 하이네서의 기초론적 존재론의 의의를 구성한 것은 역사주의 문제의 해결도 아니고 더 근본적인 과학의 근거를 찾는 것도 아니었으며 철학 자체의 궁극적 근거를 찾는 것도 아니었다. 오히려 자체의 근거를 찾는 전체적인 생각은 총체적인 반전을 겪었다. 하이데거가 절대적 시간성의 입장에서 존재, 진리, 역사를 해석한 것은 후설의 지향과 달랐다. 존재의 문제를 재생시켜야 했다. 존재가 무엇인가

---

3) *Ibid*, p. 162. "Dasein is the being for which being is an issue."

하는 것은 시간의 지평 안에서 결정되어야 한다. 이렇듯 시간성의 구조가 주관성을 존재론적으로 규정짓는 것으로 보였다. 하이데거의 주장은 존재 자체가 시간(being itself is time)이라는 것이다. 이것은 존재는 현전이라고 규정하던 것을 흔들어 놓았다. 존재들(beings; 있는 것들)의 존재(being)를 묻는 것이다(TM 258). 다자인, 인간 실존은 존재가 거기 있음이다.

하이데거의 해석학적 현상학과 그의 다자인의 역사성 분석은 존재의 질문 일반을 갱신하려는 목적을 가졌고 인문과학의 이론을 만들거나 역사주의의 난관을 극복하려는 것이 아니었다(TM 259). 인문학 이론과 역사주의는 그가 존재의 물음을 과격하게 갱신한 결과를 보여 줄 수 있는 특정한 당대의 문제들이었을 뿐이다. 그러나 바로 그의 접근방법의 과격성 때문에 그는 인문과학의 근본적인 문제를 다루면서 딜타이와 후설이 좌절했던 복잡성을 넘어갈 수 있었다.

딜타이는 삶의 입장에서 인문과학을 해명하고 삶의 경험에서 출발했으나 자신이 선택한 과업을 성취할 수 없었다. 그는 인문과학의 특별한 방법론적 성격을 인식론적으로 정당화하여 인문과학을 자연과학과 동등하게 하려고 했다.

그러나 하이데거는 완전히 새로운 시작을 할 수 있었다. 왜냐하면 후설이 삶에 되돌아가는 것을 절대적으로 보편적인 작업 방법(working method)으로 만들었고 따라서 인문과학의 방법을 묻는 단순한 접근방법을 영원히 버렸기 때문이다. 생활-세계와 모든 경험의 토대를 형성하는 의미의 익명에 의한 창조에 관한 그의 분석은 과학의 객관성 개념을 특별한 사례로 나타나게 만듦으로써 인문과학의 객관성의 문제에 대해 완전히 새로운 배경을 제공했다. 과학은 사실로부터 출발하는 것이 아니다(Science is anything but a fact from which to start). 오히려 과학적 세계의 구조는 특별한 과업을 제시한다. 그것은 과학에 고유한 이상화를 해명하는 것이다. 그러나 이것은 가장 근본적인 과업은 아니다. 우리가 생산적 삶으로 되돌아가면 자연과 정신 간의 대조는 궁극적 타당성이 없다. 인문과 자연과학은 다 같이 보편적 삶, 즉 절대적 역사성의 지향성 성취라고 이해되어야 한다. 이런 종류의 이해만이 철학의 자기 성찰을 만족시킨다.

하이데거는 그가 부활시킨 존재의 물음에 비추어 이 문제를 새롭게 했다. 이해는 세계-내-존재(being-in-the-world)인 다자인(Dasein)이 실현되는 본래적 형식이다. 실용적 또는 이론적 관심에 따라 여러 가지 방향으로 이해가 분화되기 이전에 이해가 존재를 위한 잠재성(potentiality-for-being)과 가능성(possibility)인 한에서, 이해는 다자인의 존재 양식이다. 이해는 인간의 삶 자체의 본래적 특징이다. 그리고 모든 이러한 이해는 결국 자기-이해(self-understanding)이다.4) 이해의 일반적 구조는 역사적 이해에서 구체화된다(TM 264).

II. 해석학적 경험이론의 기본 요소들(Elements of a Theory of Hermeneutic Experience)

1. 이해의 역사성을 해석적 원리로 고양하기(The elevation of the historicity of understanding to the status of hermeneutic principle)

1) 해석학적 순환과 선입견의 문제(The hermeneutic circle and the problem of prejudices)

(1) 하이데거가 밝혀낸 이해의 선구조(Heidegger's disclosure of the fore-structure of understanding)

하이데거는 존재론의 목적을 위한 이해의 선구조를 해명하기 위해서만 역사적 해석학의 문제에 들어와서 비판한 것이다. 그와는 대조적으로 가다머의 관

---

4) *Ibid,* p. 165. All understanding is ultimately self-understanding.

심은, 과학적 객관성 개념의 존재론적 방해로부터 일단 해방된, 해석학이 이해의 역사성을 옳게 다룰 수 있는가 하는 것이다. 해석학은 이해의 기법이라고 여겨져 왔는데, 이 문제는 뒤에서 다루기로 한다. 그러나 먼저 하이데거가 다자인(Dasein)의 시간성으로부터 이해의 순환구조(the circular structure of understanding)를 도출한 사실이 인문과학의 해석학에 미친 영향을 따져볼 수 있을 것이다.

우리의 목적을 위해 도움이 되는 새로운 근본적 의의를 찾기 위하여 해석학적 순환에 관한 하이데거의 묘사를 다시 한번 검토하려고 한다. 하이데거는 이런 순환을 악순환으로 바꾸지 말라고 말한다. 순환에는 앎의 가장 원초적인 긍정적 가능성이 숨겨져 있으므로 미리-가짐(fore-having), 미리-봄, 미리-쥠 등의 선-구조(先構造)를 사태 자체의 입장에서 과학적 주제로 확보해야 한다는 것이다.

하이데거가 여기서 다루는 것은 이해의 실행을 위한 처방이 아니라 해석적 이해가 이루어지는 방식을 묘사하는 것이다. 하이데거의 해석학적 성찰은 순환이 있다는 것을 증명하려는 것보다는 이 순환이 존재론적으로 긍정적인 의미가 있다는 것을 보여주려는 것이다. 텍스트를 이해하려는 사람은 언제나 기대한다. 그는 텍스트에 어떤 의미가 나타나자마자 텍스트 전체의 의미를 예측(기투)한다. 그리고 최초의 의미가 나타나는 것은 읽는 사람이 일정한 의미에 관한 특정한 기대를 하고 텍스트를 읽기 때문이다. 독자가 의미에 파고들면서 생기는 견지에서 계속해서 수정하는 것인, 사전 기투(예측; fore-projection)의 개선이 이루어지는 이해이다.

이러한 새로운 예상을 계속하는 것이 이해와 해석의 운동을 구성하는 것이다. 여기서 자의적 예측을 경계해야 한다. 그리고 우리의 텍스트의 이해가 저자의 언어 용례 또는 당대의 언어 용례로부터 도출된 것인지도 살펴야 한다. 나 자신의 사전-의미를 저버리지 않은 채로 타자의 사전-의미에 개방적이어야 한다. 여기서 중요한 것은 자신의 선입견을 경계하는 것이다(TM 282).

하이데거가 "거기 있는 것을 읽을 뿐"(merely reading what is there)인 것에서의 이해의 선-구조를 밝혔을 때, 이것은 전적으로 옳은 현상학적 묘사였다. 방법론적으로 의식하는 이해는 예상적 관념들을 형성하는 것에만 관심이 있는 것이 아니라, 사태 자체들로부터 옳은 이해를 할 수 있도록 의식하게 하는 것이다. 이것이 하이데거가 사태 자체들로부터 미리-가짐, 미리-봄, 미리-쥠을 도출함으로써 과학적 주제를 확보해야 한다고 말하는 의미이다(TM 282).

모든 이해는 불가피하게 일정한 선판단(先判斷, prejudice) 또는 선입견(先入見)을 포함한다는 것을 인정하는 것은 해석학적 문제에 진정한 자극을 준다. 이 통찰에 비춰볼 때 합리주의와 자연법 철학에 대한 그 비판에도 역사주의는 근대 계몽주의에 토대를 두고 뜻하지 않게 그 선입견을 함께 가지고 있다. 계몽주의의 본질을 규정하는 계몽주의의 근본적 편견은 전통의 힘을 부정하는 선입견 자체에 대한 편견이다.

사상사에 의하면 계몽주의 이전까지는 선입견이라는 개념이 오늘날 친숙한 그런 부정적인 의미가 없었다. 실제로 선입견(prejudice)은 상황을 결정하는 모든 요소가 최종적으로 검토되기 이전에 내리는 판단을 의미했다. 이렇듯 선입견은 반드시 그릇된 판단을 의미하는 것은 아니다. 그러나 그 생각의 일부는 선입견이 긍정적 또는 부정적 가치를 가질 수 있다는 것이다.

(2) 선입견에 대한 계몽주의의 불신(The discrediting of prejudice by the Enlightenment)

우리가 계몽주의의 선입견의 원리를 고찰하면, 다음과 같은 구별이 이루어지는 것을 알 수 있다. 우리는 인간의 권위에 기인한 편견과 조급함에 기인한 편견 간의 기본적 구별을 해야 한다. 이 구별은 편견을 가진 사람의 편견 기원에 근거를 둔다. 타자들과 그들의 권위에 대해 우리가 갖는 존중이 우리를 과오로 이끌거나, 우리 자신의 조급함이 과오로 이끈다. 이 구별은 편견이 텍스트를 이해하는 데 작용한 것에 한정되는 것은 아니지만, 그것이 주로 적용되는 곳은 해석학의 영역이다. 그 이유는 계몽주의의 비판이 주로 기독교의 종교적 전통, 즉 성경을 향하고 있었기 때문이다. 계몽주의는 성경의 독단적 해석을 반대하려는 것으로 해석학적 문제에 특별히 관련된다. 계몽주의는 합리적으로 편견 없이 전통을 올바르게 이해하기를 원한다. 이것이 매우 어려운 이유는 기록되어 전해오는 것은 특별한 권위를 갖기 때문이다. 계몽주의는 권위를 인정하지 않고 모든 것을 이성의 판단으로 결정하려는 경향이 있다. 전통이 아니라 이성이 모든 권위의 궁극적 원천이 된다고 본다(TM 285).

근대 계몽주의의 기준이 아직도 역사주의의 자기-이해를 결정한다. 이것은 낭만주의의 굴절을 경유해서 이루어졌다. 낭만주의는 옛것과 목가적이고 신화적인 것이 원초적 지혜를 갖는다고 믿었다. 낭만적인 재평가는 19세기에 역사과학을 일으켰다. 역사과학은 더는 과거를 현재의 기준으로 평가하지 않고 (TM 287) 지난 시대에 그 자체의 가치를 귀속시키고 특정 측면에서의 우수성을 인정하기까지 한다. 그런데 역사학파를 탄생시킨 것은 낭만주의라는 사실은 기원의 낭만적 회복 자체가 계몽주의에 기초한다는 것을 확인한다. 가다머는 여기서 역사적 해석학의 비판을 시작한다. 모든 편견을 극복하는 것, 계몽주의의 이 전체적인 요구가 편견이라는 것이 밝혀질 것이고, 그것을 제거하는 것이 인류를 지배하는 유한성뿐만 아니라 우리의 역사적 의식의 유한성을 적절히 이해하는 길을 열어줄 것이다.

전통 안에 처하는 것이 진정으로 편견의 대상이 되며 우리의 자유를 제한하는가? 아니라면, 매우 자유스러운 사람조차도, 모든 인간은 제약되고 한정되는가? 이것이 진실이라면 절대적 이성은 역사적 인류를 위한 가능성이 없다. 이성은 우리에게 구체적인 역사적 입장에서 존재한다. 즉 이성은 그 자체의 주인이 아니라 그것이 작용하는 주어진 상황에 계속하여 의존한다.

여기서 인식론적 질문을 근본적으로 다른 방식으로 물어야 한다. 역사가 우리에게 속하는 것이 아니라 우리가 역사에 속한다. 우리가 자기-검열을 통하여 자신을 알기 훨씬 이전에 우리는 우리가 사는 가족, 사회 및 국가에서 자명한 방식으로 우리 자신을 이해한다. 주관성의 초점은 뒤틀린 거울이다. 개인의 자기 인식은 역사적 삶의 폐쇄된 회로에서 명멸할 뿐이다. 이것이 왜, 개인의 판단보다도 훨씬 더, 그 개인의 편견이 그의 존재의 역사적 현실을 구성하는가 하는 이유다.

2) 이해의 조건으로서의 선입견(Prejudices as conditions of understanding)

(1) 권위와 전통의 복원(The rehabilitation of authority and tradition)

여기가 해석학적 문제를 위한 출발점이다(TM 289). 인간의 유한한 역사적 존재 양식을 제대로 평가하려면 선입견이라는 개념을 복원하고 정당한 편견이 있다는 것을 인정해야 한다. 정당한 선입견을 알려면 계몽주의의 편견 이론의 긍정적 가치를 봐야 한다. 편견을 권위에 의존하는 것과 조급성에서 생기는 것으로 구분했는데, 권위에 의존하는 것은 자신의 이성을 사용하지 않는 것이고 조급함은 자신의 이성을 사용하는 데서 생기는 것이다.

권위의 믿음과 자신의 이성을 사용하는 것 양자 간 계몽주의의 구분은 그 자체로는 정당하다. 그러나 권위의 위신이 사람 자신의 판단을 대체한다면, 권위는 편견의 원천이다. 그러나 이것은 권위가 진리의 원천이라는 것을 배제하지 않는다. 그래서 계몽주의는 모든 권위를 훼손하였을 때 실패한 것이다. 계몽주의는 계몽을 훼손한 것만이 편견이 아니라 권위 개념 자체를 왜곡했다. 권위를 이성과 자유에 반하는 맹목적 복종이라고 왜곡했다. 그러나 이것이 권위의 본질은 아니다. 권위는 더 많이 알고 넓게 보는 능력으로 획득한 것이다. 권위의 본질은 계몽주의의 극단으로부터 해방된 편견 이론의 맥락에 속한다.

낭만주의가 특별히 옹호한 권위의 한 형식이 전통(tradition)이다(TM

292). 전승과 관습에 의해 인정되어 온 것은 전통이며, 전통은 유한한 역사적 존재인 우리의 태도와 행태 위에 힘을 가지고 있다. 전통은 합리적 근거 너머에 정당성이 있고 우리의 제도와 태도를 결정한다.

그러나 전통 개념은 권위 못지않게 모호해졌다. 그 이유는 전통의 낭만적 이해는 계몽주의의 원리에 반하는 것으로 생각했기 때문이다. 낭만주의는 전통을 이성의 자유에 반대되는 것으로 생각하고 자연처럼 역사적으로 주어진 무엇으로 생각했다. 전통의 진리를 비판적으로 보고 갱신하려는 것을 "전통주의"(traditionalism)라고 부를 수 있다(TM 293).

그러나 가다머가 보기에는 전통과 이성 간에 무조건적인 대립이 있는 것으로 보이지는 않는다는 것이다. 전통에는 언제나 자유와 역사의 요소들이 있으며 이성의 결과로 쇄신과 계획을 통해 보전하고 갱신해 나간다. 이러한 생각은 인문과학의 해석학에서 전통의 요소에 충분한 가치를 부여해야 되는 것이 아닌가 하는 문제를 제기한다. 우리는 과거와 관계를 가지며 전통 속에 있다. 따라서 지배적인 방법주의와 관련하여 역사적 의식이 과거에 대한 이런 자연스러운 관계로부터 왜 우리의 연구를 분리했는가를 물어야 한다. 인문과학에서의 이해는 전통의 삶과 근본적 조건을 공유해야 한다. 이해는 전통이 말을 걸게 해야 한다.

모든 역사적 해석학의 시초에는 전통과 역사적 연구, 역사와 역사적 지식 간의 대립은 버려야 한다. 살아 있는 전통의 효과와 역사연구의 효과는 효과의 통일성을 이룬다. 우리는 역사연구의 전통적 요소를 인정하고 그 해석학적 생산성을 연구해야 한다(TM 294). 전통의 요소는 인문과학에 영향을 미친다.

현대의 역사연구 자체는 연구일 뿐만 아니라 전통을 전수한다. 우리는 역사연구를 진보와 그 검증된 결과만으로 보지 않는다. 역사연구에서 우리는 과거가 새로운 목소리로 다시 울릴 때마다 역사를 새롭게 경험한다. 역사적 연구에서는 우리가 추구할 관심을 가진 전통에 관한 특별한 연구문제는 현재와 현재의 관심으로 특별한 방식으로 동기가 부여되는 것이다. 연구의 주제와 대상은 연구의 동기에 의해 구성된다. 따라서 역사적 연구는 삶 자체의 역사적 운동에 따라 수행되고 연구되고 있는 대상(object in itself)의 입장에서 목적론적으로 이해될 수는 없다. 자연과학에서는 연구대상 자체에 관해 완전한 지식을 추구할 수 있으나 완전한 역사적 지식을 논하는 것은 무의미하다.

(2) 고전적인 것의 범례(The example of the classical)

인문과학의 자기-이해가 그 활동의 전부에서 자연과학의 모형으로부터 자신을 분리하고 자신들이 관심을 두는 역사적 운동을 단지 그들의 객관성의 훼손이라고만 보지 않고, 무엇인가 긍정적인 가치가 있다고 생각하라는 요구는 과도한 것이다. 그러나 역사연구의 근래 발전에서는 이러한 문제를 정당하게 다룰 수 있는 성찰을 위한 출발점이 있다(TM 297). 연구로서의 역사(history-as-research)라는 소박한 틀은 인문과학이 자신을 생각하는 방식을 더는 지배하지 않는다. 연구 영역의 확대나 목적론적 사고를 연구의 진보로 보는 것이 아니라 성찰의 높은 단계로 연구를 끌어 올리는 것을 진보로 본다. 해석학적 의식이 점차로 자기 성찰의 정신을 연구에 불어넣고 있다. 이것은 가장 오래된 전통에 관한 연구에서 그러했고 고전적 고대의 연구에서 더 정밀한 질문을 했다. 그래서 고전 개념이 새로운 역사적 정통성을 얻게 되었다.

가다머는 고전적(classical)인 것과 같은 규범적 개념이 어떻게 학문적 징통성을 얻게 되었는가를 발견하기 위해서는 좀 세련된 해석학적 성찰이 필요하다고 말한다. 왜냐하면, 이것은 과거의 규범적 의미의 모든 것이 주권적 역사이성(sovereign historical reason)에 의해 끝내 분해되었다는 역사의식의 자기-이해에서 따라 오는 것이기 때문이다(TM 297).

인류의 역사적 발전의 특정 단계는 성숙하고 완전한 인간을 만들어 냈다는 생각이 있기 때문에 고전적 고대와 고전적인 것에 관심을 두는 것이다(TM

299). 고전적이라는 것은 객관화하는 역사적 의식이 사용하는 묘사석 개념과 근본적으로 무엇인가 다른 것이다. 그것은 역사적 의식이 소속하고 종속된 역사적 실재이다. 우리가 무엇인가를 고전적이라고 부를 때는 잃을 수 없고 시대적 모든 상황에 매이지 않은 무엇인가 지속하고 의미 있는 의식이 있는 것이다. 그래서 고전적인 것의 개념의 중요성은 그 규범적 의미에 있다. 그런데 이 규범이 그것을 실현하고 체화했던 어떤 위대한 과거와 소급해서 연결될 때, 그것을 역사적으로 설명하는 시간적 특성을 포함한다. 역사적으로 특정 시기의 위대한 성취가 고전의 전범이 된다.

이해는 주관적 행위이기보다는 전통의 사건에 참여하는 것이며, 과거와 현재가 지속적으로 매개되는 전승의 과정이다(TM 302). 이것이 절차와 방법이라는 생각에 과도하게 지배되고 있는 것을 해석학적 이론에 의해 바로 잡아야(validate) 한다.

(3) 시대 거리의 해석학적 의미(The hermeneutic significance of temporal distance)

전통에 속하는 것이 해석학의 조건이라는 사실은 이해를 위해 어떤 결과를 가져오나? 우리는 세목(detail)의 입장에서 전체를 이해하고 전체의 관점에서 세목을 이해해야 한다는 해석학적 규칙을 돌이켜볼 필요가 있다. 이는 순환관계다. 전체가 예상하는 기대되는 의미는 전체에 의해서 결정되는 부분들 자체들이 이 전체를 결정할 때 실재의 이해가 된다. 이것은 고대어를 배울 때의 문장과 부분 간의 관계를 수정해 가면서 배우는 것과 같다. 이렇듯 이해의 운동은 전체와 부분 간을 오가며 하는 것이다. 우리의 과업은 이해된 의미의 통일성을 원심적으로 확대해 나가는 것이다. 모든 세목과 전체의 조화가 정확한 이해의 기준이다. 이 조화가 실패하면 이해도 실패한 것이다(TM 302).

객관적 측면과 주관적 측면 양자에서 부분과 전체 간의 해석학적 순환을 적절히 해명할 수 있는가에 관해 여러 학자가 고민해왔다. 순환관계에는 텍스트의 저자와 해석자 간의 관계, 두 텍스트 간의 합의 문제, 여러 가지 전통 간의 관계, 특수성과 보편적 형식 간의 관계 등이 포함된다.

위와는 대조적으로, 해석학적 순환에 관한 하이데거의 기술과 실존적 토대 놓기는 결정적인 전환점을 이룬다. 19세기의 해석학 이론은 이해의 순환적 구조를 부분과 전체 간의 형식적 관계의 틀에서 논의하였기 때문에 텍스트가 완전히 이해되면 부분과 전체 간의 이동은 사라지는 것으로 생각했다. 이런 접근방법과는 대조적으로, 하이데거는 텍스트 이해는 선-이해(fore-understanding)의 예견 운동으로 영속적(permanently)으로 결정된다는 방식으로 순환을 묘사한다. 전체와 부분 간의 순환은 완전한 이해로 분해되는 것이 아니라 반대로 완전히 실현된다(TM 304).

이와 같은 순환은 전통의 운동과 해석자의 운동의 상호작용이다. 우리는 전통의 진화를 이해하고 참여함으로써 전통을 만든다. 따라서 이해의 순환은 "방법론적" 순환이 아니라 이해의 존재론적 구조의 요소를 묘사하는 것이다(TM 305).

순환은 가다머가 "완전성의 선-개념"(fore-conception of completeness)이라고 부르는 해석학적 개념을 함축한다. 텍스트의 이해가 완전한가 하는 것은 내용을 이해했는가에 달려 있다. 이해한다는 것은 주로 말해진 것의 내용을 이해하는 것이다. 해석학적 작업은 친숙함과 낯섦의 양극 사이에 있다. 여기에는 긴장이 있다. 그것은 전통적인 텍스트의 낯섦과 친숙함 사이와 역사적으로 지향되고 거리가 있는 대상과 전통에 속하는 것 사이의 작용(play)이다. 이 중간(this in-between)에 해석학의 진정한 자리(locus)가 있다(TM 306).

해석학이 작용하는 중간위치가 있으므로, 그 과업은 이해 절차를 개발하는 것이 아니라 해석이 이루어지는 조건을 해명하는 것이다. 이러한 조건은 주어

시는 것인데 해석자가 할 일은 이해를 가능케 하는 선입견과 오해에 이르는 선
입견을 가려내는 것이다.

　이를 가려내는 일은 이해 자체의 과정에서 이루어진다. 이것은 원래의 작품
을 재생산하는 것이 아니다. 만일 해석자가 텍스트나 역사를 원래의 저자보다
도 더 잘 이해했다면 그것은 해석자가 더 우수해서가 아니라 역사적 거리 때문
이다. 텍스트의 진정한 의미는 역사의 객관적 과정 전체에 의해 결정된다. 이
해는 주제에 관해 더 우수한 지식을 갖는다는 의미로 더 나은 이해를 하는 것이
아니다. 우리가 이해했다면, 다른 방식으로 이해하면 된다고 말하면 충분하다
(It is enough to say we understand in a different way, if we
understand at all.)(TM 307).

　이해의 이런 개념이 낭만주의 해석학이 그리는 순환의 고리를 끊었다. 시간
적 거리가 가진 해석학적 생산성은 하이데거의 실존론적 이해로 가능해졌다
(TM 308). 이제 시간은 메꾸어야 할 간격이 아니다. 시간적 거리를 이해를 가
능케 하는 긍정적 및 생산적 조건으로 인정해야 한다. 시간적 거리는 그릇된 선
입견을 가려낸다. 우리 자신의 편견도 공개적으로 다른 사람의 견해와 함께 성
찰되어야 한다.

　소위 역사주의(historicism)의 소박함은 위와 같은 성찰을 하지 않는다는
사실에 있다. 역사주의는 자신의 역사성을 망각한다. 진정한 역사적 사고는 자
신의 역사성을 고려해야 한다. 진정한 역사적 대상은 전혀 대상이 아니고, 자
신과 타자와의 결합이며, 역사의 실재(reality)와 역사적 이해의 실재 양자를
구성하는 관계다. 주제에 적합한 해석학은 이해의 자체 내에서 실재와 역사의
효력을 보여주어야 한다. 가다머는 이것을 "효과의 역사," 즉 영향사(history
of effect)라고 부른다. 이해는 본질에서 역사적으로 영향을 받는 사건이다
(Understanding is, essentially, a historically effected event)(TM 310).

(4) 영향사의 원칙

(The principle of history of effect. Wirkungsgeschichte)

역사적 관심은 역사현상과 전통적인 작품에 대해서만 아니라 역사에서 그들의 영향에도 향하고 있다. 전에도 영향의 역사라는 관념을 부수적으로 다루어 왔으나 이제는 역사적 의식을 고찰하는 데 불가피하게 그 자체의 의미의 입장에서 보게 되었다. 우리가 역사현상을 역사적 거리에서 보면 우리는 이미 역사의 영향을 받은 것이다. 역사적 객관주의는 역사적 의식 자체가 역사적 영향의 망(web)에 있다는 것을 은폐한다(TM 311).

가다머는 영향사(효과의 역사)를 별도의 학문으로 다루자는 것이 아니라 역사의 영향이 작용한다는 것을 명시적으로 자각해야 한다고 말하는 것이다. 역사적으로 영향을 받은 의식은 이해행위 자체의 한 요인으로서, 물어야 할 옳은 질문을 찾는 데 영향을 미친다(TM 312).

역사의 영향을 받는 의식은 주로 해석적 상황(situation)의 의식이다. 자기가 처한 상황을 객관적으로 자각하는 것은 어렵다. 우리가 이해하고자 하는 전통과 관련하여 우리 자신이 처한 상황을 밝히기가 어려운 것이다. 그것은 성찰의 결함 때문이 아니라 본질적으로 우리가 역사적 존재이기 때문이다. 역사적이라는 것은 자기 지식이 완벽할 수 없다는 것을 의미한다(TM 313).

상황의 의식은 전망 가능성을 제한하는 태도를 보인다. 따라서 상황 개념에 본질석인 것은 "시평"(horizon) 개념이다. 지평은 특징한 관찰점에서 볼 수 있는 모든 것을 포함하는 전망의 범위다. 지평은 좁을 수도, 확장될 수도, 개방될 수도 있다. 해석학적 상황을 밝히는 것은 전통과 당면하여 불러낸 질문을 위한 연구의 옳은 지평을 얻는 것을 의미한다. 역사적 이해의 영역에서도 전통적 텍스트가 말하는 적절한 역사적 지평에 우리를 갖다 놓지 않으면 그 의미를 오해할 소지가 있다. 우리는 다른 사람과의 대화에서도 그의 입장이 되어 본다. 그러나 타인의 입장이 되어 본다는 것은 어떤 주제에 합의하는 것을 말하는 것은 아니다. 그러나 위와 같은 묘사가 해석학적 현상과 진정으로 부합하는지는 의문이라는 것이다. 내가 사는 지평과 내가 이해하려는 역사적 지평을 양립시킬수 있는가?

전통을 이해하려면 역사적 지평이 필요하다. 그러나 이것은 나를 버리고 역사의 지평으로 들어가는 것이 아니라 우리 자신을 타자의 상황에 놓아 보는 것이다. 이것은 나와 타자의 특수성을 극복하고 좀 더 높은 보편성으로 높아지는것이다. 하나의 지평을 얻는다는 것은 가까이 있는 것을 넘어서 보는 것을 배운다는 것을 의미한다. 현재의 지평은 계속해서 형성되는 과정에 있다. 왜냐하면, 우리는 우리의 선입견을 계속해서 검토해야 하기 때문이다. 이러한 검토의중요한 부분은 과거에 당면하고 우리가 빠져나온 전통을 이해하는 데서 생긴다. 따라서 현재의 지평은 과거가 없이는 형성될 수 없다. 이해는 언제나 각자 스스로 존재하는 것이라고 여기는 현재와 과거의 지평들을 융합하는 것이다. 현재와 과거의 구별되는 지평들이 있어서 지평 형성이라고 말하지 않고융합이라고 하는 것이다. 이것이 해석이다. 해석학의 중심문제는 적용(application)의 문제로 모든 이해에서 발견될 수 있다(TM 318).

2. 해석학적 기본 문제의 회복
(The recovery of the fundamental hermeneutic problem)

1) 해석학적 적용 문제(The hermeneutic problem of application)

이해, 해석 및 적용은 해석학적 과정에 필요한 불가분의 구성 요소들이다(TM 313). 문헌학, 법학 및 신학 해석학이 본래 밀접한 관련이 있었다는 사실은 적용을 모든 이해의 불가분 요소라고 인정했기 때문이다. 법률과 복음은 다같이 그저 역사적으로 이해되어야 할 문서가 아니라 적용으로 구체화하여야 하는 텍스트다. 여기서는 인지적, 규범적 및 재생산적(cognitive, normative, and reproductive) 해석 간의 구분은 타당성이 없다.

2) 아리스토텔레스의 해석학적 적실성(The hermeneutic relevance of Aristotle)

여기서 제기되는 문제가 있다. 만일 해석학적 문제의 핵심이 하나의 동일한 전통을 여러 번 다른 방식으로 이해해야 하는 것이라면, 그 문제는 논리적으로 말해서, 보편과 특수 간의 관계다. 그러면 이해는 보편적인 무엇을 특수한 상황에 적용하는 특별한 경우다. 이것 때문에 아리스토텔레스의 윤리가 우리에게 중요하다. 아리스토텔레스는 해석학 문제와 역사적 차원에 관련이 있는 것은 아니고 도덕적 행위에 있어서 이성이 수행하는 역할을 옳게 추정하는 것에 관심이 있다(TM 322).

문제는 인간의 도덕적 존재에 관한 철학적 지식이 있는지와 인간의 도덕적 존재에서 지식이 어떤 임무를 수행하느냐는 것이다. 사람이 행위를 할 때는 일반적으로 그에게 요구되는 것이 무엇인가에 비추어 구체적인 상황을 보아야 한다(TM 303). 윤리 분야에서는 수학이 가질 수 있는 극단적 정확성만을 달성할 수는 없다는 것이다. 해석학적 문제도 특정한 존재와 분리된 순수 지식과는 다르다. 해석자가 자기가 해석하는 전통에 속해 있고 이해 자체가 역사적 사건이기 때문에 객관화가 곤란하다. 아리스토텔레스가 묘사하는 것처럼, 도덕적 지식은 객관적 지식이 아니다. 사람이 당면한 상황은 그가 무엇인가를 해야 하는 상황이다. 지식의 목적은 행위를 규제하는 것이다.

아리스토텔레스와 관련된 일부 논의 후에 가다머는 논의를 위한 몇 가지 사항을 고찰한다.

첫째, 우리는 기술은 배울 수도 있고 잊을 수도 있는데, 우리는 도덕적 지식을 배우지 않고 잊을 수도 없다(TM 327). 기술자는 계획에 따라 실행할 수 있으나 우리는 언제나 이미 행위를 해야 할 상황에 처해 있으므로 도덕적 지식을 이미 가지고 적용할 수 있어야 한다.

둘째, 도덕적 지식과 기술적 지식을 구별하는, 수단과 목적 간의 개념적 관계에 관한 근본적 수정이 필요하다. 도덕적 지식은 단지 특정한 목적이 있는 것이 아니라 일반적으로 옳게 사는 것과 관련된다. 그런데 모든 기술적 지식은 구체적이며 구체적인 목적에 사용된다. 도덕적 지식은 가르칠 수 있는 것 같이 미리 알 수 있는 지식이 아니다. 전체를 향한 좋은 삶이 무엇인가에 관한 선행적 확실성도 없다. 그래서 항상 숙고하는 자기-지식(self-knowledge)이 필요한 것이다(TM 330).

셋째, 도덕적 성찰의 자기-지식은 자체와 특이한 관계가 있다. 그런 지식은 공감적 이해를 하며 통찰과 동료적 감정도 있다. 빛나는 재능을 악용하는 것만큼 두려운 것은 없다(TM 333).

요약하면, 만일 우리가 아리스토텔레스의 윤리적 현상과 도덕적 지식의 장점에 관한 묘사를 우리 자신의 연구에 적용한다면, 그의 분석은 사실상 해석학적 문제의 모형(model of the problems of hermeneutics)을 제시한다. 적용은 이해 현상에 부수되거나 단지 임시적인 부분이 아니라 처음부터 하나의 전체로서 공동 결정하는 것이다. 적용은 미리 주어진 보편성을 특수한 상황에 관련시키는 것이 아니다. 전통적 텍스트를 다루는 해석자는 그것을 자기에게 적용하는 것이다. 그러나 이것은 텍스트를 무엇인가 보편적인 것으로 해석자에게 주어지고, 해석자는 먼저 그것을 이해한 다음, 후에 특정한 적용을 위해 사용한다는 것을 의미하는 것이 아니다. 오히려, 해석자는 이 보편성인 텍스트를 이해하는 것 이상을 하지 않는다. 즉 텍스트가 말하는 것을 이해하고 텍스트의 의미와 의의를 구성하는 것을 이해한다. 이해하기 위해서 해석자는 자신과 자신의 특수한 해석학적 상황을 무시하려고 해서는 안 된다. 해석자가 진정 이해하고자 한다면 텍스트를 상황에 관련시켜야 한다(TM 333).

3) 법 해석학의 본보기적 의미(The exemplary significance of legal hermeneutics)

만일 위와 같다면, 인문과학의 해석학과 법 해석학 간의 간격은 크지 않을 것이다(TM 334). 그러나 해석과 이해의 일반이론이라는 맥락에서는 법학적 해석학이 해석학에 속하지 않았다. 그리고 또한 법학적 해석학은 독단적 연결과 떨어질 수 없었다.

이러한 상황에서 법학적 해석학과 역사적 해석학의 분리가 있는 경우에 양자가 동일한 대상에 관심이 있는 경우를 고찰해 볼 수 있다. 여기서의 질문은 독단적 관심과 역사적 관심 간에 분명한 차이가 있는가 하는 것이다. 물론 분명한 차이가 있다. 법률가는 현재 소송(case)의 입장에서 법의 의미를 이해하고 법사학자는 소송 없이 법의 전체적인 적용 범위를 구성함으로써 의미를 결정하려고 한다(TM 335).

그러나 법률가는 법을 현재의 소송(사례)에 적용할 때 법의 원래의 의미를 탐구하지 않을 수 없으므로 법사학자의 과업도 수행해야 한다. 그런데 법사학자는 법의 본래의 의미와 법이 처음에 공포되었을 때의 타당성에만 관심이 있는 것으로 보인다. 그런데 법의 본래의 의미를 알려면 그동안 변화해 온 상황도 알아야 한다. 이렇게 보면, 가다머는 법관과 사학자의 해석학적 상황은 같을 것이라고 보고 있다.

그런데 지금까지는 법관과 역사가가 아직도 유효한 동일한 법률을 해석할 때의 경우인데, 역사가는 현재 계속되지 않는 과거의 사례를 다룰 때가 있다. 이때 법 해석학은 역사적 해석학과는 매우 다른 특별한 독단적 과업을 가지고 있다고 말할 것이다.

그러나 법 해석학은 인문과학의 진정한 절차가 무엇인가를 우리에게 상기시킨다. 여기서 우리는 우리가 추구하는 과거와 현재 간의 관계를 위한 모형이 있다. 전수된 법률을 현재의 필요에 적용하는 법관은 실제적 과업을 수행하려는 것이지만 그의 법률 해석은 자의적 수정이 아니다. 여기서 다시 이해하고 해석한다는 것은 타당한 의미를 발견하고 인정하는 것이다. 이때 자신의 역사를 지향한다(TM 337).

다른 한편 역사가는 사법적 과업이 없으나 특정 법의 법률적 의미를 발견하려고 하는 경우 그는 법의 방식으로 이해되어야 할 법의 창조에 관해 관심을 갖는 것이다. 그는 역사적으로뿐만 아니라 법적으로 사고할 수 있어야 한다. 동시에 역사가는 계속되는 영향을 무시할 수 없다. 그것은 역사적 전통에 관해 물어야 할 질문을 제시하는 것이다. 역사적 이해는 언제나 우리에게 도달한 전통이 현재에서 말하고 이 매개에서 이해되어야 한다는 것이다. 그래서 실제로, 법 해석학은 특별한 경우가 아니고 오히려 해석학적 문제의 넓이를 회복하고 법률가와 신학자가 문헌학자를 만나기 이전의 해석학 통일을 재확립하는 것이다(TM 338). 모든 전통의 이해는 자기 적용이며 자기-이해다.[5]

가다머는 인문과학의 이해 조건 중의 하나는 전통에 속하는 것이라고 말했다는 것을 회고한다. 이것을 검증하기 위해 법 및 신학 해석학에 있는 이해의 구조적 요소를 보려고 한다. 이것은 제약하는 조건이 아니라 해석을 가능케 하는 조건이다. 해석자가 텍스트에 속하는 방식은 우리에게 이미 주어진 시각과 같다. 법 해석학을 가능케 하는 근본적 조건은 법률이 공동체 전원에게 다 같은 구속력을 가져야 한다는 것이다.

해석의 작업은 구체적인 사건에서 법을 구체화하는 것이다. 즉 적용하는 작업이다. 법을 적용한다는 것은 단순히 법률을 아는 문제가 아니다. 특정한 사건에 관한 법적 판단을 하려면 관련된 요인들을 알아야 한다. 결과적으로 법 해석학과 법적 독단은 본질적인 연결이 있는데 거기서 해석학이 더 중요한 위치에 있다(TM 339).

가다머는 이런 문제와 관련하여 신학적 해석학을 살펴본다. 법 해석학의 경

---

5) *Ibid*, p. 195.

우와 같이 신학 해석학에서도 독단이 우선순위를 주장할 수 없다. 공포문은 설교에서 구체화되나 해석되고 있는 텍스트에 대한 창조적 보완이 아니다. 구원의 복음(the gospel of salvation) 이해는 그 의미를 과학적 또는 학문적으로 탐구하는 것이 아니다.

이상과 같은 검토 후에 가다머는 해석학의 모든 형식에 공통되는 것을 구별할 수 있다고 말한다. 이해되어야 할 의미는 해석으로만 구체화되고 충분히 실현되는데, 그러나 해석적 행동은 텍스트의 의미에 전적으로 매여 있는 것으로 생각한다. 법률가나 신학자는 적용 작업을 텍스트를 자유롭게 해석하는 것으로 생각하지 않는다(TM 341).

그러나 보편적인 것을 구체화하고 자신에게 그것을 적용하는 과업은 역사과학에서는 매우 다른 기능을 가진 것으로 보인다. 역사적 자료의 특정한 종류에 관해서는 법학과 신학처럼 적용하는 것을 인정할 수 있다. 여기서도 이해는 언제나 이해된 의미를 적용하는 것이다.

그런데도 적용은 본질적 그리고 필연적으로 이해에 속하는가?(TM 342) 현대 과학의 견지에서 보면 그렇지 않다. 전통은 객관화되어야 하고 해석자의 영향은 배제되어야 한다. 과학의 자기-이해에 의하면 이해가 구체화이기는 하지만 해석학적 거리(hermeneutic distance)를 두는 것이다. 과학의 요구에 의하면, 사람이 관여하지 않을 때 이해가 가능하다는 것이다(TM .344).

그러나 해석학과 역사연구는 같은 것이 아니다. 양자 간의 방법론석 차이를 검토하면 그들의 공통점은 일반적으로 생각하는 것과 다르다. 역사가는 해석학을 넘어가며, 해석은 새롭고 더 세련된 의미를 획득한다. 여기서 해석은 지향된 의미를 말하는 것이 아니라 은폐되고 있어 밝혀져야 할 의미를 말한다.

역사가에게 있어서 전통은 텍스트 자체가 요구하는 것과 다른 의미로 해석되어야 한다는 것이 기본 원칙이다. 여기서 해석의 개념은 그 절정에 이른다. 텍스트의 의미를 즉각 이해할 수 없는 경우에 해석이 필요하다. 역사가는 표현되어 있으면서도 그 표현 뒤에 숨겨진 진정한 의미를 발견하기 위하여 전통의 자료를 해석해야 한다(TM 345).

역사가의 접근방법은 자연과학의 방법론적 이상(methodological ideal)을 지향하기보다는 법학과 신학의 해석학이 제공하는 모형을 지향해야 한다(TM 347). 역사가가 되는 것은 자기가 발견한 것의 의미를 이해하는 것이다. 역사적 방법의 적용보다 더 중요하게 앞서는 것은 역사적 문제의 성격이다. 역사적 문제의 성격을 중심적 사항으로 삼고 역사적 자료를 검토하는 역사가의 동기를 탐구하는 것이 가장 중요한 요소다.

텍스트를 읽는 것은 적용과 관련되고 자신이 자기가 파악하는 의미 일부가 되는 것이다. 해석자는 자기가 읽고 있는 텍스트에 속한다. 문헌학 및 문학 비평과 역사적 연구는 내면적 통일성이 있으나, 그것은 역사적 방법의 보편성이나 원래의 저자에 의해 해석자를 객관화로 대체하는 것도 아니고 모두 정도의 차이를 가진 적용이라는 통일성이다. 모두 역사적으로 영향을 받은 의식(historically effected consciousness)에 그 진정한 토대가 있다(TM 349).

이것은 법 해석학의 모형이 유용하다는 것을 보여준다. 법관이 법률 텍스트 본래의 의미를 보완할 자격이 있다고 생각하면 그는 모든 다른 이해에서 이루어지고 있는 것과 같은 것을 하는 것이다. 만일 우리가 문학과 법학 등의 모든 해석적 활동에서 역사적으로 영향받은 의식이 작용한다는 것을 인정하면 해석학 학문의 예전 통일성은 다시 나타나는 것이다.

이제 이해의 모든 형식에 관련된 적용의 의미가 분명하다. 적용이란 주어진 일반개념(universal)을 먼저 이해한 다음에 그것을 구체적인 사례에 적용하는 것을 의미하지 않는다. 그것은 텍스트인 일반개념 자체의 이해인 것이다. 이해는 일종의 영향이라는 것을 입증하고 스스로 그렇게 아는 것이다(TM 350).

3. 역사적으로 영향받은 의식의 분석(Analysis of historically effected consciousness)

1) 성찰 철학의 한계(The limitations of reflective philosophy)

가다머는 이제 지식과 영향(효과)이 함께 속하는지를 물어야 한다고 말한다. 그는 역사적으로 영향받은 의식(historically effected consciousness)은 특정 작품의 영향, 말하자면 그 작품이 남긴 흔적을 연구하는 것과는 다른 무엇이라고 말한 바 있다고 회상한다. 그 영향은 그 작품 자체의 의식이며 따라서 그 의식도 영향이 있다. 지평의 형성과 융합에 관한 전반적인 해명을 하는 목적은 역사적으로 영향받은 의식이 작용한다는 것을 보여주려는 것이었다. 그런데 이것은 어떤 종류의 의식인가? 이것이 결정적인 문제다. 역사적으로 영향받은 의식 자체가 영향에 속하는 것이라고 아무리 강조해도, 의식으로서의 그것이 본질적인 것은, 그것이 의식하고 있는 것 위에 오를 수 있다는 것이다. 성찰적 구조는 모든 의식이 근본적으로 가지고 있는 것이다. 따라서 역사적으로 영향받은 의식도 마찬가지일 것이다(TM 350).

이러한 견해에 이어서 헤겔(Hegel)을 인정하고 해석학의 토대는 역사와 진리의 절대적 매개(the absolute mediation of history and truth)라고 보아야 하지 않느냐고 가다머는 묻는다. 이후에 가다머는 여러 가지 역사관에 관하여 분석하고 있는데 그 철학적인 논의를 따라가기는 매우 어렵나. 그러나 가다머는(TM 354) 결론적으로 해석학적 문제가 헤겔과 대면하는 것이 매우 중요하다고 말한다. 왜냐하면 헤겔의 전체적인 정신철학이 역사와 현재의 총체적인 융합을 달성한다고 주장하기 때문이다. 헤겔은 해석학적 문제가 뿌리를 두고 있는 역사적 국면을 깊이 고려한 것이다. 이러한 이유로 우리는 역사적으로 영향받은 의식의 구조를, 헤겔 자신의 접근방법에 대항하되, 헤겔을 목표로 규정해야 한다(TM 355). 정신의 역사적 활동은 자기-성찰도 아니고 단지 겪은

자기-소외(self-alienation)를 형식적으로 대체하는 변증법도 아니고, 실재
(reality)를 경험하는 것들의 경험(experience)이며 그 자체가 실제(real)다.

2) 경험 개념과 해석학적 경험의 본질(The concept of experience 〈Erfahrung〉 and the essence of the hermeneutic experience)

역사적으로 영향받은 의식을 분석하는 데는, 역사적 활동은 실재(reality)의
경험들을 경험하는 것(겪는 것)이라는 점을 명심해야 한다. 이것은 경험
(experience; Erfahrung)의 구조로 되어 있다. 그러나 가다머는 역설적으로
보일런지 모르나, 그에게 경험 개념은 가장 모호한 개념으로 보인다는 것이다.
경험 개념은 자연과학의 귀납 논리에서 중요한 역할을 수행했기 때문에 인식
론적 틀의 대상이 되었으나 본래의 의미를 잘라버리고 말았다는 것이다. 자연
과학에서는 경험의 내적 역사성(inner historicity of experience)을 고려하
지 않는다. 과학의 목적은 경험을 객관화하는 것이기 때문에 역사적 요소를 포
함하지 않는다. 인문과학에서도 유사한 일을 했다(TM 355).

에드먼드 후설(Edmund Husserl)은 일반적인 경험의 과학적 이상화를 비
판하고 본래의 경험으로서의 생활-세계 경험(life-world experience)의 선
행성을 강조했으나 그것을 가능케 하는 순수한 초월적 주관성 문제의 해명으
로 고심했다. 현대 과학이론과 논리의 초기에도 동일한 문제가 있었다. 즉 모
든 선입견과 사전 성향(predisposions)보다 우수하고, 방법론적 원리에 따라
행하는, 우리 이성의 순수한 사용이 있을 수 있는가 하는 문제다. 여기서 고민
한 것은 관찰된 경험들로부터 실험과 귀납 등을 통해 일반론(generalization)
을 수립하는 문제다.

이어서 가다머는 경험 개념을 분석하고 경험의 구조의 요소를 파악하려고
했는데, 아리스토텔레스를 인용하여, 경험은 개별적 지각들과 개념의 진정한
보편성 사이에 비결정적 위치를 차지한다고 말한다. 그러나 경험, 기억

(retention), 경험의 통일성 간의 관계는 매우 모호하다고 말한다(TM 359). 경험이라는 말(word)은 두 가지 뜻이 있다. 하나는 우리 기대에 부합하여 확인하는 것이고 다른 하나는 새로 생기는 경험이다. 이 후자를 진정한 의미의 경험이라고 보는데 그것은 항상 부정적이다. 만일 어떤 대상에 대한 새로운 경험이 우리에게 생기면, 이것은 우리가 이제까지 사물을 정확하게 보지 못했고 이제 더 잘 보게 되었다는 것을 의미한다. 이렇듯 경험의 부정성(negativity)은 기이하게도 생산적 의미가 있다. 이것은 단순한 교정이 아니라 종합적인 지식을 얻는 변증법적 경험(dialectical experience)이다.

헤겔은 경험의 변증법적 요소를 증언한다. 그와 함께 역사성의 요소가 성립된다. 그는 경험을 행동하는 회의주의라고 생각한다. 사람의 경험은 사람의 이전 지식을 변경한다. 그런데 헤겔은 경험을 변증법적으로 해석하는 것이 아니라 경험의 성격 견지에서 변증법적인 것을 생각하는 것이다(TM 363). 즉 헤겔에 따르면 경험은 의식의 반전(reversal) 구조를 가지고 있으므로 하나의 변증법적 운동이라는 것이다.

헤겔이 경험이라고 묘사하는 것은 의식이 스스로 갖는 경험이다. 그의 경험의 기준은 자기-지식이다. 그 이유는 경험의 변증법은 절대적 지식의 획득으로 얻는 모든 경험을 극복함으로써 종결되어야 하기 때문이다. 즉 의식과 대상의 완전한 동일성인 절대적 지식에서다. 경험의 진리는 언제나 새로운 경험을 향해 지향한다는 생각인데 질적으로 새로운 요소에 관심을 끌게 한다. 그것은 이것저것에 관한 정보라는 의미의 경험만을 지칭하는 것이 아니라 경험 일반을 지칭한다. 이런 의미의 경험은 사람의 역사적 성격에 속한다. 우리는 고통스러운 경험을 통하여 배운다. "고통을 통하여 배우는 것"(learning through suffering: pathei mathos)이 경험의 내면적 역사성을 표현하는 것이다(TM 365). 사람이 고통을 통하여 배우는 것은 이것저것 특정한 사물이 아니라 인간의 한계, 신적인 것으로부터 인간을 구별하는 절대성에 관한 통찰이다.

경험은 인간의 유한성에 관한 경험이다. 진정으로 경험 많은 사람은 사기가 시간의 주인도 아니고 미래의 주인도 아니며 선견지명과 계획도 제한된다는 것을 알며 개방적인 사람이다.

진정한 경험은 그것을 통하여 사람의 유한성을 자각하는 것이다. 진정한 경험은 자신의 역사성에 관한 경험이다. 이것은 역사적으로 영향받은 의식의 연구에 매우 중요한 결론이디(TM 366). 경험의 진정한 형식으로서 그것은 경험의 일반적 구조를 반영해야 한다. 이리하여 우리는 경험 일반에 관한 우리의 분석에서 발견한 요소들을 해석학적 경험(hermeneutical experience)에서 찾아야 할 것이다.

해석학적 경험은 전통과 관련이 있다. 전통은 경험되어야 하는 것이다. 그러나 전통은 단지 경험이 우리를 알고 지배하도록 가르치는 과정만이 아니다. 그것은 언어(language)다. 즉 전통은 하나의 그대(Thou)처럼 자신을 표현한다. 그대는 대상이 아니라 우리와 관련이 있다. 전통에서 경험하는 것은 다른 사람(하나의 그대)의 의견이 아니다. 전통을 이해하는 것은 전통적 텍스트를 타자의 삶의 표현으로 여기는 것이 아니라, 나 또는 그대와 관련된 의미로 보는 것이다. 그러나 그대와의 관계 및 그 관계에 함축된 경험의 의미는 해석학적 경험에 관하여 우리에게 무엇인가를 가르쳐 줄 수 있을 것이다. 왜냐하면 전통은 진정한 파트너이며 내가 그대에게 속하듯이 우리가 전통에 속하기 때문이다.

그대의 경험은 특별해서 경험이 그대와의 관계이고 또 그것이 해석학적 경험일 때 경험의 구조에 변화가 생긴다. 그대와의 경험을 통해서 전형적인 동료의 행태를 예측할 수 있는데, 이런 행태를 인간의 성격에 관한 지식이라고 말한다. 이것은 객관적 지식이 아니다.

그대를 경험되고 이해하는 또 다른 방식은 그대를 사람으로 인식하는 것인데, 이런 인식에도 불구하고 그대를 이해하는 것은 여전히 자기와 관계의 한 형식이디(TM 367).

해석학의 영역에서 그대의 경험과 유사한 것이 역사의식이다. 역사의식은 그대의 이해가 그대를 사람으로 아는 것처럼 타자의 타자성과 타자성에서의 과거에 관한 것을 안다. 과거의 타자성에서 의식은 일반법칙의 성립을 추구하는 것이 아니라 역사적으로 특이한 무엇인가를 추구하는 것이다.

전통 속에 있다는 것을 알고 인정하는 것이 또 하나의 해석학적 경험의 유형이다. 이것은 역사적으로 영향받은 의식의 특징적인 전통에 대한 개방성이다. 우리는 전통의 타당성에 관한 주장을 용인해야 한다. 이것은 그저 타자성에서의 과거를 인정하는 것이 아니라 그것이 나에게 무엇인가를 말하는 방식으로 인정하는 것이다. 여기서도 개방성을 요구한다(TM 369).

해석학적 의식은 방법론적 확실성에서 그 절정에 이르는 것이 아니라 독단에 사로잡힌 사람을 경험 많은 사람과 구별해 주는 경험을 위한 준비성에서 절정에 이른다. 우리가 경험의 견지에서 더 확실하게 말할 수 있는 바와 같이 이 준비성이 역사적으로 영향받은 의식을 구별하는 것이다.

3) 물음의 해석학적 우위(The hermeneutic priority of the question)

(1) 플라톤 변증법의 모형(The model of platonic dialectic)

이것이 우리가 취할 연구의 방향을 제시한다. 해석학적 상황에 대한 분석에서 질문의 개념이 갖는 중요성을 회상하면서, 가다머는 해석학적 의식을 특징 짓는 개방성의 논리적 구조(the logical structure of openness)를 검토한다. 질문의 구조가 모든 경험에 함축되어 있다는 것이 분명하다. 우리는 질문을 하지 않고 경험할 수 없다. 논리적 견지에서 보면, 경험에 긴요한 개방성은 어느 것이 있느냐에 관한 개방성이다. 거기에는 질문의 구조가 있다.

우리가 해석학적 경험의 특수한 성격을 해명하려고 한다면, 우리는 질문의 본질을 깊이 고찰해야 한다(TM 371). 질문의 본질은 분별력(감: sense)을 갖는 것이다. 분별력은 방향 감각을 포함한다. 따라서 분별력이 있는 질문만이 대답을 줄 수 있다. 질문은 질문받은 것을 특정한 시각에 놓는다. 플라톤의 통찰은 대답보다 질문이 더 어렵다는 것이다. 진정으로 대상을 드러내는 지식과 담론에서는 질문에 우선순위가 있다. 변증법은 질문과 응답의 방식으로 진행한다. 모든 지식으로의 통로는 질문을 통해 인도된다. 질문되고 있는 것의 질문 가능성을 드러내는 데에 질문하기의 중요성이 있다.

질문은 개방적이어야 하는데, 그 개방성은 경계가 없어서 질문의 지평에 의해서만 제한된다. 지평이 없는 질문은 떠돌고 구체화되지 않는다. 그리고 전제가 없으면 편향된 질문을 하게 된다.

질문이 개방적이면 그것은 언제나 부정적 판단과 긍정적 판단 양자를 포함한다. 이것이 질문과 대답 간의 본질적 관계의 토대다. 지식의 본질은 무엇인가를 옳게 판단하고 그른 것을 배제하는 것이다(TM 374). 모든 질문과 알고자 하는 욕망은 우리가 모른다는 것을 전제로 한다. 특정한 지식의 부족은 특정한 질문으로 이끈다.

질문과 대답의 대화는 무엇보다도 상대방들이 상반된 목적으로 말하지 말아야 한다(TM 375). 따라서 질의응답의 구조가 필요하다. 대화기술의 첫 조건은 다른 사람이 우리와 함께 있도록 하는 것이다. 이것은 시험과 질문의 기술이다.

플라톤적 대화가 특이하고 지속적인 적실성을 갖는 이유는 이 과정에서 말해진 것은 계속해서 정당성과 진실의 가장 큰 가능성으로 전환되고, 타당성을 제한하려고 하는 모든 반대를 극복하기 때문이다. 대화에서 언어는 의미를 전달하는데, 기록된 전통에서 보면 그것은 해석학의 과업이다(TM 376).

(2) 물음과 대답의 논리(The logic of question and answer)

이렇게 해서 해석학적 현상은 대화의 우위를 함축하고 질의문답 구조의 우위를 함축한다는 결론으로 돌아온다. 역사텍스트를 해석의 대상으로 삼는 것은 해석자에게 질문을 던지는 것이다. 해석은 언제나 해석자가 물은 질문과 관련이 있다. 그러나 이것은 해석학적 지평(hermeneutical horizon)에 도달함으로써 이루어진다. 이제 이것을 텍스트의 분별력이 결정되는 문제의 지평이라고 인정할 수 있다. 여기서 보여주는 것은 인문과학의 논리는 질문의 논리라는 것이다(TM 378).

역사적 방법은 질의응답의 논리가 역사적 전통에 적용되어야 한다고 말한다. 우리는 관련된 사람의 역사적 행동이 대답이 되는 그런 질문을 재구성할 수 있어야만 역사적 사건을 이해할 수 있다. 이해하는 일은 무엇보다도 텍스트 자체의 의미와 관련이 있다. 텍스트 저자의 생각을 재구성하는 일은 별도의 일이다. 그러나 이것은 지평이 확정적이지 않기 때문에 어렵다. 역사적 전통은 사건의 경로에 의해 규정되는 과정에 있는 무엇이라고만 이해될 수 있다. 사건의 경로에서 역사적 대상의 새로운 의미가 생긴다. 이해에서 재현됨으로써, 텍스트들은 사건들 자체와 같은 방식으로 진정한 사건의 경로에 끌려 들어가는 것이다. 이것이 해석학적 경험의 한 요소로서의 영향사라고 가다머가 묘사한 것이다.

해석학적 필요성은 텍스트 해석을 위한 질문의 재구성 이상을 요구한다. 진정한 이해는 역사적 개념을 우리 자체의 이해를 포함하는 방식으로 다시 파악하는 것이다. 이것을 지평융합(the fusion of horizons)이라고 부른다(TM 382). 질문과 이해 사이의 밀접한 관계가 해석학적 경험의 진정한 차원이다. 사물에 관해 확답이 없이 비결정적인 채로 있는 것도 질문의 본질적 성격이다. 생각하는 사람은 스스로 질문을 해야 한다.

이해는 언제나 다른 사람의 의미를 재생하는 것 이상이다. 질문은 의미의 가능성을 열고 의미 있는 것이 자기 자신의 주제에 관한 사고 속에 들어오는 것이다. 의미를 이해하는 것은 의미를 질문에 대한 대답으로 이해하는 것이다.

문제(problem)라는 개념도 규정하기 어렵다. 해석학적 경험에 관한 성찰이 문제를 제기되는 질문으로 전환하여 되돌린다. 해석학적 경험의 구조에서 드러난 질문과 대답의 변증법이 이제는 우리가 역사적으로 영향받은 의식이 어떤 의식인지를 정확하게 말할 수 있게 해준다. 왜냐하면, 우리가 보여준 질문과 대답의 변증법이 이해를 회화와 같은 호혜적 관계로 보이게 만들기 때문이다(TM 385). 대답을 기대하는 것 자체가 질문하는 사람이 전통의 일부라고 가정하고 자신이 전통의 대상이 되었다고 보는 것이다. 이것이 역사적으로 영향받은 의식의 진실이다. 역사적으로 경험된 의식은 역사의 경험에 관해 개방적이다. 가다머는 이 실현을 텍스트와 그 해석자 사이를 매개하는 이해의 지평융합이라고 묘사한다.

다음 토론을 인도하는 생각은 이해에서 이루어지는 지평융합은 실제로는 언어의 성취라는 것이다. 언어는 사람이 생각하는 가장 신비스러운 질문에 속한다. 우리 자신이 회화(conversation)로부터 언어의 신비에 접근한다(TM 386).

우리가 두 사람 사이의 회화의 모형을 통하여 해석학적 현상을 검토하려고 할 때, – 텍스트를 이해하는 것과 회화에서 이해에 도달하는 것의 – 이렇게 매우 다르게 보이는 것이 공통으로 가지고 있는 것은 양자가 자신들 앞에 있는 주제에 관심이 있다는 점이다. 주제의 이해는 언어형식을 취해야 한다. 여기서 이해가 생기는 방식은 사물 자체가 언어가 되는 것이다(the coming-into-language). 그래서 우리는 다른 형식의 대화인 텍스트 이해의 성격을 구체화하기 위하여 대화의 구조를 고찰하려고 한다. 이제까지는 해석학적 현상을 위한 질문의 구성적 의의를 회화의 입장에서 구성했으나, 이제는 질문의 토대인, 대화의 언어성(linguisticality)을 해석학의 요소라고 보여줄 것이다.

우리의 첫 주장은 무엇인가를 말하러 오는 언어는 대화자 중의 어느 한 사람이 소유한 것이 아니라는 점이다. 모든 회화는 공통언어를 상정하거나, 공통언어를 창조한다. 대상에 관한 이해에 도달하려면 먼저 회화에서 공통언어를 성립시켜야 한다. 대화에서 이해에 도달한다는 것은 단지 자신을 앞세우고 성공

적으로 자신의 견해를 주장하는 것이 아니라, 우리가 자신의 이전의 모습으로
남아 있지 않은 공감으로 전환하는 것이다(TM 387).

제3절 언어와 해석학(Language and Hermeneutics)

아래에서는 해석학적 경험 매체로서의 언어, 서구 사상에서의 '언어' 개념의
형성, 그리고 해석학적 존재론의 지평으로서의 언어를 다룬다.

Ⅰ. 해석학적 경험 매체로서의 언어(Language as the medium of hermeneutic experience)

우리는 대화를 수행한다(conduct)고 말하지만, 더 진정한 대화일수록 대화
참여자들의 의지 안에서 수행되는 것이 적다. 진정한 대화에서는 우리가 대화
에 빠져들고 포함되기까지 한다. 이렇게 보면, 대화는 자체의 정신(마음)이 있
고 대화를 수행하는 데 사용하는 언어(language)는 그 자체 안에 진리를 지닌
다고 할 수 있다. 즉 언어는 이후에 존재하는 무엇인가가 이후에 나타나도록
(emerge) 한다(TM 401).

가다머가 낭만적 해석학의 분석에서 이미 밝힌 바와 같이 이해의 토대는 한
사람이 자신을 타인의 위치에 갖다 놓는 것, 즉 타인 속으로의 들어가는 그런
직접적인 참여가 아니다. 한 사람이 말하는 것을 이해한다는 것은 타인의 내부
로 들어가서 그의 경험을 다시 살아보는 것이 아니라 주제(subject matter)에
관한 이해에 이르는 것이다. 이해에서 생기는 의미의 경험은 적용도 있다. 이
전 과정은 구어적(verbal)이다. 언어는 두 사람 사이의 실질적 이해와 합의가
이루어지는 매개자(medium)다(TM 402).

이해하는 데 장애가 생기면 이해의 조건에 관해 생각하게 되는데, 두 언어 사이의 번역을 통한 대화는 장애를 극복하는 좋은 예가 된다. 번역자는 다른 화자(speaker)가 사는 맥락에서 이해될 수 있는 의미로 번역해야 하므로 모든 번역은 동시에 해석이다. 그래서 이해의 매개자로서의 언어는 명시적인 매개로 창조해야 한다. 번역은 대화 참여자 간의 진정한 이해가 아니라 해석자 간에 이루어지는 것이다(TM 402).

이해가 있는 곳에는 번역이 있는 것이 아니라 말함(발화; speech)이 있다. 외국어를 이해한다는 것은 우리말로 번역할 필요가 없다는 것을 의미한다. 말할 줄 안다는 것은 삶의 성취다. 해석학적 문제는 언어를 정확하게 숙달하는 것이 아니라, 언어의 매개를 통해, 주제에 관한 적절한 이해에 이르는 것이다. 모든 대화는 말하는 두 사람이 같은 언어로 말할 때 가능하다. 해석자가 번역에 의존하는 것은 해석적 과정(hermeneutical process)의 중복이다. 하나는 해석자와 타자 간의 대화이고 다른 하나는 해석자와 자신과의 대화다.

대화는 이해에 이르는 과정으로서 각자는 자신을 타자에게 개방해야 한다. 대화에서 이해에 이르는 두 사람 간의 상황은 텍스트를 이해하는 것(understanding texts)에 관련된 해석학에 잘 적용된다. 외국어를 번역하는 극단적인 경우를 보면, 아무리 훌륭한 텍스트의 번역이라도 원저자의 정신을 되살릴 수는 없다. 여기서 다루는 것은 해석의 문제이지 단순한 복제(reproduction)의 문제가 아니다. 해석은 두 언어 간의 틈을 메울 수 없으므로 번역자는 원본의 특정 측면을 강조하려면 다른 측면을 가볍게 다루어야 한다. 번역은 모든 해석과 마찬가지고 강조하는 것(highlighting)이다. 번역을 통한 아무리 훌륭한 재창작이라도 원본의 감동을 되살리는 것은 예외적인 경우다(TM 404).

번역자는 자신이 원본과 거리가 있다는 것을 절감한다. 그가 텍스트를 다루는 것은 마치 대화에서 이해에 이르려는 노력과 비슷하다. 메꿀 수 없는 틈새를

메꾸려고 노력한다. 결국, 번역자의 상황과 해석자의 상황은 근본적으로 같다 ((TM 405). 그러나 텍스트와 관련된 해석학적 상황이 대화에서의 두 사람 간의 관계와 정확하게 같은 것은 아니다. 텍스트는 어느 정도 고정되어 있고 해석자를 통해서만 말을 한다.

따라서 해석적 대화(hermeneutical conversation)라고 말하는 것도 정당하다. 해석학적 대화에서 공통언어를 발견하는데, 그것은 이해를 위한 도구를 발견하는 것이 아니라, 텍스트라는 주제를 언어로 가져오는 것이다. 이것은 해석자의 업적이다. 텍스트의 의미는 불변이 아니다. 텍스트를 이해하는 것은 텍스트가 어떻게 존재하게 되었는가를 재구성하는 것과 같이 "역사적으로 이해하는 것"이 아니다. 오히려 해석자는 텍스트 자체를 이해하려고 한다. 여기서 해석자의 지평이 결정적이기 때문에 "지평융합"(fusion of horizons)이 일어난다. 이것은 대화에서도 일어난다. 대화에서 표현된 것은 나의 것만이 아니고 공통의 것이다(TM 406).

언어는 이해가 생기는 보편적 매개이며, 이해는 해석에서 생긴다. 그러나 표현에는 문제가 있다. 이러한 구어적 표현(verbal expression)의 문제는 자체가 이해의 문제다. 모든 이해는 해석이며, 모든 해석은 대상이 말들(words)로 나타나고 동시에 해석자 자신의 언어인 하나의 언어 안에서 이루어진다.

이렇듯 해석학적 현상은 생각하기와 말하기 사이의 일반적 관계의 특별한 사례인데, 생각하기와 말하기의 알기 어려운 친밀성은 사고(thoughts)에서의 언어의 역할을 은폐한다.

이해의 언어성(linguisticality of understanding)은 역사적으로 영향받은 의식이 구체화된 것이다. 가다머는 언어와 이해 사이의 본질적 관계는 전통의 본질이 언어의 매개에서 존재한다는 사실에서 주로 보인다고 말하고, 그래서 선호되는 해석의 대상은 구어적인 것(verbal one)이라고 말한다(TM 407).

1. 해석학적 대상 규정으로서의 언어(Language as determination of the hermeneutic object)

전통(tradition)은 본질적으로 그 성격상 구어적(verbal)이라는 사실은 해석학에 대해 영향을 미친다. 구어적 전통(verbal tradition)을 이해하는 것은 다른 모든 전통보다 특별한 우위에 있다((TM 407). 언어적 전통은 조형예술의 기념비 등에 비해 시각적 직접성은 떨어지지만, 이 결함은 오히려 모든 "텍스트"의 추상적 소외성(the abstract alienness of all texts)을 보여주고, 언어의 모든 것이 이해과정에 속한다는 것을 표현한다. 언어적 전통은 전통이라는 말에 합당한 전통이다. 즉 전수된 것이다. 구어적 전통의 방식으로 전수된 것은 과거의 잔재가 아니라 신화, 전설, 관습 등으로 다시 말해지거나 기호로 기록된 전통(written tradition)으로 우리에게 전해진 것이다.

전통은 본질적으로 구어적이라는 사실이 갖는 완전한 해석학적 의의는 기록된 전통의 경우에 분명해진다. 기록될 수 있다는 사실이 언어(language)를 말하는 것(speaking)과 분리할 수 있게 한다. 기록된 형식으로 모든 전통은 현재의 시간과 동시대적인 것이 되고, 현재의 의식이 전수된 기록에 접근할 수 있는 한, 과거와 현재가 공존한다. 문학적 전통(literary tradition)을 통하여 이해하는 의식은 그 지평을 넓힌다.

기록된 전통은 과거 세계의 파편이 아니라 그것이 표현하는 의미의 영역 이상으로 고양된다. 언어를 통하여 전통은 우리 세계의 일부가 되며, 전통이 전달하는 것을 직접 말할 수 있게 한다. 기록된 전통으로서의 텍스트는 특정한 사물에 관해서 말하는 것이 아니라 전체를 표현한다(TM 408).

기록된 텍스트는 진정한 해석학적 과업을 제시한다. 기록은 자기-소외다. 그것을 극복하는 것, 즉 읽는 것은 이해의 최고의 과업이다. 텍스트는 언어로 전환되면서 논의되는 주제와의 관계가 정립된다. 언어는 기록을 통하여 그의 진정한 이상성(모습: ideality)을 얻는다. 왜냐하면, 기록된 전통과의 대면에서 이해하는 의식(understanding consciousness)이 그 완전한 주권을 획득하기 때문이다. 글을 읽는 의식(reading consciousness)은 역사적 의식이며 역사적 전통과 자유롭게 의사소통한다.

해석학적 과업은 무엇보다도 텍스트를 이해하는 것이었다. 그러나 언어와의 관계에서 기록은 이차적인 현상으로 보이지만 기록의 기호 언어는 말하는 실제 언어를 반영한다. 기록하는 것은 언어의 추상적 이상성(모습)이다. 따라서 기록된 무엇은 근본적으로 식별되고 확인될 수 있다. 기록은 해석학적 문제를 순수하게 제시한다는 방법론적 장점이 있으면서도 오해된 내용을 교정할 수 없는 약점도 있다.

기록은 일종의 소외된 말하기(speech)이기 때문에 그 기호들은 말과 의미로 환원되어야 한다. 이러한 전환이 해석학의 진정한 과업이다. 기록된 기호의 방법으로 전달된 말들(words)만을 토대로 해서, 말해진 것의 의미를 새롭게 말해야 한다(TM 411). 기록된 모든 것은 해석학의 패러다임 대상이다. 이것은 외국어를 번역할 때와 유사하다. 이해의 지평은 저자가 무엇을 본래 마음에 두고 있었는가 하는 것이나 텍스트가 본래 대상으로 삼았던 사람의 지평에 의해 제약될 수는 없다(413).

2. 해석학적 행위의 규정으로서의 언어(Language as determination of the hermeneutic act)

모든 이해는 언어적 성격을 가지고 있으므로 이해 자체는 근본적으로 언어와 연결된다. 역사과학에서 주제의 특수성을 묘사하기 위하여 개념들을 그 기원이나 정당성을 따져보지 않고 선택하는 것은 소박하며 연구목적에 지장을 준다. 그러나 이 문제를 자각하는 나머지 자신의 개념을 놔두고 자신이 이해하려는 시대의 개념들만으로 생각한다는 것도 순진한 환상이다(TM415). 사실 역사적으로 생각한다는 것은 우리가 과거의 개념으로 생각하려고 할 때 과거의 개념이 겪는 전위(transposition)를 수행하는 것이다. 역사적으로 생각한다는 것은 역사적 관념과 자기 생각을 매개하는 것이다. 해석한다는 것은 자신의 선입관이 작용하게 하여 텍스트의 의미가 우리에게 말할 수 있게 한다는 것을 의미한다.

해석학적 과정의 분석에서 해석의 지평을 얻으려면 지평들의 융합이 필요하다는 것을 보았다. 이것은 이제 해석의 구어적 측면에 의해 확인되는데, 텍스트는 해석을 통해 말하게 되는 것이다. 그러나 다른 사람에게 도달할 수 있는 언어가 있어야 말을 할 수 있다. 전통의 역사적 삶은 지속적으로 동화되고 해석되기에 달렸다. 모든 해석은 해석적 상황에 적응해야 하나, 그것은 주관적이거나 임시방편적인 것을 말하는 것이 아니다. 구어적 해석이 명확하면 해석은 해석 받는 자와 해석하는 자를 위한 이해 행위(act of understanding) 자체다(TM 415). 해석과정은 의미 자체의 구체화다.

해석학은 언어의 표현적 능력이 확대되고 그 논의 세계가 확장되는 과정 자체이다. 해석학을 통하여 언어는 그전에 말할 수 없었던 무엇인가를 말할 수 있게 되는 것이다.[6]

해석과 이해가 서로 묶여있다는 사실은 해석의 개념을 학문적 해석에 대해서 뿐만 아니라 음악이나 연극 연출과 같은 예술적 재현에도 적용할 수 있다는 것과 관련된다. 큰 소리로 읽는 과정과 소리 없이 읽는 과정도 유사하다. 읽는 것은 곧 해석하는 것이다.

음악이나 예술작품의 연출은 언어의 매개 없이 직접 이해하는 것이라고 주장할 수 있으나 연출은 결국 언어를 통해 해석된다(TM 419). 여기서 언어의 근본적 우위를 정확히 알아야 한다. 우리의 지식의 가능성이 언어로 표현할 수

---

6) *Ibid*, p. 227.

있는 것보다 더 개인적인 경우도 있으나 언어는 이성 자체의 언어다(TM 420). 그런데 언어가 이성에 매우 가깝다면 어떻게 다른 언어들이 있는가를 반문할 수 있으나, 이런 반론은 외견상으로만 그럴듯해 보인다. 해석하고 이해하는 일은 언제나 의미가 있다. 이성은 주어진 언어의 한계를 초월하는 우위의 보편성이 있다. 해석학적 경험은 생각하는 이성이 언어의 감옥을 벗어날 수 있게 해주는 교정물(corrective)로서 그 자체가 구어적으로 구성된다.

말하는 방식의 다양성에도 불구하고 해석학적 현상에서는 사고와 언어의 불가분한 통일성이 있다. 즉 이해와 해석의 통일성이 있다. 그리고 개념(concept)을 도구와 같은 수단으로 사용하는 것이 아니라 해석적 현상에서는 개념들이 계속해서 형성되는 과정에 있는 것이다.

II. 서구사상사에서 '언어' 개념의 발전(The development of the concept of language in the history of Western thought)

1. 언어와 로고스(Language and logos)

아주 옛날에는 단어와 사물 간의 밀접한 일치(unity)가 자명해 진정한 이름은 이름 소유자(물)의 일부라고 여겼고 단어는 주로 이름이라고 이해되었다. 그런데 단어는 이름일 뿐이라는 통찰로부터 그리스 철학이 시작했다. 즉 이름은 진정한 존재를 나타내지 않는다는 것이다. 단어와 사물 간의 관계가 그리스 계몽주의의 문제가 되었다. 그리스 계몽주의가 단어와 사물 간의 관계에서 본 문제는 단어에 대한 신뢰와 단어에 관한 의문으로 구성되었다. 그리하여 단어는 사물을 제시(present)하는 것으로부터 사물을 대치(substitute)하는 식으로 바뀌었다. 이름은 줄 수도 있고 변경할 수 있다는 것은 이름의 진리에 관한 의문을 제기한다. 이러면 우리는 이름들의 올바름(rightness)에 관해 말할 수 있는지 의문을 갖게 된다(TM 424).

플라톤은 단어와 사물 간의 관계를 묘사하는 두 가지 방식의 이론을 논의했다. 하나는 협약주의(conventionalist) 이론으로서, 합의와 사용을 통하여 도달하게 된, 모호하지 않은 언어적 사용을 단어의 의미의 유일한 원천이라고 본다. 그에 반하는 이론은 옳음의 관념에 의해 묘사되는 단어와 사물(object) 간에 자연스러운 일치가 있다는 것이다. 그러나 두 입장이 모두 극단적이어서 상호 배타적인 것은 아니다.

우리가 습관적으로(customarily) 용례라고 부르는 언어의 존재 양식은 두 이론의 한계를 설정한다. 협약주의의 한계는 우리가 단어의 의미를 임의로 변경할 수 없다는 것이다. 유사성 이론의 한계는 언어는 우리가 의사소통하고 구별하기 위해 구성하는 도구가 아니라는 것이다. 언어에 관한 이 두 해석은 단어가 존재한다는 것과 단어의 도구성에서 출발하기에 주제 사태(the subject matter) 자체는 우리가 별도의 근거에 의해 이미 알고 있는 무엇이라고 생각한다. 그렇다면 언어는 사후적인 것이 된다. 이것은 말없이 존재를 알아야 한다는 식으로 문제가 변하고 사고는 진정한 "이데아"(ideas)에 의존한다는 주장을 하게 된다. 이것은 말없이도 지식과 같은 것(a thing as knowledge)이 존재한다는 의미가 아니라, 말이 진리의 길을 여는 것이 아니라는 것뿐이다. 오히려 말의 적절성은 말이 지칭하는 사물의 지식에 의해서만 판단되어야 한다는 것이다(TM 425).

그 후로도 단어와 사물 간의 진정한 관계가 무엇인가에 관한 탐구가 계속된다. 관념의 순수한 사고는 조용하다. 왜냐하면 그것은 영혼이 자신과 대화하는 것이기 때문이다. 로고스(logos)는 이 사고로부터 흐르는 흐름이며 입을 통해 소리로 나온다는 것이다. 그런데 사유의 과정이 영혼의 대화라면 언어와의 연결은 분명할 것이다(TM 425).

플라톤은 여전히 언어를, 사물 자체인 원본(original)의 입장에서 구성되고 판단된 복제(copy)인 도구라는 것이다. 여기서 "이름의 정확성"(correctness of names)에 관한 문제가 제기된다. 협약이론과 유사성 이론 각각에 관한 한계를 검토한 후, 가다머는 플라톤이 말의 옳음 문제를 넘어서서 사물의 지식의 옳음으로 그 관심이 옮겨 갔다고 말한다.

이름과 대상 간의 관계가 원본과 복제물 간의 관계인가, 옳은 말을 그르게 사용할 수 있는가 하는 문제들을 검토하고 나서 사물의 진리는 담론(discourse)에 있다고 말한다. 즉 사물에 관한 일치된 의미를 지향하는 것을 말하는 것이지 개별 단어나 한 언어의 전체 단어들에서 진리가 표현되는 것은 아니라는 것이다(TM 429).

로고스인 관계적 질서는 단지 단어와 사물 간의 부합 이상이다. 로고스에 포함된 진리는 단순한 지각도 아니고 사물이 나타나게 하는 것도 아니다. 진리는 언제나 사물에 무엇인가를 부과하면서 존재를 관계에 배치한다. 바로 이런 이유로 진리를 지닌 것은 단어가 아니라 로고스이다. 여기에 따르는 생각은 표현된 존재, 즉 언어에 묶인 존재는 로고스가 사물을 구체화하고 해석하는 관계의 체계에 대해서는 부차적이라는 것이다.

이어서(TM 430) 말과 기호의 관계와 전문용어(technical terms) 등에 관한 논의가 계속된다(TM 434). 가다머에 따르면, 언어와 사물에 관한 사고는 매우 밀접하게 묶여 있어서 진리들의 체계에 의미를 부여하는 주체가 부합되는 기호를 선택할 수 있는 존재로서의 가능성이 미리 주어진 체계라고 생각하는 것은 하나의 추상이다. 한 단어는 사람이 선택하는 기호도 아니고 한 사람이 만들거나 다른 사람에게 주는 신호도 아니다. 단어는 사람이 골라내어 다른 존재를 볼 수 있게 만들기 위하여 이상적 의미를 부여하는 기존의 사물이 아니다. 의미의 이상성(ideality)은 단어 자체에 있다. 단어는 이미 의미가 있다. 그러나 단어가 모든 경험에 선행하는 것은 아니다. 경험은 자체를 표현하는 말을 찾고 발견한다.

2. 언어와 말씀(Language and verbum)

그리스의 사상이 아니면서 언어의 존재를 더 공정하게 다루어 서구의 사상에서 언어의 완전한 망각을 방지한 사상이 있다. 그것은 기독교의 현현(顯現; 육체를 부여함; incarnation) 사상이다. 현현은 체현(體現; 육화; embodiment)이 아니다. 체화와 연결된 영혼의 사상이나 신의 사상은 기독교의 현현사상과 부합하지 않는다(TM 436).

플라톤과 피타고라스의 철학에서 생각하는 영혼과 육체의 관계에서는 영혼과 육체는 완전히 다르다고 가정한다. 영혼은 그 체현의 전 과정에서 독자적 성격을 보유하며 육체로부터의 분리를 정화라고 본다. 즉 영혼의 진정하고 진실한 존재의 회복이라고 간주했다. 그리스의 종교에서는 신이 인간의 형상으로 나타나지만, 인간이 되는 것은 아닌데, 기독교에서는 신이 인간이 되었다고 가르친다. 그런데 이 관계는 체화와는 다르고 신학적으로 삼위일체(Trinity)의 원리로 표현된다.

이 기독교 사상의 초석은 기독교 사상에 대해서도 중요한데 현현은 단어(말; word)의 문제와 밀접히 관련되어 있으므로 우리에게도 매우 중요하다. 삼위일체의 신비에 관한 해석은 중세 시대의 사상이 당면한 가장 중요한 문제였는데, 그것은 인간의 언어와 사유 간의 관계였다(TM 437). 인간의 언어는 간접적으로만 성찰의 대상이 되었을 뿐이다. 인간의 말은 신의 말씀(Word)의 신학적 문제의 (비교)상대편으로 사용되었다. 즉 성부와 성자의 일치(the unity of God the Father and God the Son) 문제가 해명되어야 했다. 우리에게 중요한 점은 이 일치의 신비가 바로 언어 현상에 반영되어 있다는 것이다.

내적 말씀과 외적 말씀의 유추를 통해 현현에 관한 신학적 추론이 이루어지기도 하고 하나님의 말씀을 통해 천지가 창조되었다고 했다. 교부철학자들은 비(非)-그리스적인 창조의 사상을 설명하기 위해 언어의 기적을 사용했다. 성서 해석학(exegesis)은 말씀을 말하는 것을 하나님의 현현과 마찬가지로 기적이라고 해석한다. 여기에서는 성부와 성자, 성령과 말씀 간의 신비스러운 일치를 지향했다. 말씀이 하나님과 영원히 함께한다는 생각에서는 언어의 문제도 내적 사고의 영역 안에 둔다(TM 438). 내적 언어는 하나님 말씀의 거울이며 이미지다.

이리하여 언어 속성의 매우 특별한 측면이 드러난다. 삼위일체의 신비는 말이 진리인 한, 언어의 기적에 반영된다. 왜냐하면, 사물이 무엇인가를 말하는 말은 스스로는 아무것도 아니고 무엇이 되려고도 하지 않기 때문이다. 말씀은 그 계시로써 존재한다. 이것은 바로 삼위일체의 신비에서도 같다. 내면의 정신적 말은 사고와 동질적이고 그것은 성자가 성부와 동질적인 것과 같다.

우리는 여기서 알 수 없는 것을 설명하기 위해 알 수 없는 무엇인가를 사용하는 것이 아닌가를 물을 수 있다. 우리가 말에 묶여있다면 순전히 이성의 언어로 말한다는 것이 어떤 의미인가? 내면의 언어라는 원리는 유추로 삼위일체에 관한 신학적 해석을 뒷받침하려고 하는 것이었기 때문에 우리는 "내면적 언어" 자체에 관심을 돌리고 그것이 무엇인가를 물어야 한다. 내면적 언어는 자신과의 계속되는 대화(dialogue)다. 이런 의미에서 모든 사고는 자신에게 말하는 것(speaking)이다(TM 440).

그리스 로고스 철학도 이것을 알고 있었다. 플라톤은 사고를 영혼의 자기와의 대화라고 묘사했다. 그러나 아무리 순수한 사고라도 말과 로고스의 매개가 필요하다고 인정했다. 사람은 생각을 이어 가면서 사고한다. 이것은 시간적 선후 관계가 아니라 지성이 끊임없이 흘러나오는 정신적 과정이다. 이 흐름의 이미지는 고갈되지 않는 원천(源泉; foundation)이다. 성부로부터 성자의 탄생은 성부를 소진하지 않는다. 마찬가지로 자신에게 말하는 사고의 과정에서 일어나는 정신적 출현에서도 같다. 그래서 말은 정신의 형성과 동시에 일어난나.

그러나 신의 말씀과 인간의 말 사이의 유사성보다는 차이가 우리에게는 중요하다. 내면적 언어와의 유추로 밝힐 수 있을 것으로 보이는 삼위일체의 신비는 결국 인간의 사고로는 파악할 수 없다. 만일 성령의 전부가 신의 말씀에서 표현된다면, 이 말씀의 과정적 요소는 유추가 없는 무엇인가를 가리킨다. 토마스 아퀴나스(Thomas Aquinas)는 인간 정신의 불완전성, 인간 정신, 성령의 차이점 이 세 가지를 다음과 같이 말한다(TM 442).

첫째, 인간의 말은 실현되기까지 잠재적이다. 그것은 형성 가능성이 있지만, 아직 형성된 것은 아니다. 완전한 말은 사고에서만 형성되고 사고의 완성으로 존재하면 그것으로 더 창조되지 않는다. 성령에서는 사물이 그 속에 제시된다.

둘째, 신의 말씀과 달리 인간의 말은 불완전하다. 인간의 말은 인간의 마음을 완전히 표현할 수 없다.

셋째, 신은 신의 본성과 실체를 순수한 직접성으로 말씀으로 표현하지만, 사람이 생각하는 사고는 그저 마음의 우연한 사건이다. 인간의 사고의 말은 사물을 지향하나 그 속에 전체를 포함할 수 없다. 이 불완전성도 긍정적인 면이 있다. 그것은 마음의 무한성을 나타내고 새로운 정신적 과정에서 자신을 초월하며 그렇게 함으로써 계속하여 새로운 프로젝트를 위한 자유를 얻는다.

말씀의 신학으로부터 배운 것 몇 가지를 요약하면 아래와 같다. 첫째, 해석학적 현상에 대해 특히 중요한데, 현현의 삼위일체적 신비(the Trinitarian mystery of incarnation)에 상응하는, 생각하는 것과 자신에게 말하는 것 사이의 내면적 일치는, 내면적 정신적 말이 성찰적 행위 때문에 형성되는 것이 아니라는 것이다. 무엇인가를 생각하는 사람은, 즉 그것을 자기에게 말하는 사람은 자신이 생각하는 사물을 그 무엇인가에 의해 말하는 것이다. 표현을 원하는 생각은 마음을 지칭하는 것이 아니라 사물을 지칭한다. 생각인 주제와 단어는 가능한 한 함께 있다.

둘째, 신의 말씀의 통일성과 사람의 말의 다양성 간의 차이는 모든 것을 말하는 것이 아니다. 오히려 통일성과 다양성은 근본적으로 상호 간의 변증법적 관계다. 이러한 관계의 변증법이 말의 전체적인 성격을 조정한다. 하나님의 말씀조차도 아주 다양성이 없는 것이 아니다. 교회의 설교를 통해 다양하게 해석된다.

인간의 말은 말의 다양성과 말의 통일성 간의 변증법을 새롭게 보게 한다. 수많은 다양한 말들로 스스로를 해명하는 말의 통일성은 논리적 구조로는 다루지 못하는 무엇인가를 보여주며 사건으로서의 언어의 특징(the character of language as event)을 나타낸다. 즉 개념 형성 과정이 그것이다. 말씀의 원리를 발전시키는 데서 스콜라 사상은 개념 형성을 단지 사물의 질서를 반영하는 것이라고만 보지 않는다(TM 445).

3. 언어와 개념 형성(Language and concept formation)

언어와 함께 진행되는 자연스러운 개념 형성(concept formation)은 사물의 질서(the order of things)를 단순히 따르기만 하는 것이 아니라, 흔히 우연과 관계들의 결과로 형성된다. 그러나 실질과 우연의 개념들로 수립된 논리적 질서의 우위는 언어의 자연적 개념 형성을 우리의 유한한 정신의 불완전성으로 보이게 만든다. 그 이유는 우리가 개념 형성을 추석할 때 우연만을 알 수 있기 때문이다. 이 말이 옳다고 하더라도, 이 불완전성은 묘한 장점이 있는데, 그것은 무한히 많은 개념을 형성할 수 있는 자유와 개념이 의미하는 바를 깊이 파고들 수 있는 자유다. 사고의 과정은 단어들의 해명과정이라고 여겨지기 때문에, 유한한 정신에 보이는 그러한 사물의 질서 입장에서는 이해될 수 없는 언어의 논리적 성취가 분명해지기 때문이다. 언어에서 발생하는 자연스러운 개념 형성을 논리의 구조에 종속시키는 것은 상대적 진실이 있을 뿐이다. 오히려,

기독교 신학이 그리스의 논리 사상에 파고들면서 언어의 매개(the medium of language)라는 새로운 것이 생겨났다. 즉 언어에 의한 현현 사건의 매개에서 그 완전한 진리가 성취된다. 기독교학이 새로운 인간의 원리를 마련하는데, 그것은 유한한 인간의 정신과 신의 무한함 사이를 새로운 방식으로 매개한다. 여기에 우리가 해석학적 경험이라고 불렀던 것이 그 자체의 특별한 토대를 발견된다.

언어에서 이루어지는 자연스러운 개념 형성을 보면 특정한 말함(speech)의 사례는 그 의미하는 바를 이미 수립된 구어적 의미의 보편성에 종속시키는 것이라고 하더라도, 말하기(speaking)가 특수한 것을 일반개념에 종속시키면서 행하는 여러 개의 요약 행위들의 결합이라고 생각할 수는 없다. 반면에 단어가 의미하는 일반개념은 사물에 관한 인식으로 풍부해진다. 말하기는 일반적 의미가 있는 기존의 단어들을 사용하며, 동시에 개념 형성과정은 계속되고, 그를 통해 언어가 발전한다(TM 446).

이것은 귀납과 추상화의 논리적 구조도 아니고 일반화와 특수성의 관계를 말하는 것이 아니다. 가다머는 이러한 견해와 관련하여 개념 형성 이론의 선사(prehistory)를 검토하는데 플라톤의 이데아의 세계가 근본적으로 언어와 독립적이라는 것을 가정한다고 본다. 그러나 이것은 사고하는데 이름(name)과 로고스를 사용하지 않아도 된다는 뜻은 아니다. 여기에 관련되는 논의가 부분과 전체와의 관계다. 단어의 한 영역으로부터 다른 영역으로의 전이나 비유와 은유도 개념 형성과 밀접한 관련이 있다(TM 448).

우리가 과학적 전문용어를 사용하게 되면 말하기와 사고의 본래의 관계는 도구적 관계로 변한다. 말과 기호 간의 이러한 변화된 관계는 과학의 개념 형성의 토대다. 그러나 사고와 말하기의 일치 문제는 계속 추구되었다.

하나님의 말은 세계를 창조하는데 창조적 사고와 창조하는 날의 시간적 순서로 진행하진 않는다. 그와는 달리 인간의 정신은 그 생각의 전부를 시간적 계기로 인식한다. 그러나 그것은 시간적 순서이기보다는 이성의 운동이라고 할 수 있을 것이다. 인간의 마음이 전개되는 다양성은 진정한 통일성에서 벗어나는 것은 아니다(TM 452).

사물들을 그 유사성과 차이에 따라 여러 가지 방식으로 표현할 수 있다는 것은 긍정적 의미를 갖는다. 각 언어가 자체의 방식으로 단어들과 사물들을 표현할 수 있다는 것은 과학적 개념 형성 체계와는 매우 다른 개념 형성의 자연스러운 방식을 구성한다. 그것은 전적으로 사물의 인간적 측면인 인간의 필요와 관심의 체계를 따른다. 하나의 언어 공동체가 하나의 사물에 관하여 중요하다고 보는 것은 다른 측면에서는 매우 다른 성격을 가진 것에 대해 같은 이름을 부여할 수 있다. 명명법은 자연과학의 개념들과 그 분류체계와 유사하지 않다. 오히려 과학의 개념에 비해 단어의 일반적 의미가 생겨나게 하는 것은 우연한 속성인 경우가 많다.

자연적 개념 형성의 상황성을 사물의 진정한 질서에 맞는지 평가하고 순전히 우연이라고만 보는 것은 옳지 않다. 사실 이 상황성은 사물의 본질적 질서를 표현하는 인간 정신의 필요하고 정당한 가변성의 범위를 통하여 나타나는 것이다. 만일 우리가 인간의 정신이 원본의 복제로서의 하나님과 관계되어 있다고 본다면, 우리는 인간 언어의 광범한 다양성을 받아들일 수 있을 것이다(TM 454).

III. 해석학적 존재론의 지평으로서의 언어(Language as horizon of a hermeneutic ontology)

1. 세계의 경험으로서의 언어(Language as experience of the world)

앞에서는 현대의 언어 철학 및 과학과는 거리가 있는 몇 가지 점을 제시하기 위해 언어 문제의 역사를 검토했다. 헤르더(J. G. Herder)와 훔볼트(Wilhelm von Humboldt) 이래로 언어에 관한 현대 사상은 자연어에 의해 전개되는 인간 언어 간 차이의 경험 범위에 관심을 두었다. 그것은 비교연구를 통하여 인간의 정신이 언어를 위해 그 능력을 사용하는 여러 가지 방법을 연구한다. 그러나 현대 언어 철학을 정당하게 평가하려면, 비교 언어학과 인간 심리학에 과잉 동조하는 것을 경계해야 한다. 비교 연구의 주요 관심은 개별성과 보편적 성격 사이 불가분의 연결이다. 개별성에 관한 감각(sense)과 함께 전체성에 관한 감각도 주어지는 것이기 때문에 언어 현상의 개별성에 관한 연구는 그 자체가 인간 언어의 전체(the whole)에 관한 통찰을 얻는 방법으로 사용되는 것이다(TM 456).

훔볼트는 언어가 인간의 정신력의 산물이라는 입장에서 출발하여 언어의 완전성을 고려하는데 그의 탐구 경로는 형식(form)으로 추상화하는 특징이 있다. 그는 언어가 생각할 수 있는 모든 것의 총괄인, 진정으로 무한한, 경계가 없는 영역과의 관계에 놓여 있다고 말한다. 언어는 유한한 수단을 무한히 사용해야 하며 사상과 언어를 창출하는 능력의 확인을 통해 그렇게 할 수 있다. 언어의 힘과 비교할 때 개인의 힘이 한정된다고 하더라도 개인과 언어 간의 상호관계는 사람에게 언어와 관련된 일정한 자유를 허용한다.

이러한 언어개념은 해석학의 목적을 위해 순서를 바꾸어야 할 추상(abstraction)이다. 구어적 형식과 전통적 내용은 해석학적 경험에서는 분리될 수 없다. 모든 언어는 전수된 내용 때문에 하나의 세계관이다(a view of the world).

언어와 전통 간의 일치(unity)를 인정하면 문제의 초점이 변화한다. 예를 들면 외국어를 학습하면 자신의 세계관과 관련하여 새로운 입장을 갖는 것이지만 자신의 세계관은 유지된다. 이것은 해석학적 경험이 이루어지는 방식과 같다. 외국어를 배우는 것은 사람이 배우는 범위를 증가시키는 것이다.

해석학을 위해 중요한 것은 언어관이 곧 세계관이라는 것이다(a language

view is a worldview). 언어는 세계 내의 인간의 소유물 중의 하나가 아니라 사람이 세계를 가질 수 있는 것은 전적으로 언어에 의존한다. 세계로서의 세계는 인간을 위해 존재하며 세상의 다른 생명체를 위해 존재하는 것이 아니다. 그러나 이 세계는 성격상 구어적(verbal)이다. 언어는 곧 세계관인 것이다. 세계는 언어로 나타나야 할 세계일 뿐만 아니라 언어도 세계가 그 안에 존재하는 사실에서만 진정으로 존재한다. 그래서 언어는 근원적으로 인간의 수단이면서 동시에 인간의 세계-내-존재(being-in-the-world)라는 것은 원래 언어적이다. 우리는 해석학적 경험이 그 성격상 구어적이라는 사실에 적합한 지평(horizon)에 도달하기 위해서는 언어와 세계와의 관계를 검토해야 한다(TM 460).

가다머는 세계 개념과 환경 개념(the concept of environment)을 대비하여 이를 해명해 나간다. 본래 인간의 세계를 위해 사용되던 환경 개념이 모든 생물체에 적용되면서 본래의 사회적 개념(social concept)의 의미를 상실했는데, 다른 생명체와 달리 인간의 사회에 대한 관계는 환경으로부터의 자유라는 특징이 있다. 이러한 자유는 우리가 사물에 부여하는 이름과의 관계에서의 자유이기도 하다.

이러한 관계의 중요성을 인식한다면, 왜 사람이 다양한 여러 언어를 갖는가 하는 것과 세계에 대한 일반적인 구어적 관계가 명백해질 것이다. 사람은 애초부터 그의 언어 능력을 행사하는 다양한 자유를 가지고 있었다(TM 461).

환경을 넘어선다는 것은 처음부터 인간적 의미, 즉 구어적 의미가 있다. 사람이 환경을 넘어서는 것은 세계 자체로 오르는 것을 의미한다. 이것은 언제나 언어로 실현된다. 세계에 대한 언어의 관계에서 독특한 사실성(즉물성; factualness)이 나타난다. 언어에 나타나는 것은 사실에 관한 것이다. 그러나 또 한편으로 언어는 대화(dialogue)에서만 진정으로 존재한다. 즉 이해하게 됨으로써 존재한다. 이해하는 것은 공동체가 살아가는 삶의 과정이다. 인간의 언어는, 언어적 의사소통을 통하여, 세계가 드러나기 때문에 특별하고 독특한 삶의 과정이라고 생각된다. 언어는 성격상 회화의 언어다. 언어는 이해되는 과정에서만 자신을 실현한다. 그래서 언어는 그저 이해과정의 수단만이 아니다.

이와 같은 이유로 인공적 의사소통을 위해 고안된 체계는 언어가 아니다. 인공적 언어는 사전에 합의가 필요하다. 세계에 관한 인간의 경험이 성격상 구어적이라는 사실은 해석학적 경험에 관한 우리의 분석의 지평을 넓혀 준다. 구어적 세계는 우리의 통찰을 확장하고 깊게 하는 모든 것을 포용한다. 서로 다른 문화에서 성장한 사람들은 서로 다른 세계를 가질 수 있다. 그러나 구어적으로 구성된 모든 세계는 모든 가능한 통찰에 개방적이며 자신의 세계를 확장할 수 있고 타자가 이용할 수 있다. 모든 언어는 세계관인데(TM 464), 그 자체 안에서 다른 언어가 제시한 세계관을 이해하고 터득할 수 있다.

그래서 가다머는 우리의 세계 경험이 언어에 매어있다는 사실이 시각들(perspectives)의 배타성을 의미하지 않는다고 말한다(TM 465).우리의 구어적 세계 경험은 삶의 매우 다양한 관계들을 끌어안는 능력이 있다.

일상적으로 보이는 대로 하는 말과 과학지식을 가지고 하는 말이 다를 수 있다. 아무튼, 우리의 세계 지향의 전체를 열어주는 것은 언어이며, 이 언어의 전체에서 보이는 것이 과학만큼이나 정통성을 지닌다. 언어에 의해 모든 개인적 의식 너머의 실제를 볼 수 있게 된다. 그래서 구어적 사건은 사물의 지속뿐만 아니라 변화도 반영한다. 단어(말)가 변화하는 방식에 따라, 우리는 관습과 가치가 변화하는 방식을 발견한다.

이제 언어에서 세계가 자신을 스스로 나타낸다는 것을 확인할 수 있다. 세계에 관한 구어적 경험은 "절대적"이다. 우리의 세계에 관한 구어적 경험은 존재로 인정되고 대면하는 모든 것에 선행한다. 언어와 세계가 근본적인 방식으로 관련되었다는 것은 세계가 언어의 대상이 된다는 것을 의미하지 않는다. 지식의 대상과 언명은 이미 언어의 세계 지평 안에 포함되어 있다. 물리학과 생물학 등의 자연과학의 지식은 지배(domination)를 위한 지식이다(TM 467).

언어에 표현된, 전체로서의 세계에 대한 인간의 관계를 고려하면 상황이 다르다. 언어에 나타나고 언어로 구성되는 세계는 자체의 존재(being-in-itself)가 아니고 자연과학의 대상과 같은 의미의 상대적인 것이 아니다. 그것은 객관적이지 않으며 특정한 언어와 상대적인 것도 아니다. 모든 언어는 존재의 무한성과 직접적인 관계에 있다. 언어를 가진 사람은 누구나 세계를 갖는다(Whoever has language "has" the world) (TM 469).

이 점을 유념한다면 언어의 사실성을 과학의 객관성으로 오해하지 않을 것이다. 경험을 단어로 만들면 그것을 다루는 데 도움이 된다. 그러나 경험을 이렇게 다루는 것은 과학이 경험을 객관화하여 목적에 맞게 하는 것과 다르다(TM 470-471). 여기서 가다머는 현대의 이론 개념과 고대 그리스의 이론의 개념의 차이를 검토한다. 그 차이는 세계의 구어적 경험에 대한 지향의 차이인데 그리스의 지식은 언어 안에 있었다는 점이다.

가다머의 출발점은 세계의 구어적으로 구성된 경험이 계산되거나 측정되는 가용적인 것(present-at-hand)을 표현하는 것이 아니라, 존재하는 것, 사람이 존재하고 의미 있다고 인정하는 것이다. 도덕과학(moral science)에서 수행하는 이해과정은 이것을 인정한다. 역사적으로 영향받은 의식(영향사)이 언어에서 실현된다고 말하는 이유는 언어가 일반적으로 인간의 세계 경험을 특징짓기 때문이다(TM 472).

그 적합성과 의미에 의해 구성된 우리의 세계 경험인 사물들이 언어에 들어오는 것처럼, 우리에게 전수된 전통도 우리의 이해와 해석에서 말하도록 다시 가져온 것이다. 언어로 가져오는 이러한 언어적 성격은 세계 일반의 인간 경험의 그것과 같다. 이것이 결국 해석학적 현상에 관한 우리의 분석을 언어와 세계 간의 관계 논의로 이끈 것이다.

2. 매개로서의 언어와 그 추론적 구조(Language as medium and its speculative structure)

인간의 세계 경험의 본질이 언어적이었다는 것이 그리스 형이상학의 바탕이 되는 실마리였다고 보고 가다머는 해석학의 문제를 제대로 다루기 위해서는 헤겔(Hegel) 때까지 이어진 그리스의 해답을 고찰해야 한다고 말한다.

그리스의 해답은 신학적이다. 존재자들의 존재(being of beings)를 고찰할 때 그리스 형이상학은 그것을 사고 속에서 스스로 실현되는 존재라고 보았다. 이 사고는 정신(nous)의 사고인데, 정신은 가장 높고 가장 완전한 존재로 여겼는데, 정신 안에 모든 존재의 존재를 모아놓은 것으로 생각했다. 이 로고스의 구체화는 존재의 구조를 언어로 나타냈고, 그리스 사상에서 언어로 나타내는 것은 존재 자체를 나타내는 것이었다. 인간의 사고는 그러한 나타남의 무한성을 그 실현된 잠재성, 즉 신성(divinity)이라고 간주한다.

가다머는 이러한 사고의 자기 망각성을 추적하지 않고, 해석학적 현상을 따라가려고 하는데, 모든 것을 규정하는 근거는 역사적 경험의 유한성(the finitude of historical experience)이기 때문이다. 이를 밝히기 위해 언어를 추적했는데, 언어에 존재의 구조가 그저 반영되는 것이 아니라, 언어에서 우리 경험 자체의 질서와 구조가 본래적으로 형성되고 계속해서 변화하는 것이다. 언어는 유한성의 기록인데 그 이유는 계속 형성되고 발전하기 때문이다. 우리의 세계에 관한 전 경험, 특히 해석학적 경험이 펼쳐지는 것은 매개로서의 언어(language as medium)부터이다. 존재들의 전체성과 관련된 언어의 매개만이 인간의 유한하고 역사적인 성격을 자신과 세계에 매개한다(TM 473).

이제 일자와 다자(the one and many)라는 변증법적 수수께끼에 대해 그 진정하고 근본적인 근거를 제시할 수 있을 것이다. 그 변증법은 언어의 단어(word)가 하나이면서 여럿이라는 것이다. 그런데 또 다른 언어의 변증법이 있

는데, 그것은 모든 단어에 증식(multiplication)의 내적 국면을 부여하는 것
이다. 모든 단어는 마치 중심에서 깨져 나와 총체와 관계되는데, 그를 통해서
만 그것은 단어(말)다. 모든 단어는 그것이 속하는 언어의 총체를 공명하게 하
고 그의 바탕이 되는 세계관이 나타나게 한다. 사람의 모든 말하기는 유한하나
말하기 속에 의미의 무한성이 해명되고 펼쳐진다. 이 때문에 해석학적 현상도
존재의 근본적인 유한성에 의해 비칠 수 있는데, 그것은 전체적으로 성격상 구
어적(verbal)이다.

　해석자(interpreter)는 텍스트에 귀속(belong)하며 전통과 역사의 밀접한 관계
를 역사적으로 영향받은 의식(영향사; historically effected consciousness)이
라는 개념으로 표현했다. 언어적으로 구성된 세계의 경험을 토대로 귀속이라
는 관념을 더 정확하게 규정할 필요가 있다.

　여기에는 여러 가지 질문이 관련된다. 철학에서는 존재와 진리 간의 초월적
관계를 말하는데, 지식을 존재의 한 요소라고 생각하며 주체의 활동이라고 생
각하지 않는다. 옛날에는 목적론(teleology)에 보편적인 존재론적 기능을 부
여함으로써 이것을 해명했다. 여기서는 목적에 수단을 배열하는 것이 우선이
다. 목적과 수단이라는 사고에 의해 지배되는 지식의 개념은 사물들의 본성에
대한 인간 정신의 자연스러운 조정(co-ordination)이라고 규정한다(TM
475).

　가다머는 현대 과학에서는 인식하는 주체(knowing subject)가 지식의 대
상에 속한다는 형이상학의 개념을 인정하지 않는다는 것과 인문과학의 해석학
에 대해 19세기 철학에서 변증법(dialectic)이 수행한 역할 등을 검토한 후 다
시 귀속개념을 다룬다(TM 477). 여기서는 귀속개념을 형이상학이 생각하는
관계처럼 존재하는 것의 존재론적 구조에 대한 정신의 목적론적
(teleological) 관계라고 보지 않는다. 해석학적 경험은 본질상 언어적이라는
사실로부터 매우 다른 사태가 나오는데, 그것은 전통과 그 해석자 간 대화를 한

다는 것이다. 여기서 근본적인 것은 무엇인가가 일어난다는 것인데, 그것은 말로써 전해지는 전통을 우리가 대상으로 한 것처럼 당연하게 들리기 때문이다. 대상(object)의 측면에서 보면 이와 같은 사건은 그 전통을 맞이한 다양한 사람들에 의해 전통의 내용 의미와 방향이 계속해서 확장하는 작용을 의미한다 (TM 478). 전통이 언어로 새롭게 표현되기 때문에 이전에는 존재하지 않았으나 지금부터 존재하는 무엇인가가 존재하게 된 것이다.

귀속 관념을 정확하게 정의하기 위하여 가다머는 듣기(hearing)에 함축된 변증법을 고찰한다. 여기서 보기(seeing)와 듣기의 차이가 중요한데 그 이유는 듣기의 우위가 해석학적 현상의 토대이기 때문이다. 다른 감각과 달리 언어의 매개를 통하여 듣지 못하는 것은 없다. 세상의 다른 경험과 대비할 때, 해석학적 경험의 의의는 언어가 완전히 새로운 차원을 연다는 것인데, 그것은 지금 사는 사람들에게 전해지는 전통의 심오한 측면이다.

여기서 귀속의 개념이 새롭게 정의된다. 귀속은 전통이 우리를 향함으로써 생기는 것이다. 전통의 존재 양식은 직접 감지되는 것이 아니고 언어가 세계에 대한 해석자 자신의 언어적 지향에 전통의 진리를 관련시키는 것이다.

해석학적 경험은 과학적 방법론의 관념과는 판이하다는 것을 강조하고 전통에서 말해진 것이 언어로 나타나는 것을 사건으로 본다. 이러한 견해와 관련하여 가다머는 다시 변증법을 검토한 후, 매개로서의 언어의 관점에서 생각하는 해석학적 경험은 개념의 변증법에서 생각하는 경험과 다른 면도 있고 유사점도 있다고 말한다(TM 481). 해석학적 경험도 자체의 엄격성이 있는데 그것은 자신의 선입견을 벗어나기 위해 계속 해석을 해야 한다. 해석적으로 텍스트의 의미에 부합하는 단어는 이 의미의 전체를 표현하는 것이다. 즉 의미의 무한성을 유한한 방식 안에서 표현되도록 한다.

이것도 변증법이라고 할 수 있는데, 언어의 매개를 토대로 하며, 형이상학적 변증법과는 다르나 형이상학과 해석학적 변증법에 공통되는 것은 추론적(사변적) 요소(speculative element)다. 추론적이라는 것은 거울 관계를 말한다. 계속해서 다르게 비춰보는 것이다.

가다머는 추론과 변증법의 공통점과 차이점에 관한 헤겔의 철학을 다소 길게 검토한 후(TM 482-484), 언어는 매우 다른 의미에서 추론적인 무엇이라고 말한다. 이것은 이해에 이르는 말하기, 매개의 사건으로서의 의미의 실현이다. 이러한 실현이 추론적인 것은 말의 유한한 가능성이 무한을 향한 감각을 향해 지향되어 있기 때문이다. 무엇인가를 말하고자 하는 사람은 타인에게 자신을 알릴 수 있는 말들을 찾는다. 이것은 그저 언명(statements)하는 것이 아니다. 자신이 의미하는 바를 말하는 것, 자신을 이해시키는 것은 말한 것을 하나의 통일된 의미 안에서 말하지 않은 무한성과 함께 유지하고 이런 방식으로 이해되도록 하는 것이다. 통상의 보통 말로도 말하지 않고서도 말하고자 하는 것을 표현할 수 있다(TM 485).

가다머는 시적 언어에서 위와 같은 상황이 잘 나타난다고 보고 있다. 시적 언명은 추론적(사변적)이다. 시적인 말의 구어적 사건은 존재와 자신과의 관계를 표현한다. 시적 언명은 시적 발명의 상상의 매개로 새로운 세계의 새로운 출현을 표현하는 것이다. 이와 같이 시의 추론적 성격에 관해 해명한 후(TM 487), 가다머는 전통이 언어로 새롭게 이해되고 표현되는 것은 실제의 회화에 못지않은 진정한 사건이라고 말한다. 해석학적 경험은 언어의 사건을 함축하는데 그것은 질문과 대답의 변증법(dialectic of question and answer)을 수행한다. 이를 통해 해석의 일방성을 바로잡아 나간다. 이렇듯 질문과 대답의 변증법이 해석의 변증법에 선행한다. 이것이 이해를 사건으로 규정하는 것이다.

모든 전통적 자료에 해당하는 역설(paradox), 즉 하나이면서 같은 존재지만 그래도 상이한 존재라는 역설은 모든 해석은 사실상 추론적이라는 것을 말해 준다. 해석이 추론적인 것은 해석의 언어적 성격 때문에 생기는 것이다. 왜냐하면 해석하는 말은 해석자의 말이고 해석된 텍스트의 언어나 사전이 아니기 때문이다(TM 489).

가다머의 출발점은 이해는 언어와 분리될 수 없고 언어는 모든 종류의 이성과 관련이 있다는 것이었는데, 이제 그는 어떻게 그의 고찰 전부를 이 주제 하에 포함할 수 있는가를 알 수 있다고 말한다. 우리가 개관한 슐라이어마허로부터 딜타이를 거쳐 후설과 하이데거에 이르는 해석학 문제의 발전은 우리가 발견한 것을 역사적 측면으로부터 확인한다. 즉 문헌학이 자신을 하나의 방법이라고 생각하는 것은 근본적인 철학적 문제를 제기한다는 것이다(TM 490).

3. 해석학의 보편적 측면(The universal aspect of hermeneutics)

가다머의 주장은 언어는 나와 세계가 만나는 매개, 즉 나와 세계가 근원적으로 함께 속한 곳이라는 기본적인 생각으로 이끌어 왔다. 그리고 언어의 추론적(사변적) 구조는 주어진(given) 무엇인가를 반영하는 것으로 나타나는 것이 아니라 의미의 총체성이 언어로 들어오는 것으로 나타난다는 것을 보여주었다. 의미가 언어로 나타난다는 것은 보편적인 존재론 구조(a universal ontological structure)를 가리키는 것, 즉 이해가 지향하는 모든 것의 근본적 본질을 가리키는 것을 알 수 있다. "이해될 수 있는 존재가 곧 언어"(Being that can be understood is language)라는 것이다. 여기서 해석학적 현상은 자체의 보편성을 이해되고 있는 것의 존재론적 구조로 되돌려 봄으로써, 그것을 일반적 의미에서 언어라고 규정하고 존재와 자체와의 관계를 밝히는 것을 해석이라고 규정(determine)한다. 그래서 우리는 예술의 언어에 관해서 뿐만 아니라 자연 언어에 관한 말도 한다. 요컨대 사물들에 관한 어느 언어에 관해서나 말한다(TM 490).

언어의 추론적 존재 양식은 보편적 존재론적 의의를 갖는다. 이 추론운동은 가다머가 해석학적 경험의 분석에서 도입한 미학과 역사적 의식 양자의 비판에서 목표로 삼은 것이다. 언어는 존재 자체와 그 표현, 과거와 현재를 매개하는 수단이라고 봄으로써, 우리는 그 출발점인 미학과 역사의식에 대한 비판과 그들을 대체할 해석학을 출발점으로 삼아 우리의 연구를 보편적 차원으로 확장할 수 있었다. 왜냐하면 사람의 세계에 대한 관계는 절대적·근본적으로 구어적이어서 이해될 수 있다(intelligible). 따라서 해석학은 철학의 보편적 측면이고 소위 인문과학의 방법론적 토대만이 아니라는 것을 알았다(TM 491).

가다머는 예술과 역사의 존재 양식을 과학적 객관성 이상(ideal)에 함축된 존재론적 선입견으로부터 해방시키고자 했다. 예술과 역사의 경험에 비추어, 인간의 세계에 대한 일반적 관계와 관련된 보편적 해석학으로 인도되었다. 가다머는 인문과학의 객관성 개념을 오염시키는 그릇된 방법주의를 경계할 뿐만 아니라 헤겔의 무한성의 형이상학이라는 이상적 정신주의를 회피하기 위하여 언어라는 개념을 토대로 보편적 해석학을 구성했다. 사물들이 가진 언어는 우리가 말을 할 때 우리의 유한한 역사적 성격이 이해하는 언어이다. 이것은 텍스트의 언어와 예술의 언어에 관해서도 마찬가지다. 해석학의 토대가 되는 존재의 추론적 양식은 이성과 언어와 마찬가지의 보편성이 있다.

가다머의 해석학적 탐구가 존재론적으로 전환한 후, 그 근원으로 돌아감으로써 그 의의를 보여줄 수 있는 형이상학적 관념(idea)으로 옮기고 있다. 그래서 가다머는 미의 개념(the concept of the beautiful)이 한때 보편적 형이상학의 개념이었고 존재의 보편원리로서, 형이상학에서 기능했다고 보고 검토한다. 그리고 미의 이러한 고전적 개념이 인문학의 방법주의에 대한 비판으로부터 생긴 종합적 해석학에 기여할 것이라고 보고 있다.

세계의 의미에 관한 분석조차 가다머가 추구하는 연구와 밀접한 관련이 있다는 생각에서 그는 아름다움(kalon)이라는 그리스의 단어부터 출발하여 그 분석을 이어간다(TM 493-502). 아름나운 사물의 가치는 스스로 나타난다.

이러한 분석에서 아름다움과 선함(good)의 동일성, 유사성, 차이성, 우위성에 관한 긴 분석이 이루어진다. 미와 선에 관한 가다머의 철학적 논의를 여기서 간단히 정리하기는 어렵다. 따라서 우리는 아래에서 몇 가지 관련된 생각들만 열거해 보기로 한다.

아름다움은 질서이며 조화다. 이러한 미의 정의는 보편적이며 존재론적인 것이다. 아름다움은 미와 밀접한 관련이 있지만 아름다움은 가시적이다. 아름다움은 감각에 대하여 가시적으로만 나타나는 것이 아니라 자신을 통해서만 존재하는 방식으로 나타난다. 즉 총체로부터 하나로 나온다. 아름다움은 스스로 진정 가장 빛난다(most radiant).

"빛남"은 아름다움의 하나의 속성일 뿐만 아니라 그의 실제 존재를 구성한다. 아름다움은 단순한 대칭성이나 자체의 나타남이 아니다. 아름다움은 빛(light)의 존재 양식이다. 이것은 빛이 없으면 아름다운 아무것도 나타나지 않을 뿐만 아니라 아무것도 아름다울 수가 없다는 것을 의미한다. 빛은 사물을 빛나게 하고 가시적으로 만든다. 빛은 반사적(reflective) 특성으로 인해 보는 것과 가시적인 것을 결합하기에 빛이 없으면 아무것도 볼 수 없고 아무것도 가시적이지 않다. 가시적인 영역뿐만 아니라 인식할 수 있는 영역까지 밝혀주는 빛은 태양의 빛이 아니라 정신(mind)의 빛이다(TM 498).

말씀에 관한 기독교 원리도 빛의 형이상학을 따른다. 모든 것이 명확하고 알 수 있는 방식으로 나타나게 하는 것은 말씀의 빛이다. 이것이 바로 가다머의 해석학적 연구를 인도한 관계이다. 예술작품의 분석이 해석학적 문제로 이끌어서 갔고 보편적 연구로 확장되었다.

아름다움의 형이상학은 가다머의 연구와 관련이 있다고 말한다. 이제 가다머는 세계에 관한 해석학적 경험의 존재론적 배경을 수립하는 일반적인 일에 관심이 있다. 아름다움의 형이상학은 아름다움의 빛남과 이해 가능한 것의 명확성 간의 관계로부터 나오는 두 가지 점을 밝히는 데 사용할 수 있다. 첫째는

아름다움의 나타남과 이해의 존재 양식 양자는 사건(event)의 성격을 갖는다
는 것이다. 둘째는 전통적 의미의 경험으로서의 해석학적 경험은 그것이 진리
(truth)의 모든 증거에 직접성을 갖듯이, 아름다움의 경험을 나타낸 직접성이
있다는 것이다.

위에서 언급한 사건을 다시 해명한다. 즉 빛과 아름다움에 관한 전통적 추론
의 배경에 반하여, 가다머는 해석학적 경험에서 사물의 활동에 선차성
(primacy)을 부여하는 것을 정당화한다. 아름답다는 것은 명확해졌다는 것인
데, 명확성의 개념은 수사학의 전통에 속한다(TM 500). 해석학적 경험도 진정
한 경험의 사건이다. 아름다움의 사건과 해석학적 과정의 사건 양자는 다 같이
인간의 삶의 유한성(finitude)을 전제로 한다. 우리는 무한한 정신이 우리가
경험하는 것과 같은 방식으로 아름다움을 경험할 수 있는가를 물을 수도 있을
것이다. 아름다움의 빛남은 유한한 인간 경험에 주어진 무엇인가로 보인다. 해
석학적 경험의 보편성은 무한한 정신에는 소용이 없는 것으로 보인다. 플라톤
이 말하듯이 신들(gods)은 철학을 하지 않는다.

앞에서 말한 명확성과 관련한 둘째 문제는 아래와 같다고 말한다. 만일 우리
가 존재의 해석학적 경험 때문에 우리에게 나타난 바와 같이 존재는 언어다
(that being language). 다시 말해서, 스스로 나타남이라는 기본적 존재론적
관점으로부터 출발한다면, 아름다움의 사건적 성격과 모든 이해의 사건-구조
만이 그런 것이 아니라는 말이 된다. 아름다움의 존재 양식이 존재 일반의 특징
이듯이 진리의 개념에서도 동일한 것을 보여줄 수 있다(TM 502).

아름다움과 진리 등에 관해 언급한 후 가다머는 다음과 같이 말한다. 해석학
적 현상에 관해서 말하더라도 이해의 과정을 텍스트의 진리와는 무관한 문헌
학적 의식의 노력으로 간주하는 것은 부당하게 제약하는 것이다. 인간지식 일
반을 위한 역사의 의의처럼, 해석학적 경험의 총체적 가치는 우리가 전통에서
당면하는 것이 우리에게 무엇인가를 말한다는 사실에 있는 것으로 보인다는

것이다. 이해한다는 것은 쓰인 것을 기술적으로 잘 하는 것이 아니라 진정한 경험이다. 즉 진리라고 스스로를 주장하는 무엇인가를 만나는 것(an encounter)이다.

아름다움, 진리, 놀이 등에 관한 앞선 논의 중 일부를 다시 언급한 후, 가다머는 다음과 같이 말한다(TM 506). 우리 지식의 의지가 아무리 피하려고 해도 모든 선입견을 벗어난 이해라는 것은 존재하지 않는다. 앞의 연구를 통하여 나타난 것은 과학적 방법을 통하여 성취한 확실성(certainty)이 진리를 보장하지 않는다는 것이다. 인문과학의 경우 더욱 그러한데, 그러나 그것이 인문과학이 덜 과학적이라는 의미가 아니다. 그와는 반대로 그것은 인문과학이 항상 요구해 온 특별한 인문적 의미의 주장을 정당화하는 것이다. 이러한 지식에서는 인식사(knower) 자신의 존재가 작용에 포함된다는 사실이 과학의 한계가 아니라 방법의 한계를 보여준다. 오히려 방법의 도구가 성취하지 못하는 것을 질문하고 탐구하는 훈련(discipline), 진리를 보장하는 훈련으로 성취해야 한다고 말할 수 있다.

제3부

행정학과 해석학

본서 제1부에서 "한국 행정학의 논리"에 관하여 고찰했고 제2부에서 해석학 이론을 (1) 해석학 개론, (2) 경험적 연구법으로서의 해석학, 그리고 (3) 철학적 해석학으로 구분하여 고찰했다. 본서에서 제2부는 전문적으로 해석학을 연구한 것이 아니고 행정학 연구에 응용할 수 있는 생각을 도출하기 위한 이해에 역점을 두었다.

제3부에서는 제2부에서 정리해 본 해석학을 행정학 연구에 적용할 수 있는 실제적인 방법들을 예시적으로 탐구해 보고자 한다. 이 책이 한국 행정학의 해석학적 접근을 시도하는 것이지만 그것이 "해석학적 행정학 개론"을 지향하려는 것은 아니다. 즉, 행정학의 주요 주제들과 해석학의 관점들을 하나하나 대응시키거나 대비시켜 나가면서 검토하려는 것이 아니고 행정학 연구와 관련된 몇 가지 주제에 관해서 한정적으로 고찰함으로써 해석학적 접근을 예시해보고자 하는 것이다. 이렇게 한정된 논의도 매우 복합적이기 때문에 아래에서는 제2부에서 필자가 구분한 해석학 이론의 순서에 따라 한국의 해석학적 접근을 예시해보려는 것이다.

즉 제8장에서 해석학 일반과 관련하여 한국 행정학계의 견해를 간단히 알아보고, 제9장에서는 그 연장선에서 "해석으로서의 번역"이라는 관점에서 한국 행정학의 발달과정을 검토한다. 제10장에서는 경험적 언구방법으로서의 해석학을 적용한 행정학 연구를 시도해 보고 제11장에서는 한국 행정학 연구에 대한 철학적 해석학의 적용 문제를 고찰해 보고자 한다. 제12장은 본서 전체에 관한 결론이다.

한국 행정학과 해석학

제8장

한국 행정학과 해석학

제1절 한국 행정학계의 해석학적 연구

1. 해석적 연구 동향

한국 행정학계에서도 일찍부터 해석학에 관한 관심과 이해가 있었다. 그런데 박광국과 오수길이 「한국행정학보」, 「한국정책학보」, 「한국사회와 행정연구」, 「한국행정연구」 이 네 학술지의 창간호부터 2008년까지 게재된 글을 중심으로 분석한 바에 의하면, 행정학 연구에 해석학을 본격적으로 적용하기 시작한 것은 1990년대부터인 것으로 보인다.[1] 이 연구에서는 한국 행정학자가 연구한 해석학을 연구 영역과 연구초점을 나누어 분석한다.

연구 영역은 이론과 방법론, 언어, 정책과 제도, 행태 등으로 구분한다. 이론과 방법론에서는 한편으로는 주류 사회과학방법론을 비판하고 다른 한편으로는 해석학의 필요성을 강조한다는 것이다. 주류 사회과학방법론을 비판하는 이유는 그것이 행정학의 기능주의를 조장하고 능률성, 효과성 등의 행정관리적 측면만을 강조하기 때문에 행정의 기본적 가치와 중요한 의미를 간과하는 경향이 강하다는 것이다. 이와 같은 비판은 미국 학계의 견해이기도 한데 한국

---

1) 박광국·오수길, "해석적 패러다임에 의한 행정학 연구동향", 서울행정학회 동계학술대회 발표논문, 2009, pp. 765-784.

행정학계에서도 유사한 비판을 따르고 있다.

해석학과 관련된 이론의 예로서는 현상학, 비판이론 등이 거론되고 있다. 경우에 따라서는 현상학이나 비판이론의 시각을 해석이라는 관점에서 사용하기도 하였다. 해석학과 관련된 이론의 예도 일반적으로 거론되는 것과 큰 차이가 없는 것으로 보인다.

연구 영역의 분석에서 특이한 것은 행정언어에 관한 지적이다. 행정언어는 행정의 모습을 묘사하는 것이기 때문에 시대별로 변화하는 행정언어는 그 시대의 행정을 표현하는 것으로 볼 수 있다는 입장에서 연구되고 있다. 정책과 제도 및 행태를 연구하기도 했는데, 행태에 관한 연구는 주로 실증적인 연구대상으로 여기는 것인데 행태를 해석적으로 분석했다는 점이 좀 특이하다.

해석적 접근방법에 따른 행정학 연구의 초점은 "크게 기술적 행정학과 해석적 행정학의 대비, 언어의 중요성 강조, 방법론적 부합성 문제, 역사적 맥락과 제도적 논리의 고려, 현장과 생활세계의 강조" 등으로 분석했다.2)

결론적으로 한국 행정학에서도 일반적으로 주장하는 주류 사회과학방법론의 한계와 그것을 적용한 행정학 연구의 한계를 수용하면서 해석학적 접근을 주장하는 경우가 많다. 그러한 한국 행정학계의 주류 행정학의 편향성에 대한 비판인 동시에 질적 연구방법론의 필요성을 강조하려는 것으로 보인다.

그 외에도 본격적으로 해석학을 적용하려고 시도한 것은 아니지만 한국 행정학자들 중에는 여러 가지 시각에서 한국 행성 현상에 관하여 연구해 왔다.3)

---

2) 위의 글.
3) 강신택, 『한국 행정학의 논리』(박영사, 2005), 제8장 "해석학과 행정이론", pp. 221-251 에서 한국 행정학자들의 해석학적 연구 성과를 정리해 보았다. 여기에는 해석학적 연구라고 여겨지는 글들의 목록도 수록하였다.

2. 해석적 방법론 탐색과 원용의 예

앞에서는 한국 행정학자들이 사용하는 해석적 접근방법의 이론과 초점 등에 관하여 간단히 살펴보았는데, 해석적 연구방법을 구체화하려는 노력도 있었다.

박석희와 남지원은 논리실증주의를 비판하면서 반실증주의적 인식론에 토대를 둔 해석적 연구방법의 이론적 배경, 특징과 장점 등에 관하여 논한 다음 해석적 연구방법론을 채택하고 있는 연구 과정에 대하여 논의하였다.[4]

이 논문은 해석적 연구 과정의 전략을 해석적 연구의 엄격성 확보방안과 타당성 확보수단으로서의 방법론적 다각화로 나누어 서술했다. 우리가 제2부에서 경험적 방법으로서의 해석적 방법을 논의할 때 검토한 바와 같이 해석적 연구는 실증적 연구방법과 비교할 때 엄격성이 떨어진다는 비판을 받는데, 그에 대한 해명을 하는 것이다. 또한 타당성을 확보하는 것도 단순한 검증이 아니라 연구방법의 통합 또는 다각화에 의하여 확보할 수 있다는 견해를 피력한다.

해석적 연구 과정은 몇 개의 단계를 거쳐 이루어진다. 첫째, 자료준비단계는 자료를 '기록'하고, 둘째, 자료탐색과 자료를 축소하는데, 일종의 자료생성 (generation of data)이다. 셋째는 자료 해석이고, 넷째는 자료에 대한 분석과 해석을 하면서 연구보고서를 작성하는 것이다. 즉 자료의 분석이 이루어지는 것이다.

이 논문은 위와 같은 해석적 관점을 적용한 근거이론(grounded theory)을 소개하고 그 절차에 따라 서울시의 교원평가제 시범학교 도입방식을 연구하였다.

배병룡은 행정학 연구를 위한 해석적 방법론을 더욱 구체적으로 제안하였다.[5] 한국행정학회의 「행정사상과방법론 연구회」에서 강독하였고 본서 제2

4) 박석희·남지원, "행정연구에서의 해석적 연구 과정의 탐색", 『정부학연구』 15(1) 2009, 215-245.
5) 배병룡 교수는 한국 행정학의 해석적 연구를 위하여 아래와 같이 다양한 각도에서 연구발표했다.
배병룡, "행정학 연구를 위한 해석적 방법론", 한국행정학회 하계학술대회(2015.7) 발표.

부에서도 소개한 야노와 슈바르츠-쉬아(Yanow and Schwartz-Shea)의 저서를 중심으로 해석적 방법론을 구체화하였다.

우선 해석적 방법론의 기본 논리에서 인문 현상과 사회현상의 연구에서의 의미의 중요성과 해석적 전회를 소개하고 해석적 방법론의 철학적 기초로서 해석학을 비롯하여 현상학, 실용주의, 상징적 상호작용, 민속학적 방법론 등을 논하고 다양한 구체적인 방법들을 개관했다. 조사연구의 지향점에서는 의미부여 문제와 맥락성 등을 검토하고 해석적 방법론과 실증주의 방법론을 상호 대조하였다. 그리고 조사 설계의 태도, 자료창출 준비, 자료창출, 자료분석(증거분석) 방법, 연구의 질(quality)에 관한 평가기준 등 매우 세심하게 서술하였다. 이러한 발표문이 하나의 단행본으로 더 구체화하면 해석학적 연구를 위한 좋은 지침서가 될 것으로 생각한다.

김성준 교수는 「행정사상과방법론 연구회」의 정기 연찬회와 한국행정학회에서 제주특별자치도의 성과에 관하여 해석학적 접근을 중심으로 여러 차례 발표하였다. 이것은 연구회의 회원들이 함께 연찬한 해석학을 서로 심화시켜 나가기 위한 노력의 일환이었다.6)

이 논문은 다시 아래와 같이 발표되었다.

배병룡, "행정 현상 연구를 위한 해석적 방법론", 『한국사회와 행정연구』, 2016년 11월, 27(3), pp. 177~198.

배병룡, 전태영, 황병순, 윤호진, 심흥수, "해석적 연구의 질에 관한 연구", 『한국자치행정학보』, 2016. 가을 30(3), pp. 45~73. 이 논문은 다음과 같이 보완 발표되었다.

배병룡, 전태영, 황병순, 윤호진, 심흥수, "해석적 연구의 질 판단(평가 기준)에 관한 연구", 2016년 한국행정학회 60주년 기념 하계공동학술대회 및 국제대회, 2016년 6월 23-25.

6) 김성준, "제주특별자치도의 성과와 과제: 해석학적 접근을 중심으로", 2017년 한국행정학회 동계학술대회 발표; 김성준, "제주도 지방자치의 반세기 여정 평가: 해석학적 접근을 중심으로", 행정사상과방법론 연구회 발표(2018. 1. 13).

3. 고전과 해석

이문영 교수는 〈논어〉와 〈맹자〉가 우리 겨레가 처음으로 접한 행정학 교과서라는 전제하에 두 고전을 현대적 행정학 개념의 틀에 따라 해석한다.7) 이러한 전제는 몇 가지 통념의 뒷받침을 받는다고 주장한다. 우선 〈논어〉의 핵심인물인 공자(孔子: 기원전 552-479)와 〈맹자〉의 저자인 맹자(孟子: 기원전 372-289)가 관직의 경험이 있는 사람들이었기 때문에 그들의 주장을 현대 행정학의 체계에 따라 조명할 수 있으리라는 것이다. 이문영 교수는 〈논어〉·〈맹자〉를 합하여 756개에 달하는 장들을 자신이 구성한 행정학의 목차에 따라 재편집하였다. 그러나 두 고전만이 오늘날 참고할 수 있는 유일한 고전은 아니라는 것이다. 그 이유는 "행정학의 연구대상은 조직인데, 인류문명에 이바지한 조직에는 관료조직과 관료조직 외부에서 관료조직에 영향을 미치는 민주주의 문화에서의 민회(citizen assembly)의 두 가지가 있다고 생각하기 때문이라는 것이다."8) 따라서 이 책은 〈논어〉·〈맹자〉를 대본으로 한 관료조직 문화와 민회 조직들이 있는 민주주의의 문화가 상호 보완됨으로써 오늘날에 통용될 행정문화가 성립된다는 견해를 취한다.

이 책은 〈논어〉·〈맹자〉의 756개에 달하는 모든 장 중에서 필요한 장만을 자의적으로 선정하여 자료로 삼은 것이 아니라 모든 장을 자료로 삼았다. 756장 각 장이 거듭 언급되기도 하고 다르게 언급되기도 하지만 원전에 같은 말이 거듭 나온다든지 하는 명백한 이유가 있는 것 이외에는 각 장이 한 번씩은 반드시 이 책에서 언급된다. 그 이유는 두 고전이 행정학의 교과서라는 것이 이 책의 전제이기 때문이다.

〈논어〉·〈맹자〉 전장을 『〈논어〉와 〈맹자〉의 행정학』 장과 절별로 편집하는

---

7) 이문영, 『〈논어〉·〈맹자〉와 행정학』(나남출판, 1996), p. 1.
8) 위의 책, pp. 1-2.

매우 어려운 작업을 수년간에 걸쳐 수행하였다. 본문만 800여 페이지에 달하는 방대한 저서인데 저자의 신념과 주장이 담겨 있어서 재해석을 통하여 고대와 현대의 행정 의미를 이해하여 볼 수 있는 귀중한 연구서라고 생각한다. 그 의의에 관해서는 본서의 9장에서 해석으로서의 번역문제를 고찰할 때 다시 생각해 보고자 한다.

해석학을 의식하고 기획된 것은 아니겠지만 고전의 행정학적 해석학이라고 할 수 있는 또 하나의 최근의 예는 서울대학교 행정대학원 국가리더십연구센터에서 간행한 『대학연의』(大學衍義)의 해석작업이다.9)

제2절 법칙적 설명과 해석적 설명

1. 대립되는 설명방식의 예: 개요

필자는 사회과학연구의 목적과 방법을 세 가지로 구분해 왔다. 즉 설명을 위한 실증적 경험적 연구, 해석과 이해를 위한 해석적 연구, 개혁을 위한 성찰과 비판적 연구로 구분했다. 위와 같은 연구의 논리에서는 일반적으로 본서의 제1부에서 해설한 것과 마찬가지로 설명(explanation)과 해석(interpretation)을 대립되는 것으로 구분해 왔다. 그런데 해석적 설명(interpretive explanation)

---

9) 김병섭 편집, 정재훈·오항녕·정호훈·김광일 역주, 진덕수 지음, 『〈대학연의〉(大學衍義): 리더십을 말한다』, 서울대학교 행정대학원 국가리더십연구센터 국가리더십연구총서③ (서울대학교 출판문화원, 2018)도 고전을 번역하여 현대 행정학과의 지평융합을 이루고자 노력한 하나의 예다. 이 총서는 3권으로 이루어졌다.
위의 책, 정세훈, "해제: 중국의 제왕학과 조선의 정치사상-대학연의(大學衍義)를 중심으로-" p. 785는 다음과 같이 해설한다. 『대학연의』는 중국 남송의 진덕수(眞德秀; 1178~1235)가 지은 『대학』의 해석서이다. "『대학』의 경문은 단지 205자에 불과하지만, 삼강령과 팔조목이 담긴 『대학』의 내용은 천하를 다스리는 원리가 담겨 있다. 이에 정이천은 『예기』에서 이를 뽑아내었고, 주자는 이를 『대학장구』와 『대학혹문』으로 만들어서 경전으로 독립시켰다. 이로써 『대학』은 성리학의 대표적인 경전인 사서(四書) 가운데서도 전체적인 체계를 알려 주는 핵심적인 서적이 되었다."

이라는 방법도 논의되는 경우가 있으므로 이와 같은 논증적 설명과 해석적 설명
이라는 두 가지 설명방식을 비교함으로써 그 차이를 해명해보고자 한다. 이와
같은 해명을 통하여 본서에서 주로 연구한 해석학은 "해석적 설명"을 깊이 다
루지 않는다는 것을 밝혀 둠으로써 참고가 되게 하고자 한다.

주류 사회과학방법론에서 사용하는 법칙적 과학적 설명은 법칙과 전제
(laws and premises)를 연역하여 현상을 결론으로 도출하는 것인데 제1부에
서 상세하게 해설한 바 있다. 여기서 비교하려는 해석적 설명방식은 우리가 제
2부에서 연구한 해석학과는 약간의 차이가 있는 해석방식이다. 우선 모든 해
석적 방법이 가진 공통 견해에서는 해석학은 행위와 텍스트의 내용을 해석하
여 그 의미를 이해하는 것이라고 말한다. 그런데 해석적 설명을 위해서는 최소
한 두 가지 단계의 이해가 필요하다고 말한다.[10]

첫째의 단계는 행위의 내용을 해석하여 이해하는 것이다. 말하자면 표면적
인 표현을 해석하여 이해하는 것이다. 가령 어떤 행위자가 수행하는 신체적 동
작이 운동인지 노동인지를 보고 노동이라고 해석했으면 그것은 행위를 이해한
것이다. 그런데 모든 행위는 행위의 동기와 상황 등에 관한 조건을 가지고 있
다. 이러한 동기와 조건 등을 찾아서 해석하고 이해하는 것이 둘째의 단계라고
할 수 있다.

외형상 동일한 모습으로 이해되는 행위라도 그 동기와 상황은 다를 수 있다.
이때 동기나 상황을 밝히면서 행위를 해석하면, 행위의 의미를 더 잘 이해할 수
있을 것이다. 이와 같은 설명이 "해석적 설명"인 것이다. 해석적 설명에서 동기
와 상황은 행위의 맥락이며 근거이다. 이러한 1차적 맥락은 그보다 상위의 맥
락을 가질 수 있다. 즉 맥락에는 여러 단계가 있을 수 있고 맥락들이 순환 관계
에 있을 수도 있다.

---

10) 김덕영 지음, 『막스 베버: 통합과학적 인식의 패러다임을 찾아서』(도서출판 길, 2012),
제6장 참조.

이렇듯 해석적 설명은 일정한 법칙과 조건으로부터 사건(텍스트의 구성 부분, 행위 등)을 도출해(derive) 내는 것이 아니라 그 내용을 이해한 텍스트의 동기와 조건들을 단계적으로 밝혀 나감으로써 텍스트의 더 깊은 의미를 이해하여 나가는 것이다. 이렇듯 텍스트나 행위 등 사건의 존재와 이해를 전제로 하여 그 맥락을 밝히는 것이기 때문에 사건을 맥락으로부터 연역(도출)하는 것은 아니다.

편의상 해석과 이해를 1차적 해석과 2차적 해석으로 구분하는 경우에도 1차적 해석과 이해를 위해서는 일종의 사전 가정이 필요하다. 이러한 가정이 연역적 이론체계(deductive theoretical system)를 구성하고 있는 것이 아닐지라도 텍스트와 행위를 바라보는 일정한 시각은 필요하다. 따라서 해석에서도 선행 전제가 필요한데 그것이 반드시 연역적·이론적 체계일 필요는 없다는 것이다.

해석적 설명에서는 의미복합체를 도출하기 위하여 이념형(이상형; ideal types)을 사용할 수 있을 것이다. 말하자면 법칙적 설명에서 칼큐러스가 수행하는 것과 같은 기능을 해석적 설명에서는 이념형이 수행하는 것이라고 개념화할 수 있을 것이다. 즉 특정한 현상에 관한 이념형을 가지고 있으면 1차적으로 해석된 텍스트의 내용을 2차적으로 해석하기 위한 동기와 조건 등의 맥락을 구성하는 데 도움이 되고 지침이 될 것이다. 그러나 이념형은 텍스트의 "의미"를 증명하는 것이 아니고 의미의 맥락을 이해하는 데 도움이 되는 교시적인(heuristic) 장치라고 생각할 수 있을 것이다.

2. 법칙적 설명과 해석적 설명의 비교

1) 행태(behavior)와 행위(action)

행정 현상의 연구에서 행태와 행위 중 어느 것을 연구의 초점으로 삼는 것이 타당한가 하는 것은 연구방법론과 관련된 논쟁의 대상이다.

행태란 사람에게 가해지는 일정한 자극(stimulus)과 반응(response) 간의 규칙적 관계를 연구하는 것으로서 과학적 설명 논증에 의하여 설명되고 예측된다. 행위란 사람의 의미 있는(meaningful) 행동으로서 그 의미는 해석을 통하여 이해된다. 이렇듯 연구의 초점이 행태인가 아니면 행위인가라는 접근방법의 차이에 따라 연구의 논리가 달라지기도 하는 것이다.

이러한 견해의 차이는 예컨대 행정인의 '행태'와 '행위'의 형성과정 또는 사회화과정(socialization process)을 추정하는 방식과도 관련이 있는 것이라고 말할 수 있다. 즉 행태의 연구는 거시적인 역사적 배경과 체제(system)의 특성에 따라 사회화된 개인의 외형적 행동을 설명하는 것에 초점이 있는 반면에, 행위의 연구는 개인특성의 형성에 영향을 미친 의미 있는(meaningful) 맥락을 추적하면서 행위의 의미를 해석하고 이해하려는 것이다.

2) 법칙적 설명에서의 연역

법칙적 설명 논증에서는 전제(또는 설명 문장: explanans)에서 법칙(laws)을 사용한다. 이 법칙은 관련된 이론체계로부터 도출(derive or deduce)된 것이고 이러한 이론체계 자체도 어떤 하나의 칼큐러스(calculus)를 번역한 것이다. 따라서 과학적 설명에서 전제로 사용하는 것은 하나의 전체적인 칼큐러스 또는 더 구체적인 이론체계(theoretical system)를 전제로 하여 구체적인 사건을 도출해 냄으로써 사건 발생의 근거를 논증하는 것이다.

이것은 본서 제1부에서 제시한 "행정이론의 분석수준과 맥락단계 및 연구의 목적과 방법"이라는 준거의 틀에 따라 해석할 수 있을 것이다. 즉 설명대상인 더 구체적인 행정행태(사건: events)는 한편으로는 전체사회에서 조직과 개인으로 이어지는 분석의 수준과 상위맥락으로부터 중간맥락과 구성 부분으로 이어지는 미시적 단위로 환원(reduce)되고, 다른 한편으로는 사회제도에 관한 비판적/성찰적 견해와 사회관계 및 역사의 맥락적 이해(contextual understanding)로부터 도출되어 그 논의의 범위가 구체화한 내용이라고 말할 수 있다. 따라서 일정한 미시적 단계의 설명 논증은 그러한 논증의 전제가 되는 거시적인 맥락을 가정한다.

이것은 자본주의 국가의 제도적 논리를 원용하여 예시할 수도 있다.11) 이 이론에 의하면 자본주의 국가(capitalist state)는 관료제, 민주주의, 자본주의라는 제도적 논리(institutional logics)를 가지고 있다는 것이다. 이것은 앞에서도 예시한 바 있는 내용인데, 관료제의 제도적 논리는 집권과 분권이고, 민주주의의 제도적 논리는 합의와 참여이고, 자본주의의 제도적 논리는 축적과 분배라는 것이다. 이상의 제도적 논리들은 서로 지원하는 상호관계를 형성하기도 하지만 제도적 내·외에 걸쳐 긴장과 갈등(tension and conflict) 관계에 있는 경우도 많다.

위와 같은 제도적 논리를 상정할 때, 한국 국가 공무원의 특정한 행태(가령, 무사안일적 행태가 있다면)에 관한 설명은 한국 자본주의와 민주주의의 제도적 논리 간 상호작용의 지배적 유형과 그로부터 연역(도출)되는 관료제의 제도적 논리가 해명되고 그것이 전제로(premises: explanans) 사용되면 그 이론적 설명력이 더 향상될 것이다.

3) 해석적 설명에서의 맥락

행위의 해석적 설명은 행위의 '의미 맥락'을 찾아가는 것이다. 이것은 우리의 "행정이론의 분석수준과 맥락단계 및 연구의 목적과 방법"이라는 교시적인 틀에 따라 해명하면, 구체적인 행위의 해석은 개인에서 조직 그리고 전체사회

---

11) Robert R. Alford and Roger Friedland, *Powers of Theory: Capitalism, the State and Democracy* (Cambridge: Cambridge University Press, 1985)의 핵심적 구조.

로 이어지는 분석수준을 거슬러 올라가면서 맥락을 찾고, 행위에서 해석 및 비판이라는 시각의 범위를 확장시켜 나가는, 또는 심화시켜 나가는 것이라고 해석할 수 있을 것이다.

해석적 설명에서는 이해와 설명을 아래와 같이 해명한다.[12] 즉 막스 베버(Max Weber)에 의하면 이해는 "실제적 이해와 동기 이해로 구분된다. 실제적 이해란 관찰을 통해서 행위를 직접적으로 파악하는 것"이다. 그러나 우리는 행위를 넘어서 그 행위의 근거를 파악해야 하는데 이러한 동기 이해가 해석적 설명이라는 것이다.[13]

베버가 연구한 자본주의 정신과의 관계에서 말하면 행위의 근거가 되는 의미복합체를 다음과 같이 예시한다. 즉 자본주의 정신의 의미복합체 구조는 "근대 시민정신의 유의미한 경제행위"라는 의미복합체로서의 자본주의 정신에 근거하고 있으며 자본주의 정신은 금욕적 프로테스탄티즘, 인문주의적 합리주의, 철학적 과학적 합리주의의 구조에 근거한다는 것이다.

위의 논의를 간단히 아래와 같이 비교할 수 있을 것이다.

첫째, 행태론에서는 법칙적 설명방식이 적절하고 행위론에서는 해석적 설명방식의 적실성이 높아 보인다.

둘째, "행정이론의 분석수준 및 맥락단계와 연구의 목적과 방법"을 준거의 틀로 사용해 보면, 법칙적 설명방식은 칼큐러스와 이론체계로부터 법칙을 연역하여 구체적인 행태의 근거를 논증하는 것인데, 해석적 설명방식은 구체적인 행위로부터 분석수준과 맥락 및 연구의 논리를 확대해 나가는 방식이다.

셋째, 의미복합체의 구조라는 틀을 사용하면, 해석적 설명은 특정한 의미복합체들을 유의미한 행위의 근거로 추적해 나가는 과정이고, 법칙적 설명은 의미복합체로부터 법칙적 언명을 도출하여 특정한 사건의 설명을 위한 전제적

---

12) 이 부분은 김덕영, 앞의 책, pp. 477-479 참조.
13) 여기서 법칙적 설명과 해석적 설명의 차이와 관련성이 나타나는 것이다.

언명들(statements)로 사용하는 것이다.

이상과 같은 법칙적 설명과 해석적 설명방식을 비교한 이유는 다양한 설명 방식 중 한 가지를 예시하기 위하여 검토한 것이다. 특히 우리가 제2부에서 고찰한 해석학의 체계와의 혼동을 피하려고 검토한 것이다. 본서 제1부에서 설명(explanation)과 해석(interpretation)을 대립되는 견해로 해설하기도 했기 때문에 다 같이 "설명"이라는 용어가 사용된 법칙적 설명과 해석적 설명을 비교해 두는 것이 각각의 입장을 이해하는 데 도움이 되리라고 생각한 것이다. 그러나 이하의 내용은 주로 본서 제2부에서 검토한 견해를 참고로 한다는 점을 밝혀 두고자 한다.

제3절 본서 필자의 행정학 연구 논리와 해석학

본서 서론에서 행정학 연구의 논리에 관한 필자의 저서들을 간단히 소개한 바 있다. 필자는 통상적으로 받아들여진 방식에 따라 사회과학연구의 목적과 방법을 설명적 방식, 해석적 방식, 비판적 방식으로 구분했다. 아래에서는 이와 같은 구분방식을 채택한 필자의 기존 저서들이 해석적 방법을 각각 어떤 측면에서 검토하였던가를 간단히 정리하고자 한다.

『사회과학연구의 논리: 정치학과 행정학을 중심으로』(1981; 1995)는 주류 사회과학연구의 논리를 중심으로 과학철학의 입장에서 연구방법론을 소개하고 아울러 정치학의 패러다임적 이론들을 정리하였다. 그 이론들은 심리이론, 과정론, 역할론, 구조-기능론, 통신론, 체제론 등이다. 개정판에서 해석학과 비판이론을 보완하였으나 그들을 본격적으로 자세히 정리한 것은 아니다.

『행정학의 논리』(2002, 2005)에서는 행정이론과 연구의 논리를 결합하여 행정이론의 구조적 특성들을 해명해보고자 하였다. 즉 행태론적 이론과 경험직 방법, 해석적 이론과 행위이론, 비판이론적 이론과 비판석 방법 간에 각각 부합 관계가 크다는 것을 밝히고자 하였다. 그리고 "행정학 연구의 분석수준과 맥락단계 및 연구의 목적과 방법"이라는 교시적 틀을 구성하여 특정한 행정이론이 어느 수준과 단계에서 더 큰 설명력과 설득력 내지는 비판적 적실성이 있는가를 규명해 보고자 한 것이다. 즉 행태론적 이론들은 개인적 분석단위와 맥락의 구성 부분 단계에서 설명력이 가장 크다고 보았다. 행위이론들은 조직의 분석단위와 중간맥락 단계에서 의사소통과 이해의 설득력이 크다고 보았다. 그리고 비판적 이론들은 범사회적인 분석단위와 상위맥락 단계에서 비판과 성찰 및 개혁적 잠재력을 발휘하는 통찰력이 클 것이라고 주장했다. 이 연구에서도 해석학만을 본격적으로 따로 연구한 것은 아니다.

『한국 행정학의 논리』(2005)에서는 위 저서의 틀에 따라 한국 행정학자들의 그동안의 연구업적을 정리한 것이다. 주로 『한국행정학보』 등의 학술지에 발표된 글들을 골라서 정리한 것인데, 예상한 바와 같이 주류 사회과학방법론을 사용하는 실증적 경험적 연구가 주류를 형성하고, 해석적 연구는 상대적으로 매우 적은 편이었다. 학술지에 발표한 논문들을 정리한 것이기 때문에 편향성이 있을 수 있다. 즉 소위 질적 연구방법을 사용한 연구논문들은 학계의 인식부족으로 학술지에 게재될 기회가 적다는 주장이 있었는데, 이러한 사정 때문에 해석적 연구가 부족한 것으로 나타났을 수도 있다. 그러나 실제로도 해석적 연구가 부족했던 것으로 추정된다.

『행정사상과 연구의 논리』(2013)는 행정학 연구가 너무 실증적이어서 행정사상에 관한 연구가 부족하다는 비판을 의식하고 저술한 것이다. 그런데 이 책은 행정사상만을 집중적으로 연구한 것이 아니고 한국의 1945년 해방 후 시대별 정권의 특성에 따른 행정의 지향목표와 연구의 논리를 결합하여 검토해 본 것이다. 그 결과 해석적 연구는 그 적실성이 크게 기대되는 민주화 이후에도 여전히 중요한 연구방법으로 사용되지 않았다는 것을 발견하였다.

이상과 같은 필자의 연구 발자취를 배경으로 본서 제1부 후반부에서는 행정학의 연구 논리에 관하여 성찰하고 행정철학, 행정윤리, 현상학을 연구하였으며, 제2부에서 편의상 해석학을 해석학 개론, 경험적 연구방법으로서의 해석적 방법, 그리고 철학적 해석학을 비교적 상세하게 연구하여 한국 행정학 연구의 해석적 접근을 준비한 것이다.

본 장 서두에서 언급한 바와 같이 제9장 이하에서는 한국의 정치 행정의 사례를 자료로 삼아 개론적 해석학, 경험적 연구방법의 적용, 철학적 담론의 순서로 검토하고자 한다.

해석으로서의 번역:
한국 행정학의 발달

제9장

해석으로서의 번역: 한국 행정학의 발달

제1절 서론

1. 이 장의 관점

이 장은 1950년대 이후의 한국 행정학의 발전과정을 "해석으로서의 번역"(translation as interpretation)이라는 관점에서 이해하여 보고자 하는 것이다. 해석학을 일반이론(a general theory), 경험적 연구방법(empirical interpretive research method), 철학적 해석학(philosophical hermeneutics)으로 구분하는 경우, 이 장은 주로 해석학의 일반이론 중에서 "해석으로서의 번역"에 관한 견해를 적용하여 한국 행정학의 발달과정의 일면을 해석해 보려는 것이다.

일본 제국주의가 지배하는 기간에 한반도에서 일본의 행정제도가 시행되고 일본식 행정법이 교육되었고 해방 후 대한민국이 수립된 다음에도 그 영향이 계속되었다. 일본강점기에 일본식 행정제도와 행정학이 한반도에 적실한 것인가의 여부는 진지한 관심의 대상이 되지도 못했던 것 같다. 그럴만한 정치적 형편도 아니었고 그럴 역량도 없었을 것이라고 짐작된다. 그런데 해방 후에는 미국 군대의 군정을 통한 미국식 행정제도가 가미되었고 서양의 행정학, 특히 미국의 행정학이 본격적으로 도입되었다.

이와 같은 역사적 사정으로 인하여 한국의 행정제도와 행정학의 정체성에 관해서 많은 고민이 계속됐는데, 그중에서도 그동안 한국의 행정학 발달과정에서의 외래 이론의 도입과 토착화 또는 한국화라는 입장에서 다양하고 풍부한 논의가 있어 왔다.1) 특히 한국적 상황과 맥락에 대한 미국 행정이론의 적실성 여부가 활발한 논의의 대상이 되어 왔다. 앞에서 언급한 일본식 행정제도와 행정이론이 한국에 적실한가의 여부에 관한 논의가 활발하지 않고 유독 미국 행정이론의 적실성 여부가 큰 관심의 대상이 된 이유는 무엇일까? 그것은 아마도 일본식 행정의 잔재가 부지불식 간에 영향을 미치고 있는 행정제도와 관행은 일본식 행정법과 크게 괴리되지 않는 것이라고 여겨지고 있는지도 모른다. 그런데 미국의 행정학은 한국의 "맥락 및 상황"과 부합하지 않는다는 인식이 강한 것으로 판단된다. 이와 같은 적실성의 부족을 느끼는 데에는 여러 가지 이유가 있을 수 있는데 그것을 토착화와 한국화라는 입장에서 보편성과 특수성의 관계 등 다양한 연구가 있었다. 위와 같은 적실성의 부족을 느끼는 중요한 이유 중의 하나는 아마도 외국 이론을 정확하게 번역하고 해석하여 이해하는 데 어려움이 있었던 것이라는 생각이 든다.

이 글은 토착화 또는 한국화에 관해 지금까지 누적되어 온 많은 논의를 반복하거나 직접 비판하려는 것이 아니라 한국 행정학 발달에 영향을 미친 외래 이론과 한국의 전통을 어떻게 번역하여 이해하고 지평융합(fusion of horizon)이 수행됐는가를 텍스트의 번역이라는 입장에서 해석해 보려는 것이다.2)

---

1) 김현구, 『한국 행정학의 한국화 담론』(법문사, 2013).
2) 이 글은 한국정부학회, 2017년 11월 17일(금)~18일(토)에서 "한국 행정학 발전사: 하나의 해석"이라는 제목으로 공동 저자 김성준이 발표한 글을 개필한 것이다.

2. 해석학의 일반이론

해석학 이론(hermeneutics; interpretive theory)은 텍스트를 해석하고 이해하는 학문이다. 가장 통상적인 의미에 있어서 해석학은 저서, 예술작품, 건축물, 의사소통, 또는 비언어적 몸짓까지도 텍스트로 삼아 해석하는 "인간 해석의 성격에 관하여 이론화하는 여러 가지 방식들"을 가리키는 것이다.3) 일단 이와 같이 정의하여 논의의 출발점으로 삼을 수 있으나 여러 분과의 연구자들의 다양성 때문에 더 구체적인 정의에는 합의된 바가 없다고도 말한다. 따라서 해석학의 더 구체적인 내용은 해석학의 역사와 연구 영역 및 이론적 차이를 논하면서 밝히게 된다고 말한다. 이러한 견해에 관해서는 앞에서 이미 언급한 바 있다.

위와 같이 합의된 정의를 찾기가 어렵지만, 해석학은 기본적으로 텍스트의 의미를 이해하는 것을 그 과제로 삼는다.4) 즉 텍스트와 저자의 의미를 해석하고 이해하는 것이다. 이러한 해석학을 "해석하고 이해"하는 방식에서는 보통 '이해'(understanding) 라는 용어 해설(explication)부터 시작한다.

해석학(hermeneutics)이라는 단어의 어원은 일반적으로 '해석하다'(to interpret)로 번역되는 그리스어 동사 '헤르메네웨인'(hermeneuein)과 해석(interpretation)이라는 명사로 번역되는 '헤르메네이아'(hermeneia)라고 한다. 이와 같은 용어들은 세 가지 뜻을 함축하고 있는데, 그들은 ① 말로 크게 표현하다(to say), ② 하나의 상황을 설명하다(to explain), ③ 외국어를 번역하는 경우처럼 번역하다(to translate)라고 한다.5)

위와 같은 해석하다의 세 가지 뜻 중에서 우리는 여기서 '번역하다'(to

---

3) Stanley E. Porter and Jason C. Robinson, *Hermeneutics: An Introduction to Interpretive Theory* (Grand Rapids, Mich.: William B, Eerdmans Publishing Co., 2011).

4) 리차드 팔머 지음, 이한우 옮김, 『해석학이란 무엇인가』(문예출판사, 1988).

5) 위의 책.

translate)라는 뜻을 중심으로 한국 행정학의 외래 이론 도입문제를 해석해 보고자 한다.

제2절 한국 행정학의 발달

한국 행정학의 발달과정도 다른 학문분과의 경우와 마찬가지로 외래 학문을 수용해 가면서 동시에 자체의 시각에서 적실성을 높이려고 노력해 온 복합적인 과정이다.

1. 한국 행정학의 외국 영향과 법학적 맥락

해방 이후 한국에서 근대적인 행정학이 본격적으로 연구되고 교육되기 시작한 것은 공법학과 행정 법학이다. 일본강점기 시대의 행정법적 행정관리 방식의 유산이 1948년 대한민국 정부수립 이후에도 이어졌고 6·25전쟁을 수행하고 그 후의 복구와 재건을 관리하는 시간 이후에도 정치 경제 사회 문화의 기본적인 질서를 유지해야 할 필요성 때문에 일제의 잔재가 남아 있었다. 이렇게 한동안 행정과 행정연구를 지배하던 행정법적 행정학은 미국 행정학의 영향으로 약화하여 갔다.

이러한 행정법적 행정학은 대학의 정치학과와 행정법학과에서 강의 되고 미국의 행정학이 공무원 교육과정에 도입될 때까지 우세했다. 그리고 1959년에 서울대학교 행정대학원이 설립되면서 급격한 변화가 생겼다. 이때부터 한국의 행정학은 법학 중심의 연구에서 사회과학 중심의 연구로 전환하게 된 것이다.[6] 반면에 행정학 연구자와 행정법 연구자 간의 교류는 비교적 드물게 되었다.

---

6) 강신택, "한국행정학사 서설", 『한국정치학회보』 1971, 제4집, pp. 135-144.

2. 받아들인 패러다임

서울대학교 행정대학원이 설립되기 이전에도 이미 정치학자에 의해 행정학
교과서가 간행되었다.7) 그러나 그 후의 행정학은 미국의 저서를 번역하거나
참고로 하는 교과서의 간행으로 이어졌다. 즉 몇 분의 학자와 실무자에 의해 미
국 교과서가 번역되었고8) 행정학의 용어가 번역되었으며9) 미국의 여러 교과
서를 참고로 집필한 행정학 원론이 출판되었다.10)

이상과 같이 미국의 행정학 사조를 한국에 도입하는 가운데 하나의 세력을
형성한 것은 국내에서 주로 법학 교육을 받은 후 미국에서 행정학을 연구하고
돌아온 일단의 학자들이었다. 예를 들면, 서울대학교 행정대학원 초기 교수진
10명 중 8명이 법학사 또는 법학석사 출신의 행정학자들이었다.11) 법학의 배
경을 가진 학자들이 미국의 행정학을 도입하면서 그 공식적 구조적 접근방법
을 마치 법률을 해석하여 적용하듯 하기도 했을 것이다.

새로운 행정학을 도입하는 과정에서 행정학의 패러다임이라는 관념조차 없
었기 때문에 그것을 의식적으로 성찰하는 일도 없었다. 당시 행정학과 교과과
정의 필수과목은 조직관리, 인사행정, 재무행정, 한국정부론, 조사방법론, 회
계학, 통계학 등이었고, 선택과목은 조직관리 세미나, 인사행정 세미나, 재무
행정 세미나, 공법 세미나 등이었고 오늘날 우리가 관심을 가진 것과 같은 사회
과학방법론에 관한 교과목은 없었다. 흔히 말하는 정치·행정 이원론에 따르는
POSDCORB 원리 중심의 행정학이 받아들여진 것이다. 그리고 전술한 바와

---

7) 정인흥, 『행정학』(제일문화사, 1955).
8) 김동원, 민병태, 윤세창, 이한빈, 정인흥, 조효원 공역, 『행정학 원론』(을유문화사, 1958).
   이 책의 원본은 L. D, White, *Introduction to Public Administration*, 김영훈 역, 『행
   정학』(민중서관, 1958) 이 책의 원본은 H. A. Simon, D. W. Smithburg and V. A.
   Thomson, *Public Administration*.
9) 한국행정연구회(한국행정학회 전신) 1959.
10) 김운태, 『행정학 요론』(민중서관, 1959).
11) 이한빈, "법학에서 행정학으로: 해방 후 한국 행정학의 수립과정에 관한 고찰", 『한국행
    정학보』 1970, 제4호, pp. 321-344.

같이 행정학 교과서는 미국 교과서를 번역하여 편집한 것 같은 형식의 교재
였다.

우리가 미국의 행정이론을 도입하는 과정에서 위와 같은 교과서의 역할이
컸다. 한 학자의 조사에 의하면 1955년부터 2003년 말까지 48년간에 간행된
한국의 행정학 교과서는 443권이나 된다고 한다.12) 한국의 행정학은 외국 이
론을 크게 수용해 왔는데 그 후로도 수용이 계속되고 있는데 오히려 초기보다
더 다양하고 복잡한 이론을 더 많이 더 빠르게 수용하고 있다. "특히 개론서가
많은 까닭은 학자들이 외국의 새로운 이론을 수용하여 전파하는 경쟁 관계에
서 그렇게 되지 않았나 생각한다. 새로운 교과서란 외국의 새로운 이론을 많이
소개한 것으로 간주되며 낡은 교과서란 외국의 새로운 이론의 소개가 소홀한
것으로 간주되기도 한다"는 것이다.13) 이것은 일반적인 평가로서, "우리는 한
국 행정학을 학문 성장의 관점에서 외국이론을 소개하고 그것을 소화하여 새
로운 이론을 모색하면서 발전해 가는 과정으로 볼 수도 있다"라는 것이다.14)
이상의 내용은 본서 제1부에서도 언급했다.

3. 독자적인 이론구성을 위한 노력

행정학자들은 위와 같이 수용된 이론의 해설과 함께 한국의 행정 현상을 대
상으로 삼은 사례연구, 역사적 분석, 또는 종합적 서술에 착수했다. 이러한 노
력에서 행정학자들은 한국의 행정 현상을 설명하는 데 적실하고 행정실무에도
적합한 이론을 개발해야 한다는 주장을 하게 되었다. 이러한 논의가 행정학의
토착화에 관한 논의이다. 외국의 행정이론이 한국의 실상에 부합하지 않는다

---

12) 윤재풍, "행정이론", 대한민국학술원 『학술총람 제54집 정치학·행정학·사회학 편』,
    1999, pp. 349-43.
13) 윤재풍, 위의 글.
14) 이종범, "서론", 『한국행정학오십년』(한국행정학회, 2006), p. 13.

는 견해는 특히 행정실무와 관련해서 강력하게 세기뇌었다. 이것은 한국의 행정제도와 관행에 부합하지 않는 제도를 도입하려고 하는 경우에 더욱 그랬다. 예를 들면 공무원의 계급제도(rank system)를 채택하고 있는 우리나라에서 직위분류제도(job classification system)를 무비판적으로 도입하려고 한 경우가 그렇다. 이것은 단순히 공무원의 인사제도와만 관련이 있는 문제가 아니다. 미국에서 채택하고 있는 것과 같은 직위분류제도는 미국의 대학교육과 관련이 있고 일정한 종류의 직업은 민간과 정부 간에 교류가 가능한가 하는 것과도 관련이 있는 문제였다. 즉 개방형 공무원제도인가의 여부와도 관련이 있는 문제였다.

그러므로 이론과 제도의 토착화니 한국화니 하는 견해는 특수성에 관한 논의이기도 하다. 이론의 특수성의 경우는 다음과 같이 생각해 볼 수 있다.

행정이론의 '특수성'은 '보편성'과 대비되는 상대적인 개념이다. 그 특정한 국가(또는 사회, 문화)와 시대라는 특정한 맥락에 의해 한정된 이론(time-specific and culture-bound contextualized theory)이 특수이론이고, 특정한 국가(또는 사회, 문화와 시대)라는 특정한 맥락에 의하여 한정되지 않은 이론(time-less and culture-free decontextualized theory)이 보편적 이론이다.

예를 들면 전통적 유교 문화적 맥락과 현대 한국관료제(Korean bureaucracy)의 집권적 경향이 있다는 이론은 매우 특수한 이론이다. 그리고 문화적 맥락과 관료제적 특성이라는 이론은 행정학의 경우 보편적 이론이다.

나아가서 예를 들면 순종적 동조성의 정도가 높을수록 관료체계의 권력의 집중도는 높아진다는 이론은 문화적 맥락과 관료제의 특성 간의 관계에 한정된 이론보다 보편적이라고 할 수 있다.

이와 같은 관점에서 보면 미국의 행정이론도 특수이론이고 한국의 행정이론도 특수이론이다. 여기서 생기는 오해는 미국의 행정이론을 보편적 이론으로 보고 한국의 행정이론을 그러한 미국이론의 특수이론으로 보거나 미국이론과 한국이론은 달라야 한다고 말하면서 어떤 관점에서 보았을 때 그렇다는 것인지가 불분명한 경우이다.

이 장에서 외국 이론의 "해석으로서의 번역" 문제를 다루고 있는데 다음과 같은 경우에 한국의 행정이론이 특수성을 가진다고 말할 수 있을 것으로 생각한다.

첫째는 서양의 사회과학방법론과 전혀 다른 근본 가정을 가진 행정이론을 정립하는 경우이다. 흔히 동양의 사상체계를 반영한 이론체계를 정립해야 한다고 말하기도 하는데, 만일 그러한 이론을 구성해야 할 만한 타당성이 인정된 이론을 구성할 수 있다면 그렇게 구성된 이론은 특수할 것이다.

둘째로 한국의 행정학자들이 서양의 사상적 배경과 방법론을 수용한 경우, 그러한 방법론이, 가령, 주류사회과학 방법론, 해석학, 비판이론으로 구분되었을 때, 그중에서 더 선호하는 방법론이 대세를 형성한다면 그것도 한국 행정학 이론의 특수성이 될 것이다.

셋째는 주류 사회과학방법론과 경험적 행정이론, 해석학적 행위이론, 비판적 행정이론 중 어느 것을 선호 또는 치중하거나 간에, 그중 더 역점을 두고 있는 방법론의 이론 유형 중에서도 더 선호하는 패러다임이 있을 수 있을 것이다.

결국, 한국 행정학의 특수성 여부 또는 토착화와 한국화 정도는 근대 행정학에서 발달한 이론에서 보편성을 식별 또는 가정한 다음에 한국이라는 지역적 역사적 문화적 특성이 얼마만큼 적용 또는 수용되었는가의 문제라고 생각한다. 그 구체적인 문제에 관해서는 외국 이론의 번역과 수용에 관하여 고찰한 다음에 논하도록 하겠다.

제3절 외국 이론의 번역과 수용

1. 해석으로서의 번역

앞에서 말한 바와 같이, 그리스어의 "헤르메네웨인"의 세 번째 차원에서 "해석하다"는 "번역하다"를 의미한다.[15] 어떤 텍스트의 언어가 그것을 읽는 사람의 언어의 경우에는 텍스트의 세계와 독자의 세계 간에 일어나는 충돌이 크게 드러나지 않을 수도 있다. 그러나 텍스트가 외국어인 경우 두 세계의 전망이나 지평(horizon)의 대조가 문제 된다. 두 언어 사이에서 작업하는 해석자가 가진 여러 문제는 자신의 언어로만 작업하는 연구자가 가진 문제와는 구조적으로 다르다. 즉 외국어와 한국어를 교대로 사용해야 하는 경우는 한국어만을 사용하는 연구와 다른 것이다.

번역은 "이해에 이르는" 기본적인 해석과정의 특수한 하나의 형식이다. 우리는 이러한 과정을 통하여 어색하고 낯설며 이해할 수 없는 것을 자신의 이해 가능한 언어로 바꾸게 된다. 번역은 단순히 원어(original word)에 상응하는 동의어(synonym)를 찾아가는 기계적인 작업이 아니다. 사실 번역자는 두 개의 서로 다른 세계를 매개하는 것이기 때문이다. 우리는 번역을 통해서 언어 자체가 세계에 대한 다리를 이어주는 해석을 포함한다는 것을 인식하게 된다고 한다. 이 경우 번역자는 개개의 표현을 번역하는 경우에서조차도 그 배경이 되는 세계를 전체로서 감지하고 있어야 한다. 말(word)이 세계관을 형성해 주는 데 외국어의 번역도 그중의 하나다.

성서 번역은 번역 일반의 제 문제를 살펴볼 수 있는 좋은 본보기가 될 수 있다고 한다. 성서의 세계는 시간과 공간 그리고 언어상으로 우리와 멀리 떨어진 세계이다. 우리의 이해 세계의 지평은 텍스트 이해의 지평과 만나 융합되어야

---

15) 이하는 팔머 지음·이한우 옮김, 전게서, pp. 55-64 참조.

한다. 언어를 통해서 뿐만 아니라 현대적 세계의 맥락을 통해서도 융합되어야
한다.

문학을 가르치는 교사들도 문장을 "분석"하기보다는 "번역"의 전문가가 되
어야 한다는 것이다. 왜냐하면, 교사의 과제는 의미상으로 어색하고 이상하며
불분명한 것을 의미 있는 것으로 바꾸어서 "우리의 언어로 말하는 것"이기 때
문이라는 것이다. 요컨대 문학교사의 과제는 문학 작품을 이해함으로써 작품
에 의해 전제된 세계관을 함께 이해하도록 하는 것이다.

그래서 "작품에 나타난 현실의 의미와 세계-내-존재의 존재 방식이야말로
탁월한 문학해석의 핵심이며 인간적 의미를 파악할 수 있는 작품 읽기의 기초"
라는 것이다.16)

우리는 번역을 통해서 우리 자신의 이해 세계와 작품의 이해 세계 간의 만남
을 좀 더 분명하게 의식하게 된다. 현대의 해석학은 번역 및 번역이론 속에서
"해석학적 문제"를 탐구할 수 있는 큰 자원을 발견한다고 한다. 실제로 초창기
의 해석학은, 그것이 고전에 관한 문헌학적(philological) 해석이건 또는 성서
의 해석이건 간에 항상 언어의 번역을 포함하고 있었다. 이러한 번역은 해석학
의 핵심이다. 그 이유는 해석학의 기본적 상황과 만나기 때문이다. 기본적인
상황은 텍스트의 의미를 결합해야 하는 것, 고대의 원문을 해독하기 위하여 문
법적, 역사적 혹은 기타의 도구를 사용하는 것 등이다.

2. 부분과 전체: 부분과 맥락

위에서 성서 및 문학 작품과 같은 언어로 구성된 텍스트에 관해서 말한 사항
들은 비언어적 텍스트에 관해서도 해당하는 사항들이다. 즉 부분과 전체 또는
부분과 맥락에 관한 문제이다. 부분과 전체 간의 관계는 본서의 다음 장에서 논

---

16) 위의 책, p. 60.

의할 해석적 순환과 관련하여 다시 논의할 예정이다.

즉 어느 번역에서나 구성 부분을 먼저 번역해야 한다. 성서나 문학 작품은 그 언어의 단어(words)를 번역자의 언어로 번역해야 한다. 그리고 건축물, 그림, 또는 기타의 예술작품도 그것이 표현하는 것을 우선 먼저 번역해야 한다. 그런데 이러한 부분에 관한 번역은 부분들의 배후에 있는 세계관이나 맥락과의 관계를 이해해야 하며 그러한 세계관을 자신의 세계관 의미로 번역할 수 있어야 한다. 이것이 바로 부분과 전체 또는 부분과 맥락 간의 해석학적 순환 (hermeneutical circle)에 관한 문제다. 해석학적 순환은 동어반복 (tautology)이 아니라, 부분에 관한 이해가 전체에 관한 이해를 돕고 전체에 관한 이해가 부분의 이해를 돕는 그러한 선순환적 관계를 말한다. 따라서 부분의 해석은 전체의 이해에 도움이 되고 전체에 관한 이해는 다음 단계의 부분에 관한 이해를 높여 나가는 것이다.

성서의 부분에 관한 의미는 성서가 전하는 복음의 메시지를 이해할 수 있게 하고 복음의 전체적인 메시지에 관한 이해는 성경의 구절들을 더 잘 해석하고 이해할 수 있게 한다. 문서로 된 텍스트도 어휘와 문장의 해석은 텍스트 전체의 의미를 파악하는 데 도움이 되고 텍스트 전체에 관한 이해는 그 전에 불분명했던 어휘와 문장의 이해를 돕는 것이다. 더 나아가서 전통(tradition)에 관한 이해는 현재의 삶의 부분을 이해하는 데 도움이 되며 현재의 삶의 부문이 전통을 해석하고 이해하는 데 도움이 된다. 이것이 현재와 전통의 지평융합이다.

3. 행정학의 외국 이론 번역과 수용문제

1) 용어의 번역과 텍스트의 해석

한국에서 현대적인 행정학을 활발하게 수용하기 시작한 1950년대의 행정이론은 이미 알려진 이론적 용어들이 사용되고 있었다. 즉 서구 언어의 많은 어휘는 근세에 이르러 서구의 영향 아래에 한자문화권에서 이해될 수 있는 어휘로 번역된 것이 많았다. 특히 일본의 학계에서 사용하는 어휘들은 한국 학계에서 그대로 사용하는 경우가 많았다. 따라서 미국의 행정이론을 수용할 때 한국은 대개 이미 수용된 번역어를 사용하여 텍스트를 번역하기도 하였다. 예외적인 경우에만 한국 행정학자가 개발한 번역어를 사용했다. 결국, 행정이론의 한국화를 주장하는 과정에서 행정학 용어의 토착화 또는 한국화를 따로 주장하는 경우는 드문 상황이었다.

그러면 무엇을 어떻게 토착화해야 하는가? 여기서는 토착화 여부의 문제로 다루지 않고 텍스트의 맥락과 부분 간의 관계라는 입장에서 살펴보고자 한다. 즉 외국 이론을 번역하여 이해하려면 '어디까지 해석해야 하는가'라는 어려운 문제이다.

이 문제를 행정이론의 접근방법과 연계하여 해명해보기로 한다. 다시 말하면 한국에서 수용한 외래의 행정이론을 그 본래의 맥락과 어떻게 연계시켜서 해석하는 것이 이해를 높이고 한국에서의 적실성을 높이는 방법인가를 고민해보려는 것이다. 이것은 결국 텍스트 해석을 통한 지평융합의 과제가 되리라고 생각한다.

2) 행정이론의 분석수준과 맥락을 밝혀서 해석하고 이해하는 것

본서 제1부에서 필자는 주류 사회과학방법론에 따라 한국 행정학 연구의 목적과 방법을 아래와 같이 정리한 바 있는데, 그것을 해석으로서의 번역과 관련된 문제를 해명하는 데 사용하기 위하여 반복하고자 한다.

우선 행정학 연구의 목적과 방법을 첫째, 행정 현상의 설명과 예측을 위한 실증적·경험적 방법, 둘째, 행위자의 행위와 텍스트 및 역사 이해를 위한 해석적 방법, 셋째, 제도적·구조적 모순 등을 개혁하기 위한 성찰과 비판적 방법으로 구분한 바 있다.

그리고 행정이론의 분석단위를 개인, 조직 및 범사회적 수준으로 구분했으며, 행정이론의 맥락을 구성 부분, 중간맥락, 그리고 상위맥락으로 구분했다.

이상을 결합한 하나의 교시적인 준거의 틀을 구성한 바 있는데, 그것을 참고로 하여 외국 행정이론의 번역과 해석에 관련된 문제를 검토해 보고자 한다.

(1) 실증적·경험적 이론의 번역

이것은 개인수준의 부분적 맥락에서 이론을 번역하고 이해하는 문제이다. 이 문제를 논의하기 위해서는 이론의 구조에 관한 기본적인 틀에 관한 이해가 필요하다. 이러한 틀이 없으면 무엇을 준거로 하여 외국 이론이 한국에서 적실성을 갖는가를 판단하기 어렵기 때문이다. 아래에서 제시하는 이론의 구조에 관한 내용도 본서 제1부에서 상세하게 논의하였음으로 간단히 언급하기로 한다.

① 이론의 구조, 공리체계, 칼큐러스

이론구조(structure of theory)는 일정한 개념들과 다른 개념 간의 규칙적인 관계를 표현한 것이다.

공리체계(axiomatic system)는 이론을 구성하는 이론적 언명들(theoretical statements)을 상대적으로 그 추상성이 높은 공리들(axioms)과 추상성이 낮은 정리(theorems)들의 상하 관계로 체계화시킨 것이다. 말하자면 정리들의 기본 명제들로 구성된 것이 공리이고 공리로부터 더 구체적인 명제들이 도출(derive)된 것이 정리이다.

칼큐러스(calculus)는 경험적 의미 또는 지칭물(meaning or referents)이 없는 공리체계다. 말하자면 공리체계의 논리적 틀만으로 구성된 체계다. 따라서 칼큐러스의 구성 부분에 대하여 경험적 의미를 대입하면 공리체계가 되고 나아가서 하나의 이론적 구조가 된다고 말할 수 있다.

② 이론과 모형: 이론의 구조를 발견하기 위한 것

칼큐러스의 해석(interpretation of a calculus)은 칼큐러스의 구성 부분을 경험적 의미를 가진 용어로 대체하거나 번역하는 것이다.

이론과 모형(theory and model)은 칼큐러스의 번역이라는 입장에서 그 관계를 밝힐 수 있다. 즉 하나의 칼큐러스는 두 가지 이상의 방식으로 번역될 수 있다. 이와 같은 두 가지 번역 중에서 연구자의 연구 분야의 개념들로 번역된 것이 이론이고 다른 분야의 개념들로 번역된 것이 모형이다. 예를 들면 시스템이라는 하나의 칼큐러스를 경제이론과 행정이론으로 번역하는 경우, 경제이론은 행정학의 모형인 것이다. 이것은 논리적인 관계를 말하는 것인데, 하나의 칼큐러스를 두 가지로 번역해 놓고 나서 사후적으로 하나는 이론이고 다른 것은 모형이라고 말하는 것이 아니라 사전에 타 분야의 이론을 모형으로 사용해 보는 것인데 그 목적은 자기 분야의 이론 구조를 발견하려는 것이다. 즉 모형은 이론의 구조를 발견하기 위하여(in the context of discovery of theoretical structure) 사용하는 것이다.

이론 또는 일반론(theory and generalization)은 변수(variables; 개념: concepts)로 구성된다.

③ 번역의 종류

이상과 같이 검토해 보면 외국 이론의 번역에도 여러 단계가 있다고 할 수 있다.

일차적인 번역은 외국어로 서술된 특정한 이론적 언명을 한국어로 번역하는 것이다. 다음 단계는 이론적 구조를 분석하는 것이고, 그다음 단계는 칼큐러스를 찾아보는 것이다.

이것은 앞에서 검토한 논리적 관계와는 반대의 방향이다. 논리적으로 말하면 하나의 공리체계에서 모형을 찾아내서 이론을 발전시킨 다음에 경험적으로 연구하는 것이 순서이다. 그러나 일반적으로는 외국 이론을 먼저 번역한 다음

에 이론저 구조를 밝힐 필요기 생길 때 그 공리체계를 추석해 보는 것이다. 이
와 같은 단계를 거치면 외래 이론이 한국 행정학 연구에서 어떤 적용 가능성이
있는가를 판단할 수 있을 것이다.

위와 같은 여러 단계의 고려 없이 외국 이론을 외국의 행정 현상에 적용했을
때의 변숫값과 그것을 한국의 행정 현상에 적용했을 때의 변숫값 간의 차이만
을 근거로 하여 외국 이론의 적실성이 없다고 판단할 수는 없을 것이다. 변숫값
의 차이만이 아니라 이론 구조의 차이를 발견하고 수정할 수 있어야만 적절한
번역과 해석 및 이해와 적용이 가능한 것으로 생각한다. 따라서 어느 단계까지
외국 이론을 번역하는가에 따라 그것이 단순한 모방인가 아니면 적실성을 높
이는 적용인가 하는 것이 결정될 것이다.

(2) 해석학적 번역(Hermeneutic interpretation)
① 해석과 의미체계(interpretation and meaning structure)

텍스트와 텍스트에 포함된 행위와 사물들의 의미는 그러한 행위자와 해석자
가 가진 의미체계(meaning structure)에 따라 그 의미(meaning)가 다를 것이
다. 이것이 바로 외국 이론을 한국의 행정 현상을 이해하는 데 적용할 때의
문화적 역사적 차이를 주장하는 근거이다. 결국, 외국 이론의 의미체계를 한국
행정학의 의미체계로 번역하는 문제가 생긴다.

이것은 해석과 맥락(interpretation and context)의 문제라고 할 수 있다.
즉 행위의 의미는 맥락에 따라 달라진다. 따라서 외국의 이론 중 특정 행위의
맥락과 한국 행정이론의 특정 행위의 맥락이 다르면 외형적으로 유사한 행위
라고 하더라도 그 의미는 달라진다. 가령 일선 경찰관을 연구하는 근거이론
(grounded theory)도 외국의 관행과 제도적 맥락이 한국의 관행과 제도적 맥
락과 다른 경우 일선 경찰관의 행위 의미가 다를 것이다. 따라서 외국의 연구
사례를 번역하여 한국의 사례를 연구하는 경우 이러한 맥락의 차이를 이해하

는 것이 필요하다.

이것은 다시 부분과 전체(parts and the whole)의 관계이기도 하다. 성서 해석과 문학 작품 해석의 예와 같이 전체는 부분의 해석이 있어야 이해되며 부분은 전체에 관한 이해가 있으면 해석이 향상되거나 수정된다. 따라서 외래 이론의 부분과 전체 간의 관계를 밝혀 나가는 것도 한국의 이론발전의 중요한 하나의 과정이다.

(3) 비판이론적 번역

어떤 비판이론적 시각을 가지고 있느냐에 따라 텍스트와 행위의 의미가 달라질 것이다. 정치 사회적 체제의 성격에 관한 시각의 차이에 따라 이론의 번역과 해석이 달라질 것은 분명하다. 예를 들면 한국사회를 왜곡된 자본주의 국가라고 보는 견해에서는 발달한 자본주의 국가의 시각에서 제시한 비판이론의 번역과 해석을 위해서는 체제 자체의 기본적인 성격에 관한 번역과 이해가 매우 중요하다.

제4절 전통과 역사성

위의 모든 번역에 관한 문제는 우리가 한국 행정의 전통을 얼마만큼 이해하고 있는지와도 밀접한 관련이 있는 문제다. 왜냐하면, 이미 언급한 바와 같이, 해석자로서의 한국 행정학자가 가진 의식, 즉 역사적으로 영향을 받은 의식(영향사: historically effected consciousness)이 번역과 해석에 영향을 미칠 것이기 때문이다.

우리가 앞에서 간단히 언급한 이문영 교수의 『〈논어〉·〈맹자〉의 행정학』을 여기서 해석으로서의 번역이라는 관점에서 다시 간단히 검토해 보고자 한다.

1. 중국의 고전과 행정학: 저자의 동기와 전통에 관한 관심

위 저자는 "국민에 대하여 관권이 행사되는 강도를 중심으로 정부를 독재 정부, 강한 정부, 그리고 약한 정부로 구분할 수 있다"[17]라고 말하면서 독재 정부와 약한 정부를 모두 바람직하지 않은 정부로 보고 강한 정부를 좋은 정부로 보는데, 너무 강한 정부도 바람직하지 않다는 것이다. 그런데 강한 정부론자가 바로 공자와 맹자라는 것이다. 이것이 〈논어〉·〈맹자〉를 해석하는 이유이다. 공자와 맹자는 "정부가 국민을 통치할만한 권력을 가져야 한다는 선공후사(先公後私) 사상을 가진 사람들로서" 약한 정부와 너무 강한 정부를 모두 거부한다는 것이다. 〈논어〉·〈맹자〉는 인류문명을 유지하기 위한 관료조직만이 아니라 마땅히 있어야 할 인간의 모습에 관심을 두기 때문에 우리가 그 의미를 해석할 만한 가치가 있다고 본다는 것이다.

민주화 이전의 한국 정치를 독재정치라고 규정하는 이 저자는 자신이 민주화를 위하여 투쟁한 경력을 연구의 개인적 동기로 삼고 있다. 그래서 독재정부와 그러한 정부를 도왔다고 판단되는 사람들을 비판하는 내용도 많이 담고 있다.

그런데 개인적 동기를 서술하는 가운데 전통의 계승문제에 관한 해석이 나타나고 있다.[18] 그 요지는 다음과 같다.

첫째로, 과거의 것은 모두 나쁘다고 말한 독재자와 그 하수인들이 저자를 해직시켰고 또한 교도소에 가게 했다.

둘째, 경제성장을 위하여 정치 행정 권력을 옹호한 발전행정학파 학자들은 과거의 것, 특히 조선조라든지 유교 문화를 부정적으로만 보았다.

셋째, 독재자나 발전행정학자들의 말이 사실과 다르다.

---

17) 이문영, 앞의 책, p. 16.
18) 위의 책, pp. 20-22.

넷째, 과거로부터 전수 받은 것에는 좋은 것이 명백하게 있는 것이 보였다. 특히 사람을 수단시하기보다 목적시하고 사람을 존중하는 사상이 놀라웠다. 조선조의 정책목표가 부국강병이 아니라 인(仁)이었고 문치주의(文治主義)였는데 너무 나쁜 면만 부각한다는 것이다.

다섯째, 나쁜 것을 전수한 자는 군국주의 일본이며 이를 전수 받은 자는 친일파, 군사 쿠데타 세력, 군사 쿠데타 세력이 손들어 준 세력인데 이러한 세력은 제거되어야 한다.

여섯째, 이상과 같은 관점에서 볼 때 오늘날의 악한 통치자와 이에 빌붙는 사람들은 조선조의 실태도 잘 모르거니와 조선조가 준거로 삼았던 〈논어〉와 〈맹자〉의 내용도 알지 못한다는 것이다.

이상과 같은 해석자의 개인적 연구와 전통의 계승에는 개인적·역사적으로 영향을 받은 의식(historically affected consciousness)이 강하게 작용하고 있는 것으로 이해된다. 그런데 이와 같은 의식은 〈공자〉·〈맹자〉의 해석과 이해에 크게 영향을 미치고 있는 것으로 보인다.

2. 번역과 맥락적 이해

위 저서의 저자는 자신의 저서가 한문을 공부하는 책이기를 바라고 있다. 그런데 한문민을 알고 번역한 것들보다는 자신의 저서가 원전의 내용을 더 잘 조합하여 만든 행정학 저서라는 것이다. 현대 한국인에게 한자로 된 텍스트를 번역하는 것도 외국어로 된 텍스트를 번역하는 것과 마찬가지로 "해석으로서의 번역"이라는 문제를 가지고 있다.

여기에서 번역은 한문의 고대어를 한국어라는 현대어로 번역하는 것이다. 여기서 맥락(context)의 문제가 생긴다. 즉 여기에서 번역은 오래된 한문을 현대의 한국어로 번역하는 단순한 작업이 아니다.

우선 저자는 유교에 의하여 영향을 빋은 선입견을 품고 있을 뿐만 아니라 기독교의 교훈에 관한 믿음도 가지고 있다. 그리고 해방 이후에 정립된 한국 행정학의 틀을 가지고 해석한다. 물론 이 틀 자체가 저자의 의미체계를 담고 있다. 따라서 〈논어〉·〈맹자〉는 저자의 개인적 맥락을 바탕으로 하는 번역과 해석과 이해라고 할 수 있다.

3. 『〈논어〉와 〈맹자〉의 행정학』: 책의 구성과 내용

이 책은 앞에서도 밝힌 바와 같이 저자의 강렬한 개인적인 동기가 있는데 제1장에서 정년 퇴임 이후에 이어진 강의의 경험을 서술하고 있다.

제1부 제2장에서는 사적 세계에서의 인간의 본성에 관하여 고찰하고, 제3장에서 사실과 가치문제를 다루면서 행정학이 사실문제에 치중한다고 비판하였으며, 제4장에서 논리 실증주의를 거부하고 현상학적 접근을 택하고 있다. 제5장에서 가장 귀한 것이 무엇인가를 물으면서 '평범한 사람의 성실한 일상생활'을 중요시한다.

제2부에서 공적 세계를 다루었다. 제6장에서 "행정학은 정부라는 특정한 조직체 안에서 그 구성원인 공무원들이 국가에 부여된 임무를 수행하기 위하여 협조하는 방법을 연구하는 것이므로 정부행정은 행정이라는 대과목에 소속되는 하나의 분과에 불과한 것이다"라고 정의한다.[19] 행정을 정의하는 세 범주가 곧 사람, 일, 방법이라고 규정하고 이 세 가지 범주의 여러 가지 내용과 형태를 〈공자〉·〈맹자〉의 글을 인용하여 해석한 것이 이 책의 핵심이다. 특히 강조한 것이 인의예지(仁義禮智; 智仁義禮로 순서를 바꾸기도 함)와 비폭력, 개인윤리, 사회윤리, 자기희생이다.

그런데 중국 고전의 내용을 체계화하여 행정학의 내용을 밝힌 것이 아니라

---

19) 위의 책, p. 283.

저자가 정의한 행정과 행정학의 체계에 따라 고전의 구절을 어떤 행정이 좋은 행정인가를 고전을 인용하여 해석한 다음 제3부의 행정 구도에서 해석해 나간 특징이 있다.

제7장, 8장, 9장에서 어떤 행정이 악한 행정인가와 조직, 정책, 재무행정, 인사행정을 논의하고 있는데, 우리가 통상적으로 알고 있는 것과 같은 내용보다는 행정구도와 관련된 행위에 있어서 좋은 행정을 구현하기 위하여 훈화적 규범적 내용을 고전의 문장들을 빌려 해석해 나가고 있다.

제4부는 문명 속의 행정이라는 제목 하에 극단에 치우치지 않는 집중(執中)의 우위를 논하고 실패한 문명을 비판적으로 검토한 다음 "사람을 사람"으로 존중하는 문명을 추구한다. 끝으로 제16장에서 궁극의 과제를 "미(美)의 행정학"이라고 주장한다.

이 책은 저자가 정의하는 행정학의 내용에 따라 한국의 사례를 검토하고 한국의 사례를 고전의 방대한 내용을 빌려서 해석하고 이해하며, 나아가서 고전의 규범과 삶의 지혜를 통하여 한국 행정이 나아갈 방향을 이해하고 제시한 저서인데, 번역과 전통계승의 문제에 관하여 여러 가지 많은 시사점을 제시한다.

결론적으로 학문분과(academic discipline)가 발전하는 과정에서 외래 이론과 전통을 수용하는 방식은 자연스러울 수도 있고 심한 갈등을 겪을 수도 있을 것이다. 갈등이 심할수록 번역과 해석이 더욱 필요하고 중요해진다. 결국, 자신의 전통을 잘 계승하는 학문이 외래 이론을 적절하게 수용할 것이며 그와 같은 적실성의 제고를 통하여 학문이 발전해 나가는 것으로 생각한다.

고전을 번역하여 한국 행정학에서의 적실성을 연구한 또 하나의 예가 『대학연의』(大學衍義)를 번역하고 교훈을 도출하려고 한 연구서이다.[20] 서울대학교 행정대학원 국가리더십연구센터는 "어떻게 하면 국민이 바라는 나라를 만

---

20) 김병섭 편집, 정재훈·오항녕·정호훈·김광일 역주, 진덕수 지음, 『〈대학연의(大學衍義)〉: 리더십을 말한다』, 서울대학교 행정대학원 국가리더십연구센터 국가리더십연구총서③.

들 수 있을까? 어떻게 하면 전 세계가 부러워하는 국가를 만들 수 있을까? 어떻게 하면 이런 모범적인 국가를 만들 수 있을까?"라는 거대한 질문을 하고 대학연의를 번역하고 해석함으로써21), 전통과 현대 행정의 지평융합을 시도했다고 할 수 있다.

---

21) 위의 책 (상), 서론, p. 1.

정치 행정과정의 해석적 순환

제10장

정치 행정과정의 해석적 순환

제1절 행정과 해석

1. 경험적 연구방법으로서의 해석학

제8장에서 밝힌 바와 같이 아래에서는 경험적 연구방법으로서의 해석적 접근(interpretive approach as an empirical research method)을 통하여 한국의 행정과정에 관한 해석과 이해를 시도해 보고자 한다. 한국의 정치 행정과정을 해석학적 순환과정(hermeneutic circle)으로 규정하여 해석하고 이해하여 보려는 것이다. 이러한 접근은 정치 행정 참여자와 연구자의 해석과 이해가 진정으로 관련자들의 지평융합(fusion of horizon)으로 이어져서 공통 의미의 형성으로 나아가고 있는가 아니면 편견(bias)의 재생산으로 이어지고 있는지도 살펴볼 수 있을 것이다.[1]

본서 제1부에서 검토한 것과 같은 통상적인 행정학의 연구 논리에서의 과학적 설명과 예측방식에서는 사실 관찰을 토대로 이론을 구성하고 그렇게 구성된 이론으로부터 가설을 도출한(derive) 다음 사실을 근거로 가설을 검증하는 것이다. 행정을 과학적으로 연구한다는 것은 일반적으로 위와 같은 방법을 사

---

[1] 이 글은 「행정사상과방법론 연구회」에서 토론하였고 "한국 정치 행정과정의 해석적 순환" 이라는 제목으로 2018년도 한국행정학회 하계공동학술대회 및 국제학술대회 2018년 6월 21일(목)~23일(토)에서도 발표한 내용을 보완한 것이다.

용하는 것을 말한다. 이러한 방식으로 한국의 행정과정을 과학적으로 설명하고 예측할 수 있으려면 행정 현상에 관한 법칙(laws)이 필요하다. 그리고 설명 논증을 통하여 법칙과 선행 조건들로부터 연구자가 설명하고자 하는 현상 (phenomenon)에 관한 언명을 연역해(derive) 낼 수 있어야 한다. 그런데 실제로는 이러한 방식으로 연구하는 것이 매우 어려운 일이라는 것도 잘 알려진 사실이다. 그런데도 위와 같은 경험적인 연구가 일반적인 연구방법으로 받아들여지고 있다. 여기서 지금 시도하는 해석적 연구는 일반적으로 수용된 방법과 다른 접근방법인데, 그 목적은 전통적 과학적 방법을 부정하거나 대체하려는 것이 아니고 하나의 대안적 연구방법으로서의 해석학적 연구방법을 적용해 보려는 것이다.

정치학에서 해석학적 접근의 필요성과 유용성을 주장하는 학자들은 정치· 행정 현상을 과학적으로 묘사하고 설명하고 예측하는 것이 어려울 뿐만 아니라, 실제로 그렇게 한다고 가정하더라도 그것은 편견일 뿐이라고 말하는 경우가 많다. 왜냐하면 가치중립적인 연구가 불가능할 뿐만 아니라 시각에 따라 정치와 행정을 정의하는 방식이 다르고 나아가서 정치· 행정을 정의(define)하는 방식 여하에 따라 연구의 내용이 달라지기 때문이라는 것이다.[2]

제2부에서 이미 그 요지를 해설한 바와 같이 본 장에서 적용해 보려는 경험적 연구방법으로서의 해석적 연구방식에서는 자료의 생성과 분석(generation of data and analysis of data)이 거의 동시에 이루어진다고 생각한다.[3]

일반적인 연구방법론에 관한 교과서에서는 보통 자료를 모으거나 수집한다고(collects or gathering) 말한다. 그러나 이 장의 해석적 방법에서 말하는

---

2) 예를 들면, Mary Hawkesworth, "2. Contending Conceptions of Science of Politics", in Dvora Yanow and Peregrine Schwartz-Shea, eds., *Interpretation and Method: Empirical Research Methods and Interpretive Turn* (Armonk, New York: M. E. Sharpe, 2014), pp. 27-49.
3) Yanow and Schwartz-Shea, *ibid*, Part II and III 참조.

해석적 자료는 마치 개별적으로 존재하는 것을 연구자가 모으거나 수집하기보다는 문헌적 자료나 관찰된 사건들을 토대로 자료를 개념적·정신적으로 (conceptually and mentally) 연구자가 생성한다는(generate) 것이다. 만일 인터뷰나 참여관찰과 같이 연구자와 연구대상 간에 상호작용을 통하여 해석적 자료가 만들어지면 연구자와 대상이 함께 자료를 공동생성하는 것이라고 말할 수 있다는 것이다. 잠재적인 증거가 있는 잠재적인 자료원(potential sources of potential evidence)으로부터 자료를 생성하는 방법으로는 인터뷰를 포함하는 대화하기(talking), 관찰하기(observing), 읽기(reading) 등이 예시되고 있다.

　일반적인 연구방법론 교과서에서는 자료수집 후의 다음 단계를 자료 분석 (data analysis)이라고 말한다. 실증적 시각에 더 부합하는 이러한 방식에서는 연구의 단계를 강조하는데, 그러한 단계는 이론으로부터 명제들을 도출하고, 개념들을 조작적으로 정의하여(operationalize) 측정하고, 그렇게 자료가 수집된 다음에 분석을 개시한다. 또한 통계적으로 의미 있는 관계를 밝히려는 것이다. 해석적 방법에서의 자료분석 방법은 매우 다양한데, 앞에서도 언급한 바와 같이 자료의 생성과 분석에 관하여 교시적으로는(heuristically) 각각을 따로 분리해서 논할 수 있으나 실제의 연구에서는 동시에 이루어지는 것으로 보고 있다. 이러한 자료의 생성과 분석은 미리 연구대상의 특성을 밝혀 나가면서 시각을 구성하여 적용하기도 한다. 그래서 전통적 연구방법과 달리 경험적 해석학적 방법은 가설(hypothesis)을 미리 구성한 다음에 연구에 출발하는 것이 아니라고 말하지만 실제로는 연구단위를 어떻게 정의하는가 하는 것과 어떠한 틀로 바라볼 것인가 하는 것이 자료의 생성과 분석에 크게 영향을 미칠 것은 분명하다. 이와 같은 이유로 해석적 연구가 객관성과 엄밀성이 부족하다는 비판을 받는데 그에 대한 대응 방식에 관해서도 제2부에서 논의한 바 있다.

　이상과 같은 경험적 연구방법으로서의 해석적 방법의 특성에 유념하면서,

아래에서는 한국의 행정을 하나의 과정(process)으로 이해하여 보고자 한다. 특히 행정과정을 해석적 순환(hermeneutic circle)의 틀 속에서 해석하고 이해하여 보려는 것이다. 나아가 한국 행정학 50년사와 60년사 및 한국 행정 60년사와 같은 행정학자들의 연구보고서를 통하여 자료를 "생성하고 분석"하는 작업을 동시에 진행해 나가보기로 한다.[4]

한국 행정과 행정학에 관한 매우 다양한 연구결과가 위와 같이 집대성된 자료가 있으므로 그것을 자료의 생성과 분석에 사용하는 것은 매우 유용하고 편리하지만, 본서에서는 정치 행정의 참여자에 관한 접촉이나 면접을 통하여 자료를 공동생산하지 못하는 점이 그 나름의 한계를 가지고 있다. '행정과정'이라는 매우 큰 주제를 '해석적 순환'이라는 한정된 원리에서 바라보는 것도 한계가 있는데, 경험적 연구방법으로서의 해석학을 예시해보는 것으로는 그 의의가 크리라고 믿는다.

아래에서는 행정과 해석, 해석적 순환, 정치·행정과정의 순환과정, 민주화이후의 한국 행정과정에서의 과거사 해석문제, 지평융합의 가능성 등의 순서로 고찰하고자 한다.

2. 행정과 해석

1) 행정의 정의

행정과 행정학에 관해서는 다양한 정의가 가능하나 본서에서는 아래와 같은 연구용 정의(working definition)를 사용한다. 즉,

---

4) 한국행정학회, 『한국행정학오십년: 1956-2006』(2006);
   한국행정학회 『한국행정학 60년: 1956~2016』(2016);
   한국행정연구원, 『한국행정 60년 1948-2008)』, 1. 배경과 맥락(법문사, 2008);
   한국행정연구원, 『한국행정 60년 1948-2008)』, 2. 국정관리(법문사, 2008);
   한국행정연구원, 『한국행정 60년 1948-2008)』, 3. 공공정책(법문사, 2008);
   한국행정연구원, 『한국행정 60년 1948-2008)』, 4. 사건과 인물(법문사, 2008).

행정(public administration)은 일정한 정치사회의 정치, 경제, 사회, 문
화의 제 영역(areas)과의 관계 하에서 집행조직 (또는 그 기능적 대체조직)이
정치공동체 구성원의 요구와 욕구(demands and wants)에 대응하는 정책
을 형성하고 집행하여 정치공동체의 정의와 복지(justice and welfare)를
구현하는 질서(order)를 형성, 유지, 향상, 발전시켜 나가는 일련의 활동과
상호작용의 제도와 과정이다. (본서 제1부 제2장 참조)

2) 구성 부분별 해석

위와 같이 간단히 정의한 행정을 정의한 구성 부분들은 각각 해석과 이해가
필요하다. 사실 그와 같은 해석과 이해가 행정학 전반의 연구 과제라고 말할 수
도 있을 것이다. 다시 말하면 행정 현상은 경험적으로 연구될 수도 있고 해석학
적으로도 연구될 수 있으며, 비판적으로도 연구될 수 있다. 경험적으로 연구하
는 경우에는 위의 정의와 관련된 모든 개념을 경험적 이론과 방법을 통하여 연
구할 수 있고, 비판적으로 연구하는 경우에는 정의에 관련된 모든 개념을 비판
적으로 성찰하면서 연구하는 것이다. 그와 마찬가지로 해석적으로 연구하는
경우에는 행정의 정의에 포함된 모든 개념이 해석과 이해의 대상이 된다고 할
수 있다. 위와 같은 견해를 해명하기 위하여 몇 가지 구성요소들에 관하여 예시
적인 해석을 통하여 이해하여 보고자 한다.

우선 위와 같은 정의 내용은 하나의 의미체계(meaning system)라고 할 수
있다. 그 의미체계는 단순한 하나의 문장이 아니라 정치·행정 사상과 이론의
체계라고 말할 수 있다. 그러므로 위와 같은 정의를 바탕으로 정치·행정 체계
의 성격을 해석하고 이해할 수 있을 것이다. 연구자 또는 관련 당사자의 시각에
따라 모든 정치체제에 해당하는 해석을 할 수도 있고 자유 민주주의 체제로 해
석할 수도 있으며 사회민주주의 체제로 해석할 수도 있을 것이다.

위와 같은 체제 전체에 관한 의미 해석은 정치·행정의 구성 부분에 관한 해
석과 이해에 영향을 미칠 것이다. 편의상 자유 민주주의 정치·행정 체제의 경

우에 한정해 보기로 한다.

예시적으로 몇 가지 항목만을 검토해 보면 다음과 같을 것이다.

> 첫째, 정치사회(political community)에 관한 해석이 있을 것이다.
> 둘째, 정치사회의 정치 경제 사회 문화라는 영역(areas)을 해석하고 이
> 해하려고 할 것이다. 자유 민주주의 체제에서는 각 영역이 자체의
> 자율적인 목적과 기능 및 조직이 있는 것으로 이해한다. 물론 자율
> 성의 정도와 규제의 범위와 정도가 더 구체적인 해석의 내용이 될
> 것이다.
> 셋째, 집행 조직에 관한 다양한 견해가 있다.
> 넷째, 구성원 자격과 행태에 관한 해석이 필요하다.
> 다섯째, 구성원의 요구와 욕구의 내용 및 범위에 관한 해석이 필요하다. 이
> 와 같은 해석은 바로 행정의 범위와 관련된 중요한 내용이다.
> 여섯째, 정의와 복지 내용에 관한 다양한 해석은 논쟁과 투쟁의 대상이다.
> 일곱째, 질서 의미와 그것을 발전, 향상, 유지해 나가는 방식도 다양하다.
> 여덟째, 정책과정 및 제도와 절차에 관한 해석이 필요하다.

이 모든 부분은 순환적 상호작용의 관계를 형성한다. 위와 같은 해석과 이해를 해야 하는 내용에 관한 논의는 한없이 펼쳐 나갈 수 있을 것이다. 위와 같은 사항들의 해석은 모두 특정한 의미체계를 그 맥락 또는 지평으로 가진 부분들의 의미를 이해하는 것이라고 할 수 있다.

3) 행정과 행정이론의 해석적 순환

행정에 관한 위와 같은 부분별 해석은 전체(whole)로서의 행정에 관한 관념(notion)을 형성하게 되고 행정 전체에 관한 관념은 부분별 해석에 대하여 영향을 미친다. 그리고 부분별 행정 현상에 관한 발견과 이론은 좀 더 일반적인

행정이론의 토대가 될 것이며 그렇게 형성된 행정의 일반이론(general theory or perspective)은 부분별 연구의 맥락을 구성할 것이다.

위와 같은 관점에서 행정학 연구를 위한 해석학의 유용성을 주장하기도 한다. 예를 들면, 밸푸어와 메사로스(Balfour and Mesaros)는 해석학의 잠재성을 충분히 인정하면 조직과 정책연구와 행정실무를 둘러싼 쟁점을 분석하는 데 접근 가능한 준거의 틀을 마련할 수 있다고 주장한다.5) 해석학은 텍스트의 의미를 명백히 밝히려는 것인데, 그것은 나아가서 텍스트라고 여길 수 있는 인간의 행동, 산물, 표현 또는 제도의 의미를 해명하는 것이다. 현대 해석학에서는 텍스트라는 용어는 연구와 해석의 주제가 되는 과거 또는 현재의 기록과 구전적(verbal) 형식 및 비언어적 의사소통의 형식들을 광범하게 지칭한다. 따라서 텍스트는 조직의 문서와 기록물, 헌법, 대법원의 결정사항, 입법부의 법안, 연설문, 인터뷰, 조직도표, 예산서, 노동협약, 연구보고서, 수필, 통계자료까지 포함한다. 텍스트 분석은 공식 문서가 아닌 의례(ritual), 조직문화, 건물 등과 같은 현상을 대상으로 할 수도 있다. 위와 같은 행동과 구성물에 포함된 의미들이 해석학의 적합한 연구대상이 되는 것이다.

이렇듯 해석학은 행정과 행정학의 연구에 적용될 수 있는데, 행정 기관 또는 정책을 규정하는 문서를 연구할 수 있고 조직의 행동들을 연구할 수도 있다. 이러한 연구는 해석학적 순환과정을 통하여 이루어질 수 있다.

---

5) Danny L. Balfour and William Mesaros, "Connecting the Local Narratives: Public Administration as a Hermeneutic Science", *Public Administration Review*, November/ December, 1994, Vol. 54, No. 6, pp. 559-564.

제2절 해석적 순환

1. 전체와 부분: 맥락과 부분

텍스트라고 규정될 수 있는 행정실무와 행정이론은 모두 전체와 부분으로 구성되고 맥락과 구성부문이 있다. 행정실무의 경우 사회 전체적인(societal) 수준의 행정이 조직구조(organizational structure)와 개인 행위(individual action)라는 부분으로 구성되어 있다고 개념화할 수 있다. 행정이론은 상위맥락(meta-context)하에서 중간맥락(mid-context)과 부분(bits)으로 구성된 것으로 개념화할 수 있다. 전체와 부분, 그리고 맥락과 부분에 관한 문제는 행정이론의 분석단위(unit of analysis)와 맥락의 단계(levels of contexts)에 관한 이해를 해야 하는 문제이다. 이 문제는 본서 제2장에서 행정이론의 연구 목적과 방법에 관하여 검토하면서 매우 상세하게 논의하고 하나의 교시적 틀(a heuristic framework)로 정리하여 제시한 바 있다.

논리적으로 말하면, 부분으로서의 행정행위와 조직 운영의 성과가 사회 전체적인 체제로서의 행정의 성과에 영향을 미칠 것이다. 그리고 행정이론의 구성 부분에 관한 설명과 이해는 그 맥락의 이해를 도와줄 것이며 맥락에 관한 이해는 부분에 관한 설명과 이해에 도움이 될 것이다.

하나의 행정이론은 행정 현상의 특정한 속성과 성향을 표현하는 용어들(terms)의 관계로 구성된다. 이러한 용어들이 이론의 구성 부분이고 그들 간의 관계를 나타내는 것이 맥락이다. 즉 일정한 이론적 맥락의 관계 하에서 이론적 용어들을 결합하여 표현한 것이 일반론(generalization) 또는 법칙(laws)이다. 이렇듯 하나의 행정이론은 맥락과 부분 간의 논리적 관계이다.

2. 경험주의적 환원과 현상학적 환원

부분과 전체 간의 관계는 방법론적 개인주의(methodological individualism)의 환원주의(reductionism)와 형이상학적 전체주의(metaphysical wholism)와도 관련된 문제이고 나아가서는 현상학적 환원(phenomenological reduction)과도 밀접한 관련이 있는 논의이다. 이 문제는 앞에서 본서 제1부에서도 논의했기 때문에 아래에서는 해석학적 순환을 이해하는 데 도움이 되리라고 여겨지는 범위 내에서 간단히 정리하기로 한다.6)

우선 방법론적 개인주의는 두 가지 밀접한 관련된 내용이 있다.

첫째는 사회현상을 묘사하는 모든 용어(term)는 개인의 속성을 표현하는 용어로만 구성된다는 주장이다. 즉 사회의 집단적 수준의 속성을 표현하는 용어도 개인의 속성을 표현하는 용어로만 구성된다는 것이다. 이것이 집단수준의 용어를 개인수준의 용어로 환원(reduction)하는 것이다.

이와 같은 주장에 반하여 전체주의에서는 개인 수준의 용어로 구성된 것이 아닌 집단수준의 현상을 묘사하는 독자적인 용어가 있다는 것이다. 개인주의에서 볼 때 이것은 개인 수준에 없는 특성이 집단수준에서 나타난다는 말이고 하나의 생성론(emergentism)이라고 비판한다.

둘째, 사회현상 전체와 구성 부분 간의 관계는 이론적 측면에서도 위와 같은 상반된 견해가 반복된다. 즉 방법론적 개인주의에서는 개인의 심리 현상에 관한 이론으로부터 사회현상에 관한 이론을 구성(construct)할 수 있다고 주장하는 데 반하여 전체주의에서는 개인에 관한 이론으로부터 구성된 것이 아닌 사회현상 자체수준의 이론이 있다고 주장한다. 우리가 논하려는 해석적 순환은 기계적인 환원과 구성의 문제가 아니기 때문에 형이상학적 전체주의 견해

---

6) 강신택, "행정학 연구에 있어서의 경험적 환원과 현상학적 환원", 『행정언어와 질적 연구』 행정언어와 질적연구학회 창간호, 2010. 6, pp. 1-25.

에 더 가깝다고 생각한다.

셋째, 현상학적 환원은 일단 모든 이론적 견해를 유보(괄호치기: epoche)하고 초월적 주관으로 되돌아가는 것이다. 이렇게 정립된 의식(consciousness)을 통하여 보이게 되는 사태가 현상이다. 이 현상은 의식을 통하여 구성(construct)되는 것이 아니라 나타나는 것이다. 이런 견해는 위에서 말한 전체주의적 생성과도 유사한 면이 있어 보인다.

그런데 다 같이 부분과 전체 간의 관계이면서도 그 관계를 위와 같은 논리적 관계 이상으로 생각하는 것이 텍스트의 해석학적 순환이다.

3. 해석적 순환

텍스트 이해의 해석학적 순환(hermeneutic circle)은 해석학에서 매우 중요한 핵심개념의 하나로서 본서 제2부의 해석학 연구에서 상세하게 검토된 바 있다. 따라서 여기서 그 내용을 반복할 필요는 없으나 이어지는 논의를 위하여 다시 간단히 언급하는 것이 도움이 될 것으로 생각한다.

해석은 텍스트의 의미를 이해하려는 것이다. 텍스트를 읽는 사람이 텍스트의 내용을 잘 이해한다면 다시 해석할 필요가 없을 것이다. 따라서 텍스트의 의미가 혼란스럽거나 이해되지 않을 때 해석을 한다고 할 수 있다. 이러한 해석은 앞에서도 말한 바와 같이 텍스트 전체와 그 구성 부분을 다 같이 이해하려는 것인데, 텍스트의 구성 부분에 관한 해석과 이해는 텍스트 전체의 의미를 이해하는 데 도움이 되고 그렇게 이해된 전체의 의미는 다시 구성 부분의 의미를 해석하고 이해하는 데 도움이 된다. 이와 같이 부분과 전체의 해석과 이해의 순환을 해석학적 순환이라고 하는 것이다. 이것은 같은 말을 반복하는 동어반복(tautology)이 아니라 해석을 반복하면서 이해의 정도를 높여가는 것이다.

이와 같은 해석학적 순환에서는 일정한 선입견을 부당한 것으로 보지 않는다. 왜냐하면 누구나 해석에 착수할 때는 해석대상과 그 의미에 관한 일정한 견해를 가지고 있기 때문이다. 선입견 없이 해석에 착수할 수는 없다. 그러나 해석을 반복하여 이해를 높여 가면서 타자의 해석을 이해함으로써 상호 간의 이해 지평이 융합되어(fusion of horizon) 가는 것이다.

그런데 해석적 순환은 간단한 문제가 아니다. 왜냐하면 해석이 성공적으로 이루어졌는지를 판단할 수 있는 기준(criteria)을 설정하기 어렵기 때문이다. 해석은 파편적이며 혼란스럽고 모호한 모습으로 나타난 의미를 본래의 모습으로 분명하게 나타나게 하려는 것이다. 만일 어떤 사람이 우리의 해석을 적절하다고 보지 않고 우리의 읽기(reading)를 수용하지 않으면 어떻게 되는가가 문제일 수 있다. 결국, 하나의 읽기를 다른 표현들과의 관계에서 해명해 나갈 수밖에 없다.

문헌 이해 수준의 텍스트 해석도 매우 복잡한 문제를 가지고 있다. 그것은 한 가지 표현의 의미를 다른 표현으로 계속 바꾸어 가면서 이해를 높여가는 것인데, 이것은 단순한 단어의 의미론적 해석(semantical interpretation) 이상의 작업인 것이다.

해석과 이해는 지평융합 과정인데 그것은 합의의 정도를 높이는 것이 아니라 공통의미(common meaning) 또는 간주관적 의미(inter-subjective meaning)를 이해하는 것이라고 말하기도 한다. 이것은 기계적으로 성취될 수 있는 것이 아니라 통찰(insight)의 반복을 통해서만 가능한 어려운 과정이다.7) 공통의미에 관한 생각은 뒤에서 한국의 정치과정과 관련하여 언급할 문제인데 여당과 야당 간에 특정한 정책에 합의하지 못하는 경우라도 선의(good will)의 정치를 한다면 그 정책에 관한 상호주관적 의미(간주관적 의미: intersubjective meaning)를 형성하여 나아갈 수 있을 것이다.

---

7) Charles Taylor, "Interpretation and the Sciences of Man," *Review of Metaphysics,* 1971, 25(1): 3-51.

제3절 정치 행정과정의 해석학적 순환

1. 체제로서의 정치·행정 과정

하나의 체제로서의 정치·행정과정(political-administrative process as a system)은 제도화된 해석학적 순환과정이기도 하다. 앞에서 행정을 정의할 때 말한 바와 같이 행정은 정치 공동체(political community) 구성원의 요구와 욕구를 반영한 정책과 사업을 집행하는 것이다. 자유 민주주의 국가의 경우 국민의 요구가 입법기관에 의해 법률로 형성되고 행정부에 의해 정책과 사업으로 집행된 다음에 입법기관의 평가를 받게 되어있다. 이와 같은 과정은 국민의 평가를 받게 되고 그와 같은 평가는 다음번 선거에 반영되어 법령과 정책 및 사업의 개선을 기대하는 것이다.

오늘날 민주주의 위기(crisis of democracy)의 원인으로 여러 가지 문제를 제기하고 있지만, 그 핵심에는 정치·행정과정의 순환과정에 결함이 있다는 것이다. 이 순환과정을 민주주의의 루프 모형(the loop model of democracy)이라고 부르는 학자도 있다.8)

미국의 경우를 예로 들어 다음과 같이 제도적 요건과 실제 간의 괴리를 중심으로 그 위기를 논하고 있는데, 한국의 정치과정에서도 유사한 양상을 보인다.

첫째, 국민은 자신들의 욕구와 요구를 알고 있다고 가정한다. 그러나 사람들은 독자적으로 자신들의 욕구와 요구를 형성하는 것이 아니라 여러 가지 매체를 통하여 조작(manipulate)되는 경우가 많다.

둘째, 선출직에 출마하는 경쟁 후보자들은 여러 가지 공약을 통하여 국민의 욕구와 요구를 충족시킬 수 있는 다양한 사업을 제시한다. 그런데, 후보자들은 복잡한 정책 대안들을 근거로 하여 선출되는 경우는 드물고 이미지를 근거로

---

8) Charles J. Fox and Hugh T. Miller, *Postmodern Public Administration: Toward Discourse* (Thousand Oaks, Cal.: SAGE Publications, Inc., 1996), pp. 15-19.

당선되는 경우도 많다. 그래서 상대방 후보에 대한 비방이 난무하기도 하는 것이다.

셋째, 국민은 자신들의 선호에 가장 잘 부합하는 사업을 제시하는 대의원을 선택한다고 여긴다. 그러나 사람들은 합리적으로 검토한 구체적인 정책을 근거로 하여 투표하지 않는다. 심지어 투표하지 않는 사람이 많을 때도 있다. 그리고 양당체제(two-party system) 아래에서 1인만 당선자로 인정하는 경우는 한 당선자가 유권자들의 다양한 선호를 반영한 정책을 구상하기 어렵다.

넷째, 승리한 집권 연합이 국민의 선택을 반영하는 법을 통과시킨다. 그러나 선거 이후에는 이익집단 또는 압력집단들이 큰 영향을 미치게 된다. 압력을 받아 모호하고 혼란스럽게 된 입법부의 의사는 행정부가 집행하는 과정에서 혼란을 가중시킨다.

다섯째, 부지런한 사람들은 정치 행정과정과 결과를 감시하여 선출된 대의원이 성공적인가 또는 결함이 있는가를 판단한다. 이러한 감시의 목적을 위하여 시민단체의 감시가 매우 유용하나 그것도 한계가 있다.

여섯째, 만일 결과에 만족하면, 사람들은 그들의 지지 투표로 재임자를 보상한다. 만일 만족하지 못하면, 그들은 다른 사업을 제시하는 다른 후보에게 투표할 것이다. 그러나 미국의 경우 의원의 업적에 불만이 있으면서도 재선되는 경우가 많다고 한다. 한국의 경우에는 오히려 초선의원이 많은 편이다.

이상은 미국의 정치 행정과정 중에서 정치과정의 선거 과정에 관해서만 검토한 것이다. 그럼에도 정치 행정과정에서 반응성과 책임성(responsiveness and responsibility)을 확보하는 방법은 선거 과정만 있는 것이 아니라 다양한 정치-행정과정을 통해서도 이루어지는 것이다. 이 모든 과정이 일종의 환류 루프 체제(a feedback loop system)를 형성하는 것이다. 즉 국민적 욕구와 요구가 정치와 행정과정에 반영되고 그 결과가 다시 국민의 욕구 및 요구와 지지의 종류와 정도의 수준에 영향을 미치게 되는 것이다. 이와 같은 정치과정은 정치의 통제를 받는 계층적 행정과정에도 영향을 미칠 것이다.

이상의 논의를 일부 반복하여 한국의 경우와 관련해서 생각해 보면 다음과 같이 말할 수 있을 것이다. 자유 민주주의(liberal democracy) 국가인 한국의 민주적 정치과정은 매우 단순한 기본 환류 체계(main feed-back loop)를 가지고 있다. 즉 국민의 요구에 따라서 정책이 형성되고 이와 같은 정책이 집행된 결과가 국민의 요구에 반영되면 다음 주기(cycle)에서 다시 정책형성과 집행에 영향을 미친다고 하는 순환의 고리를 가지고 있다. 따라서 국민의 요구와 정책형성 및 집행 간의 관계가 적절하고 효과적일수록 정치체제는 지속해서 발전해 나갈 수 있을 것이다. 그런데 앞에서 든 미국의 예와 같이 현대 국가의 정책형성 및 집행과 평가의 순환적인 환류의 고리가 잘 작동하지 않게 되었다는 것이다.

그러면 정치체제의 파행성은 어디에서 오는가? 해석의 관점에서 보면 모두 부분과 전체 간 해석의 괴리에서 생기는 것이라고 말할 수 있을 것이다.

첫째는 국민이 요구하는 부분적인 해석과 이해가 민주주의라는 전체적인 맥락에서 괴리되는 경우이다. 전체의 작동에 관한 오해에 토대를 둔 국민의 요구는 그러한 요구 자체를 이해할 수 없게 만들 뿐만 아니라 전체의 작동에 관한 이해도 어렵게 한다. 즉 민주 정부의 기능과 범위에 대한 이해가 부족하면 정부에 대한 요구가 과다할 것이다. 즉 막연하게나마 정부기능과 범위에 대한 전체적인 이해가 있으면 부분적인 해석으로서의 자기 요구를 전체로서의 정부의 기능의 범위와 관련하여 해석하고 주장할 것이다. 한국이 경제적으로 발전하고 산업화하는 과정에서 경이적인 성공을 성취하다 보니 정부의 기능도 확대되었는데 국민적 요구는 그만큼 더 커져서 사소한 일상적 삶의 모든 사항이 정부의 책임으로 돌려지는 양상에까지 이르러 결국 정부에게 과부하(over load)가 걸리게 된 것이다.

더구나 정부의 기능과 범위에 관하여 고의적인 편견을 가지고 정부에 대하

여 요구하는 세력이 많을수록 정치과정이 파행을 겪을 것은 너무나 당연하
다. 편파적인 이해관계를 토대로 집단적 시위를 하는 경우도 오해를 깊게 할
뿐이다.

더 나아가서 민주적 정치과정을 파괴할 목적으로 조직화한 세력을 통하여
민주적 정치과정을 이용하는 세력에 관해서는 대화로 문제를 풀어나갈 수 있
는 대화의 범위(range of dialogue)를 벗어난다고 말할 수밖에 없다. 정당정
치의 틀을 벗어난 특정 연대의 집단화된 세력으로 정치과정에서의 요구를 관
철하는 경우도 해석을 통한 이해를 어렵게 한다.

후술하는 바와 같이 역사적 불행이 이러한 대화 자체를 불가능하게 하면 해
석과 이해라는 것이 허구적인 과정이 될 수도 있다. 그런데 우리의 경우 남북관
계에서는 말할 것도 없고 국내에서도 역사적 영향 아래에서 생긴 각종 세력의
갈등 양상이 역사적으로 영향을 받은 의식(영향사적 의식: historically
effected consciousness)을 가지고 해석하고 있는 경우가 뚜렷하게 나타나
고 있다. 이와 같은 사정에서는 아무리 숙의(deliberation)를 거듭하더라도
합의보다는 적대감만 증폭시킬 것이다.

둘째, 국민의 요구에 대한 반응과 입법은 어떤 맥락을 가지고 해석되는가?
가장 바람직한 것은 당연히 입법 기능이라는 맥락 아래에서 국민의 요구를 반
영하기 위한 해석과 이해가 이루어져야 할 것이다. 그리고 그 과정에서 국회 내
교섭단체별로 각자의 이념과 정책 목표를 해석의 맥락으로 삼을 것이다. 문제
는 입법 기능의 맥락을 무력화시키는 정도로까지 당리당략적 해석이 우세하다
는 것이다. 이러한 이유로 한국의 역대 국회는 정당 간 주장의 교착상태에서 파
행을 거듭해 왔다. 그 전형적인 방식이 등원 거부와 장외투쟁이다.

셋째, 입법부는 행정부의 자의적인 재량권 행사를 통제하고 정책집행을 감
독해야 한다. 그러한 감독방식이 국정조사와 연도별 국정감사다. 이것마저 제
대로 행해진 일이 없다. 공직 후보자에 대한 인사청문회는 그야말로 맥락 없는

(out of context) 인신공격과 해석이 난무할 뿐이다. 후보자의 도덕성이라는 맥락이 매우 중요한 것임에는 틀림이 없으므로 도덕성을 인사청문회의 핵심적 맥락으로 삼을 수도 있을 것이다. 그런데 외형적으로는 후보자의 정책수행능력을 검증한다고 말하면서도 실제의 해석은 과거의 잘못된 관행을 현재의 맥락으로 해석하여 문제로 삼는 파행이 계속되는 한 전체와 부분 간의 의미(meaning) 이해가 괴리될 수밖에 없을 것이다.

넷째, 국정 집행의 결과가 국민의 요구에 반영되어야 한다. 정부 기관과 정당 및 이익집단은 국정 집행의 결과를 국민에게 홍보하여 다음 차례의 요구를 조정할 수 있게 해야 한다. 한국의 경우 이것마저도 잘 안 되는 것으로 보인다.

결국, 민주정치 전체와 부분 간의 상호 해석을 통한 이해는 매우 부실한 것으로 나타날 뿐만 아니라 공통의미가 형성되지 못한다. 그리고 한국 정치과정의 특징은 설명과 예측방식보다는 해석적 방식을 통하는 것이 풍부한 이야기로써 해석자들의 이해를 높일 수도 있을 것인데 그것마저 왜곡된다.

2. 예산과정의 예

1) 한국의 예

정치와 행정과정을 하나의 해석적 순환으로 제도화한 전형적인 예가 예산과정(budgetary process)이다. 집행부 예산제도(executive budget system)를 채택하고 있는 경우에는 입법부와 행정부 간의 이러한 순환이 비교적 단순하고 명확하다.

즉 행정부가 예산안을 편성하여 입법부에 제출하면, 입법부의 심의를 통하여 예산이 결정되고, 그렇게 결정된 예산은 행정부의 주도로 집행된 다음에 결산하여 입법부에 보고하여 심사를 받는다. 심사의 결과는 다음 예산편성에 반영된다. 이 과정에서 국정조사와 국정감사의 결과가 반영되는 것으로 되어있다.

위와 같이 매우 간략하게 묘사한 예산과정은 매우 중요한 정치 행정과정의 하나일 뿐만 아니라 정치 행정의 다양한 복합적인 모습을 반영하는 것이다.

연도별 예산과정의 매 단계는 해석적 순환의 해석과 결정 그리고 이해의 과정이라고 할 수 있다. 우선 예산 1년주의(annual budgeting)는 예산의 편성, 심의결정, 집행 및 결산보고와 심의라고 하는 예산과정의 4단계를 매년 반복함으로써 정치와 행정을 향상해 나갈 수 있는 매우 중요한 과정이다. 물론 매년 편성-심의-집행-결산이라는 예산과정이 반복되지만, 하나의 예산주기가 1년 이내에 완결되는 것은 아니다. 예를 들면, Y1 회계연도의 예산은 Y0 회계연도에 편성 심의되고 Y1 연도에 집행된 다음 Y2 연도에 결산보고 된다. 따라서 한 회계연도의 예산은 거의 2년여에 걸쳐서 그 과정이 끝나는 것이다.

매년별 예산과정은 단계별로 복잡한 해석적 순환과정을 거치고 있다. 첫째, 예산편성은 예산부서와 사업부서 간의 대화 과정(dialogue process)이다. 예산부서가 예산편성지침을 하달하면 그에 따라 사업담당 부서는 예산안을 제출하고 그것을 예산부서가 조정하는데 각계각층의 욕구와 요구를 반영하는 다양한 해석을 포함한다. 물론 예산이기 때문에 계량적인 자료가 많이 사용되지만, 정책과정과 사업별 예산의 요구와 평가는 질적인 해석과 이해로 이루어지는 것이다.

둘째, 행정부의 예산안이 입법부에 제출되기 전에 만일 집권 정당과 행정부 간의 당정 협의 과정을 거치는 관례를 사용하는 경우라면, 그 과정에서 당연히 해석과 이해를 위한 노력이 있게 된다. 이 과정에서 행정부가 편성한 예산안에 대하여 집권당은 더 많은 요구를 추가하여 예산액을 증액시키려고 노력하고 행정 수반이 개입하여 조정하는 경우가 많다. 만일 집권당이 무력하다면 위와 같은 과정이 명시적으로 이루어지지는 않는다.

셋째, 입법부의 예산심의 과정도 해석과 이해를 통한 사업수준과 예산안 조

정과정이다. 한국의 경우 국회에 제출된 예산안은 각 소관 상임위원회의 예비
심사에 회부되고, 그 결과를 예산결산위원회에서 종합심사한 후 본회의에 보
고하여 결정한 후 행정부에 전달된다. 우선 상임위원회는 소관 부처의 사업내
용을 분석하고 해석하며 가능한 한 그 예산액을 증액시키려고 노력한다. 따라
서 각 상임위원회의 예비심사 결과를 단순히 종합하여 집계하면 행정부가 요
구한 예산액보다 크게 증액되는 경향이 있다. 이와 같은 예비심사의 결과는 예
산결산위원회의 종합심사에서 조정되는데 상임위원회의 심의 결과를 감액시
켜서 행정부의 원안에 근접하게 되는 경우가 많은 것이다.

2) 외국의 사례 예시

위에서는 한국의 예산과정의 경우를 염두에 두고 정책과 사업의 해석과 이
해의 과정에 관하여 간단히 예시하였는데 외국의 사례도 예산과정과 해석학의
관계에 관한 사고방식을 이해하는 데 도움이 될 것으로 생각한다. 이 예는 오스
트레일리아의 사례인데, 앞에서 우리가 검토한 방식과는 다르게 여러 종류의
합리성을 예산결정 과정과 연계시켜 논한다.9)

커팅과 코즈민(Cutting and Kouzmin)은 마음과 머리와 배짱(heart,
head, gut)이라는 비유로 시작하여 막스 베버가 말하는 세 가지 권위에 관하
여 논한 다음 복잡한 논의과정을 거쳐서 오스트레일리아 정부의 의사결정과정
에 관하여 분석한다. 여기서는 그 복잡한 논의 중에 예산결정과 관련된 부분만
간단히 정리하여 참고로 하겠다.

우선 저자들은 권위(authority)를 행정학도에게는 익숙한 전통적 권위
(traditional authority), 카리스마적 권위(charismatic authority) 그리고

---

9) Bruce Cutting and Alexander Kouzmin, "From Chaos to Patterns of
Understanding: Reflections on the Dynamics of Effective Government Decision
Making", *Public Administration*, Vol. 77, NO. 3, 1999, pp. 475-508.

법적-합리적 권위(legal-rational authority)로 구분한다. 그리고 다시 이들을 전통적 합리성, 카리스마적 합리성, 법적 합리성이라고 개념화한다. 그런데 우리는 이것을 각각 해석적 합리성(Interpretive rationality), 도구적 합리성(instrumental rationality), 비판적 합리성(critical rationality)으로 대치할 수 있을 것이다. 이처럼 합리성을 구분한 다음에 정부의 의사결정과정을 분석하고 있다.

정부의 의사결정은 집행부, 의회, 관료제, 이익집단의 여러 행위자가 참여하는 매우 복잡한 과정이라는 것을 전제로 한다. 그러나 일반적으로 이 과정은 여러 참여자의 행태와 공헌의 일정한 패턴을 가진 잘 정립된 동태를 따르는 것으로 보고 있다. 중요한 정책결정에 도달하는 데 사용하는 과정의 근본적인 동태는 주로 3가지 주요 행위자 간의 상호작용으로 이루어지는 것으로 본다: 그들은 사업담당 부서, 재정(예산)부서, 그리고 수상이다. 이들은 각자의 역할(role)이 요구하는 특정한 합리성에 따라 그 역할을 수행한다.

더 구체적으로 예산과정을 통하여 이 동태를 예시하면, 각 사업담당 부서는 비판적 합리성을 통하여 사업요구를 하는 것으로 추정한다. 즉 사업부서가 이익집단이나 압력집단의 직접적인 요구에 당면하기 때문에 소관 업무를 비판적으로 검토하여 사업을 개선하고 추가해 나가는 것이다. 사업부서는 일종의 주창자(advocate)이다. 이와 달리 예산담당 부서는 도구적 합리성을 통하여 사업부서의 사업요구를 분석하고 평가한다. 재정부서의 처지에서 보면 국가의 재정은 항상 사업부서의 요구를 수용하기에 부족하다고 여기는 것이다. 따라서 예산 당국은 국고의 수호자(guardian)의 역할을 수행하게 되는 것이다. 그리고 수상(prime minister)은 사업부서와 예산담당 부서의 주장을 해석적 합리성을 통하여 조정한다. 이상의 개요는 일종의 이상형(ideal type)이다. 실제로는 위와 같은 세 가지 역할 간의 균형이 깨지면 비합리적인 결정이 이루어지게 될 것이다.

위와 같은 각각의 합리성은 정당, 행정부, 그리고 국회 간의 역할 관계에 관해서도 추정할 수 있을 것이다. 즉 정당은 국민과의 직접적인 접촉이 가장 많은 집단이기 때문에 국민 특히 선거구민의 기대에 가장 민감해야 하는 집단이다. 따라서 비판적 합리성을 통하여 정책 프로그램을 개발하고 정부와 협력해야 한다. 정당의 이러한 이익표명과 결집(interest articulation and aggregation)을 더 구체화한 제안들은 정부의 도구적 합리성에 의하여 그 타당성과 실현 가능성이 분석되고 평가되어 결국에는 정부의 사업이 되고 그 내용이 예산사업 등으로 더 구체화된다. 이와 같이 비판적 합리성과 도구적(경험적) 합리성을 거친 정부의 사업계획과 예산안은 국회에서 해석적 합리성을 통하여 조정된다고 할 수 있다. 정당, 행정부, 그리고 국회 사이의 이와 같은 묘사는 예산과정에 관해서 말한 경우와 마찬가지로 하나의 이상형을 묘사한 것이다. 실제에서는 많은 괴리와 부조리가 발생하는 경우가 많은데, 아래의 논의는 한국의 정치와 행정의 해석적 순환이 의미 있는 지평을 형성하지 못하는 사정을 해석하는 데 참고할 수 있는 모습이다.

제4절 민주화 이후의 한국 정치 행정과정의 해석적 순환

1. 논의의 범위: 민주화 시기(김영삼, 김대중, 노무현 정부 시기)

본서 제1부 "제3장 행정사상과 연구의 논리"에서는 정권의 변화에 따른 행정사상의 변화와 연구의 논리 간의 관계에 관하여 고찰한 바 있다. 거기서는 시대적 상황과 각 정권이 지향하는 목표와 행정관리의 성격에 따라 각각 더 잘 부합하는 연구의 논리가 무엇인가를 살펴보았다.

행정사상과 연구의 논리를 시대별로 고찰하였는데 국가 건설기와 산업화 시기에는 실증적 경험주의적 연구의 논리가 적실성이 높은 것으로 평가됐지만 정치와 행정체계의 제도적 관행적 모순에 대한 성찰이 부족하다는 비판이 있었다. 그런데 1987년 민주화 이후의 정권은 국가 건설기와 산업화 시기의 결함과 모순을 해소하기 위하여 해석학과 비판이론의 적실성이 높았음에도 불구하고 실제로는 그러한 연구와 논의가 부족했다. 즉 시대적 상황에 부합하는 연구방법이나 결정이 별로 사용되지 않았다. 이렇듯 문제의 성격에 부합하는 연구와 결정의 논리가 사용되지 못한 데는 여러 가지 현실적인 이유도 있었지만 가장 큰 이유는 한국의 행정학계와 실무자들이 해석학과 비판이론의 방법에 관심이 부족했기 때문이라고 생각한다.

이와 같이 행정학 연구의 논리 중에서 그 유용성에도 불구하고 잘 사용되지 않는 연구의 논리를 보완해 보려는 목적으로 본서 제2부에서 해석학에 관하여 검토했다.

이와 같은 본서의 흐름에 따라 제3부에서는 해석학의 관점과 이론을 한국행정학 연구에 예시적으로 적용한다. 제9장에서는 "해석으로서의 번역"이라는 관점에서 한국 행정과 행정학 발달의 한 측면을 살펴보았는데, 제10장에서는 경험적 연구방법으로의 해석학 중에서 "해석적 순환"을 적용해 보고 있다.

한국의 정치 행정과정을 해석적 순환의 틀 속에서 해석하고 이해하려는 것이지만 1948년 이후의 한국 정치 행정의 모든 역사를 대상으로 하려는 것이 아니라 1987년 민주화 이후의 김영삼, 김대중, 노무현 정부 시기의 한국 정치 행정을 해석적 순환의 틀 속에서 한정적으로 논의해 보고자 하는 것이다. 그 이유는 이 시기의 문제들이 해석학적으로 접근하기에 적실성이 가장 큰 것으로 여겨지기 때문이다. 즉 민주화 이후에 해석해야 할 여러 가지 과거사와 관련된 문제들이 많이 제기되었기 때문이다. 그리고 중요한 관심은 과거사 해석이 한국 정치 행정의 해석적 순환에서 이루어졌는가 하는 것과 어떠한 지평융합과 공통의미의 형성이 있었는가 하는 것과 만일 지평융합이 없었다면 그 원인은 어디에서 찾을 수 있을 것인가 하는 것이다. 안타깝게도 지평융합보다는 갈등이 지속한 것으로 보인다. 그 이유는 과거사 해석이 해석적 순환과정에서 이루어지지 않았거나 그러한 순환에 결함이 있었기 때문일 것이라는 것이 필자의 선입견이다.

한국의 정치와 행정의 해석적 순환을 해석하는 데 있어서 큰 영향을 미치는 것은 해석의 맥락에 관한 시각적(perspective) 차이다. 즉 국가 건설과 산업화 시기를 발전국가론적 시각에서 긍정적으로 보는 시각과 독재적 억압이라는 '운동권 정치'의 시각에서 부정적으로 보는 시각이 대립한다. 그리고 산업화와 경제발전을 긍정적으로 보는 시각과 불공평한 부의 집중이라고 부정적으로 보는 시각이 대립한다. 그런데 이와 같이 형성된 대립적 시각들이 정치 행정의 제도적 논리에 따라 해소되기보다는 임시 특별위원회 등을 통하여 과거사를 조사하고 소위 국민통합을 시도하였기 때문에 지평이 융합되지 못한 것이라고 여겨진다.

2. 정치적 역할과 행정적 역할

흔히 말하는 독재정권은 권위주의 정권(authoritarian regime) 또는 관료적 권위주의(bureaucratic authoritarianism)라고도 표현되는데, 한국의 권위주의 정권의 성격을 이해하려면 정책형성에서 정치적 역할과 행정적 역할(political roles and administrative roles)의 상호작용에 관한 간단한 검토가 도움이 되리라고 생각한다.

행정학에서 정치와 행정의 이분법(dichotomy)에 관해서는 여러 가지 견해가 대립했으나 양자를 명확하게 구별하기 어렵다는 것은 주지의 사실이다. 그런데도 정부의 정책을 결정하는 데는 각각 역할의 차이가 있다고 생각한다.10)

---

10) 이하 내용은 Peter Self, *Administrative Theories and Politics* (London: George Allen & Unwin, 1982), 제5장, pp. 149-162.

왜냐하면 이와 같은 역할의 수행과정이 해석학적 순환과정에서 이루어지는 구체적인 해석과 이해이기 때문이다.

1) 분위기 설정과 구체적인 정책(climate-setting and specific policies)

정책결정에 대한 가장 분명하고 보편적인 정치가의 기여는 일반적인 태도, 여론 및 이데올로기의 해석과 이해를 통하여 이루어진다. 분위기 설정은 특정한 문제에 접근하는 방식과 유리하게 처리되는 조치의 종류에 영향을 미친다. 그러나 그러한 일반적 활동이 특정한 정책을 만들어 내지 않는다. 선거는 이러한 분위기를 변화시키는 중요한 과정이다. 정치인의 선거 과정에서 공약사항이 수정되기도 하고 정권의 교체로 새로운 정책환경이 조성되기도 한다.

그러나 구체적인 정책 분야가 매우 중요하게 되었다. 즉 행정인은 농업, 교통통신, 과학기술, 보건, 교육 등의 더 구체적인 정책 분야에서 분위기 변화를 반영하는 정책을 수립하는 역할을 수행한다. 구체적인 정책 분야 간의 경계가 분명한 것은 아니지만 일정한 행정인, 이익집단, 전문가, 자문기구 등이 전문화된 관심을 두는 정책문제가 있는 것이다.

2) 중재와 기획(brokerage and planning)

정치체제론(political system theory)의 사고방식으로 말하면, 모든 정치체제는 이익표명과 종합기능을 수행한다. 이해관계를 종합하는 데는 상충하는 이해관계들을 조정하고 타협해야 한다. 이러한 기능들을 주로 정치인이 수행하고 부분적으로 행정인이 수행한다. 조정되고 타협된 제안들이 입법부와 정당 및 행정부에 전달되는 것이다.

행정인은 이익집단의 요구를 마치 사법적 절차처럼 처리하기도 한다. 즉 관련 있는 집단들의 견해를 수집하고 당파성을 감소시킬 수 있는 온건한 입장에

서 전달한다. 행정인은 국민의 요구와 욕구를 해석하여 기획과정의 틀 속에서
처리한다.

3) 정치적 차별과 행정적 공평성(political discrimination and administrative impartiality)

정치인은 자기의 지지자들을 돕고자 하며 행정인은 공평한 규칙과 절차를
따르려고 하기 때문에 갈등이 있을 수 있다. 지지자들을 위한 정치인의 편파적
인 관심과 이해관계가 정치적 정실주의와 부패를 낳기도 하지만 정치인은 유
권자의 직업을 알선하고, 기업을 도우며, 복지에 관심을 둔다. 여기서 뇌물이
오가기도 하는 부정이 발생하기도 하는 것이다. 이와 같은 부작용에도 불구하
고 정치인은 획일적 행정의 폐해에서 소수와 약자를 보호해 주어야 할 것이다.
이것이 선의의 정치적 차별에 의한 고충(grievances)의 처리이다.

모든 정치체제는 선출직 대의원들이 지방의 이익을 주장할 수 있는 권리
를 인정하고 있으나 그 범위와 정도는 다양하다. 그런데 이러한 정치적 압력
은 객관적 기준에 따라 행정업무를 설계하고 집행해야 하는 행정적 규범과
상충한다.

4) 정치적 통제와 행정적 재량(political control and administrative discretion)

정치인이 행정체제의 최종적인 통제자이다. 중요한 문제는 어느 정도 행정
인의 재량의 범위를 인정하고 감독할 것인가 하는 것이다. 이것이 매우 중요한
해석과정이다.

3. 국가 건설과 산업화 시기에 관한 상반된 맥락적 시각들

1) 국가 건설과 산업화

한국의 국가 건설과 행정발전에 지속적인 영향을 미친 요인들은 주로 조선조 정치와 행정의 관인 지배적 유산, 일본 제국주의의 강압적 통치와 착취, 미군정의 이질적 경험, 그리고 국토의 분단과 6·25전쟁이다. 이러한 요인들이 만들어 놓은 다양한 세력 간의 대립과 갈등은 다양한 양상으로 현재까지 한국의 정치 행정에 부정적 영향을 미치고 있다.

위와 같은 요인 중에서도 가장 심각한 갈등의 요인은 국토의 분단과 6·25전쟁이 만들어 놓은 자유주의 세력과 그에 대한 반대세력 및 비판세력 간의 갈등일 것이다. 자유 민주주의와 자본주의 체제로 출발한 대한민국은 이념적으로 사회주의 또는 공산주의 체제와 대립되었는데 6·25전쟁을 겪으면서 그 대립 관계가 심화하였다. 자유주의 세력은 자유를 수호하기 하기 위하여 반대세력을 억압함으로써 결과적으로 자유주의 체제의 정당성을 훼손하기도 하였고, 반대세력은 반체제세력으로 발전하기도 하여 비판의 정당성을 상실하기도 하였다.

이와 같은 양상은 위에서 간단히 정리한 정치적 역할과 행정적 역할 간의 관계로도 정리할 수 있을 것이다. 즉 정치인은 정치적 분위기를 설정하고, 정치적 이해관계를 타협하고 조정하며 차등적 형평성을 확보하고 정치적 통제를 수행해야 했는데, 국가 건설기와 산업화 시기에는 그와 같은 역할이 제약되었다. 이와 같은 정치인의 제약된 역할 범위 내에서 행정인이 행정 수반의 통제 속에 광범한 재량으로 기획을 통하여 획일적으로 세부적인 정책을 형성하고 집행하였다. 따라서 정치적으로 요청되는 해석과 이해가 부족했다. 그 전형적인 모습이 여러 차례의 5개년 계획의 수립과 집행이다. 이상이 소위 관료적 권위주의체제(bureaucratic authoritarian system)의 모습이다.

위와 같은 체제에서 국가의 헌정질서가 수립되고 산업화가 성공적으로 이루어져 왔지만, 그 독재성에 대한 비판과 억압의 반대가 깊은 상처를 만들어냈다. 그러한 억압과 반대의 역사적 사건들을 표현하는 말들이 6·25전쟁을 비롯하여 4·19 학생혁명, 5·16 군사혁명(쿠데타), 5·18항쟁, 6·10항쟁, 87년 체제 등이다.

이 모든 사태는 문제를 해결하기 위한 비상사건들이었으나 그것이 여러 세력 간의 화해와 협력으로 나아가지 못하고 갈등과 증오를 심화 증폭시키고 있다는데 오늘날 한국의 심각한 문제가 있는 것이다. 현재의 한국이 당면한 문제의 심각성은 정치 경제 사회문화의 모든 측면에서 다양하고 복잡한 양상으로 나타나고 있다.

2) 상반된 견해들과 그 여파

위에서 말하는 갈등과 대립을 해소하기 위해서는 여러 가지 방식이 사용되고 있다고 말할 수 있을 것이다. 그러나 여기서는 해석학적 순환으로서의 정치 행정과정이 해석과 이해를 위해 이바지하고 있는지만을 검토의 대상으로 삼고 있다.

해석과 이해를 위한 대화(dialogue)는 어떤 전제를 해야 하나? 해석자의 편견과 선입견은 불가피하다고 한다. 그런데 대화 자체를 거부하는 경우에는 해석과 이해의 순환이 불가능할 것이다. 그러므로 선입견이 있더라도 대화 자체는 인정하는 경우에 의미 있는 해석적 순환이 가능할 것이다.

한국의 정치 행정과정을 해석학적 순환으로 접근하는 경우 어떠한 선입견이 작용하고 있는가? 앞에서 우리가 간단히 언급한 국가 건설과 산업화 시기의 권위주의적 발전 과정을 살피는 것만으로도 추정할 수 있다. 이것은 한국의 정치 행정사가 만들어 놓은 대립하는 평가들인데, 하나는 국가발전론자들이고 다른 편에서 두드러진 견해는 '운동권 정치'의 시각이라는 상반되는 시각들이다.

한국의 정치발전을 긍정적으로 보는 시각에서도 국가 건설과 산업화의 시기를 "정치가 실종되고 오로지 행정적 효율성에 의해 지배되는 국가가 탄생하였다는 것을 의미했다."[11] 그런데 민주화 이후 20년이 지났건만 한국 정치는 여전히 과거(기억)의 족쇄에서 벗어나지 못하고 "과거의 망령에 사로잡혀 미래의 의제로 나아가지 못한다. 보수와 진보로 갈린 정치권과 시민사회는 현대사의 주요 사건이나 인물을 놓고 호칭부터 평가에 이르기까지 극단적인 대립을 보인다"는 것이다.[12] 이런 충돌은 정권이 바뀔 때마다 대통령의 인적 선호까지 투영되면서 더욱 복잡한 양상을 띠게 되었다고 평가하고 있다.

위와는 다른 견해에서는 경제발전의 성과가 "근대화론이 가정한 바 민주주의 발전으로 이어지지 않았다"라는 운동권 정치의 견해를 말한다.[13]

경제석 측면에서도 한국의 산업화를 긍정적으로 평가하면서도 "그러한 성과를 거두는 데 따르는 비용도 엄청났다. 이러한 비용은 '정경유착', '부실기업', '관치금융', '지대추구' 등 경제학자들과 언론에 회자한 용어들에 나타났다"라고 평가한다.[14] 한국의 산업화 시기를 냉전 반동의 연고 자본주의의 퇴행이라고 보는 견해에서는 그 출발부터 "6·25전쟁의 결과 형성된 한국 자본주의의 53년 체제는 지주계급의 몰락, 권위주의 국가와 특권재벌의 퇴행적 유착, 약한 노동, 그리고 미국 원조물자에 기생하는 얕은 수준의 수입대체산업화 등으로 특징지어진다"라고 평가한다.[15]

이상은 한국의 정치 경제에 대한 학자들의 견해지만 이런 견해가 정치권의

11) 김일영, "제1장 정치적 맥락(1) 발전국가 형성과정", 한국행정연구원 『한국행정 60년 1948-2008 배경과 맥락』(법문사, 2008)(이하 '한국행정 60년'으로 표기), 제3편 정치경제적 환경, p. 227.
12) 위의 글, p. 207.
13) 정해구, "제2장 정치적 맥락(2) 운동권 정치", 한국행정연구원 『한국행정 60년』 배경과 맥락, 제3편 정치 경제적 환경, p. 239.
14) 이재민, "제3장 경제적 맥락(1) 경제성장과 정부의 역할", 『한국행정 60년』 배경과 맥락, 제3편 정치경제적 환경, p. 257.
15) 이병천, "제4장 경제적 맥락(2) 경제발전의 명암", 『한국행정 60년』 배경과 맥락, 제3편 정치경제적 환경, p. 279.

과거사 평가에도 반영되기 때문에 해석적 순환을 통한 이해가 어려운 것으로
보인다.

4. 민주화 이후의 국정 운영

민주화 이후의 한국 정치 행정에서는 정치적 역할이 강화된 한편으로 여전
히 행정적 역할이 꾸준히 수행되었다.

김영삼 정부는 자신을 '문민정부'라고 칭하고 대대적인 정치개혁을 단행하
였다. 우선 군부에 대한 통제를 강화하고 정치개혁을 하였고 금융과 부동산 등
의 실명거래제를 도입하여 지하경제를 통제하고 공직사회의 부패를 단절하고
자 했다. 한편 역사 바로 세우기와 신한국 건설과 신경제 건설 등의 상징적 구
호로 과거를 청산하려고 노력했다. 그중에서도 권위주의 정권하에서 형성된
관행을 개혁할 뿐만 아니라 과거사를 바로잡으려는 노력이 있었다. 그중 상징
적인 것이 일본강점기 때의 조선총독부 건물을 해체한 것이다. 그리고 무엇보
다 민주화를 위한 항쟁의 공로를 인정하는 조치들을 단행한 것이다. "김영삼은
과거와의 단절을 국정 운영 철학으로 가졌고, 군부의 정치참여 여지를 완전히
차단하였다…. 그러나 국정운영에 대한 전략적이고 기술적인 방법론이 약했고
세계화라는 개념에 너무 쉽게 접근했다는 한계가 있다"라는 것이다.16)

스스로 '국민의 정부'라고 지칭하는 김대중 정부는 진정한 정권교체를 달성
하였다고 자평하고 제2 한국을 건설한다는 등의 야심 찬 계획을 세우고 출범하
였다. 그러나 불행히도 국제금융의 지원을 받지 않으면 안 되는 외환 위기의 정
권을 인수하였다. 그러나 이러한 외환 위기가 대대적인 사회 경제 노동 및 공공
개혁을 추진하는 데 유리하게 작용한 면도 있다. 그리고 '햇볕정책'이라는 구

---

16) 임도빈, "역대 대통령 국정철학의 변화: 한국행정 60년의 회고와 과제", 『행정논총』
46(1) 2008, p. 244.

호하에 남북한 간의 교류 협력을 증진하고자 노력하고 남북정상회담까지 수행했으며 노벨 평화상을 수상하기도 했다. 이렇듯 "좌파적 이념을 따르고 있었음에도 불구하고 NPM적 개혁을 통한 국정운영을 하였는데, 그것은 IMF라는 예외적인 상황이었기 때문으로" 판단하기도 한다.17)

'참여정부'를 자처한 노무현 정부는 사회적 갈등이 심화한 시기에 집권했고 자신도 한국의 과거사를 매우 부정적으로 평가하였다. 그와 같은 성향 때문에 탄핵소추를 당하기도 했었다. 그러나 정부혁신 지방분권에 관한 계획을 세우고 대대적인 정부혁신을 위해 노력했다. 이러한 상황은 "노무현은 행동에서는 벽에 부딪혔지만, 담론의 정치를 했다는 점에서 역대 대통령과 구분된다. 행동에서는 자신의 정치철학과 맞지 않는 외생적 NPM을 도구로 사용함으로써 아마추어 정부를 자초했다"라고 평가된다.18)

이렇듯 민주화 이후의 김영삼, 김대중, 노무현 정부는 민주화라는 새로운 정치적 분위기에 부합하는 대대적인 개혁을 단행할 수 있었고 "작은 정부론", 신공공관리론, 거버넌스론 등을 통하여 행정의 쇄신에도 노력했다.

그럼에도 정치 사회적 갈등은 심화되었다. 그 이유는 분명하다. 즉 정치 행정과정의 해석적 순환을 통하여 정치와 행정의 참여 주체들 간의 이해를 깊게 한 것이 아니라 갈등을 심화시켰기 때문이라고 말할 수 있을 것이다.

5. 공통적 의미 형성을 위한 노력

앞에서는 정치와 행정과정을 해석적 순환과정의 틀을 통해 바라봄으로써 그 의미를 새롭게 해석하고 이해하는 데 도움이 되었다고 생각한다. 정치와 행정과정은 하나의 거대한 대화 과정인데, 대화의 단계마다 대상(주제)의 의미를

---

17) 위의 글.
18) 위의 글.

해석하고 이해해 가는 과정이다. 이때 자유로운 대화가 가능해야 하는 것은 너무나 당연하다. 그런데 이와 같은 자유가 허용된 민주화라는 좋은 주어진 상황에서도 한국의 정치와 행정은 참여자들 간의 해석과정을 통한 지평융합이 잘 이루어지지 않은 것으로 보인다. 그 원인을 지적하기는 쉬우나 밝히기는 매우 어려워 보인다.

우선, 선의(good will)의 대화와 해석이 있었던가? 즉 무엇보다도 정치 행정의 주체들 간에 선의로 대화하려는 의지가 부족했기 때문이라고 말할 수 있을 것이다. 즉 국가 건설과 산업화라는 발전연대를 거치면서 형성된 적대적 감정들이 선의의 대화를 가로막아 왔던 것은 아닌가? 이와 같은 의문에서는 선의의 대화만이 해석적 악순환의 고리를 선순환적 고리로 전환할 수 있다고 주장할 수 있을 것이다. 그러기 위해서는 정치적 여야 간 및 다양한 사회적 세력 간에 "타자의 개방성과 차이를 인정하고 관용하여…. 타자에 대한 이해 지평을 지속해서 확대하려고 노력해야 한다"고 말할 수 있을 것이다.19) 한국의 정치 행정과정에서도 "역사 바로 세우기" 또는 "과거사 청산" 등을 통하여 타자에 대한 개방과 관용을 위하여 노력했으나 갈등 구조는 여전히 남아 있는 것으로 보인다.

그러나 선의로 대화를 하고자 했음에도 해석적 선순환이 이해의 증진으로 나아가지 못했다고 말할 수도 있을 것이다. 그 원인은 정치 행정과정 자체가 해석적 순환과정을 형성하지 못했기 때문이라고 보고 정치 행정과정을 개선해야 한다고 말할 수 있을 것이다. 이것이 우리가 통상적으로 질문하고 대답(question and answer)하는 방식이다.

여기서 우리는 다르게 질문을 할 수도 있을 것이다. 즉 왜 공통의미(common meaning)를 형성하려는 노력이 없었던가 하는 것이다. 여기서 말

---

19) 백승영, "도덕적 현상으로서의 해석학적 이해 - 가다머와 데리다의 논쟁을 중심으로 -", 철학연구회 『철학연구』 제71집, 2005, p. 261.

하는 공통의미는 당사자들 간의 합의(consensus)나 상식(common sense)을 말하는 것이 아니다. 특정한 사태에 대한 합의는 주관적 의견의 접근으로도 가능하다. 그러나 공통의미는 특정한 사태에 관한 간주관적(inter-subjective) 의미의 지평이나 맥락적 의미를 말하는 것이다. 이와 같은 지평융합 또는 공통의미가 있으면 갈등적 대화마저도 공통의미를 공유하고 재해석하려는 노력을 계속하게 될 것이다. 더 나아가서는 정치 행정과정의 참여자들이 공통의미를 형성해 나가려는 노력을 계속해야 할 것이다. 이와 같은 주장은 해석학적 학문에서 옹호하는 접근방법이지만 정치 및 행정과정의 순환을 이해하는데도 적용되는 접근방법이라고 생각한다.

제11장

한국 정치·행정에 관한 영향사적 해석

제11장

한국 정치·행정에 관한 영향사적 해석

제1절 제기되는 질문

철학적 해석과 관련하여 여기서 다루어 보고자 하는 질문은 "2000년대 한국 정치 행정의 갈등 현상을 어떻게 이해할 것인가?" 하는 것이다. 여기서는 영향사(effective history)와 해석학적 순환(hermeneutical circle)이라는 원리를 사용하여 그 해답의 일부를 짐작해 보려는 것이다. 우리의 정치 행정의 성공과 실패의 과정에서 만들어진 갈등이 어떠한 해석적 순환을 반복하고 있는가를 영향사 관점에서 이해하여 보려는 것이다. 이러한 문제를 그동안 연구해 오던 연구방법론을 통하여 접근할 수도 있을 것이다. 그런데 여기서 굳이 철학적 해석학으로 접근하고자 하는 이유는 그것이 좀 더 낳은 이해를 가능케 할 수도 있으리라는 기대를 하기 때문이다.

한국은 1945년 해방 이후의 비교적 짧은 기간에 산업화와 민주화에 동시에 성공한 드문 국가라고 자부해 왔다. 그런데 해방 후 70여 년이 지난 2018년대의 한국사회, 특히 한국의 정치 행정과 관련된 현상에 관해서 매우 비판적 또는 비관적인 견해가 많아지고 있다. 예를 들면, 한 일간지의 칼럼에서는 다음과 같이 평가한다.[1] 즉 "우리나라는 최빈국 상태에서 출발하여 세계 10위권 경제

---

1) 예를 들면, 주경철 서울대 서양사학과 교수의 조선일보 칼럼, "'만인의 만인에 대한 투쟁' 벌어지고 있는 한국", 조선일보, 오피니언, 2018. 8. 8(수), A26면.

강국으로 성장했고 제3세계 국가 중에서는 거의 유일하게 민주주의 체제를 만들어 낸 모범국가였다. 그러나 이제 그와 같은 빛나는 성취는 온데간데없고 나라 전체가 어두운 심연을 향해 곤두박질치려 한다. 성장과 발전을 멈춘 대한민국은 모든 면에서 기이한 발작 증상을 보이고 있다"라고 하면서 정치 사회 경제 및 각 계층 간의 "만인의 만인에 대한 투쟁"과 같은 갈등으로 인하여 "이제 우리 사회에서는 누구도 행복하지 않은 것 같다. 모두 서로 시기하고 증오한다"라고 말한다. 이 문제를 풀기는 매우 어렵지만, 최소한 정치권이 우리 사회의 증오를 부추겨서는 안 된다는 것이다. 본서 제11장은 한국의 정치 행정 현상의 일부 모습을 소재로 삼아 철학적 해석학의 접근을 시도해 보려는 것이다. 여러 번 언급한 바와 같이, 필자는 본인의 행정학 연구의 편의를 위하여 제2부에서 해석학을 세 가지 유형으로 구분하여 정리해 보았다. 첫째가 해석학 일반이론이고, 둘째가 경험적 연구를 위한 해석학적 방법이며, 셋째가 철학적 해석학이다.

위에서 말하는 첫째의 해석학 일반이론을 적용해 본 것이 본서 제9장의 "해석으로서의 번역"이다. 한국 행정학은 1950년대부터 너무 외국 이론의 도입에만 치중하고 우리의 주체적인 안목이 부족하므로 행정이론이 빈곤하고 행정실무에 대한 적실성도 떨어진다는 비판을 받아 왔다. 이 문제는 한국 행정학이나 행정이론의 토착화 또는 한국화(Koreanization)라는 학계 담론에서 꾸준히 다루어져 왔다. 필자는 제9장에서 행정학의 토착화 또는 한국화에 관한 논쟁을 반복한 것이 아니고, 외국 이론의 도입문제를 "해석으로서의 번역"이라는 관점에서 검토해 보았다. 왜냐하면, 우리가 외국의 이론을 도입하려면 그 나라의 언어 자체를 사용하여 연구하는 경우가 아닌 한 외국어로 된 글들을 한국어로 번역해야 하기 때문이다.

위에서 말하는 둘째의 경험적 연구를 위한 해석적 방법을 적용해 본 것이 제10장 "정치 행정과정의 순환적 과정"이다. 즉 한국의 정치와 행정을 해석학적 순환(hermeneutic circle)의 틀 속에서 해석하고 이해하여 보려고 시도한 것이다. 자유 민주국가의 정치-행정과정은 국민의 요구와 정부의 반응 간의 순환관계라는 틀이 제도적으로 마련되어 있다. 즉 공직자의 주기적인 선거와 입법 및 행정과정의 연도별 순환은 제도적으로 마련된 해석적 순환과정이다. 다시 말하면, 국민의 요구와 정부의 반응 및 국민의 평가과정에서의 모든 단계별 입장과 견해들은 모두가 이해를 위한 해석과정이며 해석을 통한 이해과정이라고 말할 수 있다. 따라서 해석으로서의 정치 행정과정에서 단계별 참여자들 간에 해석과 이해의 선순환이 이루어진다면 공동체 구성원 간의 공통의미(common meaning)를 지향하여 성숙해 나갈 수 있을 것이다. 여기서는 선의(good intention)의 대화(dialogue)가 이루어져야 하는데, 제10장에서 살펴본 바와 같이 1987년 이후의 민주화가 실현된 이후에도 정치와 행정과정에서는 공통의 의미를 형성할 수 있는 선의의 대화를 통한 해석적 순환이 순조롭지 못했던 것으로 평가된다.

위에서 말한 셋째의 철학적 해석학을 본 장(제11장)에서 "한국 정치·행정에 관한 영향사적 해석"이라는 입장에서 다루어 보려는 것이다. 그 주제는 2000년대의 한국 정치 행정 현상이다. 철학적 해석학이 방법론(methodology)을 적용하는 연구를 비판하고 그 한계에 관하여 경고하는 입장인데 그러한 철학적 견해를 일종의 접근방법(approach)으로 사용하여 행정학을 연구한다는 것이 부당하고 한계가 있다고 말할 수도 있을 것이다.

그리고 본서가 한국 행정학 연구의 해석학적 접근을 시도할 때의 처음 기대와는 달리 철학적 해석학을 주류 행정학 연구에 적용하기가 매우 어렵다는 생각을 하게 되었다. 무엇보다도 철학적 해석학의 관심이 존재의 진리(truth of being)에 관한 것이고 사회과학 연구를 위한 인식론이 아니기 때문에 사회과학적 인식론으로서의 사회과학철학(philosophy of social sciences)의 견해를 많이 수용해 온 행정학 연구에서 철학적 해석학의 관점을 수용하는 연구문제(research problem)를 구성하기가 어렵다는 생각을 하기도 했다. 행정학의 철학적 이해가 깊어지면 행정에 관한 이해도 심화될 것이라는 막연한 기대와 주장을 펼 수도 있을 것이지만 가다머의 철학적 해석학의 문제들을 행정학의 문제로 구체화하기에는 어려움이 있었다는 것이다. 즉 가다머의 저서에서 논의하는 인문학(human sciences)의 개념들인 교양, 판단, 취미, 상식(Bildung, judgment, taste, common sense)이라는 개념과 예술의 진리와 놀이(play) 개념, 역사주의(historicism)의 비판, 언어와 대화(language and dialogue) 등에 관한 깊은 생각들은 행정학의 연구전통에서는 이해하기 어려울 뿐만 아니라 그와 같은 견해들을 행정학 연구문제를 선정하는 데 적용하기가 어려웠다는 것이다. 그래서 철학적 해석학을 일종의 철학적 소양을 넓히는 데 도움이 되는 안목 정도로 여길 수도 있을 것으로 생각하기도 했다. 그래서 행정학 연구와 행정인의 양성과 교육, 그리고 행정실무에 도움이 되는 견해라는 입장에 머물고 만족할 수도 있었을 것이다.

그렇게 고민하던 중, 본 장 서두에서 문제를 제기한 바와 같이 2018년대의 한국 정치행정 현상은 새로운 설명과 해석을 해야 하는 심각한 문제들을 제시한다고 판단하게 되었다. 따라서 철학적 해석학의 견해들을 적용한 연구가 가능하리라는 생각과 그러한 시도가 의의가 있으리라는 생각을 하게 되었다. 이와 같은 입장에서 구성된 문제의 핵심은 "왜 성공한 나라의 정치와 행정에서 좌절감과 증오가 증폭됐는가?"라는 것이다. 무엇이 성공이고 그 성공이 만들어 낸 역효과는 무엇인가? 아니면 애초부터 허술한 터전 위에 이룩한 외형만의 성공인가? 모든 것이 미비한 여건에서 때로는 불가피하게 편의적(expedient) 방법을 사용하여 이룩한 성취들(achievements)이 성찰 과정도 없이 청산되어야 할 적폐라고 규정되기만 하는 주장으로 그 정당성을 얻으려고 하거나 반대로 지나간 날의 과오와 책임을 성찰하지 않는 태도로 더욱 갈등을 조장하기도 한다는 데에 해결하기 어려운 문제의 심각성이 있는 것이다. 소위 선진국의 문턱에서 무엇이 우리를 좌절시키고 있는 것인가 하는 것이다.

한국의 2000년대의 정치 행정 상황에 관해서는 주류 사회과학방법론을 통하여 설명해 볼 수도 있다. 학계의 일반적인 경향은 법칙적 연역적 설명(nomological deductive explanations) 방식을 적용하여 오늘날의 현상을 설명하려는 것이 대세라고 할 수 있다.

한국 행정학 연구의 해석학적 접근을 시도하고 있는 본서는 위에서 언급한 주류와는 달리 해석학적 해석을 시도해 보려는 것이다. 이와 같은 새로운 접근을 왜 시도하고 있는가에 관해서는 본서의 앞부분에서 충분히 논의했다. 여기서 적용해 보려는 해석학적 관점은 앞에서도 언급한 바와 같이 영향사(effective history)와 역사적으로 영향받은 의식(historically effected consciousness)이라는 관점이다. 아울러 뒤에 가서 교양, 판단, 취미, 상식이라는 개념을 사용해서 이해하고 언어를 통한 이해와 대화를 통한 이해에 관해서도 고찰하고자 한다.

이하의 논의 순서는 거대한 힘으로 작용하는 한반도의 지정학적 상황, 한국의 발전과정, 대립의 모순적 역사와 영향사적 해석, 대화를 통한 이해의 길이다.

제2절 한반도의 지정학적 상황: 거대한 힘 속으로 던져짐

한반도의 지정학적 상황(geo-political circumstances)은 우리 민족 머리 위에 드리워진 거대한 힘이다. 우리는 이 거대한 힘 속으로 던져져 있다(thrown). 우리의 오랜 역사에서 강대한 이웃 나라와 교류하면서 영향을 받지 않은 시대가 없었지만, 일정한 자주권을 행사해 왔다. 그런데 한반도의 오랜 역사에서 그 지정학적 위치로 인해 19세기에 와서 강력한 세계열강들의 충돌

속에서 자주권을 상실하기 시작하였다. 즉 "중국, 일본, 러시아 및 미국 등이 한반도의 운명을 결정하는 데 크게 작용했다. 이 강대국들의 세력다툼에서 조선은 자력으로 현대화를 성공시켜서 독립된 민족국가를 완성하지 못해 결국 일본의 식민지가 되었다."2) 즉 세계지도에서 사라지는 아픈 경험을 했다.3) 현재도 제2차 세계대전 이후의 분단으로 인하여 냉전 상태의 힘이 작용하고 있어서 우리는 그 힘 속에서 행동해야 한다. 이와 같은 아픈 역사적 경험이 현대 한국의 정치 행정에 대하여 지대한 영향을 미치고 있는 것이다.

　이와 같은 상황이 바로 우리가 지정학적으로 거대한 힘 속으로 던지어져 있는 상황이다. 우리가 제7장에서 요약한 가다머의 『진리와 방법』은 릴케 (Rainer Maria Rilke, 1875~1926)의 시를 인용하는 것으로부터 연구를 시작한다.4) 이 시는 한반도가 지정학적으로 던져진 상태를 상징적으로 표현하고

---

2) 안병준, 『현대국제정치와 한반도는 어디로 가는가』(대한민국학술원, 2017), p. 357.
3) 학자들은 우리를 폴란드가 지도에서 사라졌던 경험과 비교하기도 한다.
4) Hans-Georg Gadamer, *Truth and Method*, Translation revised by Joel Weinsheimer and Donald G. Marshall. (London, New York, Bloombry, 1989), 속표지.
　Jean Grondin, *The Philosophy of Gadamer*, Translated by Kathryn Plant (Montreal & Kingston·Ithaca, McGill-Queen's University Press, 2003), p. 17.

　릴케의 시는 다음과 같다:
　Catch only what you've thrown yourself,
　all is mere skill and little gain;
　but when you're suddenly the catcher of a ball
　thrown by an eternal partner
　with an accurate and measured swing
　towards you, to your center, in arch
　from the great bridge building of God:
　why catching then becomes a power -
　not yours, a world's.

　아래는 이길우 외 『진리와 방법 Ⅰ』과 행정사상과방법론 연구회 신충식 교수 번역본이다.
　그대가 스스로 던진 공을 받아 잡는 동안은
　모든 것이 그대의 단조로운 솜씨요, 그대 노력의 적은 대가이지만;
　영원한 공연자(共演者)가 그대에게
　그대의 중심으로 정확하고 민활한 스윙 동작으로

제11장 한국 정치·행정에 관한 영향사적 해석 451

있다. 가다머가 이해하는 바에 의하면, "이 세상에서 살 수 있는 능력, 즉 이해
는 우리가 완전한 통제를 할 수 없는 '다른 곳'(elsewhere)에서 온다."라는 것
이다.5) 따라서 한반도의 사람들이 살아가려면 이러한 거대한 힘 속에서 삶을
살 수 있는 능력을 발휘해야 한다. 그런데 불행히도 그와 같은 힘을 기르지 못
해 비극을 맞았다. 여기서 이와 같은 자명한 사실을 가다머가 인용하는 시를 다
시 언급하는 이유는 첫째는 이와 같은 상황이 지금도 계속되고 있다는 것을 상
기하려는 것이고, 둘째는 아래의 논의가 위의 시가 비유하는 것만큼이나 많은
은유가 포함된 논의이기 때문이다.

앞에서 언급한 바와 같이, 전통적으로 주로 중국 및 일본과 교류해 오던 우
리는 1800년대 후반에 러시아와 미국까지 포함한 열강의 각축 속에서 세력균
형(balance of power)의 혜택을 받지 못하고 자주적 역량을 유지할 능력을
양성하지 못한 채 일본 제국주의 통치체제에 병합되고 말았다. 이러한 강제적
병합이 우리의 자주성과 정체성(identity)에 대하여 이루 말할 수 없는 폐해를
끼쳤는데 그에 대응한 우리의 역사적 경험의 후유증은 지금까지도 우리의 의
식 속에 깊이 새겨져 있는 것이다.

공식적으로 1910년에 일본에 병합되어버린 이후의 대한제국 국민의 삶은
대략 크게 세 가지 유형의 경험으로 구분할 수 있을 것이다. 첫째는 말할 것도
없이 일반 민중의 생활경험이다. 이들은 새로운 체제에 적극적으로 순응하지
는 않았지만 그렇다고 해서 조직적인 저항운동을 전개하지도 못하고 수탈만
당한 일반 민중이다. 이들의 절대다수가 노동자와 농민인데 그중 일부는 어쩔
수 없이 새로운 체제에서 주어진 기회를 얻기 위해 노력하기도 했다.

신이 만든 거대한 다리의
저 곡선 중의 한 곡선을 따라 던진 공을
그대가 불시에 잡게 되는 경우
그때 공을 잡을 수 있음은 그대가 아닌
세상의 능력이라오.

5) *Ibid.*

둘째는 일제 식민통치에 적극적으로 찬성하여 동조하고 협력한 사람들이다. 이들을 세분하면 동족에 대한 탄압에 적극적으로 가담한 자와 주어진 기회를 적극적으로 포착하려고 노력한 사람들로 구분할 수 있을 것이다. 그런데 이 둘째 부류의 사람들의 성격을 정확하게 규정하기가 어렵다는데 우리의 해방 후 역사와 발전사를 평가하기에 어려움이 있는 것이다. 명백하게 친일적인 행각을 한 사람들을 친일파로 분류하여 가려내는 데에도 어려움이 있지만 그저 주어진 변화된 환경에서 성취지향(achievement orientation)으로 삶을 영위한 사람들은 그러한 정향이 친일은 아니더라도 친일 행위(acts)를 하거나 가담한 경우가 많았을 것이다. 일제하에서 고등교육을 받고 각종 조직에서 요원으로 근무한 사람들이 이러한 부류에 속한다. 그런데 이들 중 다수 인사가 해방된 대한민국의 각종 조직의 요원으로 활동한 경우가 많게 되었다는데 갈등의 씨앗이 뿌려진 것이다.

국권 상실 후에 삶을 살아간 셋째 유형의 사람들은 국권 회복을 위하여 적극적으로 운동하고 투쟁한 인사들이다. 이들 중 일부는 국내에서 치열하게 저항하거나 공개적으로 항일운동을 전개하였고 일부는 해외로 망명하여 무장투쟁을 하거나 대한민국 임시정부를 구성하거나 그에 협력한 사람들이다. 이들은 대한민국 임시정부라는 조직의 영도하에 대한민국의 국권과 정체성을 회복하기 위하여 외교적으로 활동한 인사들과 무장투쟁한 투사들이다. 물론 국외에서 독립운동을 전개한 세력들이 잘 통합되어 있었던 것은 아니고 이념과 상황에 따라 여러 분파가 경쟁하고 갈등했다는 것도 주지의 사실이다. 이와 같은 분파도 해방 후의 민족통합을 어렵게 했는데 미국과 소련의 대립 속에 말려들면서 그 갈등과 반목이 심화되었다.

제2차 세계대전에서 연합국의 승리로 일본이 패망하고 1945년에 우리가 해방되었을 때 위에서 언급한 셋째 유형의 집단, 즉 국외에서 독립운동을 영도해 온 세력들이 독립국의 정부를 구성하는 데 주도권을 행사할 수 있어야 했을 것이다. 그러나 앞에서 언급한 지정학적 힘은 그것을 허용하지 않았다. 독립운동을 이끌어 온 임시정부의 역량이 부족한 탓도 있었겠지만 1945년의 해방은 일제 식민지 통치를 대체한 미국과 소련의 군정(military governments) 지배를 받는 불행한 사태를 맞게 되었기 때문이다. 국토는 지리적으로 남북으로 분단되고 남북의 사람들은 각각 공산주의와 그에 반대되는 자본주의 진영의 영향 아래에서 선택해야 했다. 여기서 한국인이 할 수 있는 것은 거대하게 드려진 힘의 틀 속에서 기회를 잡는 것(catch)뿐이었다. 이 기회를 얼마나 잘 잡느냐 하는 것은 드리워진 지정학적 힘 속에서 발휘하는 우리의 역량에 달려있었다. 그러나 미소 공동위원회의 결렬과 남북 지도자 간 협상의 실패로 인하여 기회가 멀어져 가버린 것이다. 1945년부터 1948년까지의 미 군정과 소련의 군정에 관련된 세부적인 사항들에 관해서는 여기서 묘사를 생략하더라도 그 영향사에 관해서 충분히 짐작할 수 있을 것이다.

제3절 한국의 발전과정의 역사적 의미

2010년대 한국의 정치와 행정에 관련된 갈등 현상을 영향사적 개념을 통해 해석하고 이해하기 위해서는 1948년 대한민국 정부수립 이후의 발전사를 개관해 볼 필요가 있다. 우리는 일반적으로 1948년 정부수립 이후의 역사를 국가 건설기, 산업화와 경제 발전기, 민주화 시기, 복지화 시기로 구분하는데 아래에서도 이 구분에 따르기로 한다.[6]

그런데 2000년대의 한국에서 한국의 발전과정을 "객관적"으로 서술하는 것은 거의 불가능하다. 중고등학생을 위한 역사교과서 하나를 각자의 관점에

---

6) 한국의 행정발전사에 관해서는 졸저 『행정사상과 연구의 논리』(조명문화사, 2013)에서 자세히 논의하였고, 본서 제3장에서도 다시 간략하게 서술했다. 아래의 내용은 위와 같은 논의 중에서 본 장의 논의를 전개하는 데 필요한 만큼만 간추린 것이다.

따라 서술하는 것을 용납하지 못하는 것이 우리 학계의 실상이다. 바로 이러한 사정이 뒤에 가서 알아보고자 하는 문제들인데, 우리는 왜 공동체의 공통의미 (common meaning)를 형성하지 못한 것인가 하는 것이다. 그것은 대한민국이 성립되었음에도 불구하고 아직도 그 성립연도에 대한 이견이 있는 것을 보면 우리가 다 함께 살아가고자 하는 공동체(community)를 형성하지 못했기 때문일 것이다. 그리고 그 바탕에는 서로를 존중하고 배려하는 인문적(humanist) 소양과 판단 및 취미와 공통감각의 미숙 또는 퇴행으로 인하여 모든 묘사는 서로 편견이라고 매도되는 지경에 이른 것이다. 이러한 사정 하에서 만약 외국인을 위하여 한국의 발전과정을 묘사한다면 좀 더 객관적인 방식이 가능하지 않을까 하고 생각해 볼 수도 있을 것이다. 외국인에게 한국의 발전과정을 묘사하는 경우 내부적인 갈등문제까지 심층적으로 설명하면서 해설하는 것도 가능할 것이다. 그러나 일반적인 외국인은 우리가 느끼는 그러한 미묘한 갈등적 감정까지 관심을 두지는 않을 것이다. 물론 외국인 중에서도 한국의 역사와 정치 행정을 연구하는 전문가에게는 심층적 설명이 가능하고 필요할 것이다.

아래에서는 본 장의 논의를 전개하기 위하여 한국 문제의 전문가가 아닌 외국인과 같은 독자를 대상으로 한다는 가정하에 서술해 보고자 한다.

1. 국가 건설기(1945~1961)

앞에서는 일본강점기 사람들(한민족)의 삶의 경험을 세 가지로 분류한 바 있다. 그런데 1945년 해방과 동시에 효과적인 정부를 구성할 수 있는 확고한 세력은 없었다. 민족 내부의 분열과 취약성에도 문제가 있었지만, 한반도의 남쪽에 미군이 점령하고 북쪽에 소련군이 점령하고 있는 상황은 앞에서 언급한 지정학적으로 드리워진 거대한 힘이었다.

이와 같은 힘 속에서 우선 주민들이 남북으로 갈라졌고 남쪽에서도 앞에서 말한 세 가지 유형의 정치세력들이 협력하지 못했다.

결국, 대립하는 국제적인 세력 판도 속에서 한반도 북쪽에서는 소련의 위성국가적인 모습을 형성해 가고 남쪽에서는 UN의 지지를 받아 정통성을 가진 정부를 구성하게 된 것이다. 이런 사태가 "남한 만의 단독정부 수립"이라는 부정적 의미가 있는 표현을 낳게 한 것이다.

1948년에 수립된 대한민국 정부의 시급한 과제는 말할 것도 없이 통치력을 확보하고 국민 경제생활을 향상하는 것이었는데, 정부수립 후 만 2년도 채 안 되는 1950년 6월 25일에 북한의 남침으로 국토가 초토화되어 버린 것이다. 막대한 인명손실과 경제적 손실뿐만 아니라 극심한 적대감을 낳게 한 것이다. 정부수립 직후부터 단기간에 정부조직을 정비하고 내부 치안 질서를 유지하며 경제를 발전시켜 나가야 하는 절박한 상황에서 1950년부터 1953년까지 겪게 된 6·25전쟁의 참화와 후유증은 이루 묘사하기 어려운 민족사적 비극이었다. 이러한 상황에서 대한민국의 과제는 적대적인 북쪽의 정권과 투쟁하고 경쟁하면서 자유민주주의 정치질서와 자본주의 경제체제를 동시에 구축해 나가는 일이었다.

이상과 같은 국가적 과제를 수행하는 데 일본강점기에 양성된 인사들이 여러 가지 역할을 수행하였고 전쟁과정에서 새로운 거대세력으로 성장한 군대가 영향력을 행사하기 시작했다. 한편 교육기회의 확대와 민주시민 교육은 민주주의적 체제에 열망하는 새로운 계층을 형성하고 있었다.

만일 독립운동과 투쟁에서 정통성을 확보한 임시정부의 조직이나 인사들이 국가 건설기에 주도권을 행사할 기회와 실력이 있고 실제로 그러한 참여가 이루어졌더라면 한국의 정치사는 달라졌을는지도 모른다. 그러나 현실적으로는 일본강점기에 적극적으로 친일을 하지 않았더라도 그 당시의 성취지향(achievement orientation)을 가지고 성장한 사람들이 국가 건설기에 많이 기용되었다. 반드시 이러한 요인만이라고 단정하기에는 너무나 복잡한 문제지만 동일한 관료층과 정치세력이 이승만 정부의 독재강화에 이용된 것도 사실이다. 자본주의 민주국가 체제의 기초를 닦았다는 공로와 함께 독재를 강화했다는 불명예도 함께 떠안게 된 것이다. 드디어 1960년 4월 19일의 학생 혁명으로 이승만 정부는 퇴진하고 허정 과도정부를 거쳐 민주당 주도 하의 의원내각제 정부가 구성되었는데, 여기서도 집권 민주당의 신파와 구파 간의 갈등과 무능으로 인하여 사회적 혼란이 심화하였기 때문이라는 주장과 과대 성장한 군부세력의 부당한 쿠데타 때문에 정권을 상실했다는 상반되는 견해가 지속하였다.

요컨대 열악한 여건에서 수행된 국가 건설은 비현실적인 제도와 법령을 만들어 냈을 뿐만 아니라 지도자와 국민을 반일과 친일, 반공과 친공, 민주와 반민주 등의 다양한 유형 간의 반목과 갈등을 일으키는 경향을 낳게 된 것이다.

2. 산업화와 경제 발전기(1961~1979)

1961년 5월 16일에 육군 소장 박정희 장군을 지도자로 하는 군부가 반공을 "국시"로 하고 빈곤을 타파하여 조국을 근대화하겠다는 명분으로 쿠데타를 감행하여 모든 정치 활동을 금지했다. 약 2년 반 동안 국가재건최고회의를 중심으로 국정을 운영한 후 1963년에 민정 이양으로 박정희를 대통령으로 선출하여 제3공화국 정부를 구성했다.

제3공화국의 업적은 "경제제일주의"라는 기치 아래 "경제개발5개년" 계획을 성공적으로 추진하여 산업화와 경제발전에 성공하였다는 점이라고 평가된다. 새로 조직된 공화당을 바탕으로 중앙정보부의 관여와 청와대 및 경제기획원의 실행으로 수출지향적 경제발전사업을 적극적으로 추진할 수 있었다. 이 시기에 군인 출신도 많이 참여했지만, 일본강점기에 양성된 인사들보다는 해

방 후에 양성된 엘리트 인재들이 기술관료(technocrat)로서 중대한 역할을 수
행했다. 미비한 여건에서 정치 사회적 안정을 추구하며 동시에 경제발전사업
을 강력하게 추진하는 과정에서 강압적인 조치들이 많았다. 특히 반공이라는
"국시"를 시행하면서 적대적인 북한을 투쟁 상대로 활용하기도 했다는 비난을
받았으나 1972년의 7·4 남북 공동선언을 통해 남북화해 협력을 시도하기도
했다.

　이와 같은 과정에서 소위 산업화를 주도한 세력과 그 방법에 대해 비판하는
세력 간의 대립이 심화해갔다. 특히 소위 유신헌법이라고 하는 초헌법적 헌법
개정으로 박정희 대통령의 종신 집권을 가능케 하여 정권의 정통성을 상실해
가고 있었다. 비약적인 경제발전의 성공으로 정통성 확보에 도움이 되었으나
부패가 만연하고 대기업 위주의 공업화 정책으로 중소기업의 성장이 더뎌졌
다. 서정쇄신 운동을 폈으나 큰 성과는 없었다. 새마을 사업은 농촌의 근대화
에 크게 기여했고 농민의 의식개혁에도 노력했다. 장기집권으로 국민적 저항
이 심화되는 가운데 자신의 심복이어야 할 중앙정보부장에 의하여 1979년
10월 26일에 박정희 대통령이 살해됨으로써 제3공화국과 제4공화국이라 불
리던 정권은 극심한 갈등을 잉태한 채로 종말을 고하고 말았다. 그 후로도 민
주화 세력은 박정희 정부의 업적을 군부독재의 산물이라 하여 잘 인정해 주지
않았다.

3. 과도기와 제5, 6 공화국(1979~1988)

　박정희 대통령 타계 후 통일주체국민회의 선거를 통하여 최규하 씨를 대통
령으로 선출하였으나 실질적인 권력은 소위 신군부라고 불리는 새로운 세력에
게 넘어가 있었다. 신군부세력이란 6·25전쟁 기간에 새로 설립된 사관학교 출
신을 주축으로 하는 군대 내 세력을 말한다. 전두환 소장과 노태우 소장을 중심

으로 하는 세력들이 1979년 12월 12일의 거사로 군대 내 반대세력을 제압하고 정권을 장악해 나갔다. 드디어 1980년 5월 17일에 비상계엄을 선포하고 국회를 해산하였으며 반대세력을 무력으로 진압하고 소위 3김씨(김영삼, 김대중, 김종필)를 중심으로 하는 모든 정치인의 정치 활동을 금지하는 강압 정치를 감행하였다. 그 비극적인 사태가 5·18 광주민주화항쟁으로 나타난 것이다.

한편 국가보위부를 설치하여 국회의 기능을 대행하고 드디어 최규하 대통령을 사임케 함으로써 전두환 장군이 통일주체국민회의에 의해 대통령으로 선출되었으며 이어서 국가보위입법회의라는 의정기구를 통하여 개정된 헌법에 따라 전두환 장군이 다시 대통령에 선출되었다. 이 때문에 대통령 직선제를 요구하는 국민적 저항에 부딪히게 되었다.

그 와중에도 경제가 자유화되고 성과를 거두는 한편 교복 문제 등 자유화도 추진하였으나 정권창출 때부터의 정통성 결여와 민주화 투쟁을 탄압함으로써 정치적 혼란이 가중되는 가운데 6·10 항쟁의 정점으로 이어진 저항으로 소위 6·29선언이라는 것을 통하여 1987년에 대통령 직선제가 포함된 헌법개정으로 이어져 나갔다.

새 헌법은 임기 5년의 대통령을 국민의 일반 보통 직접 선거로 선출하도록 개정하였는데 그것이 소위 제6공화국 헌법이다. 1987년 선거에서 노태우가 제6공화국 대통령에 선출되었다. 노태우 정부는 정부개혁에 힘썼고 소위 북방정책을 통하여 소련 및 중국과 수교하였고 남북 합의서라는 것을 성사시켜 남북한 공존의 기반을 닦고자 노력했다. 또한 북한의 UN 회원가입에 동의함으로써 남북한이 동시에 UN 회원국이 되는 성과를 올렸다. 그리고 1988년의 제24회 서울올림픽을 성공적으로 개최하여 동구권과의 교류 및 한국의 국제적 위상과 이미지 제고에 기여하였다.

4. 민주화 이후(1987년 이후)

1) 김영삼 정부

노태우의 민정당, 김종필의 신공화당, 김영삼의 민주당이 합당하는 소위 3당 합당으로 민주자유당을 창당하였는데, 김영삼이 민주자유당 후보로 1992년에 대통령에 선출되었다. 민주화 이후 군부세력이 아닌 인사가 대통령에 취임하였기 때문에 김영삼 정부는 자신을 스스로 "문민정부"라고 불렀다. 소위 문민정부는 군부를 개혁하는 한편 과거의 병폐를 숙청하여 신한국을 건설하고 신경제를 건설하겠다는 대단한 야심 하에 대대적인 개혁을 추진했다. 그중 두드러진 것이 과거사 청산과 역사 바로 세우기 및 정치행정의 개혁이었다.

정치와 경제개혁의 목적으로 깨끗하고 돈 안 드는 선거와 정치를 표방하였고 공직자의 재산등록을 실행하여 공직윤리를 확립하고 금융거래의 실명제를 전격적으로 단행하고 부동산 거래의 실명제를 시행하는 등 지하경제를 규제하려고 노력했다. 과거청산의 하나로 일제 식민지 통치의 잔재를 없애고 민주화 시기에 탄압받았던 사람들의 권리와 명예를 바로 잡는 소위 역사 바로 세우기에도 노력했다. 큰 노력에도 불구하고 가족의 비리를 통제하지 못하는 등 한계가 있었고 신경제 건설에 매진했음에도 결과적으로는 1997년의 대통령 임기 말에 외환 위기로 IMF의 관리를 받는 불명예를 안겨 주었다.

2) 김대중 정부

김종필과의 소위 DJP(김대중·김종필) 연합으로 선출된 김대중 정부는 자신을 스스로 "국민의 정부"라고 불렀다. 소위 국민의 정부는 최초로 평화적으로 정권을 교체하여 탄생한 정부라고 자부했다. 평화적으로 정권을 교체하였다고는 하나 내각책임제를 하기로 약속하여 김종필의 협력을 얻어 출범한 김대중 정부는 각종 핑계로 대통령 중심제 정부를 고수했다. 여러 가지 이유 중 가장 주요한 것은 IMF 관리로 야기된 경제위기의 타개문제였다. 민주화와 경제발전을 구호로 대대적인 정치 사회개혁에 착수했고 행정진단도 단행했다. 여기서 두드러진 업적 중의 하나는 전자정부(e-government)의 기초를 놓았다는 점이다. 한편 "햇볕정책"을 내세워 2000년 6월에 방북하여 남북 정상회담을 통해 6·15 선언을 했다. 그 공로를 포함한 업적으로 김대중 대통령은 한국인 최초로 노벨 평화상을 받기도 했다.

3) 노무현 정부

문민화 이후의 정부가 과거사를 정리하고 화해 협력을 위해 노력했음에도 오히려 사회적 갈등이 심화한 가운데 젊은이들의 대대적인 지지를 받아 진보 성향의 노무현 정부가 출범했다. 노무현 정부는 자신을 "참여정부"라고 부르고 소외계층의 복지향상에 노력했다. 특기할 사항은 정부혁신지방분권위원회를 중심으로 대대적인 정부혁신 사업을 추진한 일이다. 국가 균형발전을 목표로 혁신도시 건설을 추진하고 공공기관의 지방 이전을 촉진했으며 수도를 옮기려고 하다가 탄핵소추를 당했으나 헌법재판소에서 기각하여 다행히 임기를 마칠 수 있었다. 정부 수도를 옮기는 문제는 위헌으로 결정되었으나 결국 행정수도라는 명목으로 세종시에 중앙행정기관을 이전하는 기초를 마련했다.

국가보안법 폐지 내지는 개정, 사립학교법 개정, 부동산 대책 등으로 여러 가지 갈등을 겪었다. 2007년 10월에는 방북하여 남북 정상회담을 성사시켰다. 그런데 불행하게도 퇴임 후에 자살하는 비극이 있었다.

4) 이명박 정부

성공적인 기업경영 경력자로서의 오랜 경험과 서울시장을 역임한 이명박 대통령은 자신을 스스로 규정하는 구호는 없었으나 "실용정부", 일하는 정부를 표방했다. 부지런히 일하는 모습을 보여주려고 새벽부터 일하러 나섰고 공무원들을 독려했다.

경제 대통령을 자부한 이명박 정부는 기업경영에 우호적인 정책을 수행했다. 이명박 정부 시기의 최대 쟁점은 소위 "4대강 사업"과 세종시 건설에 관한 문제였다. 이 대통령은 독일의 운하를 모방한 한반도 운하건설을 선거공약으로 내걸었었는데 이 공약이 취임 초부터 여야 정계와 학계의 논쟁거리가 되었다. 결국, 한반도 운하계획 대신 4대강을 준설 정비하고 경관을 개선하고 홍수와 가뭄에 대비하는 사업으로 수정하여 막대한 예산을 투입하여 대대적으로 추진했는데 임기 후 4번이나 감사원 감사를 받는 등의 정쟁과 논란거리가 되었다.

또다시 수도 이전 문제로 여러 가지 논쟁을 거치다가 결국 세종시에 행정도시 건설을 추진하는 것으로 낙착되었다. 김대중과 노무현 정부 시기에 구축되었던 남북관계는 금강산 관광객 피살 사건, 해군 천안함 피격, 연평도 포격 사건 등으로 악화될 대로 악화되어 5·24 조치를 통하여 남북관계를 극도로 제한하기에 이르렀다. 2019년 현재 이 전 대통령은 구속 재판을 받는 중이다.

5) 박근혜 정부

한편으로는 박정희 독재자의 딸이라는 평가와 함께 다른 한편으로는 선거의 여왕이라는 칭송을 받으면서 박근혜가 대통령에 당선되었다. 최초의 한국 여성 대통령이라는 관심과 함께 많은 업적을 쌓을 것이라는 기대도 있었다. 여러 가지 의욕적인 프로그램을 상징적으로 표현하는 말의 하나가 "정보통신 미래 창조 경제과학부"라는 명칭이다.

위의 명칭이 시사하는 바와 같이 정보통신을 활용하여 창조적인 경제를 육성하고 과학기술을 발전시키겠다는 야심찬 프로그램을 추진하고 "정부 3.0"이라는 구호 아래 각종 혁신을 독려했다. 대기업의 협력하에 여러 곳에 혁신 클러스터를 설치하기도 했다. 다른 한편 문화를 창달하기 위한 각종 이벤트성 프로그램을 추진했는데 그중 하나가 스포츠였다. 이것이 "국정농단"이라고 불리는 대실정의 원인 중의 하나가 되었다.

너무나 소통이 부족하다는 비판과 함께 정부 인사마저 실패했다는 비난을 받는 가운데 2014년 4월 16일의 세월호 참사수습의 무능한 대응으로 인하여 결정적 타격을 입게 되었다. 이어지는 국민의 대대적인 퇴진 운동과 국회의 탄핵소추를 거쳐 결국 헌법재판소의 결정으로 탄핵을 당했고 2019년 현재 교도소에 수감된 상태로 각종 부정과 비리 혐의로 재판을 받고 있다.

6) 문재인 정부

박근혜 정부가 탄핵으로 인해 임기도 다 채우지 못하고 파면됨에 따라 치러진 2017년의 선거에서 문재인이 대통령으로 당선되었다. 박근혜 대통령 퇴진 운동은 2016년 후반에 거의 매 주말 광화문 광장에서 촛불 시위를 하고 청와대를 향하여 행진해 나가기를 계속했다. 이 시위를 "촛불혁명"이라는 이름으로 큰 의미를 부여하려고 하는데 그에 대항하는 태극기 부대의 시위도 맹렬하였다.

문재인 정부는 노무현 정부의 이념과 정책을 계승한 것으로 자임하기도 한다. "적폐청산"이라는 이름으로 대대적인 과거청산이 이루어지고 있으며 남북한 간의 화해 협력을 통해 평화를 구축하기 위해 노력하고 있다. "소득주도 성장"이라는 프로그램의 하나로 최저임금의 수준을 높이고 근로자의 주당 근로시간을 줄이는 등의 정책을 시행하고 있는데 그 부작용에 대한 비판을 받고 있기도 하다.

제4절 대립의 반복과 영향사적 해석

1. 대결구조의 갈등과 모순

제1절에서 간단히 살펴본 바와 같이 19세기 말의 지정학적 세력의 힘 속으로 던져진 한국은 일제 35년의 강압적 지배를 받았으며 1945년에 해방은 되었으나 국토는 남북으로 갈리고 말았다. 이러한 역사적 경험으로 민중, 친일파, 독립운동가 등의 유형으로 국민을 분류하는 경향이 생겼고 남북이 분단됨에 따라 자본주의, 사회주의, 친미파, 친북파, 민족주의자 등의 매우 복잡한 유형화가 이루어져 나갔다.

제3절에서 간략하게 서술한 바와 같이 남북분단 상황에서 남쪽에 수립된 대한민국의 발전과정은 극도로 빈약한 여건에서 이루어진 도전과 극복의 험난한 역사였다. 이와 같은 역사적 배경은 평화적 정권교체를 어렵게 했고, 정권이 바뀔 때마다 정통성을 확보하기 위하여 전 정권의 정책과 노선을 계승하지 않고 그 약점을 찾아 비리를 청산해야 할 대상으로만 여기는 대결 구도를 강화해 나갔다.

국가 건설기에는 우선 북쪽을 배제한 정부라는 비난에 시달려야 했고 그와 같은 저항세력, 특히 무장세력의 저항은 강제력으로 진압해야 했는데 이것이 그 후의 비판의 대상이 된 것이다. 이 시기의 또 하나의 약점은 친일 세력을 분명하게 가려내어 처벌·정리하지 못했을 뿐만 아니라, 일본의 통치에 순응하면서 양성된 인사들을 군대와 정부 관료제에 기용했다는 사실이다. 여기에다가 6·25전쟁은 우익과 좌익의 대결 구도를 심화시켰다.

5·16 쿠데타 이후의 박정희체제는 경제발전과 반공이라는 이념 아래에 대기업 중심의 산업화를 추진하는 자본주의적 성장하에 노동세력의 저항을 억제하는 양상을 나타내기도 했다. 이어진 전두환 정권의 군사정부에 대한 저항은 극에 달하였고 민중적 요구에 대한 강압적인 통치가 더욱 강화되었다.

이상과 같은 연속적인 갈등 상황은 국민을 복잡한 유형들로 분류해 버려서 그 특징들을 가려내기도 힘들고 세부적인 갈등 내용을 파악하기 힘든 상황을 만들어내고 말았다. 그러다 보니 나, 너, 타자를 특정한 이념 또는 가치를 기준으로 분류하려는 경향이 있었다. 예를 들어, 막연하게 보수파니 진보파니 하는 분류가 생겨나서 문제의 진정한 성격을 파악하기가 더욱 어렵게 되어버렸다. 가령 대학을 인질로 삼아 이루어지는 과격한 시위과정에서 학원의 질서를 유지하고자 한 사람들을 정부와 정치권은 자신들의 일방적 기준에 따른 판단으로 학원의 자율성을 극도로 침해했다.

1987년을 기점으로 하는 민주화 이후에는 정권이 평화적으로 교체되었기 때문에 산업화 시대의 권위주의적 통치로 인하여 야기된 갈등을 치유하고 해소해 나가는 것은 당연한 과정이었다. 그러나 민주화라는 단일 기준에 의해서만 과거사를 정리하는 것에는 무리가 생기고 오히려 이념 대결을 더욱 심화시키는 경향이 있었다. 김영삼, 김대중, 노무현으로 이어지는 정부들이 산업화 시기의 부조리를 바로잡고자 했고, 그 후의 이명박과 박근혜 정부는 노무현 정부의 업적을 비난하였을 뿐만 아니라 같은 뿌리라고 하는 박근혜 정부는 이명박 정부의 실정과 비리를 밝혀내려고 애썼다. 문재인 정부는 대한민국의 건국 일자에 관해서부터 문제를 제기할 뿐만 아니라 국가 건설기와 산업화 시기의 사태에 관하여 문제를 제기하고 이명박과 박근혜 정권의 실책과 비리를 "적폐"라는 이름으로 청산하기 위해 노력하고 있다. 이러한 과정에서 정권교체가 거듭될수록 과거사 문제가 해소되는 것이 아니라 오히려 누적되는 양상을 나타내게 된 것이다. 결국, 국가 건설기의 핵심적 취약점이 바로잡히지 않은 채로 산업화 시기에 권위주의적 부조리가 추가되고 민주화 시기에 포퓰리즘적 병폐가 추가되는 식으로 누적되다 보니 후기 정권일수록 정당성을 주장하며 청산해야 할 적폐 대상만 쌓여 온 것이라고 할 수 있다.

2. 대결의 반복과 적폐의 영향사적 누적

위와 같은 대결이 반복되고 소위 적폐는 영향사적 의식(historically effected consciousness)에 의하여 누적됐다고 해석할 수 있을 것이다. 즉 해방 이후 역사적으로 영향을 받은 의식이 생겨나고 이런 의식이 역사에 작용하여 상호작용하는 일종의 순환적 확대 재생산의 관계가 형성되었다. 일제강점기의 생활세계(life-world)의 차이와 한반도의 남북분단으로 생긴 이념적 분열 구도가 이후의 정치발전 과정에 결정적으로 영향을 미치는 의식을 형성하고 이러한 의식을 통해 역사적 사태들이 해석되고 그와 같은 이해를 바탕으로 행위자들의 사태형성에 영향을 미쳐 온 것이다.

국가 건설기 이후의 한국의 경이적인 발전은 놀라운 성과라고 평가되고 있으나, 국내적으로 산업화와 민주화라는 용어를 통해 집약적으로 표현되는 성과들은 건국과 6·25전쟁, 4·19 학생혁명과 5·16 군사 쿠데타, 5·18 항쟁과 6·10 항쟁, 그리고 1987년의 변혁으로 표현되는 심각한 사태들을 경험하면서 여러 세력 간의 이해와 협력이 개선되어 온 것이 아니라 갈등과 반목을 심화시켜 나갔다. 그 과정에서 형성된 의식은 과거의 권위주의적 통치를 비난하기에 적합한 한편 민주화 이후 원활한 역사적 청산도 제약했다고 생각한다. 시대마다 비판과 비난 및 해명되어야 할 사안들이 쌓여만 왔는데 그에 대한 성찰과 이해보다는 비난과 처벌에 치중하려는 성향을 나타내게 된 것이다.

전술한 바와 같이 산업화 시기에 적극적으로 활동한 인사들을 일제 식민지배에 협력한 사람과 관료적 잔재, 군부, 권위주의적 세력이라고 규정해 버리는 것이 대세가 되었고 국가 건설과정에서의 강제력은 모두 비민주적인 폭력으로만 간주되는 경향이 생겼다. 다른 한편, 정부를 비판하는 세력은 반정부적이고 반체제적인 집단으로 규정하는 경향이 발생했고 그와 같은 세력 중에는 친북성향의 인사들이 포함된 것으로 간주하기도 했다. 이렇듯 서로 적대시하는 세력들이 서로를 단순히 우파와 좌파로 분류를 하기도 했다.

이러한 현상을 앞에서 언급한 영향사적 의식이라는 개념으로 해석해보면 우리의 이해에 도움이 되리라고 생각한다. 즉, 위와 같은 사태는 역사적 사건의 고비마다 발생했고 그 영향을 받아 형성된 의식에 의한 해석과정의 연속이다. 한편, 필자의 이러한 모든 서술 자체가 영향사적 의식의 소산이라고 말할 수 있을 것이다.

반복해서 말하면, 일본강점기의 생활경험과 남북분단 상황에서의 입장의 차이가 국가 건설기 행위자들의 의식에 영향을 미쳤고 이것이 나아가서 민주화의 의식 형성에 영향을 주고(effected) 받는(affected) 의식들이 시대와 정권변동에 관한 복잡한 평가를 하게 된 것이다.

그러나 문제는 이러한 의식들이 복잡한 대립 관계를 강화해 왔다는 점일 것이다. 우리가 주어진 역사적 전통(tradition)을 해석하고 이해하면서 삶을 영위해 나가는 것이라고 한다면, 반드시 적대적인 반목만을 조장해야 하는 것은 아닐 것이다.

정권변동마다 서로 과거의 정권이 범하게 된 무능과 비리만이 주목받고 그 실적이나 성과를 계승하지 않고 모두를 부정해버리는 극단적인 방식만이 반복되는 것 같다. 이와 같은 영향사적 의식이 작용한 극단적인 표현 중의 하나가 "적폐청산"이라는 용어이다. 이는 매우 막연하고 포괄적인 표현이라서 적용 대상을 한정시키기가 어려운 면이 있다. 그러한 표현에 동의하는 사람들의 지지를 받지만 동의하지 않는 사람들도 많게 된다. 누구나 비리와 부정이 있으면 청산해야 할 것이다. 그러나 그 청산 방법에는 여러 가지가 있을 수 있는데 적폐라는 기준으로 사법적 판단만을 고집하는 것은 적폐청산이라는 취지를 잘못 해석하여 적용하는 오류를 범할 수 있다. 정치적 행위에 대해 사후적인 사법적 해석과 적용만을 계속하지 말고 이해를 위한 노력이 있어야 공동체 구성원의 삶에 관한 공통의미(common meaning)를 찾아낼 수 있을 것이다. 후술한 바와 같이 이러한 공통의미는 대화를 통해서 찾을 수 있을 것인데 대화 자체가 원천 봉쇄되다시피 한 한국의 정치 현실은 의미를 찾을 수 있는 전망을 어둡게 한다. "해답은 질문하기에 달려있다"라고 한다. 따라서 우리는 왜 교양 있는 대화가 어려우냐는 질문을 해볼 수 있고 그 대답은 앞에서 영향사적 의식이라는 개념을 통하여 부분적으로 해답을 생각해보았다.

아래에서는 우리의 대립하는 갈등 상황에서 어떤 언어를 사용하고 있는가를 간단히 생각해보고자 한다.

제5절 대화를 통한 이해

1. 언어는 세계관이다

이해(understanding)는 대화(dialogue)를 통하여 이루어진다. 대화는 언어로 한다. 그런데 언어관은 세계관이라고 한다(A language view is a world view). 어떤 언어를 가지면 세계를 갖는다고 말하기도 한다(One who has a language has a world).

공동체 참여자들 간의 상호이해는 대화 자체에서 이루어진다. "모든 대화는 공통언어를 미리 가정한다. 경우에 따라서는 공통언어를 만들어낸다."[7] 공통이해와 공통감각(common sense)에 도달하려면 참여자들이 의사소통할 수 있는 공통언어를 만들어내야 한다는 것이다. 이것이 가다머가 대화에서 질문에 관한 관심으로부터 이해가 가능한 언어 일반에 관하여 관심을 기울이는 이유라고 한다.

오늘날 한국인은 대화가 가능한 공통의 언어를 가지고 있는가? 전술한 바와 같이 우리는 발전과정에서 때에 따라 매우 상징적으로 대립적인 용어들을 형

---

7) Joel C. Weinsheimer, *Gadamer's Hermeneuics, op. cit.*, p. 212.

성하고 그것을 적대적으로 구사해 왔다. 권위주의 시대에 그러한 경향이 있었다고 하지만 1987년 민주화 이후에도 이와 같은 경향이 강화되고 있다는 데 문제의 심각성이 있는 것이다. 권위주의 시대에는 언론 자체가 위축되었다는 말로써 그 한계를 주장하지만, 이해와 관용이 미덕(virtue)이어야 할 민주화 시대에도 그러한 경향이 악화된다는 것이 문제인 것이다. 특히 문재인 정부 시대에 와서는 좌우, 보혁, 계층 간에 그 경향이 심화하였다는 점이다. 박근혜 전 대통령이 탄핵으로 파면되고 이명박 전 대통령이 비리로 재판을 받게 된 상황이기 때문에 적대적인 용어의 효용이 더 커졌고 이와 같은 용어의 구사를 통하여 사법적 판단의 정당성을 확보해 나가고 있다. 국정농단이라는 용어에 이어 사법농단이라는 표현도 자가당착적으로 매우 편리하게 사용하고 있다.

2. 공통의미의 추구(In search of a common meaning)

교양 있는(cultured) 대화가 가능해야 공통의미를 추구할 수 있을 것이다.8) 지정학적으로 던져진 힘의 도전 속에서 역경을 극복해 나가면서 성취한 대한민국의 발전과정에서는 입장 차이에 따른 수많은 갈등이 있었다. 이와 같은 갈등과 대립의 정치과정은 대립하는 세력들이 상대방의 약점을 부각하고 자신의 견해를 정당화하기 위한 용어들을 만들어냈다. 이와 같은 용어들이 한국인이 자신의 역사를 이해하는 언어가 되어버린 것이다.

역사의 고비마다 형성된 적대적 용어들은 일일이 열거하기 어려울 만큼 많다. 해방 직후의 친일파, 단독정부 수립자, 반미주의, 친미주의, 반란, 항쟁, 부역자, 친북세력, 매판자본, 군부, 권위주의, 종속주의, 주사파, 역사청산, 과거사 청산, 비리척결, 적폐청산, 국정농단, 사법농단, 정치파행, 공직부패 등의 용어로 묘사되고 있는데 이러한 용어들은 정치 행위의 매우 부정적인 측면을

---

8) 이 문제는 본서 제10장의 주제이기도 하다.

부각하기 위하여 구사됐다. 이와 같은 언어는 상호이해를 방해하는 언어라고 할 수 있다. 이러한 언어 구사의 배경에는 각자 자신만의 정의(justice)를 판단하는 기준을 가지고 있다는 무서운 독단적 인식이 포함되어 있다.

대한제국 말 이후의 국권 상실과 일본 제국주의라는 외세의 강력한 지배는 그나마 유지해 오던 우리의 인문적(humanist) 전통을 단절시키고 무력화시켰는데 해방 후의 교육과 삶에서 새롭게 받아들이게 된 서구의 삶의 방식을 우리 전통(tradition)과 융합하는 데 미흡했다고 말할 수 있을 것이다. 즉 시대 변화에 따른 지평융합(fusion of the horizons)에서 왜곡된 지평을 만들었기 때문이라고 말할 수 있을 것이다. 과거의 인의예지신(仁義禮智信)에 상응하는 언어의 맥락과 언어관이 혼란스럽게 잔존하는 가운데 그와 같은 고전(classics)에 대하여 무한한 향수를 느끼면서도 그것을 서구의 인문주의(humanism)의 전통을 계승한 언어로 적절히 전환하지 못하는 사태가 생긴 것이라고 말할 수 있을 것이다. 2018년의 한국 정치 행정 현상이 모두 분노에 찬 사법적 언어로만 묘사되는 추세가 생긴 것도 위와 같은 언어관과 관련이 있을 것이다.

가다머의 철학적 해석학을 행정 현상 연구에 적용해 보려는 입장에서는 교양(소양), 판단, 취미, 공통감각(상식) 등의 개념을 원용해 볼 수 있을 것이다. 물론 이러한 개념 자체를 정확하게 번역하여 이해하기도 어렵고 그와 같은 용어들의 인문주의적 배경을 정확하게 터득하기도 어려운 상황에서 그것들을 행정학 연구에 적용하는 데는 일정한 한계가 있다. 아래의 생각은 이러한 한계 내에서 서술된 매우 제한된 견해일 뿐이다.

교양(소양; Bildung)이라는 개념이 가다머의 인문학에서 매우 중요한 개념임에도 정확하게 정의하기 어렵고 영어로 번역하기도 쉽지 않다. 그러기에 한국어로 번역할 수 있는 적당한 용어를 찾기가 더욱 어렵다는 문제는 본서 제7장에서 충분히 논의되었다. 추상적으로 정의한다면 여기서 말하는 "교양"은 "인간다운 모습의 형성"이라고 말할 수 있는 개념이다. 즉 교육, 육성, 성장 등과 같이 무엇인가를 형성해 나가는 과정이며 사람의 본래의 모습을 찾아가는 것이다. 이런 개념은 과학용어(scientific terms)를 정의하듯이 정확하게 측정할 수 있도록 정의할 수 없는 개념이지만 인간다운 모습을 형성하는 것을 표현하는 말이라는 것은 이해할 수는 있다. 결국, 각 사회의 차이는 교양의 차이로도 나타날 수 있을 것이다. 요컨대 한국사회는 갈등과 모순으로 교양 형성에 미흡했고 이러한 교양의 상태가 의미 있는 대화를 가로막고 있다. 이 말은 한국사회가 "교양 없는 사회"라는 말로 들릴 수도 있어서 그 표현에 신중해야 한다.

이렇듯 이해하기 어려운 교양이라는 개념에 완전히 일치하는 용어를 찾기가 어려움이 있음에도 그것이 인간의 소양과 품격 형성에 관한 용어라는 것은 짐작하기에 어려움이 없을 것이다.

교양 개념과 함께 사용하는 중요한 인문학적 개념이 판단(judgment) 개념이다. 일반 시민을 포함한 정치 행정의 모든 행위자는 사태에 관하여 일정한 판단을 한다. 인간은 매 순간 판단하며 해석하고 이해하며 살아간다. 이와 같은 판단은 삶 자체이다. 한국의 역사에서 행위자들은 시시각각 수많은 판단을 하면서 살아오면서 자신의 전기(biography)를 만들어 왔다. 여기서 말하는 판단은 일반법칙(laws)과 조건(conditions)을 전제로 하여 결론을 도출하는 것과 같은 과학적 판단이 아니라 특수한 사태를 그 자체로 순간적으로 판단하는 것이다. 이와 같은 연속적인 판단들이 특정한 경향을 만들어낸다. 2018년대 한국의 정치 행정 상황은 과거 일련의 판단들이 형성한 모습을 판단하고 있다.

판단은 일정한 선택인데 선택에 영향을 미치는 것은 취미(취향, 재치; taste)이다. 사람의 취향에 따라 판단의 유형이 달라질 것이다. 여기서 말하는 취미 또는 취향은 반드시 미학적 취향만을 말하는 것이 아니라 재치(tacts)와 촉각을 포함한 성향을 말한다. 정치권력자의 오판이 그의 취향과 관련이 깊다는 것은 말할 필요도 없을 것이다.

교양, 판단, 취미는 공동체 구성원 간의 공통감각(상식; common sense)을 형성하며 그 역으로 상식은 교양, 판단, 취미의 기반이다. 정치 상대에 대한 보복이 있을 수 있으나 "상식에 벗어나는 보복"이 횡행한다면 그것은 교양 없는 사회라고 말할 수 있을 것이다.

결국, 교양을 배경으로 적절한 판단과 취미를 가지고 진정한 공감 또는 상식을 가진 공동체의 삶을 살아가려면 공동체의 심층적인 공통의미(common meaning)를 찾아가는 대화를 통한 이해가 지속하여야 할 것이다. 이와 같은 대화는 참여자들 사이의 내면적 언어(inner language)도 이해할 수 있어야 한다고 한다. 즉 말하지 않은 깊은 뜻도 해석하고 이해할 수 있어야만 진정한 지평융합이 가능하다는 생각이다.

이상의 논의는 주류 사회과학방법론의 실증적 경험적 분석과 다른 입장에서 영향사적 원리와 대화를 통한 이해라는 해석학적 원리를 적용하여 한국의 정치 행정 현상의 갈등 현상에 관하여 서술해 본 것이다. 실증적 증거를 가지고 확고한 언명(statement)을 제시하고 증명(prove)하지 않았기 때문에 전통적 행정학 연구방법에 익숙한 연구자들에게는 이해하기 어려운 면이 많을 것으로 생각한다. 왜 이렇게 이해하기가 어려운가에 관한 견해들이 해석학의 여러 가지 주장에 담겨 있는 관점들이다. 결국 통찰(insights)이 필요하다. 그런 견해들을 검토해 본 것이 본서 제2부의 내용이다.

제12장

결 론

제12장

결 론

1. 논의의 취지와 구성

1) 논의의 취지와 목적

한국의 행정학 연구에서는 일반적으로 주류 사회과학방법론을 사용하는 경향이 두드러지고 해석학적 방법과 비판이론적 방법 등은 그 필요성이 절실하게 인정됨에도 자주 사용되지 않았다는 비판을 받아 왔다. 즉, 행정학 연구가 계량적 연구에 치중하여 질적 연구를 소홀히 하며 실증적 연구에 경도되어 규범적 연구를 소홀히 한다거나 철학적 또는 인문학적 연구를 소홀히 한다는 비판과도 결합하여 논의되어 왔다.

이 책은 위와 같은 견해를 일부 수용하고 검토하면서 한국 행정학 연구를 위한 해석학적 접근을 시도해 본 것이다. 그러나 행정학 연구에서 주류 사회과학방법론을 완전히 배제하고 그 대안으로 해석학만을 적용해야 한다고 주장하려는 것은 아니다. 다만, 실증적 경험 연구로서는 잘 다루어질 수 없는 행정문제의 성격을 밝혀보고 그러한 문제를 연구하는 데 해석학적 접근이 더 도움이 될수 있는 어떤 유용한 측면이 있는가를 탐색하려는 것이었다. 그러므로 처음부터 해석학의 적실성만을 주장하려는 것이 아니라 지금까지 필자와 행정학계의 다수의 연구자가 사용해 오던 방법을 출발점으로 삼아서 해석학적 접근을 시도하려는 것이었다.

2) 이 책의 구성

이러한 취지에 따라 이 책을 3부로 구성하였다. 즉 제1부는 먼저 행정학 연구와 주류 사회과학방법론 간의 관계에서 한국 행정학의 논리를 요약하여 정리했다. 그 이유는 행정학 연구의 목적과 방법을 체계적으로 정리하고 분류함으로써 주류와 대비되는 연구방법이 무엇을 말하는가를 밝히고 아울러 한국 행정의 발전과정의 어느 시기에 왜 해석학 및 비판적 연구가 필요했던가를 검토하기 위해서이다. 이어서 행정학 연구에서 그 필요성이 인정되는 철학적 견해들을 선별적 탐색적으로 학습하였다.

제2부는 위와 같은 선별적인 학습을 배경으로 해석학만을 따로 정리한 것이다. 본서의 편의상 해석학을 해석학 개론, 경험적 해석학, 철학적 해석학으로 구분하고 각각 그 요지를 요약하였다.

제3부는 위와 같이 구분한 해석학을 한국의 행정학 연구에 예시적으로 적용해서 논의하였다. 개론적 해석학의 견해 중에서 "해석으로서의 번역"을 한국 행정학 발달사와 관련하여 적용해 보았다. 경험적 연구방법으로서의 해석적 방법은 "해석적 순환"으로서의 한국의 정치 행정과정을 해석하는 데 적용해 보았다. 한 걸음 더 나아가 철학적 해석학에 의거해 한국의 정치 행정을 "영향사적"으로 이해하는데 적용해 보았다.

위와 같은 책의 구성에 따라 논의한 더 구체적인 내용은 아래와 같이 전개하였다.

2. 한국 행정학의 논리와 대안의 모색

1) 사회과학방법론의 기본 구조

우리는 앞에서 언급한 바와 같은 이 책의 목적에 따라 필자의 방법론에 관한 연구의 발자취를 밝힌 다음 주류 사회과학방법론을 검토하였다. 필자는 필자의 저서 『사회과학연구의 논리』에서 정치학과 행정학을 중심으로 사회과학 연구의 논리를 밝히면서 심리이론, 역할론, 집단론, 구조기능론, 체제론, 통신론 등의 거대이론(grand theory)의 패러다임을 모색해 보았다. 더 구체적으로 『행정학의 논리』에서 행정학의 연구 논리를 검토하면서 연구의 논리와 이론의 구조에 관하여 생각해 보았다. 즉 경험적 연구방법과 행태론(behavioral theory), 해석적 방법과 행위이론(action theory), 비판적 방법과 비판적 행정이론(critical theory of public administration) 간에는 상응 관계가 있다는 것을 밝히고자 하였다. 이와 같은 방식에 따라 『한국 행정학의 논리』에서 한국 행정학자들이 1950년대 이래로 연구해 온 연구실적을 따로 정리해 보았는데 당연히 실증적 경험적 연구와 행태론이 지배적이었다. 이어서 『행정사상과 연구의 논리』에서는 한국의 정치 행정의 역사를 배경 삼아 행정사상과 연구 논리 간의 관계 변화를 정리해 보았다.

행정학 연구의 목적과 방법을 첫째, 설명과 예측을 목적으로 하고 일반론을 추구하는 주류 방법론, 둘째, 역사를 포함한 텍스트와 인간의 행위를 해석하고 이해하기 위한 해석학, 셋째, 행정구조와 관행을 성찰하고 개선하려는 비판이론으로 구분하였다. 행정학과 주류 사회과학방법론의 논의에서 역점을 두고 밝히려고 한 것은 개념, 법칙, 이론, 설명 및 예측에 관한 이론의 구조와 논증형식이다. 방법론과 이론의 구조 간의 관계를 검토하면서 강조한 것은 방법론의 차이에 따라 설명적 힘(explanatory power), 해석적 이해(hermeneutic understanding), 비판적 성찰(critical reflection)의 적실성이 달라진다는 점이다. 따라서 주제의 성격에 부합하기만 하면 어떠한 방법이나 다 적절하게 사용할 수 있으나 그렇지 못하면 설명력, 이해력, 또는 비판력이 떨어지리라는 것이다.

2) 행정사상과 연구의 논리

이와 같은 논지에 따라 한국의 정치와 행정의 변동과 연구논리의 변화 간의 관계를 추적해 보았다. 우리는 이러한 한국 정치체제의 역사적 맥락과 제도적 논리를 결합한 틀을 사용하여 한국의 정치 행정의 변화와 연구 논리의 변화를 추적해 본 것이다. 1948년 이후 한국의 정치 행정의 발전과정은 일반적으로 크게 국가 건설기, 경제 발전기, 민주화 이후로 구분하는데 시기별 특징을 묘사하는 방법도 다양하다. 그래서 이들을 모두 검토하려는 것이 아니고 단지 한 국가론의 견해만을 활용하고자 했다. 국가론에도 다양한 이론이 있는데, 우리가 원용한 국가론은 소위 자본주의 국가(capitalist state)라는 틀로 제시된 국가론이다. 이 이론에서는 자본주의 국가는 민주주의(democracy; civil society)의 참여와 합의, 관료제(bureaucracy; state)의 집권화와 분권화, 자본주의(capitalism; market)의 이윤과 분배라는 3개의 제도적 논리들(institutional logics) 간의 상호작용으로 그 특징이 나타난다고 생각한다. 요컨대 위와 같은 제도적 논리 간의 모든 긴장과 모순 관계가 억제되거나 통제될 수도 있고 다양하게 복잡한 양상으로 나타날 수도 있다. 한국의 정치 행정의 변화를 자본주의 국가의 제도적 논리 간의 변화만으로 묘사하는 것은 물론 한계가 있다. 한국의 정치 행정의 변화는 역사적 유산, 국토의 분단과 남북의 대치와 경쟁, 국가 건설, 산업화, 민주화 과정에서의 여러 대립과 갈등이 모두 지대한 영향을 미쳤는데, 그것을 종합적으로 묘사하기 위하여 사용한 편리한 틀이 제도적 논리 간의 관계 변화라는 생각이다.

앞에서 간추린 사회과학 연구의 목적과 방법에 비추어 볼 때, 산업화 시기에는 실증적 경험적 연구가 필요하고 유용했다고 판단된다. 그런데 민주화 시기에는 국가 건설기와 산업화 시기부터 누적되어 온 갈등을 해소하기 위하여 해석학과 비판이론의 필요성이 있었음에도 잘 사용되지 않았다고 판단된다. 역사 바로 세우기와 과거사 정리는 너무 처벌에 치중하여 화해적 분위기 조성에 실패했고 행정개혁에서는 여전히 실증적 방법에 의존하는 경향이 컸다.

3) 행정학 연구에 관한 성찰

(1) 성찰의 내용

이 글 결론의 도입 부분에서 언급한 바와 같이 한국 행정학자들도 주류 사회과학방법론을 비판하면서 철학적 규범적 연구와 질적 연구의 필요성을 강조해왔는데, 일부 학자들이 2007년경부터 이와 같은 문제에 관하여 본격적으로 성찰하는 모임을 가져왔다.[1] 본서는 이러한 성찰에 참여하면서 한국 행정학 연구의 해석적 접근을 구상하게 된 것이다. 즉 처음부터 해석학적 접근을 염두에 두고 철학적·규범적 또는 질적 연구 모임에 참여한 것이 아니라 모임에 참여하면서 해석적 접근을 구상하게 된 것이다. 그러나 필자는 사회과학연구의 논리와 행정학 연구의 논리에 관한 저서를 출판할 때부터 이미 해석학과 비판이론에 관하여 연구하였고 한국의 행정발전에 관한 연구에서도 해석학의 필요성을 주창한 바 있다. 따라서 해석학을 처음 시도하는 것은 아니고 연구회의 성찰과정에서 그 접근방법을 더 구체적으로 구상하게 된 것이다. 이와 같은 연유로 철학적·규범적 성찰이 도움이 되었으나 그것이 해석학적 접근의 기초로 사용된 것은 아니다.

행정학 연구에 관한 성찰은 아래와 같이 철학적 접근, 행정윤리, 현상학, 푸코의 이론, 해석학 등으로 이루어졌다. 본서에서는 푸코의 이론에 관해서는 논

---

1) 행정사상과방법론 연구회(김성준, 신희영, 하호수, 강신택 외), 『또 다른 길을 찾아서: 행정사상과방법론 연구회 10년사』(조명문화사, 2018).

하지 못했다.

(2) 행정철학(philosophical approach to public administration)

행정철학에 관해서는 "행정조직과 관리에 관한 철학적 접근"을 주제로 하여 편집된 여러 사람의 글을 연구했다. 그 내용은 모더니티 이전의 행정사상, 모더니티의 행정사상, 포스트 모더니티와 21세기의 전망 등인데, 모더니티의 행정사상이 합리성을 기초로 하는 사상으로서 행정발전에 크게 기여했다는 평가와 함께 그 한계에 관하여 논한다. 이와 같은 연구에서도 실증적 연구를 비판하고 현상학적 연구 등을 그 대안으로 제시하기도 하였다. 포스트 모더니티와 21세기의 전망에서는 여러 가지 문제를 제기하기는 했으나 그 논지상 뚜렷한 대안을 제시하는 것은 어려워 보였다.

(3) 행정윤리(administrative ethics)

행정윤리에 관해서는 종합적으로 연구한 핸드북, 행정적 의사결정에서 실제로 적용할 수 있게 행정윤리의 실행방법을 설계하는 접근법, 조직 리더십의 윤리역량을 함양하는 문제를 알아보았다. 이것은 앞에서 알아본 행정철학과 마찬가지로 행정학의 규범적 문제에 대한 하나의 고찰이기도 하다.

① 행정(공직)윤리의 핸드북

행정윤리에 관해서는 여러 저자의 글을 편집한 핸드북을 강독하고 번역 출판하였다. 행정학은 그 연구의 시작부터 윤리에 관하여 연구하였으나 미국에서 행정윤리를 하나의 연구 분야로서 좀 더 본격적으로 연구하기 시작한 것은 1970년대라고 보고 있다. 아울러 행정윤리에서 연구 주제들을 탐색하고 행정윤리를 교육하는 방법을 검토하였다. 행정윤리는 당연히 철학과 밀접한 연계 아래에서 연구되는 것으로 여기는데 실제로는 그렇지가 못하였다고 한다. 행정윤리와 관련된 입장은 의무론적 철학과 결과론적 철학 그리고 민주주의 사상과의 관련성 등이다. 행정윤리의 논의에서 중요한 것은 그 문화적 맥락과 조직 구조적 맥락 등이다. 그리고 윤리적 행동을 보장하는 방법은 외부 통제와 내부 통제에 관한 견해가 대립한다. 미국의 행정윤리를 다루고 있으나 외국의 사례도 검토한다.

② 행정윤리의 설계적 방법

행정윤리는 행정인의 구체적인 의사결정과정에서 적용되는 것이다. 따라서 행정조직에서 행정인의 책임 있는 행위가 실행되게 하기 위해서는 우선 윤리적 의사결정에 관한 이해가 필요하다. 이러한 입장에서 의사결정이 이루어지는 과정을 묘사하여 의사결정의 모형을 구성한 다음 의사결정의 단계별로 무엇을 근거로 윤리적 결정을 할 것인가를 설계(design)할 수 있다고 보았다. 의사결정의 단계별로 행정인은 여러 가지 갈등을 겪는 경우가 많다. 즉 행정인의 의사결정 단계에서 자기가 소속된 조직의 업무 중 어떤 비리나 부조리 또는 부정이 발견되었을 때 어떤 검토단계를 거쳐서 결정해야 할 것인가를 고민하게 되는데 이러한 단계별 고려사항을 미리 검토해 두면 책임 있는 의사결정이 이루어질 것이라는 가정이다. 의사결정의 단계별로 고민해야 하는 기준들은 의사결정의 결과가 본인 개인에게 미치는 영향, 조직에 미치는 영향, 정부에 대해 미치는 영향 등과 함께 최종적으로는 어떤 기본원리(basic principles)를 근거로 해야 하는가를 심사숙고해야 하는데, 이와 같은 단계를 설계하여 평소에 훈련하면 더 책임 있는 의사결정, 즉 윤리적인 행위가 이루어질 것이라고 기대하는 것이다.

③ 공직 리더십의 윤리역량 함양

행정윤리가 구현되기 위해서는 행정인 개개인의 윤리적 소양이 필수적이지만 행정조직에서는 그 지도자의 윤리적 역량이 더욱 중요하다. 윤리역량 (ethical competence)이라는 영어의 뜻을 정의하기는 어렵지만, 한국어에서는 '역량'과 '능력'이라는 번역이 모두 통용될 것으로 보인다. 여기서 윤리역량은 대개 다음과 같은 내용을 가진 것으로 이해된다. 즉 우선 공직자 개인과 그가 종사하는 전문직업 분야의 높은 기준에 헌신하고자 해야 하며 자신의 업무와 관련이 있는 법과 장전에 관한 지식이 있어야 한다. 나아가 윤리적 판단 상황에 직면했을 때 윤리적인 추리를 할 수 있는 능력이 있어야 하고, 공직 윤리와 가치를 식별하고 수행할 수 있는 능력이 있어야 한다. 더 나아가서 공공 조직에서 윤리적 관행과 행태를 추진하고자 하는 헌신적 노력이 있어야 한다. 이와 같은 윤리역량 또는 능력의 함양과 성취를 위한 교육과 훈련방법도 중요한 논의의 대상이다. 정부의 행정에는 여러 전문직업 분야의 사람들이 공무원으로 봉사한다. 예를 들면, 의사, 변호사, 사회복지사 등이 공직에 종사하는 경우 그들은 각자의 전문직업적 윤리와 함께 공직자로서의 역량도 키워야 한다. 그리고 비영리기관의 지도자도 윤리적 역량이 요구된다. 이러한 모든 문제가 리더십의 윤리적 능력을 함양하는 데 관련된 문제들이다.

(4) 현상학(phenomenology)

우리가 검토한 행정철학에 관한 연구 중에는 실증주의적 연구를 비판하는 사람들과 신행정학을 주장하는 사람들이 있다. 특히 신행정학의 형평성을 중시하는 학자들은 행정학 연구에 현상학을 응용해야 한다는 견해를 제시하기도 한다.

이렇듯 행정학 연구에 관한 성찰 중에는 현상학적 접근을 권하는 학자들이 있는 것이다. 우리는 현상학에 포함된 매우 전문적인 철학적인 내용을 모두 검토할 능력이 없으므로 후설의 "유럽학문의 위기"와 슈츠의 "생활-세계의 구조"에 관한 두 가지 문헌만 검토해 보았다.

① 후설의 유럽학문의 위기

현상학은 엄밀하게 사태를 직관해야 한다는 주장을 담은 철학이다. 우리의 성찰은 그와 같은 기본적인 견해로부터 출발한 것은 아니고, 히틀러가 집권하고 있던 가장 엄혹한 시기인 1934년에서 1937년까지 집필된 후기 후설의 한 저서만을 참고로 했기에 현상학에 관한 우리의 이해는 그의 시대분석에 일부 제한된 측면이 있다.

후설이 "유럽학문의 위기"에서 주장한 내용의 요지는 크게 4가지로 정리할 수 있다. 첫째는 유럽 학문(과학)이 위기에 처했다는 것이고, 둘째는 이러한 위기의 원인은 과학의 수학화와 물리화에 있으며, 셋째로 위기를 극복하는 방법에는 생활-세계로 되돌아가는 방법과, 넷째 초월론적 간주관성으로 환원하는 방법이다.

첫째, 근대의 과학은 눈부신 발전을 거듭해 왔는데 그러한 발달이 위기의 원인이라고 주장할 수 있는 근거는 무엇인가? 그 근거는 근대의 과학이 인간의 이성적인 실존을 어렵게 만들었기 때문이라는 것이다.

둘째, 이성적 실존을 어렵게 만든 위기의 원인은 과학의 수학화와 연구대상의 물리화로 요약될 수 있다. 본래 기하학(geometry)은 인간의 생활에 필요한 측량을 위해 발달한 것인데 그것이 더 발달하고 수학화와 동시에 측정 기술의 발달로 인하여 과학이 인간의 실생활에서 멀어지게 되었다는 것이다. 이러한 주장은 물론 과학의 수학적 연구를 부정하는 것이 아니라 세상을 수학적 모델이 이상화하여 그로부터 명제를 도출하는 것을 경계하는 것이다. 이것은 형식적인 공리체계(axiomatic system)의 과도한 사용을 경계하는 것이기도 하다. 이와 함께 연구 대상인 실재(reality)를 물리화(physicalize)함으로써 연구 현상들을 마치 물리학적 원리에 의하여 파악할 수 있는 현상인 것처럼 사고하게 만든다는 것이다. 그와 같은 방법은 현상의 본질을 파악하지 못하게 할 수 있다.

셋째, 위와 같은 위기에서 벗어나는 첫째의 방법이 과학(학문)의 근거를 생활-세계(life-world)에 두어야 한다는 것이다. 즉 과학은 생활세계에서 출발해야 하고 과학이론의 타당성은 생활-세계에서 찾아야 한다는 것이다.

넷째, 위기에서 벗어날 수 있는 더 근본적인 방법은 현상학적 및 초월론적 환원(reduction)을 통하여 초월적 주관과 간주관성이 탐구의 출발점이 되어야 한다는 것이다.

매우 복잡한 현상학적 논의를 위와 같이 간추렸기 때문에 그 유용성이 경시될 수 있으나 행정학 연구의 관점에서는 도움이 되는 측면이 많다. 예를 들면 한국의 산업화와 민주화 과정에서 겪었던 갈등 문제들을 바라보는 관점의 변화, 즉 기존 관점과 이론을 에포케하여 사태의 본질로 환원된 현상을 탐색하는 작업은 매우 유용할 것으로 생각한다.

② 슈츠의 생활-세계의 구조

앞에서도 언급한 바와 같이 현상학에서는 과학이론의 수학화를 경계한다. 슈츠도 과학이론에 의한 설명과 이해 이전에 그 근거가 되는 소박한 생활-세계에 관한 이해가 선행되어야 한다고 주장한다. 현상학적으로 당연한 주장이다. 그런데 그가 생활-세계의 구조를 밝혀 나가는 단계는 수학적 모형은 아니지만, 그 배경에는 수리적 논리가 작용하고 있는 것으로 보이기도 한다. 즉 개인이라는 점에서 유래하는 선으로 형성된 사회라는 평면, 그리고 지식과 의사결정 및 의사소통 등의 고차원으로 생활-세계의 구조를 구성해 나가는 것으로 보인다.

우선 슈츠는 하나의 정상적인 성인이 당면하는 세계를 전제로 한다. 개인은 공간적, 시간적, 사회적으로 당면하는 도달 범위가 있다. 하지만 그 범위는 명시적일 수도 있고 잠재적일 수도 있다. 이러한 사람은 자신과 동일한 의식에 의하여 세상을 지각하는 타인이 있다는 것을 인정한다. 나와 타인은 모두 과거 현재 미래의 시간을 가지며 나와 타인 및 제삼자 간의 관계가 사회를 구성한다.

개인은 주관적으로 지식을 획득하고 저장하며 타인과 교환한다. 개인의 지식은 유형화되고 타인에게 전달되는 지식은 객관화된 지식이다. 지식은 적실성을 가지고 있다. 당면한 문제를 해결하는 데 있어서 유용한 지식이 적실성(relevance)이 있는 지식이다. 적실성이 부족한 지식은 사용되지 않고 새로운 지식이 추구된다. 지식의 적실성에는 주제적, 동기적, 해석적 적실성이 있다. 그 외에도 지식은 친근성 유사성 등의 특징을 갖는다.

주관적 지식이 사회적 지식의 재고를 구성한다. 사회적 지식에는 누구에게나 가용한 일반적 지식과 특정 부류의 사람들만이 가질 수 있는 특수한 지식과 전문화된 지식이 있다. 지식의 축적과 전파는 사회적으로 규제된다.

지식은 문제해결에 사용되는데, 기호화된 지식이 의사소통과 의사결정에 사용된다. 사회적 관계와 지식에는 경계(boundary)가 있다. 경계 너머의 삶과 지식에 도달하려면 경계를 건너가야 한다. 즉 초월해야 한다.

후설의 현상학보다는 슈츠의 생활-세계의 구조에 관한 분석이 행정학의 연구문제를 구성하는 데 적용하기에 더 편리한 것으로 생각된다. 특히 슈츠가 분석하는 생활-세계에 관한 여러 견해는 행정학 연구를 위한 경험적(empirical) 문제를 구상하는 데도 유용한 것으로 판단된다.

3. 해석학(hermeneutics)

행정학 연구의 논리와 그 대안의 모색에서는 앞에서 성찰한 철학, 윤리, 현상학 외에 해석학이 포함되었는데, 필자가 그것을 따로 선택하여 한국 행정학 연구의 해석학적 접근을 시도하게 된 것이다. 이와 같은 사정은 철학, 윤리, 현상학이 해석학적 연구로 이끌어 갔거나 바탕이 되었다는 말은 아니다. 물론 연관이 있고 참고가 되겠으나 우리는 그러한 연관으로부터 해석학을 도출한 것은 아니다.

본서는 이 장(결론)의 도입 부분에서 언급한 바와 같이 편의상 해석학을 해
석학 개론, 경험적 해석학, 철학적 해석학으로 구분하고 각각 그 요지를 요약
하였다.

1) 해석학 개론

해석학(hermeneutics; interpretive theory)은 기본적으로 텍스트를 해
석하고 이해하는 학문 또는 이론이다. 해석학은 예술작품, 건축물, 이야기, 또
는 비언어적 몸짓까지도 텍스트로 삼아 해석하는, 인간 해석의 성격에 관하여
이론화하는 여러 가지 방식들이다. 해석이라는 말 자체는 표현하다, 설명하다,
번역하다라는 뜻이 있다.

해석학의 대상은 성서 주석의 이론, 일반적인 문헌학적 이론, 모든 언어 이
해에 관한 학문, 정신과학의 방법론적 기초, 실존과 실존적 이해에 관한 학문
등으로 분류되기도 하고 그 경향에 따라 낭만적 해석학, 현상학적 및 실존적 해
석학, 철학적 해석학, 비판적 해석학, 구조론적 해석학, 후기 구조론적 해석학
등으로 분류되기도 한다.

해석학의 발달사에서 슐라이어마허가 해석학의 범위를 넓혀서 개별 학문의
범위를 넘어서는 이해의 보편적 원리 또는 법칙을 수립하고자 했다고 평가된
다. 한편 딜타이는 해석학에 인식론적 분석을 도입하고 인문학과 자연과학의
구분을 강조했다. 그는 주로 역사적 삶을 이해하는 방법론에 관심이 있었다.
딜타이에 의하면, 해석학은 일반적인 절차일 뿐만 아니라 과학적이며 근본적
인 방법으로서 텍스트를 읽는 단순한 규칙이나 원리를 넘어선다. 이와 같은 견
해는 자연과학의 방법론에 맞설 수 있는 정신과학의 독자적인 방법론을 모색
하려고 했다는 점에서 가다머의 비판을 받는다. 이 문제는 본서 제7장에서 가
다머의 『진리와 방법』을 분석하며 다룬 바 있다. 슐라이어마허와 딜타이의 해
석학을 낭만적 해석학이라고 하는데 앞에서 열거한 그 외의 해석학적 경향들

도 낭만적 해석학에 대한 보완이거나 대안적 견해들이다.

2) 경험적 해석학

경험적(empirical) 해석학이라는 명칭은 앞에서 분류한 해석학의 대상이나 경향에서는 사용하지 않는 명칭이다. 이 명칭은, 본서의 논의전개를 위한 편의상, 경험적 연구방법으로서의 해석적 접근을 간추려서 사용하는 말이다.

본서 제6장에서 원용하고 있는 경험적 해석학의 주창자들은 주류 사회과학 방법론의 훈련을 받은 학자들인데 실증적 연구방법의 한계를 인식하고서 해석학을 채택한 사람들이다. 따라서 그들의 논의는 당연히 실증적 방법론의 결함을 지적하고 해석적 방법의 특징을 부각하려고 노력한다.

실증적 방법이 구상하는 설명과 예측의 한계를 논한 다음 해석학적으로 생각하는 방법을 검토하는데 그 분석방법이 다양할 뿐만 아니라 흔히 질적 연구라고 말하는 방법들과도 밀접한 관련이 있다. 이러한 논의에서는 후기 실증주의적 견해에 대한 검토나 현상학에 관한 견해 등도 소개된다.

이러한 경험적 해석적 방법들은 연구결과의 일반화가 곤란하고 엄밀성이 떨어진다는 비판을 받는다. 여기서 일반성에 관한 개념의 차이를 엿볼 수 있다. 실증적 방법에서 말하는 일반화(generalization)는 하나의 연구대상이 가지고 있는 특징 간의 규칙적인 관계를 말하는 것이고, 해석적 방법에서 말하는 일반성은 상이한 여러 연구대상 간에 공통점이 있다는 뜻으로 이해한다. 그리고 연구의 엄밀성과 객관성도 실증주의와는 다르게 개념화한다. 더 나아가서 연구의 질을 판단하는 기준도 별도로 정립하려고 노력한다.

우리가 여기서 관심을 두는 것은 연구의 절차 또는 방법이다. 일반적인 전통적 연구절차에서는 먼저 이론적 논의를 거쳐 가설을 구성한 다음 자료를 수집하고 자료를 분석하고 통계적으로 해석하여 결론을 도출한다. 그런데 경험적 해석방법에서는 자료를 수집하는 것이 아니라 생성(generate)하며 자료의 생성과 동시에 분석이 이루어진다고 말한다. 자료는 여러 가지 방식으로 생성되는데 그 핵심은 연구자와 그 연구대상이 공동으로 자료를 생성하며 그 과정에서 자료의 분석 즉 해석이 진행되는 것이다.

학문분과에 있어서 어떤 방법론적 접근방법을 채택(선택)하는가 하는 것은 여러 가지 함축적 의미가 있다. 즉 채택한 방법론의 차이가 참여학회와 연구발표 기회의 차이를 가져오기도 하며 학계에서의 경력발전과도 관련이 있는 것이라고 인식된다. 따라서 경험적 해석적 연구방법을 선택하는 학자들은 자신들이 사용하는 방법의 타당성에 관한 고찰도 함께 할 것을 권한다.

3) 가다머의 『진리와 방법』

철학적 해석학도 여러 가지 입장이 있겠으나 통상적으로는 가다머의 해석학을 철학적 해석학이라고 평가한다. 우리가 본서에서 연구한 것은 가다머의 역저인 『진리와 방법』이다. 이 난해한 저서를 본서에서 요약한 것은 여러 차례 언급한 바와 같이 행정사상과방법론 연구회에서 함께 강의를 듣고 강독을 했기 때문에 그것을 행정학 연구에 "적용"해 볼 수 있으리라는 기대가 생겼기 때문이다. 그러나 예상한 것처럼 가다머의 철학을 행정학 연구에 적용할 수 있을 만큼 해석하고 이해하는 일은 매우 어려운 과정이었다. 더구나 그의 복잡하고 심오한 논의를 간추리고자 했기에 본래의 논지를 전달하는 데 어려움이 컸다. 그런데도 이와 같은 시도가 한국 행정학의 해석학적 접근을 다소나마 장려하고 그 적실성을 찾을 수 있기를 희망한다.

『진리와 방법』은 크게 3부로 구성된다. 제1부는 예술의 경험에서 나타나는 진리의 문제이고, 제2부는 진리 문제를 정신과학의 이해로 확장하는 일이고, 제3부는 언어와 해석학적 존재론에 관한 것이다. 제한된 지면에서 내용을 다시 자세하게 소개하는 것은 어려울 것 같으므로 아래에서는 『진리와 방법』에서 논의된 항목들을 간략히 열거하기로 한다.

(1) 예술의 경험에서 나타나는 진리의 문제

『진리와 방법』의 논의의 출발점은 방법(method)에 대한 비판인데 그것은 철학적 해석학의 특징을 밝히기 위한 것이다. 인간의 경험에는 자연과학 연구의 방법론을 모방한 방법을 사용하지 않아야만 이해할 수 있는 진리가 있다는 것이다. 과학적 방법에서는 일반법칙으로부터 개별적 사건을 도출하려고 하는 것과 달리 인문학에서는 개별적인 특수한 인간 경험 그 자체를 이해하려는 것이다.

인문주의적 연구를 위한 중요한 개념들은 그 번역이 다소 어색한 말들인 교양, 판단, 취미, 상식 등인데, 이 모든 개념은 모두 역사적 흔적을 가지고 있다. 그런데 이러한 개념들의 해명 이후에 이어지는 미학의 주관화 문제는 이해하기 어려운데, 결론적으로 예술작품은 천재의 창작이라는 칸트의 견해도 자세히 검토한다. 이러한 문제는 미적 의식에 내재하는 추상작용을 비판하기 위한 것이다. 즉 추상화가 형식적 틀을 만들고 이상적인 기준을 만들어 적용하면 미적 진리가 객관화되어 그 진리를 터득할 수 없다는 생각이다.

예술작품의 존재론과 그 해석학적 의미를 해명하기 위하여 놀이 개념(concept of the play)을 사용하는 것이 매우 흥미롭다. 놀이 개념을 가지고 주장하려는 것은 놀이는 놀이에 참여하는 사람들의 존재가 아니라 놀이 자체가 구조화됨으로써 그 자체를 나타낸다는 생각이다. 이와 같은 준비를 거쳐서 예술작품의 진리를 찾아가는데 예술작품은 그 표현에서 진리가 나타나고 사람이 그 표현을 해석하는 것이 이해라는 것이다.

(2) 진리의 문제와 인문과학의 해석

낭만주의 해석학이 해석학의 기초를 닦는 데 크게 공헌한 것은 인정되지만 해석학을 절차의 문제로 만들거나 자연과학의 방법론에 대응하는 독자적인 인문과학의 방법론을 추구한 것은 해석학이 인식론이 되어버릴 위험이 있다는 것이다. 그리고 역사주의의 난관에 대해서도 비판하는데, 여기서 문제는 어떤 객관적인 틀을 통하여 역사를 바라보려는 점이다. 이해의 역사성을 해석적 원리로 고양하면 해석학적 기본 문제를 획득할 수 있다는 것이다. 해석학적 기본 문제는 적용이라고 보고 있다. 결국, 역사와 의식은 모두 역사적 경험의 영향을 받으며 역사에 영향을 준다는 것이다.

(3) 언어와 해석학

해석은 언어를 통하여 이루어진다. 즉 언어는 해석학적 경험의 매개체인데, 언어가 해석학적 대상을 규정하기도 하고 연구를 인도하기도 한다. 언어는 해석학적 존재론의 지평이다.

4. 행정학과 해석학

제3부에서는 해석학을 행정학 연구에 적용할 수 있는 실제적 방법을 시도하였다. 우선 해석학에 관한 한국 행정학계의 동향을 간단히 살펴보고, 해석으로서의 번역이라는 관점에서 외국 행정이론을 도입하는 문제를 검토해 보았다. 그리고 경험적 연구방법으로서의 해석학적 방법을 적용해 보기 위하여 한국의 정치 행정과정을 해석적 순환으로 해석해 보았다. 더 나아가서 한국 정치 행정의 현상을 영향사적 관점에서 해석해 보았다.

1) 한국 행정학과 해석학

한국 행정학계에서도 일찍부터 해석학에 관한 관심이 있었다. 그러한 것은 해석학의 필요성을 주장하는 형식과 실제로 한국의 행정 현상을 해석해 보는 방식으로 나타났다. 해석학의 필요성에 관한 주장은 방법론적 입장에서 제기되는 것이었다. 이러한 입장은 필자 자신의 행정학 연구의 논리와 해석학에 관한 주장에서도 예시했다.

이 부분에서는 추가로 법칙적 설명방식과 해석적 설명방식을 대비시켜 검토해 보기도 했다. 그 이유는 우리가 검토하고 있는 해석학적 방법과는 약간의 차이가 있는 다른 해석적 견해도 참고가 될 것이라고 여겼기 때문이다.

이 부분에서는 한국 행정학의 해석학적 연구의 사례들을 예시적으로 정리하였다.

2) 해석으로서의 번역

제9장 "해석으로서의 번역: 한국 행정학의 발달"에서는 한국 행정학의 발전과정에서 외국 이론을 도입하는 것과 관련된 문제들을 해석해 보았다. 해방 이후 한국의 행정학은 외국, 특히 미국의 행정이론을 많이 도입했다. 우리가 외국의 이론에 너무 의존하는 나머지 한국의 문제와는 관련성이 적다는 이유로 비판을 받으면서 한국의 역사적·현실적 맥락에 부합하는 한국화된 이론을 연구해야 한다는 주장이 오늘날까지도 계속되고 있다.

이러한 주장은 매우 타당하고 그 구체적인 방안에 관해서도 꾸준한 논의가 이루어지고 있다. 따라서 여기서는 그러한 논의를 반복하지 않고 외래 이론을 도입하는 것은 일종의 번역이기 때문에 어떻게 번역하는 것이 적절한가를 검토해 본 것이다. 여기서 결론적인 주장은 필자가 제시한 행정학 연구의 목적과 방법, 연구의 논리를 결합한 교시적인 틀에 따라 분석의 수준과 맥락단계, 연구의 지향에 따른 검증, 해석 및 비판의 차이 등을 적절히 해석해야 한다는 것이었다. 아울러 해석은 전통과의 지평융합이기 때문에 우리의 해석으로서의 번역이 어떤 지평융합을 진전시켰는가를 성찰해야 한다는 소견을 밝혔다. 한국의 행정 현상을 텍스트로 삼아 해석한 연구는 많지는 않으나 여러 가지 방식으로 시도되고 있는 것으로 보인다.

그런데 좀 특이한 예는 중국의 고전인 〈논어〉와 〈맹자〉를 현대 행정학의 틀에 넣어 해석한 이문영 교수의 저서다. 그것이 본격적인 해석학에 속하는 것인가에 관해서는 논란의 여지가 있겠으나 고전을 해석하여 현대 행정학과의 지평융합을 시도한 것은 의의가 있는 일이라고 생각한다. 이 외에도 진덕수의 「대학연의」를 현대 한국의 리더십 연구에 참고하려는 노력도 있다.

3) 해석적 순환으로서의 정치 행정과정

제10장 "정치 행정의 해석적 순환"은 경험적 연구방법으로서의 해석적 접근을 통하여 한국의 정치 행정과정을 해석해 본 것이다. 즉 한국의 정치 행정과정을 해석적 순환(hermeneutic circle)과정으로 규정하고 해석하여 이해하여 본 것이다.

"행정"을 무엇이라고 정의하건 간에 행정을 정의(define)하는 구성 부분들은 모두 해석의 대상이기 때문에 행정 현상의 연구 자체가 해석학의 적용이라고 할 수 있다. 즉 행정의 전체적인 개념과 그것을 정의하는 부분적 개념 간에는 전체와 부분(the whole and parts)이라는 연결 관계가 있다고 생각하는 것은 매우 자연스럽다.

그런데 정치 행정을 하나의 계속 과정이라고 개념화하면 그 과정 전체는 하나의 해석학적 순환을 구성하는 것으로 이해할 수 있다. 민주국가에서의 이 전반적인 과정을 매우 단순화하면, 정치 행정과정은 선거와 정책제안, 법령제정과 행정사업 구성, 그리고 정책과 사업의 집행 및 결과의 평가라는 단계를 거치는 것이다. 즉 선거를 통하여 국민의 대표가 선출되고 이렇게 선출된 대표들이 법률을 제정하고 정책을 형성한다. 이러한 법률은 행정명령으로 더욱 구체화되며 그에 따른 여러 가지 사업이 수립되고 집행된다. 정책과 사업의 집행 결과는 국민의 대표에게 보고되어 심의되고 그 결과가 국민에게 전달되는데, 이와 같이 전달된 결과에 관한 평가를 포함하여 여러 가지 여론이 다음 차례의 선거에 반영되는 것이다.

행정과정에서는 특히 예산의 편성, 심의, 집행, 결산이라는 예산과정의 4단계가 두드러진 해석적 순환과정이다. 즉 행정부가 연도별 예산안을 편성하여 국회에 제출하면 국회는 그것을 심의하여 정부사업의 규모와 재정의 규모를 결정하고, 이렇게 확정된 예산과 사업을 행정부가 집행한 다음 그 결과를 국회에 보고하는 것이다. 이것이 매년 반복되는 순환을 이루는 것이다.

여기서 이상적으로 기대하는 것은 정치와 행정의 구체적인 내용이 "향상 또는 개선"되어 나가는 것이다. 더 나아가서 좀 이해하기 힘든 개념이지만 국가라는 정치공동체의 공통의미(common meaning)를 추구하고 형성해 나가는 과정이다. 여기서 공통의미의 내용을 예시하면 이상적인 자본주의 국가의 자유 민주주의에 관한 관념이라고 말할 수 있을 것이다. 그런데 공통의미는 반드시 정치적 의미여야만 하는 것은 아니다. 한국과 같이 지정학적으로 커다란 힘이 작용하는 상황에서의 공동체의 생존을 지탱해 주는 물질적·정신적 조건들도 모두 중요한 공통의미이다. 더 나아가서는 문화와 문명사적으로 한국의 위치에 관하여 성찰하는 것도 공통의미를 추구하여 가는 것이라고 할 수 있다.

그런데 정치 행정과정에 참여하는 주체들은 상호 간의 대화에서 공통의미를 추구하는 방향으로 나아갈 수도 있고 그렇지 못할 수도 있다. 이 과정에서 대화를 통한 상호 해석과 이해과정이 불신과 반목만을 반복하면 공통의미가 형성될 수 없을 것이다.

이 장에서의 결론은 하나의 해석적 순환으로서의 한국의 1987년 이후 민주화 과정이 타자를 부정하는 극심한 갈등으로 인하여 위와 같은 기대가 충족되지 못한 아쉬움이 있다는 것이다. 그리고 해석적 순환은 항상 선의(good will)가 전제되어야 하는가 하는 문제도 더 연구되어야 할 내용이다.

4) 영향사적 해석

제11장 "한국 정치 행정에 관한 영향사적 해석"은 2000년대 한국 정치 행

정의 갈등 현상을 철학적 해석학에서 말하는 영향사와 해석학적 순환으로 해석하고 이해하여 보려는 시도이다. 우리의 정치와 행정의 성공과 실패에서 누적된 갈등이 어떠한 해석적 순환에서 반복되고 있는지가 여기서 제기된 질문이다.

한국은 1945년 해방 이후의 비교적 짧은 기간에 산업화와 민주화에 동시에 성공한 드문 국가라고 자부해 왔다. 그런데 해방 후 70여 년이 지난 2018년대의 한국사회, 특히 한국의 정치 행정과 관련된 현상에 관해서 매우 비판적 또는 비관적인 견해가 많아지고 있다.

성공에 대하여 자부하면서 그 과정에서 겪었던 사태들이 정의와 정통성 (justice and legitimacy)에 관한 몇 가지 기준에 의하여 평가되면서 화해보다는 갈등을 심화시켜 온 과정은 영향사적 사건과 의식의 소산이라고 생각한다. 그래서 우리는 이러한 갈등이 심화하여온 역사적 과정을 지정학적으로 던져져 있는 상황으로부터 출발하여 일제 식민지 경험, 남북분단과 전쟁, 국가 건설과 산업화, 민주화를 위한 항쟁 등과 관련하여 추적해 보았다. 결국, 이러한 사태는 대화를 통한 언어의 문제가 된다. 그동안 우리의 언어에 미친 영향은 행위자들 상호 간에 사용하는 어휘에 의하여 영향을 받으면서 서로 영향을 미쳤다. 이해는 대화를 통하여 이루어지는데 언어는 세계관이라고 한다. 서로 적대적인 세계관을 갖게 하는 언어로는 화해 협력을 위한 대화의 계속이 불가능할 것이다.

제11장을 서술하면서 제기되는 또 다른 의문은 어떠한 입장이 행정학에서 철학적 해석학을 적절히 적용하는 것인가 하는 의문이다. 우선 방법론을 통하여 연구하는 것을 경계하는 철학적 해석학을 정치와 행정과정에서 누적된 갈등을 해석하고 이해하는 하나의 방법처럼 적용하는 것이 타당한가 하는 의문이다. 우리가 해석하고 이해하는 한국 정치사의 이해 방식은 마치 객관적 현상을 연구하는 것과 같은 방식을 따르고 있다는 인상을 줄 수 있다.

　　정치와 행정 현상의 객관화를 피하면서 역사적 경험을 영향사적으로 해석하는 입장을 다른 방식으로 적용할 수는 없을 것인가? 그것이 가능한 방식은 아마도 행정의 철학적 실천(philosophy in action of public administration)으로 삼으면 가능할 것이다. 즉 행정인 하나하나가 자신의 과업을 수행하면서 철학적 해석학의 진리를 터득해 나가면 더 나은 행정이 되고 더 나은 삶이 될 것이라고 주장할 수 있을 것이다. 그러면 행정학에서 철학적 해석학을 정당하게 적용하는 것이 될 수도 있을 것으로 생각한다.

참고문헌

가다머, 이길우 외 옮김, 『진리와 방법 1』, 문학동네, 2000.

가다머, 임홍배 옮김, 『진리와 방법 2』, 문학동네, 2012.

강신택, 『사회과학연구의 논리: 정치학·행정학을 중심으로』, 박영사, 1981; 1995.

강신택, 『행정학의 논리』, 박영사, 2002; 2005.

강신택, 『한국 행정학의 논리』, 박영사, 2005.

강신택, 『행정사상과 연구의 논리-한국 행정의 역사적 맥락에서』, 조명문화 사, 2013.

그롱댕, 장, 최성환 옮김, 『철학적 해석학 입문: 내적 언어를 향한 끝없는 대 화』, 한울 아카데미, 2012.

김덕영, 『막스 베버: 통합과학적 인식의 패러다임을 찾아서』, 도서출판 길, 2012.

김병섭 편집, 정재훈, 오항녕, 김광일 역주, 진덕수 지음, 『대학연의(大學衍 義): 리더십을 말한다』, 서울대학교 행정대학원 리더십연구센터 국가리더십연구총서 ③, 서울대학교 출판문화원, 2018.

리차드 팔머 지음, 이한우 옮김, 『해석학이란 무엇인가』, 문예출판사, 1988.

백완기, 『행정문화론』, 고려대학교 출판부, 1982; 1985.

블라이허, 권순홍 옮김, 『현대 해석학: 방법, 철학 비판으로서의 해석학』, 한 마당, 1983.

이문영, 『〈논어〉·〈맹자〉와 행정학』, 나남출판, 1996.

이한빈, 박문옥, 박동서, 유훈 공편, 『한국행정의 역사적 분석; 1948-1967』, 한국행정문제연구소, 1969.

정부혁신위원회, 『활동보고서 2002』, 대통령자문 정부혁신추진위원회, 2003 년 1월.

조대엽, 『한국의 사회운동과 NGO-새로운 운동주기의 도래』, 아르케, 2007.

조석준, 박동서, 유훈, 김운태 공편, 『한국행정의 역사적 분석: 1969-1984』, 대학교출판부, 1987.

파머, 데이비드, 강신택 옮김, 『행정학의 언어』, 박영사, 1999.

쿠퍼, 테리, 행정사상과방법론 연구회 옮김, 『공직윤리: 책임있는 행정인』,

조명문화사, 2013.

쿠퍼, 테리 펴냄, 행정사상과방법론 연구회(신충식, 김종술, 김성준 외) 옮김, 『공직윤리 핸드북』 제1권, 제2권, 조명문화사, 2018.

쿠퍼, 테리와 도날드 멘젤 펴냄, 행정사상과방법론 연구회(김성준, 강신택, 신충식 외) 옮김, 『윤리역량: 공직 리더십을 위한 윤리역량 성취』, 조명문화사, 2018.

한국행정학회, 『한국행정학오십년: 1956-2006』, 한국행정학회.

한국행정학회, 『한국행정학 60년: 1956~2016』, 법문사.

한국행정연구원, 『한국행정60년 1948-2008 1: 배경과 맥락』, 법문사, 2008.

한국행정연구원, 『한국행정60년 1948-2008) 2: 국정관리』, 법문사, 2008.

한국행정연구원, 『한국행정60년 1948-2008) 3: 공공정책』, 법문사, 2008.

한국행정연구원, 『한국행정60년 1948-2008) 4: 사건과 인물』, 법문사, 2008.

행정사상과방법론 연구회(김성준, 신희영, 하호수, 강신택 외), 『2008-2017, 또 다른 길을 찾아서: 행정철학·행정윤리·현상학·해석학·미셸 푸코의 비판철학. 행정사상과방법론 연구회 10년사』, 조명문화사, 2018.

Alford, Robert R., *Powers of Theory: Capitalism, State, and Democracy*. Cambridge, Cambridge University Press, 1985.

Bernstein, Richard J., *The Restructuring of Social and Political Theory*. Philadelphia: University of Pennsylvania Press, 1976.

Bernstein, Richard J., *Beyond Objectivism and Relativism: Science, Hermeneutics, and Praxis*. Philadelphia: University of Pennsylvania Press, 1983.

Bleicher, Josef, *Contemporary Hermeneutics: Hermeneutics as method, philosophy and critique*. London: Routledge & Keagan Paul, 1980.

Bohman, James, *New Philosophy of Social Science. Problems of Indeterminacy*, Cambridge, Mass.: The MIT Press, 1993.

Brooks, Stephen and Alain G Gagnon eds, *Social Scientists, Policy, and the State*, New York Praeger, 1990.

Cooper, Terry L. ed, *Handbook of Administrative Ethics*, 2nd ed. New York: Marcel Dekker, Inc., 2001. 행정사상과방버론 연구회(신충식, 김종술, 김성준 외) 옮김, 『공직윤리 핸드북』, 조명문화사, 2018.

Cooper, Terry L., *The Responsible Administrator: An Approach for Administrative Role.* 6th ed. San Francisco: Jossey-Bass, 2012. 행정사상과방법론 연구회 옮김, 『공직윤리: 책임있는 행정인』, 조명문화사, 2013.

Cooper, Terry L. and Donald C. Menzel eds. *Achieving Ethical Competency for Public Service Leadership.* Armonk, New York: M. E. Sharpe, 2013. 행정사상과방법론 연구회(김성준, 신충식, 강신택 외) 옮김, 『윤리역량: 공직 리더십을 위한 윤리역량 성취』, 조명문화사, 2018.

Denhardt, Robert B., *Theories of Public Administration* 2nd ed. Belmont, Calif.: Wadworth Publishing Co., 1993.

Eisenstadt, S.N., *The Political Systems of Empires: The Rise and Fall of Historical Bureaucratic States.* New York: The Free Press, 1969.

Farmer, David John, *The Language of Public Administration: Bureaucracy, Modernity, and Postmodernity.* Tuscaloosa, Alabama: The University of Alabama Press, 1995.

Forester, John, *Critical Theory, Public Policy, and Planning Practice: Toward a Critical Pragmatics.* Albany: State University of New York, 1993.

Fox, Charles J. and Hugh T. Miller, *Postmodern Public Administration: Toward Discourse.* Thousand Oas, Cal.: SAGE Publishers Inc., 1996.

Gadamer, Hans-Georg, *Philosophical Hermeneutics.* Translated and edited by David E. Linge. Berkeley: University of California Press, 1976.

Gadamer, Hans-Georg, *Truth and Method*, 2nd ed. Translation, revised by Joel Weinsheimer and Donald G. Marshall. New York/London: Bloomsbury Press, 1989.

Grondin, Jean, *The Philosophy of Gadamer*, Translated by Kathryn Plant. Montreal & Kinston·Ithaca. McGill-Queen's University Press, 2003.

Habermas, Jürgen, *Knowledge and Human Interests*. translated by Jeremy J. Shapiro. Boston: Beacon Press, 1971.

Habermas, Jürgen, *On the Logic of the Social Science*, translated by Shierry Weber Nicholas and Jerry A. Stark. Cambridge, Mass.: The MIT Press, 1989.

Hardy, Henry, ed., Isaiah Berlin, *The Power of Ideas*. Princeton, NJ.: Princeton University Press, © Henry Hardy, 2000.

Harmon, Michael M., *Action Theory for Public Administration*. New York: Longman, Inc., 1981.

Heady, Ferrel, *Public Administration: A Contemporary Perspective*. 6th ed., New York: Marcel Dekker Inc., 2001.

Held, Davis, *Introduction to Critical Theory*, Berkeley and Los Angeles, University of California Press, 1980.

Hoy, David Couzen and Thomas McCarthy, *Critical Theory*. Cambridge, Mass.: Blackwell Publishers, 1994.

Husserl Edmund, *The Crisis of European Sciences and Transcendental Phenomenology: An Introduction to Phenomenological Philosophy*. Translated with an Introduction by David Carr. Evanston: Northwestern University Press, 1970.

Johnson, Doyle Paul, *Sociological Theory. Classical Founders and Contemporary Perspectives*. New York: John Wiley and Sons, 1981.

Keat, Russel, *The Politics of Social Theory: Habermas, Freud and the Critique of Positivism*. Chicago: The University of

Chicago Press, 1981.

Kuhn, Thomas S., *The Structure of Scientific Revolutions*. Chicago: The University of Chicago Press, 1962.

Lynch, Thomas and Peter Cruise eds., *Handbook of Organization Theory and Management: The Philosophical Approach*. 2nd ed. Boca Raton, FL.: CRC Press, 2006.

Mezaros, Istvan, *Philosophy, Ideology, and Social Science: Essays in Negation and Affirmation*. New York: St. Martin's Press, 1986.

Porter, Stanley and Jason C. Robinson, *Hermeneutics: An Introduction to Interpretative Theory*. Grand Rapids. Mich.: William Eerdmans Publishing Co., 2011.

Rudner, Richard S., *Philosophy of Social Science*, Englewood Cliffs, N.J.: Prentice-Hall Inc., 1966.

Schutz, Alfred and Thomas Luckmann, *The Structure of the Life-World*. Translated by Richard Zaner and H. Tristram Engelhardt, Jr. Evanston: Northwestern University Press, 1973.

Schutz, Alfred and Thomas Luckmann, *The Structure of the Life-World II*. Translated by Richard M. Zaner and David J. Parent. Evanston: Northwestern University Press, 1989.

Sheffler, Israel, *The Anatomy of Inquiry*. New York Alfred Knopf, 1967.

Spicer, Michael W., *Public Administration and State: A Postmodern Perspective*. Tuscaloosa: The University of Alabama Press, 2001.

retation and Method: Interpretive Turn. 2nd ed. Armonk, New York: M. E. Sharpe, 2014.

Waldo, Dwight, *The Administrative State: A Study of the Political Theory of Public Administration* with a new introduction by Hugh T. Miller. New Brunswick: Transaction

Publishers, 2007.

Weinsheimer, Joel C. *Gadamer's Hermeneutics: A Reading of Truth and Method.* New Haven: Yale University Press, 1985.

찾아보기

강신택 (姜信澤)

1933년생으로 현재 대한민국학술원 회원이다. 그는 1959년에 서울대학교의 정치학과를 졸업했고 1961년에 서울대학교 행정학석사, 1963년에 필리핀대학교 행정학석사, 1969년에 미국 펜실바니아대학교에서 정치학박사 학위를 받았다. 그의 경력은 다음과 같다.

1950-1954: 대한민국 육군복무; 1963-1998: 서울대학교 행정대학원 조교, 조교수, 부교수, 교수; 1975: UNDP Fellow로 미국 연방정부 인사위원회와 하버드대학교에서 연수 및 연구; 1977-1979: 서울대학교 교무부처장; 1979-1980: 펜실바니아대학교 방문교수; 1982-1985: 서울대학교 교무처장; 1984: 한국행정학회장; 1986: 독일 베를린자유대학교에서 연구; 1988-1990: 서울대학교 행정대학원장; 1989-1997: Association of Development Training and Research Institutes of Asia and the Pacific 이사, 부회장; 1990-2000: (사단법인) 한국행정문제연구소 이사장; 1998-현재: 서울대학교 명예교수; 1999-현대: 대한민국학술원 종신회원.

그의 주요 저서로는 『재무행정론』(1993), 『사회과학연구의 논리』(1981; 1995), 『행정학의 논리』(2002; 2005), 『한국 행정학의 논리』(2005), 『행정사상과 연구의 논리』(2013) 등이 있고 역서로는 『행정학의 언어』(1999)가 있다. 그의 최근 연구 관심은 여전히 사회과학연구방법론과 행정철학 및 해석학 등인데 한국의 행정사상과 방법론 연구 분야에서 활동하고 있다.

한국 행정학의 해석학적 접근

초판발행	2021년 2월 26일
지은이	강신택
펴낸이	안종만·안상준
편 집	최은혜
기획/마케팅	이영조
표지디자인	박현정
제 작	고철민·조영환
펴낸곳	(주) **박영사**
	서울특별시 금천구 가산디지털2로 53, 210호(가산동, 한라시그마밸리)
	등록 2014. 2. 12. 제2018-000080호
전 화	02)733-6771
fax	02)736-4818
e-mail	pys@pybook.co.kr
homepage	www.pybook.co.kr
ISBN	979-11-303-1260-6 93350

정 가   25,000원